KB030418

초월상담의 이론과 실제

THEORY AND PRACTICE OF TRANSCENDENTAL COUNSELING

| 김용태 저 |

학지사

이 저서는 한국연구재단의 2014년 저술출판지원사업의 지원을 받아 수행된 연구임(NRF-2014-S1A6A4024320).

머리말

초월상담의 역사는 20여 년 전으로 거슬러 올라간다. 횃불트리니티신학대학원대학교에서 처음 교수가 되었을 때 어떤 상담학과를 설치할까를 고민하고 있었다. 이 학교는 1998년에 처음으로 교육부에서 인가를 받은 학교로 모든 것을 새롭게 만들어야 하는 입장에 있었다. 가족치료를 전공한 나는 가족치료학과를 만드는 게 쉬웠지만 신학교에 걸맞은 프로그램이 아니라고 생각했다. 그래서 기독교상담학과를 만들었다. 그러고 나니 나는 많은 부담감을 안게 되었다. 당시에는 기독교상담학이라는 학문이 아직 정립되지 않은 상태였다. 이때부터 나는 논문을 쓰면서 기독교상담학을 연구하고 공부하였다. 이 결과로 기독교상담에 관한 여러 논문과 책을 쓰게 되었다. 이렇게 여러 논문을 쓰면서 나의 관심은 점차로 초월상담으로 기울게 되었고, 기존의 상담 이론들을 검토하면서 영성에 기반을 둔 상담 이론이 부족함을 알게 되었다. 영성에 기반을 둔 상담 이론을 만들기 위해서는 개념이 필요했는데, 이 개념이 초월이다. 기독교인들은 모두 하나님과 관계를 하는데 하나님과 관계를 하기 위해서는 자신을 넘어서야 한다. 이 점이 개념적으로 착안되었다.

초월상담에 대한 기본 개념은 임상적으로도 확인되었다. 임상 현장에서 내담자들이 자신들의 문제가 해결되며 좋아지는 과정에서 독특한 현상을 보게 되었다. 모든 내담자가 좋아지면서 예외 없이 유연성을 갖게 되는 것을 발견하였다. 그렇다면 이전에는 왜 그러지 못했을까라는 의문이 들기 시작했다. 이러한 의문은 내담자의 마음을 더 많이 들여다보는 계기가 되었다. 문제가 생기고 어려움이 생기는 모든 내담자는 예외 없이 마음 깊은 곳에 수치심이 있음이 포착되었다. 이러한 임상적 발견은 성경을 통해서 확인되었다. 창세기 3장 7절에 보면 아담과 하와는 선악과를 따먹고 난 뒤에 자신의 벗은 몸을 보고 수치심을 갖게 되었다. 창세기 2장 25절에 보면 아담과 하와의 벗은 몸에 대해서 "부끄러워하지 아니하니라."라고 기록되어 있다. 아담과 하와는 같은 몸에 대해서 죄를 짓기 전과 지은 후에 다른 감정을 가졌다. 아담과 하와의 후손인 인류는 이제 자신들의 벗은 몸에 대해서 부끄러워하는 수치심을 갖게 되었다. 임상적 발견과 성경적 기록이 일치됨은 나에게 수치심과 초월의 연관성을 가져다주게 되었다. 나는 인간이 자신을 넘어서지 못하는 이유가 마음 깊은 곳에 자리한 수치심과 관련 있음을 확신하게 되었다.

내가 만난 많은 내담자는 자신의 수치심이 해결되면서 자신의 세계에서는 해결되지 못한 많은 증상이 해결되고 새사람이 되는 경험을 하였다. 나는 이러한 변화를 목격하면서 내담자들이 마치 새로 태어난 듯한 느낌을 가지는 경우를 많이 보았다. 마치 이전에 자신이 살던 세계에는 없던 것들이 이제 새롭게 나타나고 이러한 새로움에 대해서는 많이 놀라워도 하고 자신에 대해서 슬픈 느낌도 갖게 된다. "나는 정말 웃기게 살았어요, 내가 왜 이렇게 살았는지 이해가 안 가요."라고 말을 하는 내담자를 자주 만난다. 때로는 "이렇게 쉬운데 이런 것을 내가 왜 몰랐을까요?"라고 말을 하는 내담자도 종종 만난다.

나는 이러한 임상적 결과를 개념으로 연결하는 노력을 많이 하였고 노력의 결과로 초월상담에 대한 어렴풋한 그림을 그리기 시작했다. 나의 생각은 시간이 지나면서 점점 구체화되었다. 이러한 구체화의 결과로 2014년에 출간한 『슈퍼비전을 위한 상담사례보고서』라는 책에 초월상담의 뼈대를 싣게 되었다. 이러한 뼈대를 통해서 초월상담의 이론을 본격적으로 개발하기 위해서 한국연구재단에 저서 출판을 위한 연구비를 신청하게 되었다. 한국연구재단에서는 나에게 초월상담 이론 개발을 위한 3년짜리 프로젝트를 승인해 주었고 이 승인 덕분에 『초월상담의 이론과 실제』를 개발할 수 있게 되었다. 이 책은 이론적 노력, 임상적 결과 그리고 한국연구재단의 지원의 결합으로 인한 산물이다. 나는 이 책을 집필하는 과정에서 많은 즐거움을 누릴 수가 있었다. 중간중간에 학회에서 초월상담을 소개하면서 다른 학자들의 견해나 피드백을 듣기도 하였고 학생들에게 초월상담을 가르치면서 새롭게 생각하기도 하였다. 이들은 모두 나에게 소중한 가르침을 준 스승이었다.

『초월상담의 이론과 실제』라는 책이 나오기까지 하나님은 나에게 너무도 소중한 지혜를 주신 분이다. 책을 집필하면서 어려움에 봉착할 때마다 기도를 했고 하나님은 나의 기도를 여러 가지 방식으로 들어주셨다. 이 책은 하나님이 나에게 준 지혜의 모음이라고 해도 과언이 아니다. 그리고 횃불트리니티 신학대학원대학교 학생들이 많은 수고를 하였다. 이제는 박사가 된 김은영 선생은 정말 많은 수고를 하였다. 한국연구재단에 연구비를 신청할 때부터 이 책이 출간될 때까지 많은 일을 맡아서 수고한 김은영 선생에게 진심으로 감사를 표한다. 그리고 나는 이 책의 교정과 토론을 맡은 장은영, 성희연, 유봉철, 유은영 등 여러 박사 과정 학생에게 많은 빚을 졌다. 이들의 수고가 없었으면 아마도 이 책은 현재의 모양을 갖추기 어려웠을 것이다. 그리고 마지막으로 김진환 학지사 사장님과 교정과 문장 하나하나를 꼼꼼하게 점검한 편집부원들에게 진심으로 감사를 드린다.

2018년 6월

정든 양재동을 떠나며….

차례

제3부 초월상담의 실제: 상담 과정

제9장

멍현상과 범주 • 229

제10장

멍현상을 일으키는 상담자의 활동 • 257

제1부

초월상담의 이론적 기초

인간이 자신을 초월하고자 하는 욕구는 많은 영역에서 확인할 수 있다. 각각의 영역에서 보이는 초월현상은 다른 방식으로 그리고 다른 형태로 나타난다. 이러한 초월은 인간과 인간 사회에 보편적으로 존재하는 현상이다. 인간은 자신을 넘어서기 위해서 많은 노력을 한다. 이는 종교적으로, 철학적으로, 사회적으로 인간의 전 영역에 걸쳐서 나타나는 현상이다. 그렇다면 '초월은 상담학적으로 어떻게 이해될 수 있을까?' 하는 중요한 질문이 생긴다.

제1부에서는 초월상담이 어떤 이론적 기초 위에 서 있는지를 밝히고자 한다. 제1부는 총 세 개의 장으로 구성되어 있다. 제1장은 초월상담의 사상적 기초를 다룬다. 초월현상은 종교에서는 신과의 관계로 드러나고 철학적으로는 인간의 삶에 대한 사상 속에 존재하며 심리학적으로 인간의 마음에 있는 능력으로 자리하고 있다. 초월상담은 종교적, 철학적, 심리학적 기반을 가진 이론이다. 제2장은 초월상담의 기독교적 사상을 다룬다. 하나님 자체가 초월적 존재기 때문에 하나님과 인간과의 관계는 초월적일 수밖에 없다. 기독교상담의 한 이론으로서 초월상담은 근원적으로 인간의 초월을 기반으로 한 이론이다. 제3장은 인간이 근원적으로 초월적이기 때문에 초월상담의 필요와 인간관을 다룬다. 이런 의미에서 초월상담은 다른 여러 상담 이론과 다른 인간관을 가지고 있으며 이로 인해 자연스럽게 초월상담의 독특한 자리가 마련된다.

제1장

초월에 관한 여러 가지 사상

1. 종교적 관점의 초월

1) 영성의 개념

(1) 영성의 기원과 정의

'영성'이라는 단어는 영어로 'spirituality'라고 하는데 이는 'spiritualitas'라는 라틴어에서 왔다. 'spiritualitas'는 그리스어 명사인 'pneuma'와 형용사인 'pneumatikos'를 번역하려는 시도 속에서 생겨난 단어다(김용해, 2008, p. 125; Sheldrake, 2000, p. 23). 이러한 단어들은 모두 사도 바울의 편지글에 등장하는 영성의 내용들인 고린도전서 2장 10절과 고린도전서 6장 17절을 반영하고 있다(Sheldrake, 2000, p. 23). "오직 하나님의 성령으로 이것을 우리에게 보이셨으니 성령은 모든 것 곧 하나님의 깊은 것이라도 통달하시느니라."(고전 2:10)라는 내용은 성령과 하나님의 관계를 잘 말하고 있다. 같은 방식으로 고전 6:17은 "주와 합하는 자는 한 영이니라."라고 말하면서 영성은 하나님과 하나임을 말하고 있다. 각각의 성경 구절들에서 영성은 모두 하나님의 영과 합하거나 하나님의 영을 나타냄으로 되어 있다. 하나님은 인간에게는 초월적 존재다. 인간과 구별되어 있으면서 인간이 결코 닿을 수 없는 그런 절대적 초월자다. 영성은 절대적 초월자와 하나 되는 상태라고 정의된다. 영성의 정의에는 초월자 그리고 초월자와의 관계가 포함된다.

이러한 비슷한 방식의 영성에 대한 정의는 엘웰(Elwell)의 영성에 대한 생각에서도 찾아볼 수 있다. 영성은 "하나님과 깊은 관계의 상태"(Elwell, 2001, p. 1138)다. 영성은 하나님으로 대별되는 영적 존재들과의 관련성이라고 정의된다. 영성은 인간이 자신을 넘어서 영적 존재들과 관련을 맺는 상태라고 정의될 수 있다. 물론 '영성이 종교적으로만 존재하는가?'라는 질문은 중요하다. 이 질문은 영성의 보편성과 종교성에 관한 내용과 관련이 있다. 그럼에도 불구하고 종교적 의미에서 영성의 정의는 영적 존재들인 절대자나 초월자들과 깊은 관련을 가진 개념이다.

(2) 영성의 요소

영성이 절대자와 관련성 속에서 정의될 때 '영성을 이해할 수 있는 요소들이 무엇인가?'라는 질문이 발생된다. 영성의 개념은 인간과 절대자 그리고 상호작용으로 이루어진다. '인간에 대해서 어떻게 이해를 하는가?' '절대자가 무엇인가?' 그리고 '이들의 상호작용이 어떻게 이루어지는가?'에 따라서 영성에 대한 다양한 정의가 발생하게 된다.

절대자 중심의 영성의 이해는 종교적 측면의 영성이 된다. 각 종교마다 절대자의 정의가 다르다. 기독교와 가톨릭은 하나님이라고 하고 불교는 부처라고 하며 이슬람교는 알라라고 한다. 마찬가지로 다른 종교들도 모두 나름대로의 각각의 절대자를 가지고 있다. 절대자를 종교적 의미로 정의하게 되면 기독교 영성, 불교 영성, 이슬람 영성 등 다양한 종교의 이름을 붙여서 영성을 정의할 수 있게 된다.

인간이라는 측면에서 영성을 본다면 영성이 인간의 보편적 능력이라는 점에 학자들은 동의하고 있다(김용해, 2008; 박병준, 2006; 심상태, 2004; 이규성, 2012; Collins, 2000, p. 11; Elwell, 2001, p. 1138). '영성과 인간의 능력이 어떤 관련성을 가지고 있는가?'라는 질문에 대해서는 많은 논쟁이 있다. 그럼에도 불구하고 영성이 인간의 능력 속에 존재한다는 점에 대해서는 학자들의 견해가 대부분 일치하고 있다. 특히 김용해(2008)는 "인간이 인식하는 궁극 가치를 향하여 고립이나 자아 열중이 아니라 자기 초월의 관점에서 자신의 삶을 통합하려고 의식적으로 노력하는 경험"(p. 130)

이라는 슈나이더(Schneiders)가 정의한 영성을 소개하고 있다. 이러한 슈나이더의 정의를 소개하면서 김용해는 영성이 인간의 본질적 능력임을 강조하며 "영성적 실존"(p. 131)이라는 단어를 사용하고 있다. 이는 인간이 실존적으로 영적이며 인간 존재 자체가 영성을 지향하고 있음을 의미한다.

인간과 절대자의 상호작용이라는 측면에서 영성을 본다면 많은 다양한 영적 방식이 존재한다. 절대자 입장에서 영적 방식은 인간이 절대자를 향한 여러 가지 활동이다. 기도, 예배, 회중 모임, 금욕적 삶, 수도적 삶, 구도를 위한 여정 등과 같은 다양한 방식의 영적 삶은 모두 인간이 절대자를 향한 영적 노력이다. 이러한 영적 노력의 특징은 모두 거룩한 삶, 즉 성화를 위한 활동이다. 인간은 절대자를 만나면서 "압도되는 경외감, 신의 존재를 의식하면서 발생되는 신비적 경험, 신에 대한 질적 두려움, 자기반성을 위한 동기와 찬양을 위한 에너지를 가지고 매료됨"(Elwell, 2001, p. 1139) 등과 같은 여러 가지 현상을 경험하게 된다. 절대자와 관계 속에서 인간이 경험하는 영적 방식들은 모두 종교 의식이나 영적 체험들과 관련이 있다. 인간은 절대자를 닮기 위한 방식으로 종교적 실천 또는 영적 실천을 위한 삶을 살아가면서 다양한 형태의 영적 체험을 하게 된다.

인간과 절대자의 상호작용 측면의 인간 쪽 입장을 본다면 인간의 영적 방식은 더 복잡하고 폭넓다. 절대자의 개념이 단지 자신보다 큰 존재라는 초월적 의미를 지닌다면 인간의 영적 상호작용 방식은 자신의 내부에서 일어나는 현상부터 종교적 현상까지 그 스펙트럼이 다양하다. 그 스펙트럼은 인간의 내면에서 일어나는 영적 현상과 인간의 내면에서 시작하여 절대자를 향한 영적 현상 그리고 인간과 초월자들과의 상호작용인 영적 현상들이다.

먼저, 인간의 내면에서 일어나는 영적 현상은 심리적 의미의 영성이다. 인간의 내면에는 자신보다 더 큰 존재가 되려는 그 무엇이 존재하며 이러한 존재를 만나기 위한 노력을 하게 된다. 이에 대한 대표적 이론이 융(Jung)의 분석심리학이다. 융은 인간의 내면 깊은 곳에 신이라고 불릴 수 있는 큰 자기(self)가 존재한다고 이론화를 하였다. 인간은 큰 자기와 상호작용을 통해서 인간의 마음에 있는 여러 양극화된 요소들을 극복하고 자신만의 독특한 개성화(individuation)를 이루어 가는 존재다(김성민, 2012; 이부영, 2015, 2002). 인간은 스스로 영적 존재이기 때문에 자신 속에 들어 있는 큰 자기인 신적 요소와 활발하게 상호작용을 함으로써 자신보다 더 큰 자기가 될 수 있다.

둘째, 인간의 내면에서 출발하여 영적 존재들과 상호작용을 통한 영적 현상은 실존주의 심리학에서 찾아볼 수 있다. 실존주의자들은 인간이 한계 상황에 부딪혔을 때 절망적이 된다고 한다. 인간의 자유와 죽음에 대한 근본적 한계들은 인간이 스스로 극복할 수 없는 엄연한 실존적 현실이다. 인간의 자유는 근본적으로 제한적이며 여러 가지 현실적 조건에 매여 있다. 마찬가지로 인간은 언젠가는 죽을 수밖에 없는 존재고 죽음을 목전에 둔 엄연한 실존적 현실을 경험하게 된다. 이러한 한계에 부딪힌 인간들은 결국 절망적이 될 수밖에 없게 된다. 그러나 이러한 한계에 도달했을 때 인간은 자신보다 더 큰 존재들과 관련을 맺으려는 노력을 하게 된다(임규정, 2008; 임병덕, 2011). 이러한 노력이 가능한 이유는 인간 안에 자신을 넘으려는 능력이 있기 때문이다. 인간은 이러한 능력을 발휘해서 절망적 순간에도 절대자를 향한 노력을 하게 되고 이를 통해서 절망을 희망으로 바꿀 수 있게 된다. 절대자와 관계를 통해서 현재의 자신들보다 더 큰 존재가 될 수 있다.

셋째, 인간은 절대자뿐만 아니라 자신보다 더 큰 초월자들과 관련을 맺는 영적 현상을 보인다. 절대자와 관계하는 방식이 절대자보다 작은 존재로서 초월자들인 천사, 악마, 그리고 다른 인간과의 관계 속에서도 드러난다. 인간은 일정한 정도로 영적 능력을 가지고 있기 때문에 자신을 넘어서 다른 존재들, 즉 절대자, 절대자보다 못한 다른 영적 존재들 그리고 다른 인간들과도 관련을 맺을 수 있는 영적 방식을 갖게 된다.

김용해(2008)는 "회심을 종교적 회심으로만 보았던 전통적 이해에서 인격의 변화를 수반하는 모든 영역, 즉 의식적 행동과 그에 따른 책임을 수반하는 감성, 지성, 도덕, 사회정치, 종교의 영역에서 회심은 이루어진다고 보는 이해로 발전하고 있다."(p. 133)라고 말하고 있다. 전통적으로 회심은 종교적 현상이다. 자신 속에 갇혀 있는 인간이 하나님이라는 절대자를 향해서 돌아선다는 의미를 가지고 있는 회심은 종교적으로 중요한 현상이다. 그러나 김용해는 이러한 종교적 현상이 단지 종교적으로만 머무르지 않고 사회 전반에 곳곳에 일어나는 현상임을 밝히고 있다. 감성과 지성으로 대변되는 심리적 영역에서부터 도덕과 사회, 정치로 대변되는 사회적 현상 그리고 종교 현상에까지 광범위하게 회심 현상은 일어나고 있다. 회심은 영적 방식의 대표적 현상인데 이는 자신을 넘어서 절대자와 맺는 관계를 말한다. 이러한 회심이 다른 인간들과 관련을 맺으려는 다른 여러 영역에서 일어난다. 인간이 자신을 넘어서 다른 사람들과 관계를 맺는 전 영역에서 회심이 일어나며 이러한 회심 현상은 영적 방식이다. 인간이 근본적으로 관계를 맺으려는 노력은 모두 영적 방식이다. 이는 자신을 넘어서 다른 사람들과 관계를 해야 하기 때문이다. 만일 인간이 자신을 넘을 수 없다면 인간은 자신 속에서만 갇혀서 사는 존재가 된다. 자신을 넘어서 관계하려는 노력은 영적 현상으로서 종교적으로만 일어나지 않고 인간의 삶 곳곳에서 일어나는 관계적 현상이다. 회심은 결국 초월현상인데 이는 근본적으로 영적 현상이다. 이러한 영적 현상은 관계를 맺으려는 방식에서도 일어난다.

2) 영성의 존재 방식

영성을 폭넓고 다양하게 정의하게 되면 영성이라는 단어 앞에 많은 다른 수식어가 붙을 수 있다. 앞에서 본 바와 같이 영성은 다양한 스펙트럼을 가지고 있기 때문에 자연스럽게 많은 종류로 구분될 수 있다. 콜린스(Collins, 2000)는 다양한 영성을 일원론적 영성, 신적 영성, 자연적 영성의 세 가지 종류로 구분하고 있다(pp. 12-13). 일원론적 영성이란 하나의 영성이란 의미다. 일원론적 영성은 신과 인간이 하나라는 신인합치설을 의미하는데, 이는 인간과 신은 근본적으로 양분되거나 구분되는 존재들이 아니라 서로는 하나라는 것이다(Collins, 2000, p. 12). 인간이 신이고 신이 인간이라는 생각이 일원론적 영성이다. 인간이 노력을 하면 신이 될 수 있고 신도 쉽게 인간이 될 수 있다. 따라서 인간 속에 신이 있고 신 속에 인간이 있다.

이러한 사상은 힌두교나 불교와 같은 종교에서 볼 수 있는 만연된 생각이다. 힌두교는 아트만(atman)과 브라만(brahman)이라는 사상을 가지고 있다(Collins, 2000, p. 12). 브라만은 힌두교 최고의 신으로서 우주 만물을 창조하고 이를 다스리는 활동을 한다. 우주의 모든 생성 원리는 브라만으로부터 나오며 이는 우주 만물을 움직이는 원동력이다. 아트만은 인간의 자기를 의미하며 자기를 움직이는 힘이 아트만이다. 아트만과 브라만이 동일하다는 사상은 신인합치설을 의미한다. 신과 인간은 하나다. 불교에서는 모든 중생이 부처라는 사상을 가지고 있다. 중생이란 인간 전체를 일컫는 용어로 인간은 수행을 통해서 해탈을 하면 부처가 될 수 있다. 모든 인간 안에 들어 있는 신성이 종교적 노력인 수행을 통해서 신으로 바뀔 수 있다. 불교와 힌두교에서는 절대자가 아닌 수많은 다른 신이 존재한다. 이런 의미에서 일원론적 영성에서는 절대자라는 개념보다는 초월자라는 개념이 더 적절해 보인다. 초월자가 절대자일 수도 있지만 반드시 초월자가 절대자이지는 않다. 수많은 초월자가 존재하며 이러한 초월자와의 상호작용을 통해서 영성을 만들고 지켜 갈 수 있다. 일원론적인 영성의 관점에서는 자신의 노력과 능력에 따라서 서로 다른 수준의 초월자가 될 수 있다.

신적 영성은 절대자와의 관련 속에서 정의되는 현상이다. 하나밖에 없는 존재인 유일신적 존재인 하나님은 절대자다. 인간은 이러한 절대자와 관련을 맺으면서 그를 향한 종교적 노력을 하게 된다. 이러한 신적 영성은 "유대교, 기독교, 이슬람교" (Collins, 2000, p. 13)에서 공유되고 있다. 각각의 종교에서는 모두 하나밖에 없는 존재인 하나님 또는 알라라는 절대자가 인간과 관계를 맺는다. 신적 영성에서는 인간과 신은 엄격하게 구분된다. 인간은 신에 의해서 만들어진 피조물로서 창조주인 하나님의 명령과 지시를 따라 움직이는 존재다. 인간은 아무리 노력을 해도 결코 하나님이 될 수 없으며 인간은 신이 내린 은총에 의해서 살아가는 존재다. 인간을 정의하는 방식 중 하나가 "신이 아님(not God)"이다(Miller, 2006, p. 17). 인간은 신이 정한 절대적 기준에 따라서 자신들의 행위가 선인지 악인지를 구분한다. 인간의 생각이나 기준을 넘어서는 하나님만의 절대적 기준을 향해서 인간이 하나님을 향해서 나아가지만 인간은 결코 신이 될 수 없다. 각각의 종교마다 이를 실행하고 실천하는 방식이나 방법들은 다르지만 근본적으로 신을 향한 노력이라는 면에서는 모두 신적 영성을 가지고 있다.

신적 영성과 일원론적 영성은 모두 종교적 의미를 가지고 있는 영성들이다. 이런 의미에서 신적 영성과 일원론적 영성을 합치면 종교적 영성이 된다. 종교적 영성이란 근본적으로 인간의 종교적 행위를 통해서 나타나는 영성을 의미한다. 불교, 힌두교, 기독교, 유대교, 이슬람교는 모두 종교다. 이들 종교는 각각의 영성을 정의하는 방식을 달리하고 있으나 종교적 의식이나 예식을 통해서 각각의 영성을 현실화하려고 한다. 영성의 실천에는 반드시 각각의 종교에서 요구하는 일정한 방식이 있다. 교회, 사찰, 모스크와 같은 일종의 집합체를 가지고 있으며 이러한 집합체를 통해서 일정한 방식으로 영성을 현실화하는 노력을 하게 된다.

자연적 영성은 굳이 신을 상정하지 않더라도 인간에게 있는 영성을 말한다. 인간에게 영성은 눈에 보이는 형태로 존재하지 않고 눈에 보이지 않는 형태로 존재한다. 이런 점에 대해서 콜린스(2000)는 "초감각에 의한 현실(supersensible reality)"(p. 12)이라고 말하고 있는데 이는 인간의 오감을 넘어선 감각을 의미한다. 오감이란 눈에 보이는 신체 기관을 통한 감각을 의미한다. 이들은 모두 생물학적 감각에 근거를 두고 있으며 생리적 현실이다. 오감은 신체적으로 만지고, 냄새를 맡고, 눈으로 보며, 듣고, 맛을 보면서 생기는 현상이다. 그러나 초감각에 의한 현실은 모두 생리적 감각인 오감을 넘어선 현상으로서 마음, 관계 그리고 초현실의 세계를 의미한다. 이러한 세계는 분명히 존재하며 이러한 세계와 관련된 감각이 영적 감각이다. 자연적 영성은 이 같은 영적 감각에 근거한 영성을 의미한다. 마음을 감지하기, 초자연적 존재들을 느끼기, 직관으로 무엇인가를 지각하기 등과 같은 모든 현상은 자연적 영성에 해당된다. 이러한 자연적 영성은 모든 인간의 마음에 일정한 형태로 존재한다. 엘웰(2001)은 "모든 인류는 영성을 위한 잠재적 속성"(p. 1139)을 가지고 있다고 말한다. 자연적 영성이란 인간이 가진 잠재적 속성으로서 인간이 오감을 넘어서 다른 세계들을 느끼는 현상이다. 잠재적 속성으로서 영성은 행동, 신념, 주관적 동기 등과 같은 여러 가지 차원을 가진 구성 개념인데 물리적 실재를 넘어서 거룩함을 추구하는 인간의 능력을 말한다(Miller, 2006, p. 13). 자연적 영성은 이렇게 인간의 심리적 특성으로 존재하면서 그 속에서 거룩한 존재를 향하도록 만든다. 이때 거룩한 존재란 영적 존재들을 의미하며 인간은 특별히 종교 활동을 하지 않더라도 이런 존재들과 관계를 하려는 마음을 가지고 있다.

3) 영성과 종교

영성의 존재 방식에 대한 믿음에 따라서 종교가 달라진다. 영성은 거룩함, 겸손함, 이타성, 초월성, 통합, 사랑, 은혜 등 여러 가지 다른 개념으로 정의될 수 있다. 영성이 종교와 관련이 되면 앞에서 언급한 개념들 중에 필수적으로 빠지지 않고 등장하는 개념이 거룩함(holiness)이다. 영적 존재들은 거룩한 존재고 이러한 거룩한 존재와 관련을 맺는 활동이 종교 활동이다. 엘웰(2001)은 거룩함에 대한 믿음의 존재 방식에 따라서 종교를 두 가지 종류로 나눈다(p. 1138-1139). 초등 종교(primitive religion)는 세속과 거룩함에 대한 구분을 두지 않는다. 존재하는 모든 것 속에 영성이 존재하는데 이는 거룩함이 들어 있다는 믿음이다. 이 세상에 존재하는 모든 것이 거룩한 존재고 그렇기 때문에 그 모든 것을 신령하게 다루어야 한다. 반면, 고등 종교(advanced religion)는 세속과 거룩함이 엄격하게 구분된다. 영적 존재들은 거룩한 존재고 그렇지 않은 것들은 세속적 존재다. 거룩한 존재인 영적 존재들은 예배와 종교 활동의 대상이 되지만 세속적인 것들은 이러한 활동의 대상이 아니다.

(1) 샤머니즘

원시 형태의 초등 종교 중 하나의 형태가 샤머니즘이다. 샤머니즘은 샤먼이라는 사람을 중심으로 주술을 펼치는 종교다. 샤먼은 "초자연적 존재(신령, 정령, 사령 등)와 직접 접촉, 교류하고 이 사이에 예언, 탁선, 복점, 치병, 제의"(김성철, 2001, p. 603) 등을 행하는 사람이다. 그렇기 때문에 샤먼은 예언자, 대변자, 견자 등과 같은 역할을 한다(김성철, 2001, p. 603; 양성모, 1997, p. 543). 이들은 인간의 모든 생사화복이나 길흉을 점치면서 이들의 건강을 위해서 여러 가지 종교 의식을 치르거나 때로는 부족장의 역할을 하기도 하고 신체적, 심리적, 영적인 차원에서의 질병을 주술로 치료하기도 한다.

샤머니즘이 가능한 이유는 모든 만물에 영성이 존재한다는 믿음 때문이다. 생물이나 무생물 할 것 없이 모두 영적 존재다. 인간은 이러한 모든 만물과 영적으로 교류할 수 있다. 이와 같은 영적 교류는 주로 영적 주도권을 가진 사람들을 통해서 이루어진다. 큰 바위에게 절을 하거나 동물이나 다른 대상들을 경배하는 행위들은 모두 이러한 존재들이 영혼이 있다고 믿었기 때문이다. 샤머니즘은 영혼불멸설을 믿고 있다. 모든 만물의 영혼은 없어지지 않으며 이곳과 저곳에 존재하면서 우주 만물 속에서 자연스럽게 존재한다. 샤머니즘의 신앙에서는 따로 영성이라는 단어가 존재할 필요가 없게 된다. 모든 존재가 영적이기 때문에 이들을 구분해서 영성이라고 이름 붙일 필요가 없는 것이다.

(2) 힌두교와 불교

이 두 종교는 인간이 살면서 가진 업에 따라서 다른 종류인 신, 인간, 동물, 기타 등등으로 환생한다는 윤회사상을 믿는다(김성철, 2001, p. 488, 1522; Denis & Pouthier, 2011, p. 81, 96). 인간이 신도 되고 신이 인간도 되며 또 인간이 동물도 되고 다시 동물이 인간이 될 수 있다는 끊임없는 윤회사상을 가진 힌두교와 불교는 모두 영혼불멸설을 믿는 종교다. 살아 있는 생명체들에게는 영혼이 있고 이러한 영혼은 불멸하기 때문에 그 존재의 형태만 바뀌게 된다. 그 존재의 형태가 바뀌는 이유는 살아 있는 동안에 어떤 행위를 했는가와 관련이 있다. 살아 있는 동안에 좋고 착한 업을 쌓으면 더 나은 존재의 형태로 환생을 하지만 그렇지 않으면 더 좋지 않은 형태의 존재로 환생을 하게 된다.

이런 까닭에 이들 종교를 믿는 사람들은 엄격하게 금욕적 생활을 하면서 선을 행하려고 한다. 이들은 금욕주의라는 믿음을 가지고 있는데 특히 불교에서는 모든 것이 무라는 공의 사상을 가지고 있다. 더욱이 인간이 가지고 있는 여러 가지 욕심은 선을 행하는 데 방해가 되기 때문에 이러한 선을 행하기 위해서는 철저하게 자신을 통제하고 다스리는 금욕적 삶을 요구하게 된다. 따라서 금욕적 삶을 실천하기 위해서 도입한 방법이 금욕적 명상의 삶이다. 명상을 통해서 자신을 수행하고 이를 통해서 모든 물욕, 소욕, 성욕을 물리치며 해탈하기 위해서 노력하게 된다. 이와 같은 해탈의 노력은 명상을 통해서 이루어진다고 믿는다.

이러한 윤회사상은 결국 신과 인간이 하나라는 신인합치설을 의미한다. 신과 인간은 근본적으로 차이가 없으며 신도 인간이 될 수 있고 인간도 신이 될 수 있다. 인간도 여러 종류와 계층이 있듯이 신도 여러 종류와 계층이 있다. 힌두교와 불교에는 수많은 신이 존재하는데 이러한 신들은 자기의 역할들을 가지고 있다. 인간과 상호작용을 할 때 어떤 부문이나 영역이냐에 따라서 다른 종류의 신들이 등장을 한다. 이는 마치 그리스-로마 신화에 등장하는 수많은 신과 유사한 점이 있다. 이러한 수많은 신은 인간보다는 더 뛰어난 능력을 소유하고 있거나 인간보다는 수준이 높은 존재들이다. 인간은 이러한 신과 존재들이 되기 위해서 노력을 하고 이 같은 노력의 결과에 따라서 다른 종류의 신이 되기도 한다.

(3) 유대교, 기독교, 이슬람교

이들 종교들은 모두 절대자를 상정하고 있는 절대자 중심의 종교들이다. 유대교와 기독교는 하나님을 그리고 이슬람교는 알라를 가장 중요한 영적 존재로 설정하고 있다. 하나만 있는 절대자인 하나님 또는 알라는 가장 중요한 영적 존재로서 찬양과 경배의 대상이다. 이러한 종교에서의 영성이란 절대자와의 관련 속에서 정의

되는 개념이다. 엘웰(2001)의 영성에 대한 정의는 이러한 현상을 잘 보여 주고 있는데 그는 영성이란 "하나님과 깊은 관계의 상태"(p. 1138)라고 정의한다. 영적 존재인 절대자는 인간에게 자신이 누구인지를 보여 주고 자신의 원하는 방식으로 관계를 맺으라고 한다. 이러한 절대자와의 관계 방식은 영적 활동 또는 영적 연습이며 인간은 이러한 영적 방식을 통해서 절대자와 유사한 영적 존재이기를 바란다.

영성은 절대자 쪽에서 인간에게 전이되는 현상이다. 절대자는 자신의 영적 일부인 형상을 가지고 인간을 창조한다. 이렇게 창조된 인간은 태어날 때부터 영성을 가진 존재가 된다. 영성을 가진 존재인 인간이 절대자와 관계를 형성해 나가면서 더 큰 영적 존재로 발달해 나간다. 인간 외부의 절대자와의 인격적 교류를 통해서 인간은 영성을 더 발전시키고 더 큰 영적 존재가 되어 간다. 이 경우에 영성은 인간 내적 측면과 외적 측면을 갖는다. 내적 측면은 절대자의 형상으로 표현되는 심리 내적 영성이고, 외적 측면은 절대자와 관계로 표현되는 심리 외적 영성이다.

영적 존재로서 인간은 결코 절대자가 될 수 없다. 어떤 노력을 하더라도 인간은 신이 될 수 없고 단지 신이 명령한 사명을 수행하는 존재다. 이런 의미에서 영성이란 절대자의 대행을 의미한다. 이러한 대행은 인간에게는 사명 또는 소명이라는 단어로 표현된다. 신의 사명을 가진 존재로서 인간은 영적 존재가 된다. 이러한 영적 존재는 부단히 신의 사명 또는 소명을 실현하기 위한 노력을 하게 된다. 이 같은 노력은 신이 인간에게 보여 준 사랑에 대한 감사와 보답의 표현이다.

4) 영성과 종교 그리고 초월

영성과 종교는 초월사상을 뒷받침하는 중요한 실체들이다. 인간은 영성을 통해서 초월적 현실을 살고 이러한 초월적 현실은 종교를 통해서 사회화된다. 앞에서 살펴본 바와 같이 영성은 인간의 내면과 외면 모두에 존재하는 현상이다. 모든 만물에 영성이 있다는 생각에서부터 영적 존재로서 절대자까지 영성에 대한 이해는 다양하다. 이러한 다양한 이해는 인간이 영적 존재임을 말하고 있다. 인간은 종교적, 사회적, 심리적 어느 영역으로 볼 때도 영적 존재다. 종교를 통한 사회화뿐만 아니라 심리 내적 영성의 사회화 현상까지 다양한 영역과 방면에서 인간은 영적 존재다. 인간이 다양한 영역에서 영적 존재라는 말은 인간이 초월적 존재임을 의미하고 있다.

(1) 영성의 초월적 의미

영성의 요소를 생각하면 영성이 초월적이라는 의미는 명백해진다. 영성은 인간과 절대자 그리고 상호작용으로 이루어진 현상이다. 종교는 절대자를 상정하거나 여러 종류의 초월자를 상정한 영적 현상이다. 인간은 절대자나 초월자들과 상호작용을 하려는 노력을 한다. 이러한 상호작용은 언제나 인간이 누구인지 그리고 무엇을 위해서 사는지와 관련이 있다. 이에 대해서 김용해(2008)는 영성적 실존이라는 단어를 사용하면서 그 의미를 다음과 같이 말하고 있다.

> 영성적 실존이란 인간이 근원적인 실재(절대자 혹은 궁극적 가치 또는 사실) 앞에서 그리고 그 안에서 자신의 극단적 한계를 깨닫고 동시에 그 실재와 실존적 관계 안에서 선사되는 힘을 통해서 자기 한계를 뛰어넘어, 근원적 실재와 일치하거나 또는 그것에 도달하는 것을 자신의 생명의 목적으로 삶고 노력하는 실존을 말한다. (p. 113)

영성적 실존은 인간이 자신의 한계를 깨닫고 이에 머물지 않으면서 절대자 또는 초월자를 향한 노력을 하는 존재임을 의미한다. 이러한 노력은 내부적으로 그리고 외부적으로 가능하다. 내부적 측면의 초월적 노력은 인간의 내면에 들어 있는 초월성 때문이다. 인간은 이러한 초월적 능력으로 인해서 내적으로부터 부단히 자신을 넘어서려는 노력을 하게 되고, 이러한 노력을 통해서 현재의 자신보다 더 큰 존재가 되려고 한다. 외부적으로 볼 때 인간은 자신의 밖에 존재하는 초월자들과 관련을 맺고 싶어 한다. 이들과 실제로 관련을 맺으면서 닮으려고 노력을 하고 이들을 통해서 더 큰 존재가 되려고 한다. 이들과 관계를 하면서 외부 초월자들의 생각들이나 행동 그리고 감정들을 자신의 것으로 받아들이면서 이들과 유사한 생각이나 행동 그리고 느낌을 가지려고 한다. 이러한 노력은 마치 어린아이들이 어른들의 생각이나 말들을 가슴속에 받아들이면서 자신을 만들어가는 과정과 유사하다. 심리학에서는 이를 내면화라고 한다. 아이들은 주변의 초월적 인물들의 것들을 내면화하고 이를 통해서 자아를 형성하며 궁극적으로는 자기라는 정체성을 확립하게 된다.

인간이 영적 존재라는 현실은 인간이 자신 안에만 머무르는 존재가 아니라 끊임없이 자신보다 더 큰 존재가 되기 위해서 노력하는 존재임을 말하고 있다. 종교는 인간의 이러한 노력들이 사회화되도록 하는 실체다. 종교는 인간이 자신을 넘어서 더 큰 존재로 살아가도록 하는 초월적 현실이 가능하도록 만들어 준다. 그래서 종교적 활동에는 언제나 절대자나 초월자들의 이야기가 있다. 이러한 절대자나 초월자들이 어떻게 인간을 위해서 노력하고 있는지, 이러한 노력에 인간이 어떻게 반응을 해야 하는지에 대해서 여러 가지 측면에서 말하고 있다. 이 같은 노력이 활발해지도록 하기 위해 사회 제도를 만들어서 신부, 사제, 목회자, 스님 등과 같은 영적 역할을 수행하도록 한다. 그리고 제도화된 종교적 틀을 만들어서 인간이 이러한 제도를 통해서 꾸준히 초월적 현실을 살아가도록 돕는 역할을 한다.

(2) 종교의 초월적 활동

인간이 초월적으로 살아가도록 돕는 종교 활동에는 경배, 찬양, 기도, 교제, 명상 등과 같은 현상들이 있다. 경배와 찬양 그리고 기도는 직접적으로 절대자나 초월자와 관련을 맺으려는 활동이다. 인간은 경배를 통해 절대자나 초월자의 존재들을 의식하고 이러한 존재들과의 관련 속에서 인간의 위치를 확인하게 된다. 특히 절대자나 초월자가 인간이 자신들이 살고 있는 초월적 현실을 잊지 않도록 하기 위해서 많은 노력을 한다. 이러한 노력은 자신의 대행자들의 메시지를 통해서 인간에게 전달된다. 또한 단체적으로 하는 찬양은 인간이 절대자나 초월자와의 관계를 기억하고 이를 마음에 느끼면서 경외하는 특별한 활동 중의 하나다. 집합적인 찬양 활동은 인간이 자신 스스로를 잊어버릴 수 있게 도움을 준다. 이러한 단체적인 활동이 없으면 인간은 늘 자신, 즉 자아를 의식하는 활동 속에서 살아가게 된다. 인간이 자기를 늘 의식하며 높은 자의식을 가지고 살아가게 되면 자신을 더 큰 존재에게 맡기는 데 어려움을 경험한다. 사회적 의미에서 이러한 단체적 찬양과 비슷한 효과를 갖는 활동은 스포츠 경기를 함께 관람하는 행위다. 스포츠를 관람하면서 수많은 사람들은 같이 소리 지르고 환호하며 경기하는 선수들과 함께하는 듯한 행동을 하면 자신을 쉽게 잊어버릴 수 있게 된다. 이러한 행위를 하나가 되는 활동이라고 한다. 이렇게 하나가 되는 활동은 자신보다 더 큰 단체에 자신을 맡기는 행위며 이러한 행위는 초월현상 중 하나다. 그리고 이러한 행위는 초월의 사회적 현상이다.

경배와 찬양이 집합적이고 단체적인 활동의 초월현상이라면 명상과 기도는 개인적 활동으로서의 초월현상이다. 인간은 기도와 명상을 통해서 절대자 또는 초월자와 개인적으로 접촉을 시도한다. 사람들은 명상과 기도를 통해 자신보다 더 큰 존재와 관계를 맺음으로써 신인합일을 추구한다. 절대자 또는 초월자와 하나 되는 느낌을 통해서 사람들은 자신의 한계를 넘어서서 절대자 또는 초월자와 같은 생각, 행동, 마음을 갖기 원한다. 이러한 상태는 인간으로 하여금 자신을 넘어서, 곧 자신보다 더 큰 느낌, 생각, 관점을 가질 수 있게 한다. 인간이 절대자 또는 초월자와 하나 되는 느낌을 통해 신일합일적인 생각으로 가득 차게 되면 여러 가지 문제나 어려움을 새로운 각도에서 바라볼 수 있게 된다. 신인합일적인 경험 이전의 자신들의 입장이나 관점에서 생기는 문제나 어려움에 대해 초월적인 관점을 갖게 된다. 예를 들면, 절대자나 절대자와 같이 사는 초월자는 영원히 사는 존재들이다. 인간이 이러한 존재들의 생각을 갖게 되면 인간의 삶을 새로운 시각에서 볼 수 있다. 인간은 유한한 인생에 갇힌 존재들이라서 죽음으로 인해서 삶이 끝난다는 마음으로 산다. 그러나 인간의 삶이 죽음으로 끝나지 않는다면 삶과 죽음을 한꺼번에 생각하면서 살 수 있다. 인간의 삶을 삶과 죽음이라는 동전의 양면으로 놓고 생각할 수 있다. 삶이 곧 죽음이고 죽음이 곧 삶이라는 역설적 원리를 발견하게 된다. 이러한 역설적 원리는 영원한 삶이라는 절대자 또는 초월자의 사상 없이는 불가능하며, 역설적 원리를 발견한 사람들은 삶이라는 한계를 초월할 수 있게 된다. 역설적 원리를 발견한 인간은 자신이 삶에 갇힌 존재임을 인식하지만 또한 동시에 인간이 생을 넘어선 삶 이후의 세계를 접할 수 있음을 인식하게 된다. 이렇듯 명상과 기도는 인간의 한계를 넘어서 신의 영역인 초월적 세계에 들어가는 종교적 활동이다.

2. 철학적 관점의 초월

철학에서 가장 빈번하게 논의되는 주제 중 하나가 '인간이 무엇인가?'라는 질문이다. 현대 사회에서 이 질문에 대한 답은 물리학적, 생리학적, 기계론적 관점에서 제시되고 있다. 현대인들은 인간을 물질적 측면에서 보는 생물학적 관점의 인간관과 현대 사회의 거대한 체계가 만들어 낸 기능적이고 기계론적 관점으로 만들어진 인간관을 소유하고 있다. 그러나 철학적 사유는 인간을 물리적이고 생물학적이며 기계론적 관점에서 폐쇄적으로 이해하려는 인간관에 대해 경고를 보내고 있다(이규성, 2012, p. 59). 철학자들은 인간은 자신의 경험 세계에만 갇힌 존재가 아니라 자신의 경험 세계를 넘어선 존재며 이러한 경향이 초월이라고 말하고 있다(이규성, 2012, p. 59).

철학은 초월현상에 대해 꾸준히 관심을 보여 왔다. 박병준(2006)은 "철학의 역사 안에서 초월은 철학이 인간의 자기이해를 비주제적이긴 하지만 항상 문제 삼았던 만큼이나 멀리까지 소급해 올라가는 근본적인 철학적 주제요, 이는 오늘날에도 여전히 유효하다."(p. 144)라고 말을 하면서 철학에서 초월 주제의 중요성을 부각시키고 있다. 철학에서 초월의 주제에 대한 성격과 내용은 시대나 사조에 따라 달라져 왔다(윤병렬, 2008, p. 199). 그럼에도 불구하고 초월이 철학에서 중요한 이유는 "인간이 무엇인가?"라는 질문에서 쉽게 그 이유를 찾을 수 있다. 철학자들이 시대사조나 흐름에 따라서 그 내용과 성격을 다르게 강조하지만 인간은 근본적으로 초월적이기 때문에 초월의 주제를 근원적으로 피해 갈 수는 없게 된다.

이 절에서는 현대 철학자들 중에서 초월에 대해서 집중적으로 다룬 두 철학자인 하이데거(Heidegger)와 키르케고르(Kierkegaard)를 소개하고자 한다. 이들의 초월에 대한 생각은 초월상담 이론의 철학적 기반이 된다.

1) 하이데거의 초월

(1) 현존재와 범주

하이데거가 말하는 존재자는 존재와 구분되는 개념이다(윤금자, 2012, pp. 304-307). 이 세상에는 수많은 존재자가 존재한다. 책상, 연필, 호수, 바위, 바람, 식물, 동물, 인간, 신적 존재들과 같은 수많은 존재자로 구성된 곳이 세상이다. 그러나 이러한 존재자가 존재하는 방식은 다르다. 책상이나 연필, 호수, 바위 등이 존재하는 방식은 물리학자들이 말하듯이 원자와 전자 등과 같은 원소의 관계를 통해서 이루어진다. 물리학자들은 분석을 통해 이러한 관계 양식을 이해하면서 무생물적 존재자들의 근원을 알아 간다. 생물학자들은 생물들이 가지고 있는 근원적 설명 방식인 DNA를 가지고 생물들의 존재하는 방식을 알아보려고 한다. 생물학자들은 모든 생명체가 가지고 있는 DNA를 이해하여 이러한 생물적 존재자들의 존재 방식을 알아보려는 노력을 하게 된다. 화학자들은 살아 있는 생명체들의 존재를 분자적 요소로 이해를 하려고 한다. 화학자들에게 생명체들이란 분자들의 총합 이상도 이하도 아니다. 이렇듯 각각의 학문들은 자신이 연구하는 대상으로 삼고 있는 존재자들에 대해서 나름대로 존재 방식을 규정하는 방법론이나 정의들을 가지고 있다. 하이데거의 개념에 의하면 이러한 존재자들은 각각 나름대로 존재를 가지고 있다. 물질이라는 존재자는 원소라는 존재를 가지고 있고 생명체라는 존재자는 DNA라는 존재를 가지고 있다. 하이데거에 의하면 존재란 존재자의 토대를 말한다(하피터, 2006, p. 87). 다른 말로 하면, 존재는 모든 존재하는 자가 존재할 수 있는 근원을 의미한다. 학자들은 이러한 근원, 즉 존재자의 토대인 존재를 알기 위한 노력을 하게 된다. 각 학문들은 나름대로 이러한 존재자의 근원을 이해하는 방법론과 인식 방법을 가지고 있다.

인간은 다른 여러 무생물이나 식물 그리고 동물과 달리 자신에게 스스로 질문을 하는 존재자다(이성환, 2012). '도대체 인간이란 무엇인가?' '나는 어디서 왔으며 어디로 가고 있는가?' '나는 누구이며 나의 뿌리는 무엇인가?'라는 식의 질문을 인간은 자기 스스로에게 하며 자신이 어떤 존재인지를 찾고자 한다. 바위나 호수 그리고 책상과 같은 무생물과 나무나 꽃과 같은 식물 그리고 사자나 소 같은 동물은 이러한 질문을 자신에게 던지지 않는다. 이들은 단지 존재자로 세계의 한 구성원들로 존재하고 있을 뿐이다. 그러나 인간은 이러한 존재자들과 달리 자신의 존재의 근원인 토대를 찾기 위해 노력하는 존재자다. 인간은 '물음'과 '있음'이 구분되는 존재다(이성환, 2012). 물음은 존재자가 존재에게 행하는 질문이고, 있음은 존재자가 세상에 살고 있는 방식이다.

이러한 물음을 묻는 존재자인 인간은 존재 자체로 초월적이다(김종엽, 2009, p. 52; 윤병렬, 2008, p. 201; 조형국, 2012, p. 241; 하피터, 2006, pp. 69-96; 한상연, 2011, p. 185). 물음을 하는 존재자와 존재자를 규정하는 존재는 근본적으로 다르다. 이 둘은 근본적으로 차이가 있고 이 둘은 엄연한 "존재론적 차이"(윤병렬, 2008; 하피터, 2006)를 가지고 있다. 인간 존재자는 자신을 스스로 넘어서 자신에게 질문을 할 수 있는 존재적 특성을 가지고 있다. 이러한 존재적 특성이 초월적 성향이다. 인간이라는 존재 방식은 근원적으로 자신을 넘어서고자 하는 경향을 가진 존재자다. 초월적 성향은 자신으로부터 분리되는 질문을 담고 있다(이성환, 2012, p. 229). 인간은 이렇게 자신에게 질문을 던짐으로써 이미 존재하는 존재자와 다른 존재자가 된다. 질문을 하는 상태의 존재자는 질문이 없는 상태의 존재자와는 다른 존재 방식을 가지고 있다. 질문이 있는 존재자는 자신을 초월상태에서 바라보는 존재자다. 이렇기 때문에 질문을 가진 존재자는 이미 존재자와 분리를 한 상태에서 자신을 바라보는 초월적 존재자로 있게 된다.

하이데거는 이렇게 자신에게 질문하는 존재자를 "현존재"라고 부른다. 하이데거의 현존재의 개념은 단지 존재자를 현존재라고 부르는 의미와 현존재를 다시 의미적으로 규정하는 이중적 의미를 가지고 있다(윤금자, 2012, p. 318). 현존재에 대한 이중의 의미 규정은 자신에 대한 질문을 통해서 이루어지는 현상이다. 이러한 현존재의 특성은 정신과 신체의 분리(하제원, 2007, p. 666) 그리고 대상과 인식하는 사람의 분리(윤금자, 2012, p. 317)를 추구해 온 데카르트(Descartes)의 철학과 구분되는 개념이다. 대상과 대상을 인식하는 사람의 분리는 주관과 객관이다. 데카르트의 철학에서는 대상을 놓고 생각하는 사유적 존재자로서 인간을 주장해 왔다. 데카르트는 "나는 생각한다. 고로 나는 존재한다."라고 말을 함으로써 사유를 사물과 구분한다(윤금자, 2012, p. 303). 이렇게 정신과 사물을 구분하는 이분법은 결국 신체와 정신을 구분하는 이분법으로 이어진다. 데카르트의 사유하는 인간은 사물이나 신체와 관계없이 생각만으로 존재하는 존재자다. 그러한 이러한 구분은 결코 가능하지 않으며 "하이데거는 인간은 정신을 통해서가 아니라 오직 '신체'에 속박된 상태에서 존재자들과 만남을 이룰 수 있다고 역설한다."(하제원, 2007, p. 666). 하이데거가 말하는 현존재는 인간의 몸인 신체에 속박되어 있으며 이러한 존재 양식을 통해서 다른 존재자들이나 자신과 관계를 할 수 있다. 그럼에도 불구하고 인간은 다른 존재자들과 관계에 열려 있는 초월적 존재자다.

하이데거는 현존재의 관계성을 "세계-내-존재"(강학순, 2006, p. 9; 윤금자, 2012, p. 303; 이남인, 2003, p. 26; 이성환, 2012, p. 227; 조형국, 2012, p. 239; 하제원, 2007, p. 670; 하피터, 2003, p. 103)라고 한다. 세계-내-존재라는 하이데거의 개념을 이해하기 위한 하나의 방식은 공간 개념이다. 강학순(2006)은 공간과 세계와의 논의에서 "공간의 존재론적 토대는 세계"(p. 18)라고 말을 하고 있다. 세계-내-존재라는 말은 세계 속에 들어 있는 존재라는 의미가 아니라 세계를 품고 있는 존재라는 의미다. 현존재는 세계 속에 들어있는 하나의 구성체나 개별적 존재가 아니라 오히려 자신 속에 세계를 품고 있는 존재다. 이러한 세계에 대해서 윤금자(2012)는 세계성이라는 단어로 표현하면서 "세계성은 그 자체로 하나의 실존 범주이며, 세계는 존재론적으로 현존재 자체의 한 특성으로 볼 수 있다."(p. 320)라고 말하며 그 특성을 다음과 같이 정리하고 있다.

> 첫째, 세계는 존재적 개념으로 사용되며 이 경우 세계 내부에(눈앞에) 존재할 수 있는 존재자의 총체를 의미한다. 둘째, '세계'는 각기 나름의 존재자의 다양성을 포괄하는 영역에 대한 명칭이 될 수 있다. 예컨대, 세계는 수학자의 '세계', 즉 수학의 가능한 대상들의 영역을 의미한다. 셋째, 세계는 존재적인 의미에서 이해될 수 있는데, 세계 내부적으로 만날 수 있는 그런 존재자가 아니라, 오히려 현사실적인 현존재가 이 현존재로서 '그 안에서' '살고 있는' 그곳으로 이해될 수 있다. (p. 320)

세계-내-존재라는 말은 일종의 범주라는 개념으로 이해될 수 있다. 범주는 총체적 세계와 학문적 대상들의 집합체인 학자들의 세계 그리고 한 개인이 살아가는 세계로 정리할 수 있다. 현존재는 한 개인이 살아가는 세계인 범주에부터 모든 존재자가 살고 있는 총체인 세계까지 열린 정체성을 갖는다. 범주는 한 개인이 살아가는 세계인 공간인 동시에 모든 존재자가 살아가는 세계인 공간이다.

(2) 인식론적 초월

하이데거의 현존재는 그 자체가 초월적이기 때문에 자신을 넘어서 다른 대상들과 관련을 맺게 된다. 다른 대상들과의 관련인 관계는 나와 타인이 같은 연결선에 있음의 인식이며 이러한 인식이 인식론적 초월이다. 인식론적 초월은 인간관계 속에서 이루어지는데 이를 "수평적 초월"(하피터, 2006, p. 83)이라고 한다. '자신인 나'는 이런 경우에 관계를 하는 주체고 '타인'은 관계를 하는 대상이다. 이러한 인식론적 초월에 대해서 하피터(2006)는 다음과 같이 말을 하고 있다.

> 한 존재자에서 다른 존재자로 넘어가는 초월을 의미하는 '인식론적 초월'은 달리 표현하면 '수평적 초월'로 지칭될 수 있다. 수평적 초월의 특징은 대상이 본질적으로 인식하는 주체에 '동화' 내지 '일치(adaequatio)'되어 있다는 것이다. 그리고 대상과 일치하는 수평적 초월에서는 의식과 대상은 분리되지 않고 밀접하게 관계되어 있다. (p. 83)

인식론적 초월인 수평적 초월은 자신과 타인의 관계를 자신의 입장에서 보는 초월이다. 자신과 타인은 근본적으로 연결되어 있지만 이러한 연결을 자신을 기준으로 해서 타인을 보는 초월이 인식론적 초월이다. 하이데거의 인식론적 초월은 한 개인이 자신을 넘어서서 다른 사람들에게 도달하는 방식의 초월이 아니다. 하이데거의 인식론적 초월은 한 개인과 타인이 따로 존재하지 않는다는 전제를 가지고 있다. 이는 마치 인간이 지구를 떠나서 다른 행성에 도달하는 방식의 초월을 상정하게 되는 것과 같다. 지구와 다른 행성들은 근본적으로 따로 존재하는 행성들이 아니며 관계를 갖는다는 의미는 지구와 다른 행성이 이미 서로 연결되어 있음을 인식하는 초월을 말한다. 다시 말하자면, 하이데거의 초월에서는 자신과 타인이 한 지평에 있으며 이러한 지평이 있음을 인식하면서 초월이 이루어진다. 인식론적 초월은 수평적으로 이루어지고 이미 관계 속에 있음을 인식하는 현상이다.

하이데거의 인식론적 초월을 논의하면서 용어에 대한 문제를 하나 짚어 보아야 한다. 이는 하이데거가 사용하는 자신과 타인이라는 용어는 '구분된 존재를 의미하는가, 아니면 그렇지 않은가?'의 문제다. 이 질문은 하이데거의 현존재라는 개념과 맞닿아 있다. 하이데거는 이미 현존재를 세계-내-존재라고 정의하고 있다. 현존재는 이미 존재 자체가 세계고 세계가 존재다. 이런 의미에서 자신과 타인은 서로 구별된 존재가 아니라 이미 연결되어 있는 존재다. 따라서 자신과 타인이라는 용어상의 구별은 존재와 존재를 지칭하는 개념이지 존재들의 관계를 의미하는 개념은 아니다. 일상적 의미에서 자신과 타인은 구별된 존재로 본다. 이러한 일상적 개념은 하이데거의 현존재 개념으로 보면 '자신 속에 타인' 또는 '타인 속의 자신'이라고 볼 수 있다. 이런 의미에서 자신과 타인이라는 용어상의 문제는 자연스럽게 해결된다.

(3) 존재론적 초월

하이데거의 현존재는 존재 자체가 초월적이라는 점에 대해서 하피터(2006)는 다음과 같이 설명하고 있다.

> 하이데거의 기초존재론에서 현존재의 근본적인 특징은 현존재가 고립된 주체로 이해된 데카르트적 자아와는 달리 세계 안에 존재한다는 데 있다. 그리고 현존재가 세계 안에 존재하는 이유는, 현존재는 본질적으로 '초월'에 의해 규정되기 때문이라고 하이

> 데거는 주장한다. '초월'이 현존재의 근본적인 구성이기 때문에, 이것은 현존재의 존재에 속해 있다. (p. 70)

인간은 존재적으로 이미 무엇인가를 향해서 열려 있는 존재다. 다른 대상들인 존재들에게 이미 열려 있기 때문에 이러한 대상들인 존재자들과 이미 연결된 존재가 곧 인간이다. 인간은 이미 그 내면 세계 속에 "초월론적 구성을 하는 능력을 갖고 있음"(윤병렬, 2008, p. 201)을 전제하고 있기 때문에 인간은 자신이 인식을 하든 인식을 하지 않든 관계없이 초월적 존재다. 이를 인식하게 되면 이는 인식론적 초월이다. 그러나 이를 인식하지 않더라도 인간은 현존재로서 스스로 자신을 넘어서는 존재다.

하이데거의 존재론적 초월은 신학적 초월과 구분된다. 신학적 초월은 인간과 절대자 또는 초월자와의 관계를 말한다. 절대자와 초월자들은 모두 영적 존재로서 인간이 영적 영역에서 관계를 하는 초월이 신학적 초월이다. 신학적 초월은 유한자와 무한자와의 관계인 "유한적인 존재자에서 무한적인 존재자로 나아가는 관계"(하피터, 2006, p. 85)를 의미한다. 이러한 초월은 인식론적 초월과 마찬가지로 초월의 대상이 다른 대상이다. 다른 대상이 인간이 되면 이는 인식론적 초월이고, 이 대상이 무한자이면 이는 신학적 초월이다. 그렇기 때문에 하이데거의 존재론적 초월은 신학적 초월과도 다르다.

하이데거의 존재론적 초월은 수직적인데 이는 존재의 근원을 향한 초월이다(하피터, 2006, pp. 86-87). 하이데거의 존재론적 초월은 다른 대상과의 관계만을 위한 초월이 아닌 존재의 근원을 밝히는 관계를 의미한다는 점에서 수직적이다. 인간은 '자신에 대해서 나는 어디서 왔고 어디로 가고 있는가?' '나의 뿌리는 무엇이고 나는 무엇으로 만들어져 있는가?'라는 등의 질문을 하며, 자신의 존재가 무엇인지를 이해하기 위해서 노력하는 존재다. 이러한 인간의 측면을 하이데거는 존재론적 초월이라고 부르고 있다. 존재론적 초월이 수직적인 이유는 자기 자신을 더 큰 마음으로 보기 때문이다. 자신의 존재를 더 큰 관점과 각도로 이해한다는 점에서 존재와 존재자 사이에는 이미 평등하거나 수평적 관계가 성립할 수 없게 된다. 존재론적 초월은 자신과 자신 사이에 이미 깊은 관계를 상정하고 있다. 깊은 관계란 수직적 관계를 의미한다. 자신의 존재가 존재하는 이유, 방식, 토대 등을 밝히면서 존재와 존재자 사이에는 건널 수 없는 그 무엇이 있음을 알게 되며, 존재가 존재하는 방식에 대한 이해 그리고 이러한 구성 요소들을 이해하기 위한 노력이 존재론적 초월이다. 이성환(2012)은 이러한 초월과 관련하여 "존재자의 존재를 존재의 존재로 보는 존재망각은 '존재자의 존재'를 인식하는 능력을 이성이라고 부르며, 인간은 이성의 능력을 갖춘 존재로 보게 한다."(p. 245)라고 말하고 있다. 이성환(2012)이 말하는 이성의 능력은 초월적 능력을 의미한다. 인간에게는 이러한 초월적 능력이 존재하며 이러한 초월적 능력으로 인해서 자신의 존재에 대한 의문을 갖기 시작한다. 이 같은 의문은 결국 자신의 존재 근원인 존재 이유, 존재 방식, 존재 근거 등을 탐구하는 초월적 활동을 하게 된다.

2) 키르케고르의 초월

(1) 자기 초월

실존주의 철학자 키르케고르는 자기에 대해 논의한다. 그가 말하는 자기는 자신과의 관련과 자신 밖에 있는 존재와의 관련 속에서 정체성을 확립하게 된다(Evans, 2006, pp. 83-87). 이 문장은 다음과 같이 해석될 수 있다. 첫째, 자기는 자기 자신과의 관련 속에서 정의된다. 자기는 자기 대상과 자신으로 구분된다. 이러한 구분은 이미 윌리엄 제임스(William James)가 오래전에 키르케고르의 자기를 이해하면서 사용했다(Evans, 2006, p. 83). 자기는 주관적 자기와 대상적 자기로 나누어진다. 주관적 자기는 자기를 이해하는 주체를 의미하고 대상적 자기는 이해되는 자기를 말한다. 주관적 자기는 반성적 사고를 통해서 대상적 자기를 이해한다. 주관적 자기는 자각을 통해서 자신이 어떤 존재인지를 이해하고자 한다. 이렇게 하기 위해서 주관적 자기는 대상적 자기를 초월할 수밖에 없다. 주관적 자기는 대상적 자기를 초월한 주체적 자기를 의미한다.

둘째, 자기는 타인과의 관련 속에서 정의된다. 앞에서 언급한 자신과의 관련 속에서 정의된 주관적 자기는 불완전할 수밖에 없다. 왜냐하면 자기는 자신 스스로 완전하게 정의될 수 없기 때문이다. 주관적 자기는 타인의 기준을 필요로 한다. 예를 들어, 아이들이 자신의 정체성을 확립하기 위해서는 부모의 기준이 필요하다. 아이들은 부모의 생각이나 감정 그리고 삶의 방식들을 내면화하여서 자신의 정체성을 만들어 간다. 마찬가지로 주관적 자기도 자신 스스로는 완전하지 않기 때문에 타인들의 기준을 필요로 한다. 이렇게 다른 사람들, 즉 사회의 기준을 내면화하기 시작하면서 자기는 사회적 정체성을 갖는다. 이를 확장하면 인간이 신의 기준을 필요로 한다는 키르케고르의 주장은 타당하다. 신과의 관련을 연구한 키르케고르에게 타인은 곧 신이다. 인간은 신 앞에 서 있는 존재로서 신의 기준을 자신의 것으로 받아들이는 주관적 자기가 필요하다. 주관적 자기는 자신과의 관련 및 신을 포함한 타인과의 관련 속에서 자신의 정체성을 확립하게 된다.

셋째, 주관적 자기가 이러한 정체성을 확립할 수 있는 이유는 주관적 자기가 신을 닮았기 때문이다. 이러한 점에 대해서 "자기 자신을 확립한 자기는 완전이 자율적이고 독립적인데 이는 하나님과 비슷"(Evans, 2006, p. 83)하기 때문에 자기는 신적 가능성을 가지고 있다. 이러한 신적 가능성을 가진 자기는 스스로 자신과의 관련이나 타인과의 관련을 통해서 자신을 확립해 가려고 한다. 이러한 자기는 독립적이고 자율적이어서 마치 하나의 세계를 구축하고 있는 듯하다. 비록 자기가 불완전하기는 하지만 신처럼 스스로를 규정하고 정의하는 특성을 가지고 있다. 그렇기 때문에 이러한 자기는 때로 위험에 빠지기도 한다. 유한성에 직면하게 되면 불안해져서 절망에 빠지기도 하고 자신이 마치 신이라도 되는 듯이 행동하려는 위험성을 갖게 된다. 이럴 때 자기는 무한한 존재를 통해서 자신을 더 키우고 도약함으로써 이러한 위험성이나 절망을 피할 수 있게 된다.

(2) 비약적 초월

키르케고르는 자기가 무한한 존재를 만나면서 발달을 한다고 본다. 자기의 발달은 세 단계인 심미적 단계, 윤리적 단계, 종교적 단계를 거친다(윤병렬, 2008, pp. 205-209). 심미적 단계는 자기 발달의 가장 낮은 단계다. 이 단계의 인간은 자신의 감각에서 오는 쾌락을 삶의 중요한 원리로 삼는다. 프로이트(Freud)가 말하는 쾌락을 추구하는 인간은 키르케고르가 말하는 심미적 단계의 인간이다. 많은 경우에 인간의 쾌락은 신체적 감각들과 연관되어 있다. 심미적 단계의 사람들은 먹는 것을 통해서 오는 감각적 즐거움, 편안하고 따뜻한 느낌을 통해서 갖는 감각, 운동이나 스포츠를 통해서 인식하게 되는 짜릿한 느낌과 같은 것을 얻는 삶을 추구한다. 이러한 삶은 결국 감각적 자기를 형성하게 된다. 이 단계의 사람들은 오감에 근거한 쾌락적 자기를 추구하게 된다.

감각적 자기에 의해서 만들어진 쾌락은 결핍의 늪에 빠지게 된다. 인간의 신체 감각은 자극에 반응하는 형태의 삶을 살게 된다. 이러한 형태의 삶은 '편안한 삶'을 추구하게 되는데 이는 더 많은 자극을 필요로 하는 욕구 중심적 삶이다. 예를 들어, 인간은 일단 맛있는 음식을 먹으면 다음에는 더 맛있는 음식을 먹고 싶어 한다. 마찬가지로, 무엇인가 짜릿한 느낌을 갖는 스포츠를 즐기게 되면 다음에는 더 짜릿한 느낌을 주는 스포츠를 추구하게 된다. 하지만 이러한 감각적 쾌락은 그 한계를 분명히 가지고 있기 때문에 시간이 지나면서 인간은 절망에 빠지게 된다. 마음에 형성된 감각적 자기는 더 많은 쾌락을 추구하는 반면, 인간은 무한한 정도의 쾌락을 가질 수가 없기 때문이다. 너무나 분명한 한계를 가지고 있기 때문에 인간은 절망할 수밖에 없는 삶을 살게 된다. 성경에 나온 예수님의 비유를 빌리자면 감각적 자기는 물을 마시면 마실수록 더 목이 마른 상태가 된다. 결국 결핍에 의한 삶을 살아가는 절망적 삶이 곧 심미적 단계의 삶이다. 따라서 이 단계에서의 절망을 극복하기 위해서 감각적 자기는 새로운 형태의 자기로 비약하지 않으면 안 된다. 새로운 형태로의 비약적 변화는 초월을 의미한다.

윤리적 단계는 자기 발달에 있어서 중간 단계다. 이 단계에서 사람들은 윤리적 자기를 형성하게 된다. 윤리적 자기는 현실에 기초한 삶을 살아가도록 한다. 이는 마치 어린아이들이 성장하면서 현실에 눈을 뜨는 현상과 비슷하다. 어린 아이들은 처음에는 자신들의 욕구인 쾌락에 의해서만 삶을 살아가려고 한다. 그러나 성장하면서 달면 삼키고 쓰면 뱉는 형태의 삶에서, 현실에서 요구되는 것들을 받아들이려는 노력을 하는 사람들이 윤리적 단계의 삶을 산다. 현실은 자신들이 가진 욕구에 의해서만 움직여지지 않기 때문에 현실이 요구하는 것들을 받아들이는 훈련이 필요하다. 자신이 원하는 욕구에 의한 삶과 현실이 요구하는 삶 사이에 갈등을 극복하는 삶이 곧 이 단계의 삶이다. 이들은 이러한 갈등을 해결하기 위해서 현실에 맞는 욕구를 충족하려는 경향과 욕구를 충족하기 위한 현실적 변형을 하게 된다. 어느 형태든지 윤리적 자기를 가진 사람들은 욕구와 현실 사이의 조화를 이루는 삶을 살게 된다.

윤리적 자기는 또한 보편타당한 원리에 입각한 삶을 살려고 한다. 감각적 자기가 자기중심적이며 쾌락적 원리에 의한 삶이라면 윤리적 자기는 자신과 타인 모두에게 도움이 되는 삶을 살려고 한다. 윤리적 자기는 이제 자신과 타인, 더 넓게는 인류 전체를 가슴에 품고 이들 모두에게 도움이 되는 원리가 무엇인지를 고민하게 된다. 이 단계의 사람들은 단지 고민하지 않고 이러한 원리를 실천하는 삶을 살게 된다. 평생에 걸쳐서 이러한 원리를 위한 삶, 즉 도덕적 의무나 보편타당한 원칙을 따르는 삶을 살기 위한 노력을 하게 된다. 흔히 사람들이 말하는 '대의를 위한 삶'을 살기 위해서 삶의 모든 장면에서 이를 실천하려고 노력하게 된다.

윤리적 자기는 감각적 자기보다는 좀 더 높은 수준의 자유를 획득하게 되지만 결국 역설의 원리에 빠지게 된다. 감각적 자기가 결핍으로 인해서 절망에 이르게 된다면 윤리적 자기는 좀 더 의미 있는 삶을 살기 때문에 순간적이고 찰나적인 삶을 벗어나게 된다. 감각적 쾌락이 지속되는 정도가 아주 짧아서 숨을 헐떡이듯이 살아가는 삶이라면 현실에 입각한 보편타당한 원리에 의한 생활은 좀 더 여유로운 삶을 살아갈 수 있게 한다. 그러나 이러한 여유 있는 삶도 영원히 지속되지는 못한다. 보편타당한 인간의 도덕적 원리들은 시대, 문화, 사조, 사회 체계의 변화 등에 따라서 달라진다. 윤리적 자기의 삶의 토대는 여전히 변화하고 달라지는 인간 사회에 근거하고 있기 때문에 이러한 토대가 달라지면서 인간은 절망에 빠지게 된다.

인간의 이러한 절망은 모두 역설적 원리에 의해서 발생된다. 역설은 유한성과 무한성에 의해 발생된다. 윤리적 자기를 형성한 사람들은 보편타당한 도덕적이고 현실적 원리를 인간 세상의 최고 가치로 삼게 된다. 하지만 시대나 사조 혹은 현실의 변화에 따라 원리는 달라지며 인간은 자신이 최고의 가치로 삼고 헌신한 원리가 변화하는 것을 경험할 때 절망하게 된다. 이러한 원리들이 영원히 지속되는 원리가 아니라 감각보다는 수명이 길지만 잠시 있다가 없어지는 원리임을 알게 되는 순간 인간은 더 이상 자신이 어디에 헌신을 해야 할지 모르게 되는 깊은 절망에 빠지게 된다. 이는 유한한 존재가 무한에 도전할 때 발생되는 역설이다. 무한한 시간에 비추어 볼 때 인간은 찰나적 존재다. 찰나적 존재인 인간이 무한을 생각하며 행동하는 자체가 모순이고 역설이다. 인간이 이 역설을 깊이 깨달을 때 윤리적 자기는 방향성을 잃게 된다. 이러한 방향성의 상실을 극복하는 방법이 다른 단계로의 도약 또는 비약이다. 여기에는 윤리적 단계를 넘어서 새로운 단계로의 이양인 비약적 초월이 요구된다.

셋째, 종교적 단계는 자기 발달에 있어서 최종 단계다. 이 단계의 사람들은 종교적 자기를 발달시킨다. 종교적 자기는 자신의 삶의 근거를 쾌락을 중심으로 하는 감각이나 인간 사회를 바탕으로 하는 현실적이고 도덕적 원리에 두지 않고 영원히 존재하는 신에게 둔다. 다시 말하면, 종교적 자기는 유한한 삶에 근거를 두지 않고 영원한 삶에 근거를 두고 자신을 발달시키는 자기다. 종교적 자기의 실존적 근거는 신에 대한 헌신으로 나타난다. 신을 통해 자신과 타인의 삶의 행복이나 안녕, 풍성한 삶을 구현한다. 이 단계의 사람들은 인간의 궁극적 행복을 추구한다.

종교적 자기는 '종교성A'라고 불리는 문화적 종교에 의한 삶과 '종교성B'라고 불리는 신적 종교에 의한 삶으로 나눌 수 있다(윤병렬, 2008, pp. 207-208). 문화적 종교란 사회, 문화, 제도를 반영하는 형태의 삶을 말한다. 인간이 살고 있는 세상의 제도, 관습, 습관, 문화 모든 영역이 종교적 형태 속에 들어온다. 인간의 영혼이 존재하고 영원하다는 입장에서 제도를 만들고 관습을 지키면서 삶의 행동을 만들어 간다. 예를 들면, 모든 사물에 영혼이 있다고 믿는 샤머니즘의 주술적 행위들, 영혼을 중시하면서 신체, 즉 육체의 쾌락을 경시하거나 죄악시하는 금욕주의적 행위와 행동으로 인해서 만들어진 사회 제도나 관습들이 종교적 자기에 의한 문화적 형태의 종교다. 신적 종교란 신을 중심으로 하는 삶을 말한다. 인간의 영혼이 중심이 아니라 신을 중심으로 이루어지는 신앙 형태를 신적 종교라 한다. 신은 인간이 만들어 놓은 제도나 관습, 습관, 문화를 초월해서 존재하는 분이다. 따라서 인간은 이러한 신 앞에서 신의 명령에 따라 사는 방식의 삶을 살게 된다. 이러한 삶을 반영하는 형태의 모양이 신적 종교다.

키르케고르는 종교적 자기 내에서도 비약적 초월을 말하고 있다. 문화적 종교에서 신적 종교에로의 초월이 반드시 필요하다. 문화적 종교는 근본적으로 형이상학적인 인간에게 그 근거나 근본을 두고 있기 때문에 이러한 인간의 한계를 인식하게 되면 형이상학의 한계도 분명해진다. 한계 상황을 극복하지 못하는 인간은 절망을 할 수밖에 없다. 그러나 인간이 영원히 존재하는 신을 중심으로 자신의 삶을 생각한다면 이러한 절망은 달라진다. 인간은 신과의 관계에서 죽어도 살고 살아도 죽는 역설을 깨닫게 된다. 이 세상에서는 죽은 자같이 보이나 신 앞에는 영원히 사는 자고 이 세상에는 잘 사는 자 같으나 신 앞에서는 죽은 자들이 있다. 신 앞에서 인간은 이러한 역설을 깨달으면서 절망으로부터 나올 수 있게 된다. 문화적 종교에서 신적 종교로의 이양이 비약적 초월이다.

3. 심리학적 관점의 초월

초월현상이 보편적으로 존재하기 때문에 심리학의 이론들도 초월현상을 비켜갈 수 없다. 심리학의 많은 이론이 초월현상을 깊이 다루고 있지는 못하지만 점차로 그 중요성을 강조하고 있는 편이다. 물리학이나 생물학의 영향을 받은 심리학 이론들은 초월현상에 대해서 깊이 다루지 못한다. 그러나 다른 영향을 받은 심리학의 이론들은 초월현상의 중요성을 강조하는 방식을 취하고 있다. 이 절에서는 심리학의 이론들 속에 나타난 초월현상을 밝히도록 한다.

1) 심리학 이론의 동향과 초월현상

(1) 물리적 현실에 근거한 이론

제1의 심리학이라고 불리는 이론들인 정신분석, 분석심리학, 개인심리학과 일부 가족치료 이론들인 대상관계 이론과 보웬(Bowen) 이론은 모두 물리적 현실에 근거해서 이론적 틀을 만들었다. 제1의 심리학 이론들은 모두 분석 전통의 이론들로서 프로이트의 정신분석에 근거를 하고 있다. 대상관계 가족치료 이론, 사티어(Satir)와 보웬 이론 역시 프로이트의 생각에 근거를 하고 있거나 깊은 영향을 받은 이론들이다.

프로이트는 물리적 세계와 현실을 기반으로 한 상담 이론인 정신분석을 내놓았다. 정신분석은 이미 잘 알려진 바와 같이 뉴톤 심리학에 그 기반을 두고 있다. 뉴톤 심리학이란 물리적 세계를 기초로 한 심리적 세계를 의미한다. 정신분석이 물리적 세계에 기초를 두고 있다는 증거는 인간의 마음에 관한 위상적 가정과 에너지로 이루어진 인간의 마음이다. 위상적 가정(topological assumption)이란 인간의 마음에 관한 구조를 말한다. 인간의 마음은 의식, 전의식, 무의식이라는 구조로 이루어져 있다. 프로이트의 이러한 생각은 인간의 마음이 빙산이라는 물리적 실체를 기반으로 하고 있다. 빙산은 세 개의 구조로 나누어서 이해될 수 있다. 물 위에 떠 있는 보이는 부분과 인간의 눈으로 쉽게 관찰하거나 탐색할 수 있는 부분 그리고 그 깊이를 알 수 없는 깊은 심연의 부분으로 나누어진다. 물 위에 떠있는 부분은 의식, 탐색 가능한 부분은 전의식 또는 잠재의식이고 심연의 부분은 무의식이다. 인간의 마음이 이렇게 빙산처럼 되어 있다는 생각은 분석심리학의 융, 대상관계의 여러 이론가들, 그리고 경험적 가족치료의 사티어에 의해서 받아들여지고 있다. 융은 인간의 마음에 관한 구조를 프로이트의 빙산과 같은 방식으로 받아들이고 있다. 의식과 무의식으로 구분된 인간의 마음에서 의식의 부분은 작은 부분이고 무의식의 부분은 무한대에 가까운 부분이다. 이렇게 구성된 인간의 마음은 빙산과 같은 구조다. 대상관계의 여러 이론가들 역시 인간의 마음에 관한 구조를 프로이트와 같은 방식으로 생각한다. 이들은 인간의 마음에 관한 심리학으로서 자아(ego)나 자기(self)라는 개념들을 사용하고 있는데 이러한 개념들은 의식과 무의식에 걸쳐서 존재하는 현상이다. 인간은 물 위의 의식 세계와 광대한 무의식으로 이루어진 존재다. 사티어는 인간의 경험이 어떻게 형성되어 있는지를 도식을 통해서 표현하고 있는데 그 도식은 정확하게 빙산 구조를 가지고 있다.

인간의 마음이 무엇으로 구성되어 있는가라는 질문에 대해서 프로이트는 에너지라고 대답을 한다. 프로이트는 에너지라는 현상을 물리적 세계에서 들여왔다. 프로이트 이전부터 존재해 왔던 자연철학자들은 세상을 에너지 덩어리라고 생각하였다. 에너지들끼리는 서로 충돌하면서 새로운 다른 에너지를 만들어 내기도 한다. 세상은 거대한 에너지 덩어리로서 여러 다른 방향이나 힘을 가진 에너지가 존재를 한다. 이러한 자연철학적 생각인 에너지의 개념을 프로이트는 인간의 마음에 적용을 하였다. 인간의 마음에는 두 가지의 커다란 에너지인 삶의 본능과 죽음의 본능이 존재한다. 이 두 개의 에너지는 서로 양립할 수 없는 에너지로서 커다란 역동을 일으키는 존재들이다. 역동심리학은 프로이트의 이러한 에너지에 기반을 둔 이론을 의미한다. 인간의 에너지가 감정의 형태로 존재한다고 말한 사람은 가족치료학자 보웬이다. 그는 인간의 마음에는 두 가지 커다란 감정이 존재한다고 말하는데, 그 하나는 개별성이고 다른 하나는 연관성이다. 이 두 개의 에너지는 감정의 형태로 존재하면서 인간의 마음속에서 관계와 자신을 만들어 내는 역할을 한다. 가족은 자아덩어리로 존재하는데 자아덩어리는 분화되지 않은 감정 형태의 에너지를 말한다. 자아덩어리에서 자신의 모양을 분리하려는 힘을 개별성이라고 하고, 자아덩어리로 묶이려는 에너지를 연관성이라고 한다.

(2) 기술적 현실에 근거한 이론

제2의 심리학 이론들이라고 할 수 있는 행동주의, 인지행동, 사회학습 등과 같은 행동 전통의 이론들과 가족치료 이론의 대화 이론은 모두 인류의 기술 문명과 깊은 관련이 있다. 이러한 이론들은 모두 기본적으로 자극에 따른 반응적 인간에 대한 이론이다. 인간은 환경의 영향에 의해서 만들어지는 존재들로서 '자극에 어떻게 반응하는가?'에 대해서는 각각의 이론들마다 차이가 있다. 이러한 차이에도 불구하고 인간은 기술 중심의 삶을 사는 존재들이다. 적절한 자극에 반응하기 위해서 기술을 발달시키고 이러한 기술을 중심으로 자극에 반응하는 방법을 개발시키는 존재가 인간이다.

행동주의 이론에 의하면 인간은 기술의 집합체다. 고전적 행동주의에서는 단지 자극에 반응하는 기술을 말하고 있다. 조작적 조건화에 의한 현대 행동주의는 상황이나 현실을 조작하는 기술에 대해서 말하고 있다. 인지행동주의 이론에서는 외부의 자극이나 상황, 현실에 대한 생각의 기술 집합체를 말하고 있다. 사회학습 이론에서는 인간은 부모나 사회의 환경에 의해서 습득된 기술 집합체라고 말하고 있다. 어떤 종류의 기술을 말하는가에 대해서 이론들마다 조금씩 차이는 있지만 행동주의 전통의 이론들은 인간을 기술의 모임인 기술 집합체로 보고 있다.

인간이 기술 집합체라는 인식은 현대의 기술 문명의 발달과 밀접한 관련이 있다. 현대 사회가 산업을 중심으로 과학 기술이 엄청나게 발달하면서 행동주의 이론들은 힘을 받기 시작했다. 예를 들어, 행동주의자 중 한 명인 스키너의 가장 큰 업적 중 하나는 학생들로 하여금 가르치는 기계 앞에서 반응하도록 만들었던 것으로 이는 학습을 프로그램화시켜 사람이 반응하도록 만든 것이다(Fadiman & Frager, 2002, p. 336). 이러한 스키너의 업적은 현대 사회의 기술 혁명에 의해서 만들어진 기계나 다른 문명의 이기들이 없이는 불가능하다. 행동주의는 눈에 보이는 데이터를 중심으로 이루어진 이론인데 이러한 경향은 앞으로도 지속될 전망이다. 현대 사회가 정보화 사회로 넘어가면서 스마트 기기를 포함한 문명의 이기들의 발달이 가속화되고 있다. 그리고 감정과 같이 눈에 보이지 않는 현상들도 이제 문자나 이모티콘을 통해서 디지털화되면서 행동주의적 경향은 더 강해지고 있다.

(3) 심리적 현실에 근거한 이론

제3의 심리학이라고 부르는 인본 전통의 이론들인 실존주의 심리학, 게슈탈트, 인간 중심, 현실요법 등과 가족치료 이론에서는 맥락가족치료가 이 영역에 해당된다. 이러한 이론들은 공통적으로 인간이 처한 심리적 현실을 중요하게 생각한다. 심리적 현실을 어떻게 보느냐는 이론들마다 차이가 있지만 각각의 심리적 현실은 인간이 살아가는 주관적 세계다. 이러한 세계들은 모두 자신들의 내면세계 또는 관계세계에서 일어나는 여러 가지 현상을 어떻게 지각하고 생각하며 어떤 방식으로 받아들이는가에 따라서 달라진다. 각각의 이론들은 이러한 심리적 현실에 눈을 뜨기 위해서는 무엇이 필요한지에 대해 말하고 있다.

심리적 현실 지각을 위해 이론들은 경험, 자각, 느낌, 인식 등과 같은 단어들을 중요하게 보고 있다. 한 개인은 자신이 경험하는 세계를 어떻게 자각하고 느끼며 받아들이는가에 따라서 다른 현실, 즉 다른 세계를 살아간다. 세상이란 객관적으로 주어지는 세계가 아니라 개인이 느끼고 생각하며 인식하는 세계다. 개인이 느끼지 못하는 세계는 의미가 없고 또한 존재하지 않는 세계다. 이런 의미에서 심리적 현실에 근거한 이론들은 현상학적이다. 현상학은 본질이 따로 존재하지 않으며 단지 사람들이 느끼고 생각하고 인식하는 세계만 존재할 뿐이라고 본다.

(4) 영적 현실에 근거한 이론

제4의 심리학이라고 불리는 가장 최근의 이론은 인간에 대해서 영적 존재라는 입장에서 개념화를 하고 있다. 인간의 의식 세계를 기반으로 한 이론으로서, 인간의 의식이 무한대까지 확장될 수 있다고 주장하는 이론이 초인심리학이다. 인간을 영적 존재로 보는 경향은 심리학 이론뿐만 아니라 인간 이해에 대한 최근의 전반적 경향이다. 세계보건기구(World Health Organization: WHO)는 1995년 이전에는 인간의 안녕에 대한 관점을 세 가지만 발표하였다. 그 세 가지는 물리적 안녕, 심리적 안녕, 사회적 안녕이었다. 1995년 이후 세계보건기구에서는 인간의 안녕에 대한 발표에 영적 안녕을 추가함으로써 인간이 영적 존재임을 밝히고 있다.

초인심리학은 인간이 우주와 연결된 영적 존재임을 개념화하고 있다. 인간은 근본적으로 영적 존재로서 이 세상의 모든 존재와 연관되어 있다. 초인심리학에서 말하는 우주성(universality)은 인간이 우주와 동일하다는 사상이다. 인간은 우주 만물이며 동시에 우주 만물이 인간이다. 인간은 개별적으로만 존재하는 개체가 아니라 우주적 존재로서 우주와 하나 된 존재다. 인간이 우주고 우주가 곧 인간이다. 따라서 인간은 우주 만물과 연결된 존재이며 이는 연결성(connectedness)을 의미한다. 인간은 우주 만물과 연결된 존재로서 우주 만물과 교류할 수 있는 존재다. 우주로부터 모든 에너지를 공급받을 수 있고 우주의 힘을 통해서 무한한 힘을 펼칠 수 있는 존재다. 이러한 점을 인식하고 의식을 무한히 확장하면 인간은 우주 만물과 교류하여 현재 자신보다 더 큰 힘을 발휘할 수 있다.

(5) 이론의 동향과 초월현상

프로이트의 물리적 심리학에서 시작한 상담 이론들은 현대로 오면서 점차 인간의 영적 현상에 대해서 인정해 오고 있는 추세다. 물리적 현실에 근거한 이론들은 부분적으로 초월현상에 대해서 언급하고 있었다. 예를 들면, 칼 융은 인간 내면에 큰 자기가 있고, 자기로 인해서 여러 가지 극단적 요소들을 통합하는 개성화 과정을 통해서 초월할 수 있다고 주장한다. 그는 또한 집단 무의식을 인류의 문화유산으로 보면서 개인의 초월성에 대해서 말하고 있다. 또한 대상관계 이론에서도 인간 발달 현상을 통합적으로 보고 있다. 인간 안에서 일어난 선과 악, 흑과 백을 통합하는 발달 과정은 초월적이다. 하지만 앞의 이론들은 초월현상을 부분적으로 취급하고 등한시하며 중요하게 보고 있지 않다.

프로이트 이론과 거의 같은 시기에 만들어진 행동 전통의 이론들은 초월현상과 거리가 멀다. 이들은 인간을 기술 집합체라고 보면서 자동 현상에 대해서 개념화를 하고 있다. 자동 사고나 자동 행동과 같은 기계적 현상들을 대입하면서 인간은 기술적이며 기계적이기 때문에 초월현상과 관련이 없다고 본다. 프로이트 이론보다 훨씬 더 늦게 만들어진 인본 전통의 이론들은 앞의 이론들보다 더 초월현상에 대해서 많이 다루고 있다. 이들은 인간의 주관적 현실을 다루면서 자신들만의 세계에서는 절망에 빠진다고 말하고 있다. 이러한 절망을 극복하기 위해서는 자신 이외의 그 무엇인 타인 또는 타자 등과 관련성을 강조하면서 초월성에 대해서 언급하고 있다. 가장 최근의 이론인 초인심리학은 그 자체로 초월심리학이다. 인간이 자신을 무한대로 확장하여 초월할 수 있는 존재이기 때문에 인간은 이러한 점을 인식하기만 하면 된다. 이러한 인식을 토대로 한 영적 연습은 자신을 스스로 초월할 수 있는 자기 초월을 가능하게 한다.

2) 상담학 이론 속에 들어 있는 초월현상

(1) 통합으로서의 초월

융의 분석심리학과 대상관계 이론은 모두 통합을 이론의 중요한 목표로 삼고 있다. '무엇을 통합하는가?'는 서로 다르지만 그럼에도 불구하고 이 이론들은 인간의 내면에 통합을 향한 동력이 있음을 말하고 있다. 융의 이론에서 인간의 내면에는 여러 가지 서로 다른 위치나 입장에 있는 요소들이 존재한다. 예를 들면, 아니무스와 아니마라는 남성성과 여성성이 있는 이들은 조화를 이루기도 하지만 서로 반대의 위치에 있기도 한다. 이러한 각각의 요소들은 모두 내면 깊은 곳에 들어 있는 큰 자기에 의해서 통합을 하려는 경향을 가지고 있는데 이러한 통합의 과정을 통해서 개성화를 이루게 된다. 큰 자기는 인간의 내면에 존재하는 신적 요소로서 영성을 의미한다. 인간의 내면에는 영성이 존재하는데 이 영성은 내면세계 속의 서로 다른 위치에 있거나 다른 입장에 있는 요소들을 하나로 통합하여 다른 사람들과 구분된 자신만의 정체성을 갖으려고 한다. 이러한 정체성의 과정은 현재 자신을 넘어서 좀 더 완전한 자기로 나아가는 초월의 과정이다.

대상관계 이론에서는 인간의 발달 과정을 그리고 있는데 인간은 자연적으로 통합을 향해서 나아가는 존재다. 태어나면서부터 인간은 흑과 백, 선과 악이라는 요소로 나누어진 존재다. 이러한 존재는 발달을 하면서 자연스럽게 자신 안에서 통합을 이루는 과정을 거치게 된다. 단순한 자기에서 복잡한 자기에로의 구조적 변화를 통해 이전의 자기보다 발달된 자기로서의 더 큰 자기가 된다. 즉, 인간은 자연스러운 발달과 통합을 통해 이전의 자기보다 더 큰 자기를 가지며 자신을 초월하는 과정을 거치게 된다.

(2) 자기로서의 초월

실존주의는 현재 인간이 경험하고 있는 즉각적 현실에 관심을 둔다. 즉각적 현실은 두 가지 측면으로 구성되어 있다. 하나는 자신의 존재에 대한 깊은 인식이고, 다른 하나는 세상에 대한 인식이다. 먼저, 인간은 자신의 존재에 대해서 깊은 생각을 하면 할수록 자신에 대해서 여러 가지 다른 느낌들을 갖게 된다. 자신의 실존을 무의미하게 느끼거나 자신이 존재할 수 없는 상황이나 현실을 깊이 느끼게 되면 불안, 죄의식, 절망 등을 느끼게 된다. 불안과 죄의식은 자신의 존재에 대한 의미를 부여하거나 자신이 살아 있음을 보여 주려고 할 때 발생된다. 이러한 노력이 실패로 돌아가게 되면 인간은 깊은 절망을 느끼게 된다. 두 번째로, 인간은 근본적으로 세상 속에 있는 존재로서 다른 사람들과 관계하는 존재다(May & Yalom, 1995, p. 265). 인간은 물리적이고 생물학적 환경이 둘러싸여 있으면서 이 속에 자신의 욕구를 실현하는 존재다. 이러한 욕구를 실현하는 방법은 자신이 세상, 즉 환경에 대해 느끼는 감정들과 관련이 있다. 인간의 실존 중 하나인 즉각적 현실은 자신이 느끼는 모든 것을 의미한다. 느끼지 못하거나 느낌이 없는 것들은 존재하지 않는다. 메이와 얄롬(May & Yalom, 1995)은 이 점에 대해서 '꽃이 예쁘다.'라는 진술은 다른 말로 '나에게 꽃이 예쁘다.'라는 의미(p. 265)라고 말을 하고 있다.

인간이 자신을 둘러싸고 있는 현실과 자신에 대해서 깊이 생각을 하게 되면 초월을 피할 길이 없게 된다. 인간에게는 추상화와 객관화의 능력을 가지고 태어나기 때문에 자신의 과거와 현재를 넘어서 미래로 가려고 하는 경향을 갖게 된다(May & Yalom, 1995, p. 267). 인간은 즉각적 현실을 넘어서 초월적 현실로 가려고 하는 경향을 가진 존재다. 인간이 즉각적 현실에만 머물러 있으면 부정적 감정을 경험하기 때문에 이러한 감정을 극복하는 과정이 곧 초월적 현상이다. 즉각적 현실을 넘어서 가려고 하는 경향은 반영적 사고와 관련이 있다. 자신의 상황과 현실 그리고 자신의 존재에 대해서 반영을 하면서 새로운 상상을 펼치는 방식으로 즉각적 현실을 넘어서려고 한다.

(3) 의식으로서의 초월

초인심리학은 의식의 초월상태에 초점을 맞춘다. 초인심리학은 발달을 통한 초월을 다루고 있는데 이때 발달은 자기를 넘어서는 발달을 의미한다. 일반적으로 발달심리학에서는 발달을 심리내적 수준에서 다루고 있는 데 반해서, 초인심리학에서는 발달을 개인을 넘어서 우주와 하나가 되는 의미로의 발달을 다루고 있다. 이러한 초인심리학의 입장은 켄 윌버(Ken Wilber)의 발달적 관점에 근거를 두고 있는데 그는 전개인, 개인, 초개인이라는 발달 단계를 제시하고 있다(문일경, 김명권, 2008;

문일경, 2009; 한명숙, 2013). 각각의 발달 단계는 세 단계로 구분되면서 마지막 수준에서는 개인을 뛰어넘는 우주와의 합일을 강조하고 있다.

우주와 합일되는 발달 과정은 선형적 구조로 이루어지지 않고 나선형 구조로 이루어진다(용홍출, 황경렬, 2004). 나선형 구조의 특징은 아래 단계를 포함하는 위 단계로의 발달을 의미하는데 "더 이상 동일시할 상의의 포괄적 구조가 없는 상태, 즉 모든 것을 포괄하는 전체로서의 초월적인 상태"(용홍출, 황경렬, 2004, p. 27)가 최종의 단계다. 초월상태의 인간은 이전 단계들에서 가지고 있는 한계에서 자유롭고 모든 것을 포용할 수 있는 상태를 갖는다. 이러한 상태가 곧 우주와의 합일을 의미하며 "온갖 조건의 구속으로부터도 자유로우며, 삶에 대해서 완전히 깨어있으면서 개방되어 있는 존재"(조옥경, 2013, p. 877)를 의미한다. 이러한 상태의 인간은 의식이 완전히 깨어 있으면서 자유롭게 우주의 모든 것과 연결할 수 있게 된다.

제 2 장

초월과 기독교 사상

1. 하나님의 특성과 초월

1) 편만과 초월

(1) 편만

하나님의 특성 중 하나인 편만(immanence)은 하나님은 어디에나 존재한다는 개념이다. 하나님은 인간이 살고 있는 자연, 인간의 역사, 인간의 본성 어느 곳에나 존재하는 분이다(Erickson, 2001, p. 329). 자연 속에 계시는 하나님은 자연의 속성 중에 있기 때문에 인간이 귀를 기울이면 언제나 알 수 있다. 사람들이 흔히 자연을 보면서 하나님의 솜씨라고 말을 할 때 자연 속에서 하나님의 존재를 느낄 수 있다. 자연을 통한 하나님의 존재에 대한 느낌은 현상학적이다. 그러나 자연의 기원에 대해서도 하나님의 존재를 느낄 수 있다. 이러한 어마어마한 자연이 어디에서 왔는가의 주제는 학계에서는 많은 논쟁이 있지만, 그럼에도 불구하고 여전히 자연의 기원을 통해서 인간은 하나님의 존재를 느낄 수 있다.

인간의 본성 속에 존재하는 하나님은 인간의 신성으로 이해를 할 수 있다. 인간은 동물성과 신성을 동시에 가진 존재다. 생명을 파괴하려는 동물성과 생명을 유지하고 지키려는 신성을 가진 존재가 인간이다. 인간에 대해서 동물성 측면이 강조되면 인간은 사회적 동물이라고 정의된다. 이러한 입장은 진화론적이면서 인간을 단세포에서 왔다고 주장하는 학자들에 의해서 꾸준히 유지되고 있다. 그러나 인간이 신적 존재라고 주장하는 학자들은 인간의 종교성을 들고 있다. 인간은 끊임없이 신과 교류를 하려는 마음을 가지고 있다. 그래서 종교를 제도화시킨다. 비록 종교를 가지고 있지 않은 사람들도 마음속에서는 무엇인가를 믿으려고 하는 경향을 가지고 있다. 이러한 경향이 신성이고 인간은 신적 존재다. 신적 존재인 인간은 자신의 본성을 통해서 하나님을 느끼고 이해할 수 있다.

인간의 역사 속에 계시는 하나님은 예수님을 통해서 드러난다. 예수님은 인류 역사상 가장 크게 영향을 끼친 분이다. 예수님의 존재를 근거로 해서 인류는 AD와 BC를 구분된다. 예수님 탄생 이전을 BC(Before Christ)라고 하고 예수님 탄생 이후를 AD(Anno Domini)라고 한다. 이러한 예수님의 존재는 그의 제자들을 통해 세계 각국에 기독교가 전파되고 사회 제도가 변화하면서 문화와 문명이 달라지는 현상을 통하여 증명되고 있다. 이러한 변화 중 하나가 민주 제도다. 인권에 대한 인식이 많아지면서 생명의 소중함을 가장 중요한 가치로 두는 사회적이고 문화적이고 문명적 현상들이 발생하였다. 이러한 역사를 자세히 들여다보면서 인간은 하나님의 편만함을 이해하고 인식할 수 있다. 인간의 역사 속의 하나님은 또한 이스라엘의 나라에서도 볼 수 있다. 구약의 대부분의 내용이 이스라엘 나라의 역사임을 감안할 때 하나님은 이스라엘 역사를 통해서 인류 사회에 개입을 하면서 역사 속에 존재한다. 이러한 이스라엘 나라의 역사는 현재에도 진행 중이다. 하나님의 편만함은 인류 역사 어느 곳에서도 볼 수 있다.

하나님의 편만은 하나님의 초월적 특성 중에 수평적이면서 동시 수직적 측면에서 이해할 수 있다. 어디에서나 동시에 계시는 하나님은 위아래의 개념이 아닌 옆의 개념이다. 옆이란 평면을 의미하면서 수평적 현상이다. 인간은 한 번에 한 곳에만 존재할 수 있다. 동시에 여러 곳에 존재할 수 있다는 의미는 자신의 현재의 위치나 입장을 넘어서야 가능하다. 만일 자신의 현재 입장이나 위치를 넘지 못하면 인간은 현재의 입장이나 위치에 갇히게 된다. 하나님은 자신의 현재 입장이나 위치에 갇힌 분이 아니라 얼마든지 자신의 입장이나 위치를 고수하면서도 동시에 다른 곳에 존재할 수 있는 분이다. 그렇기 때문에 시간상으로 보면 현재에 있으면서 동시에 과거와 미래 모두에 존재하는 분이다. 하나님의 편만은 초월의 수평적 현상이다.

하나님의 편만은 수직이기도 해서 인간의 마음속 또는 모든 천지 만물의 근원으로서 존재하기도 한다. 하나님의 손길이 닿는 곳에는 생명력이 생기고 이러한 생명력은 수많은 살아있는 생물을 만들어 낸다. 이 세상에 존재하는 모든 생명체는 이러한 하나님의 편만에 빚을 지고 있다. 하나님의 편만은 근원적이라는 면에서 수직적 현상이다. 하나님은 위아래의 구분이 없이 어디에나 존재하는 편만한 존재기 때문에 수직적 측면을 가진 분이다. 그는 근원으로서 눈에 보이지 않는 현상으로 존재하기도 하고 모든 생명 현상보다 위에 존재하는 분이다. 이런 의미에서 하나님의 편만은 수직적 현상이다.

(2) 초월

하나님은 그 자체로 모든 피조물로부터 구분된 존재, 모든 피조물 보다 위에 있는 존재, 모든 피조물 전부터 있는 존재로서 모든 피조물을 창조하고 주권적으로 돌보고 있으며 시공을 뛰어넘어 있는 존재다(Elwell, 2001, p. 502). 하나님 자체가 초월(transcendence)적이다. 초월적 존재로서 하나님이 가지고 있는 초월의 특성은 상위, 구분, 이전, 시공과 관련이 있는 개념이다.

상위의 하나님은 모든 존재보다 위에 있는 초월적 존재다. 이때 초월의 개념은 높은 위치와 관련이 있다. 이는 초월의 개념에서 볼 수 있듯이 '초'라는 한자어는 '넘는다'의 뜻을 가지고 있다. 넘기 위해서는 높이 올라가야 한다. 초월에서는 위라는 개념이 존재한다. 에릭슨(Erickson, 2001)도 하나님이 누구인지를 전통적 관점에서 설명하면서 하나님은 높고 위에 있는 존재라고 말하고 있다(p. 339).

하나님은 모든 존재로부터 구분되고 시공과 관계없이 존재하는 분이다. 하나님은 시간상에서 볼 때 인간이 존재하기 이전부터 존재해 왔고 인간이 존재하지 않더라도 존재하게 된다. 하나님은 또한 시간과 공간을 초월해서 있는 존재다. 하나님은 인간과 질적으로 구분된 존재인데 이는 에릭슨(2001)이 설명하고 있는 칼 바스(Karl Barth)의 하나님 관점이다(p. 340). 바스는 하나님이 인간과 무한히 질적으로 구분된 존재라고 말하고 있다. 이러한 하나님은 동시에 무한한 차원을 가진 존재다(Erickson, 2001, pp. 341-342).

하나님과 인간의 질적 구분은 차원적으로 볼 때 포괄차이(김용태, 2006, p. 56)를 보인다. 포괄차이는 차원적 현상으로서 일차원의 존재와 이차원의 존재가 가지고 있는 질적 구분을 말한다. 이차원의 존재는 일차원의 존재가 가지고 있는 모든 것을 포괄하고 있으면서 동시에 일차원의 존재에게는 없는 것을 가지고 있다. 일차원의 존재는 앞과 뒤라는 방향성을 가지고 있다. 이차원의 존재는 방향성이라는 일차원의 특성과 옆이라는 일차원과 질적으로 다른 현상을 가지고 있다. 일차원의 방향성을 포괄하면서 동시에 일차원적 존재에게는 없는 옆을 가지고 있다. 수학적으로 말을 하면 평면이라는 이차원은 앞뒤라는 방향성을 무한히 포괄하면서 옆이라는 새로운 현상을 가지고 있다. 하나님은 시간적으로 볼 때 인간의 선형적 시간을 포괄하면서 동시에 인간의 시간에게는 없는 상대적 시간을 가지고 있다. 선형적 시간은 직선적 시간의 개념이고, 상대적 시간은 시간이 줄기도 하고 늘어나기도 하는 시간의 개념이다. 하나님은 공간이라는 측면에서 볼 때 인간의 단시성을 포함하면서 동시에 인간에게는 없는 동시성을 가지고 있다. 단시성이란 한 공간에 한 번만 존재하는 개념이고 동시성이란 서로 다른 공간에 동시에 존재하는 개념이다. 하나님은 분명히 인간과 비교해 볼 때 포괄차이에 의한 초월적 존재다. 포괄차이를 갖는 초월은 초월의 수직적 측면이다. 초월의 수직적 측면은 높고 낮음, 질적 구분, 포괄차이 등에 잘 드러나 있다.

2) 삼위일체

하나님이 어떤 존재인가에 대해 답할 때, 다른 측면이 삼위일체(trinity)다. 성경에서는 하나님께서 인간을 창조할 때 "우리의 형상을 따라 우리 모양대로 우리가 사람을 만들고"(창세기 1:26)라고 기록하고 하고 있다. 이때 우리는 하나님의 삼위인 성부, 성자, 성령을 의미하며 이러한 성부, 성자, 성령을 삼위일체의 하나님이라고 한다. 에릭슨(2001)은 삼위일체의 특성을 하나 됨(oneness), 삼위의 신성(deity of three), 하나 속의 셋(three in one)이라고 말을 하고 있다(pp. 348-357).

(1) 하나 됨

하나님은 근본적으로 하나라는 개념 속에는 삼위가 하나이면서 동시에 나누어질 수 없으면서 근본적으로 연결된 존재라는 특성을 가지고 있다. 이 개념에는 하나님이 구분되거나 분배될 수 있는 있지만 나누어지거나 별개일 수 없다는 의미가 들어 있다(Erickson, 2001, p. 358). 여기서 하나라는 개념 속에 중요한 의미는 구분(distinction)과 배분(distribution)이다. 구분은 하나이면서 달라지는 현상을 말한다. 몸은 구조적으로 볼 때 머리와 몸통과 사지로 구분된다. 이들은 모두 몸을 형성하고 있는 부분이지만 동시에 몸을 말하고 있다. 머리와 몸통, 사지는 모두 몸의 서로 다른 구분된 부분이다. 삼위의 하나님은 모두 이렇게 하나를 구성하면서도 동시에 구분될 수 있는 인격체들이다. 다음으로 배분은 질적으로 같은 상태를 가지고 있으면서 서로 다른 방식으로 나타난 현상이다. 이는 마치 밀가루 반죽과 같다. 밀가루 반죽을 만들게 되면 같은 성분을 가진 반죽을 가지고 여러 가지 다른 형태를 만들어 낼 수 있다. 동그란 모양의 구술을 만들 수도 있고 기다란 모양의 막대 형태를 만들어 낼 수 있다. 이들은 모두 형태는 다르지만 같은 성분을 가진 본질적으로 같은 것들이다. 이런 면에서 밀가루 반죽을 어떻게 배분하느냐에 따라서 서로 다른 형태들이 나올 수 있다. 삼위는 근본적으로 하나의 본질을 공유하면서 서로 다른 모양으로 나타난 형태를 의미한다.

(2) 삼위의 신성

성부와 성자, 성령은 본질적으로 같은 신성을 가진 존재들이다. 언어상으로만 보면 성부와 성자는 뭔가 다른 본질을 가진 신성한 존재로 인식될 수 있다. 아버지인 성부는 아들인 성자보다는 더 많은 신성을 가지고 더 많은 창조력이나 기적을 행할 수 있을 것으로 보이기도 한다. 그러나 삼위일체의 하나님 속에 있는 성부와 성자는 본질적으로 동등한 신성을 가지고 있다. 성경에서 예수님은 자신을 아버지와 하나라고 말을 했거나 복음서는 말씀은 태초부터 있었고 그 말씀이 육신이 되어 예수님이 되었다고 기록하고 있다. 성자 예수님이 가진 신성은 아버지 성부가 가진 신성을 모두 가지고 있고 이는 복음서를 통해서 그리고 예수님 자신의 말로 증명되고 있다. 같은 방식으로 성령에 대해서도 말을 할 수 있다. 눈에 보이지 않는 성령은 눈에 보였던 예수님과 같은 방식으로 그리고 같은 본질로 모든 신성의 능력을 행할 수 있는 존재다.

(3) 하나 속의 셋

하나님은 셋이면서 하나고 하나이면서 셋인 동시에 셋 모두가 동일한 신성을 가진 존재다. 하나님은 일치적이면서 동시에 동등성을 가진 존재다(Erickson, 2001, p. 355). 하나님의 이러한 특성은 표면적으로 볼 때 모순으로 보인다. 하나는 하나인데 셋이라고 하고 셋이면 여럿인데 하나라고 하기 때문이다. 셋이 하나 속에 포함된다는 의미에서 셋은 하나 속에 들어가는 초월현상을 보이고 있다. 역으로 하나인데 셋이라는 말은 각각은 서로 동등한 위치와 신성을 가지고 있다. 이러한 동등한 위치와 신성은 셋이 질적으로 차이가 나지 않고 단지 다름을 가지고 있음을 의미한다. 이러한 현상은 같으면서 다른 현상으로서 수평 초월의 전형을 보이고 있다.

(4) 초월

삼위일체의 하나님은 초월의 또 다른 측면을 보여 준다. 하나이면서 동등하다는 말은 수평 관계를 의미한다. 성부, 성자, 성령은 수평적으로 동등한 신성과 위치를 가지고 있다. 동등한 신성과 위치가 다시 하나로 수렴되면서 셋은 하나 속에 포함된다. 성부는 성자에 완전히 포함되지만 동시에 성자는 성부에 완전히 포함된다. 성령과의 관계도 마찬가지다. 서로가 완전히 포함되기 위해서는 자신을 넘어서 다른 존재에게로 들어가게 된다. 자신을 넘어서 위로 가게 되면 수직 초월이지만 옆으로 가게 되면 수평 초월이다. 이러한 경우는 부부간의 경우에도 마찬가지로 적용된다. 남편과 부인이 서로 사랑을 하면서 하나가 되는 현상은 이러한 수평 초월의 예다. 남편은 자신을 넘어서 부인과 연합을 하게 된다. 부인과 연합은 자신을 넘기는 하지만 부인을 아래로 두고 자신이 위에 있는 상하 관계가 아니라 자신과 부인이 동등하면서도 하나가 되는 횡적 연합을 의미한다. 마찬가지로 성부와 성자와 성령은 자신들을 넘어서 각자와 완전한 연합인 일체를 형성하게 된다. 이러한 완전한 일체는 차원적 차이가 아닌 동일한 수준이나 차원에서 이루어지는 연합을 의미한다. 성부와 성자와 성령은 모두 자신들을 넘어서 횡적으로 연합을 하게 되는 수평 초월을 하게 된다.

2. 인간의 특성과 초월

1) 전인적 존재

(1) 유심론적 일원론

철학에서는 인간의 존재에 대해서 오랫동안 논쟁해 왔다. 여러 가지 주제가 있지만 그중 하나는 인간이 어떤 형태로 존재하는가에 대한 논쟁이다. 인간이 부분으로 구성된 존재인가, 아니면 하나로 된 일체형의 존재인가에 대해서 논쟁을 해 왔다. 인간 안에 여러 다른 요소가 존재한다고 믿는 사람들은 인간에 대해서 부분적 구성을 주장해 왔다. 이러한 주장을 철학에서는 이원론(dualism)이라고 부른다. 이원론이란 서로 반대되거나 양립하기 어려운 실체들이 하나 속에 공존하면서 서로에 대해서 적대시한다고 보는 철학적 사상이다(Elwell, 2001, p. 357). 인간을 구성하는 요소는 영혼과 물질이다. 이 둘은 동일한 인간 속에 존재하면서 서로 반대하기도 적대시하기도 하기도 한다. 영혼은 형상(image)이고 물질은 질료(matter)다. 형상과 질료는 궁극적으로 같은 실체가 아니고 다른 실체들이다. 이들은 서로를 적대시하기도 하고 밀어내기도 하는 실체들이다. 왜냐하면 서로 공존할 수 없는 실체들이 한 곳에 동시에 존재하기 때문이다. 이는 마치 민주주의와 공산주의가 한반도 땅에 그리고 한민족에 동시에 존재하기 때문에 발생되는 현상과 비슷하다. 마치 둘 중의 하나가 없어져야 평화가 오듯이 형상과 질료도 그러한 실체들이다.

반면에, 일원론은 다르게 보이기도 하고 때로는 다르게 경험되기는 하지만 궁극적으로 하나에서 비롯되었다고 생각하는 철학적 사상이다(Elwell, 2001, p. 787). 이원론은 두 가지 서로 다른 실체가 부품처럼 하나를 이룬다는 사상임에 반하여, 일원론은 일종의 일체형이어서 근본적으로 둘이 아닌 하나라는 사상이다. 그 하나를 무엇인가로 보느냐에 따라서 일원론은 두 가지로 나누어진다. 하나는 모든 것이 어떤 것(thing)으로부터 출발하였고 결국 그 어떤 것(thing)으로 돌아간다는 사상인 실질적 일원론(substantial monism)이다(Elwell, 2001, p. 787). 이것은 일종의 실체로서 구체적인 어떤 것이다. 이는 마치 물건을 지칭할 때 쓰는 용어처럼 실물이라는 표현이 적당하다. 다른 하나는 실물이 아닌 범위에 의한 일원론인데 이를 귀인적 일원론

(attributive monism)이라고 한다(Elwell, 2001, p. 787). 범위는 어떤 구체적 실물이 아닌 종류를 의미한다. 인간, 동물, 식물, 무생물 등과 같은 표현들은 모두 일정한 범위를 나타낸다. 인간 속에는 백인종, 흑인종, 황인종 등과 같이 여러 부류의 인종이 존재한다. 마찬가지로 동물 속에도 파충류, 설치류, 영장류 등과 같은 여러 종류의 다양한 동물이 존재한다. 범위는 이러한 여러 종류를 나타내는 말이다. 모든 개별적인 것들은 이러한 범위로 귀인된다. 서로 다르게 보이는 많은 것은 하나의 범위에서 출현한 것이다.

하나의 범위를 규정하는 방식에 따라서 유물론과 이상론으로 나누어진다(Elwell, 2001, p. 787). 유물론은 모든 것은 물질적 범위에 의해서 발생되었다고 보는 사상이고 이상론은 모든 것이 심중(heart)에 의해서 발생되었다고 보는 사상이다. 이 사상에 따르면 인간의 영, 혼, 육 그리고 천사, 마귀, 하나님 등과 같은 모든 존재는 단지 물질적 범위에 의해서 비롯되었다. 그래서 결국 인간은 이러한 물질적 범위론에 의해서 이해되고 규정되는 존재다. 반면에, 이상론인 유심론은 모든 것이 하나의 범위, 즉 심중에 의해서 만들어지고 유지되며 결국 그 심중으로 돌아간다는 사상이다. 이 견해에 따르면 인간의 영혼이나 물질 그리고 우주의 만물 등은 다 다르게 보이는 개별적 실체들처럼 보이지만 결국 심중에서 만들어지고 유지된다.

초월상담 이론에서는 유심론인 귀인적 일원론을 지지하고 있다. 인간이 무엇인가라는 질문에 대해서 인간은 영, 혼, 육을 가진 존재라고 답한다. 인간의 영, 혼, 육은 모두 하나의 범위인 심중에서 비롯되었다. 심중이란 마음의 깊은 곳을 의미하는데 하나님이 세상을 창조하실 때 모든 우주가 이러한 심중에서 비롯되었다. 인간의 영, 혼, 육 등과 같은 여러 현상들은 다르게 보이거나 경험되는 현상들이지만 이들은 서로 다른 실체들이 아닌 다르게 경험되는 현상이다. 인간의 영, 혼, 육은 하나의 범위인 심중으로 귀인된다. 심중을 통해서 사람의 육체도 만들어지고 혼도 만들어지며 또한 영도 만들어진다. 영, 혼, 육은 모두 서로 환원되지 않으면서 이들은 모두 심중이라는 범위의 발현에 불과하다. 영, 혼, 육은 모두 하나에서 발생하고 발현을 하였지만 서로는 환원되지 않는다. 영은 혼으로 대체할 수 없고 마찬가지로 혼도 영으로 대체할 수 없다. 세 가지 현상들은 서로 독립적이지만 동시에 연결되어 있다. 각각의 정체성을 가지고 있으면서 동시에 서로 긴밀하게 연결되어 있는 하나의 실체다. 이러한 현상을 "환원될 수 없는 본질적 상호성(an irreducible intrinsic interdependence)"(Jeeves, 2004, p. 241)이라고 부른다. 인간의 모든 것은 심중에서 시작을 해서 심중으로 끝이 난다.

영, 혼, 육은 서로 갈등하기도 하고 협력하기도 한다. 각각은 독특한 정체성을 가지고 있기 때문에 이러한 정체성이 맞으면 협력이 되지만 맞지 않으면 갈등을 일으키기도 한다. 예를 들면, 인간의 몸은 편안함을 추구한다. 몸을 편안하고자 하는 현상은 혼에서는 욕구를 일으킨다. 이런 경우에 혼과 몸은 같은 편처럼 행동을 한다. 편안하고자 하는 몸을 혼인 심리에서는 욕구로 받아 준다. 이러한 욕구가 당연히 만족되는 쪽으로 영이 방향을 잡으면 영, 혼, 육은 하나의 방향으로 움직인다. 몸을 편안하게 하는 가치관을 모두 갖게 된다. 그런데 영이나 혼이 다른 방향의 가치관을 가지고 있으면 몸과 다르게 움직인다. 몸은 여전히 편안하게 움직이려고 하는데 영혼이 좀 더 일을 하도록 하거나 희생을 하도록 하게 하면 몸과 영혼은 갈등이 있는 것처럼 행동을 하게 된다. 이렇게 되면 몸과 영혼은 같은 실체를 가지고 있으면서도 다른 정체성으로 인해서 서로 갈등을 일으키게 된다.

(2) 사회심리영적 존재

일원론적 존재로서 인간은 개별적 인간들이 서로 다른 존재들처럼 느껴지지만 결국 하나의 범위인 심중으로 귀결되는 존재다. 인간은 하나의 구체적 존재로서 심리적 정체성을 가진 개인이지만 동시에 인간 전체라는 범위를 가진 존재이면서 동시에 영적이다. 인간은 한 개인으로 심리적 정체성을 가진 심리적 존재이면서 모든 개개인은 사람이라는 사회적 정체성을 가진 사회적 존재이고 영적 존재들과 관련을 맺고 있는 영적 존재다. 심리적 정체성을 주로 다루고 있는 학문의 분야는 심리학이다. 심리학은 인간의 내면세계에 존재하는 여러 현상들을 이론화하고 이를 통해서 인간이 무엇인지를 밝히려고 노력하는 학문이다. 사회적 정체성을 다루고 있는 분야는 사회학이다. 사회학은 인간의 관계세계에 존재하는 여러 현상을 개념화해서 이론을 구축한 학문이다. 영적 정체성을 다루고 있는 분야는 신학이나 종교학이다. 이들은 인간이 영적 존재들과 어떤 관련을 가지고 있으며 영적 존재로서 어떠한 정체성을 가지고 있는지를 개념화하고 이론화한 학문의 분야다.

인간이 사회적이고 심리적이며 동시에 영적 존재라는 사실은 인간이 사회심리영적 존재임을 말하고 있다. 심리학, 사회학, 신학과 종교학은 각각의 학문적 영역을 가진 독자적 정체성을 가진 것처럼 보이지만 이들은 결코 각자를 멀리하면서 혼자만 존재할 수 있는 분야가 아니다. 상담학은 사회심리영적 존재로서의 인간을 토대로 발전하고 있는 학문이다. 동시에 상담학은 하나의 학문에 의해서만 이루어지는 분야가 아니라 여러 다른 학문들에 의해서 지지를 받고 도움을 받는 종합학문이다(김용태, 2013). 상담학은 응용학문이면서 동시에 종합적 성격을 가진 학문이다. 이러한 상담학의 정체성은 인간이 사회심리영적 존재라는 인간관에 토대를 두고 있다.

인간의 어느 측면을 연구해도 인간이 사회심리영적 존재임을 부인할 수 없다. 수치심과 죄책감에 대한 연구는 이들 감정이 심리내적임에도 불구하고 영적이고 사회적인 측면을 담고 있다고 말한다(김용태, 2008, 2010a, 2010b, 2011). 수치심과 죄책감은 모두 사회적 기준들을 내면화한 감정들이다. 수치심과 죄책감은 이미 심리내적 현상이지만 사회적 기준과 관련된 사회적 감정들이다. 이러한 수치심과 죄책감은 이미 성경의 에덴동산과 인간의 타락이라는 주제 속에 잘 드러난 감정들이다(김용태, 2010a). 인간이 선악과를 따 먹고 가장 먼저 느낌 감정이 수치심이다(창세기 3:7). 그리고 이러한 수치심의 감정은 두려움을 만들어 내는 데 이는 자신의 행동이 잘못되었음을 반영하는 감정이다. 결국 인간은 타락을 통해서 비참한 삶을 살게 되었는데 이러한 비참한 삶을 반영하는 인간의 감정 중 하나가 죄책감이다(Adams, 1979, pp. 143-173). 수치심과 죄책감은 사회심리적 감정이면서 동시에 영적 감정이다. 이러한 연구들을 통해서 볼 때 인간은 사회심리영적 존재다.

영적 존재로서 인간은 영적 실재, 하나님이 아님, 죄, 대행, 영적 건강, 관계적 책임, 희망, 변형 등과 같은 특성을 가지고 있다(Miller, 2006, pp. 17-18). 영적 존재로서 인간은 인간보다 더 큰 존재인 하나님과 관련을 가지고 있다. 인간은 자신의 내면세계뿐만 아니라 다른 사람들과의 관계세계 그리고 하나님과의 영적 세계라는 현실을 가진 존재다. 인간은 자신의 위치를 알고 있으면서 이러한 위치에 알맞는 일, 즉 대행적 현실이 무엇인지를 알게 된다. 이런 대행적 현실은 많은 경우에 소명의식으로 나타난다. 자신의 위치를 거부하고 부정하게 되는 죄된 현실 속에서 살면서 인간은 영적으로 건강하지 못한 자신만의 현실을 살게 된다. 대행적 현실은 다른 사람들과 관계에서 책임이 있는 삶을 살고 자신의 모순, 어려움, 문제들을 극복하면서 희망이 있는 삶이 대행적 현실이다. 이러한 대행적 현실을 살면서 끊임없는 변화인 변형이 있어야 한다. 이러한 삶은 발달, 성숙, 진보 등과 같은 단어로 표현된다.

대행적 현실은 초월적 현상과 맞닿아 있다. 자신을 있는 그대로 수용하는 자신으로부터 초월과 타인을 위한 삶을 살아가는 관계적 초월 그리고 끊임없이 성장하고 변화하는 변형적 삶인 영적 초월이 이러한 대행적 삶이다.

(3) 제한적 자유

많은 심리학의 이론은 인간이 결정론에 의한 삶을 산다고 주장해 왔다. 결정론이란 원인과 결과에 의해서 이루어지는 현상으로서 인간이 가지고 있는 모든 삶에는 결정된 원인이 있다는 의미다. 이러한 결정론적 삶의 대표적 이론이 정신분석이다. 정신분석은 인간이 어린 시절에 부모와의 관계에서 형성된 관계 형태에 의해서 지배당한다고 주장한다. 그래서 분석 전통을 가지고 있는 대부분의 이론은 어린 시절의 관계 형태를 알아보기 위해서 노력하고 이러한 어린 시절의 관계 형태를 변화시킴으로써 새로운 삶을 살 수 있다고 한다.

그러나 결정론은 과학이 아니라 일종의 믿음이다. 바우마이스터(Baumeister)는 "결정론에 대한 나의 견해로는 이러한 신념은 하나님 안에서 신념을 뒷받침할 필요가 있는 것만큼 큰 신앙적 도약을 필요로 한다"(Baumeister, 2006, p. 59)라고 하였다. 많은 경우에 심리학자들이 주장하는 내용들은 과학이라는 이름으로 행해지지만 사실상 철학이거나 믿음인 경우가 많이 있다. 프로이트의 어린 시절 결정론은 과학이 아니라 프로이트의 믿음이다. 논리적으로 생각할 때 무엇인가가 결정되어 있다고 한다면 노력에 의해서 바꿀 수 있지 않다. 만일 무엇인가를 노력에 의해서 바꿀 수 있다고 한다면 그 사실은 결정되어 있지 않고 변화 가능한 상태다. 어린 시절에 형성된 삶의 형태나 구조들은 강력할지 모르지만 다른 무엇인가에 의해서 변화될 수 있다.

인간은 어느 정도로 환경에 의해서 영향을 받기도 하지만 이러한 환경을 극복할 수 있는 존재이기도 하다. 인간은 제한적 자유를 가진 존재다. 바우마이스터(2006)는 자기에 대해서 반영적 의식을 가진 존재, 관계적 존재, 실행적 기능을 가진 존재라고 규정하고 있다(pp. 58-59). 인간은 자신을 스스로를 돌아볼 수 있고 다른 사람들과 관계를 하면서 자신이 원하는 것들을 실행할 수 있는 존재다. 그렇기 때문에 인간은 관계에 의해서 영향받고 규정받기도 하며 자신의 현재 상태에 의해서 지배를 당하기도 하지만 이러한 것들을 돌아보며 원하는 것을 실행할 수 있는 자유도 가지고 있다. 그렇기 때문에 "현재 우리가 가지고 있는 지식에서 볼 때 인간에게는 제한된 정도의 자유를 가지고 있다고 추정하는 것은 가장 정확하고 적절하다고 보인다."(Baumeister, 2006, p. 60). 이러한 제한적 자유는 기독교 사상에서 말하고 있는 인간 존재와 일치한다. 인간은 자신 속에 어느 정도 결정된 특성과 환경에 의해서 영향을 받기도 하지만 자신 스스로 무엇인가를 결정하면서 살아갈 수 있는 존재다. 하나님은 성경을 통해서 인간에게 선악과를 먹지 말라고 금하셨지만 선악과를 먹을 수 있는 자유도 주셨다. 인간은 자신의 자유를 자신만을 위해서 사용함으로써 선택의 폭이 좁아진 죄의 현실 속에서 살게 되었다.

2) 초월적 존재

(1) 존재로서 초월

신학자들은 칼 라너(Karl Rahner)의 초월사상에 주목해 왔다(김용해, 2008; 박병준, 2006; 심상태, 2004; 이규성, 2012). 칼 라너는 "예수회 수도자로서, 52년에 걸쳐 사제로서, 그리고 반세기 가까이 신학자로서 삶을 살았던 독일 가톨릭 신학자다"(심상태, 2004, p. 94). 그는 수많은 저술을 통해서 신학뿐만 아니라 철학 그리고 다른 학문의 분야에까지 큰 영향을 미친 학자다. 그의 저술들은 하나님과 관련된 사상들로서 인간이 하나님과 어떤 관련을 가지고 있는지를 밝히고 있다. 이러한 그의 저술들의 핵심은 인간이 하나님과의 관련 속에서 초월적 존재라는 사실이다. 그의 사상은 한마디로 요약하면 초월신학이라고 할 수 있다. "인간은 초월의 본질을 지닌 존재"(이규성, 2012, p. 60)로서 하나님을 향해서 무한히 열려 있다. 그렇기 때문에 인간은 끊임없이 초월하려는 경향을 가지고 있고 또한 초월을 향해서 살아가는 존재다. 이러한 라너의 사상에 큰 영향을 받은 코레트(Emerich Coreth, 1919~) 역시 그의 철학적 인간학 주 저서인『인간이란 무엇인가?(Was ist der Mensch?)』(1973)에서 초월성을 "인간 존재의 본질을 구성하는 인간의 고유한 특성"(박병준, 2006, p. 144)이라고 주장하고 있다.

칼 라너의 초월신학은 인간이 근본적으로 초월을 하려는 존재임을 말하고 있다. 인간의 초월이 다른 여러 부분들의 한 영역이거나 한 부분이 아니라 인간 전체 존재가 초월적이다. 학자들 중에는 인간의 초월성이 여러 특성 중 하나이거나 인간성 안에 존재하는 제한적 특성이라고 생각하는 경향이 있다. 융은 인간이 자신이 되려는 경향으로 인해서 초월적 특성이 나타난다고 본다. 자기 자신이 되려는 인간들이 여러 가지 인간의 극단적 특성을 통합하는 과정에서 초월이 일어난다. 대상관계 이론가들도 인간이 통합을 이루는 과정에서 초월이 일어난다고 본다. 그러나 이러한 초월들은 모두 인간 자신이 되기 위해서 부분적으로 일어나는 과정이지 인간 전 존재가 초월적이라고 말하지는 않는다. 그러나 칼 라너는 인간의 존재 이유가 초월적이라고 주장하고 있기 때문에 이러한 학자들의 생각과는 판이하게 다르다.

칼 라너의 초월에 대한 이러한 사상에 대해서 이규성(2012)은 "초월은 인간의 첫 번째이자 본질적 규정이라고 할 수 있으며 인간이 정신적인 존재라는 것을 암시하고 있다."(p. 60)라고 말하고 있다. 인간이 존재하는 이유가 초월을 향한 무한한 정신운동이기 때문에 인간은 본질적으로 초월을 하기 위해서 존재한다. 인간의 이러한 경향은 대상이 필요하다. 초월을 하기 위해서는 무엇인가를 향해 있어야 하는데 이는 절대적 초월자인 하나님이다. 인간은 존재적으로 자신 스스로 존재하도록 되어 있지 않고 하나님을 향한 초월적 존재로서 규정되어 있다. 하나님뿐만 아니라 인간은 다른 인간들을 향해서도 열려 있으면서 초월을 하려는 경향을 가지고 있다. 인간이 관계적 존재라는 의미는 바로 이런 초월성을 반영하는 말이다. 인간은 끊임없이 타인과 관계를 맺으면서 하나님이라는 영적 존재인 초월자를 향해서 달려가는 존재다. 인간은 자신과의 관계 속에서도 자신을 초월하려는 경향을 갖는다. 자신보다 더 큰 존재가 되려는 성향을 가지고 있으면서 자신보다 더 나은 존재가 되려고 한다. 이러한 경향들은 심리학이나 교육학에서는 모두 발달 이론들로 표현되어 있다. 인간은 태어나면서부터 성장을 하게 되는데 이러한 성장 과정은 모두 현재의 자신을 뛰어넘는 현상과 관련이 있다(김용태, 2004). 인간의 초월현상은 성숙, 성장, 발달, 변화, 변형, 성화 등과 같이 다양한 이름으로 표현될 수 있지만 근본적으로는 현재의 자신보다 더 큰 존재가 되려는 경향이다.

(2) 심리적 특성으로서 초월

하나님은 인간을 자신들의 형상을 따라 창조하였다(창세기 1:26). 하나님의 형상이 무엇인가에 대해서 실질적 견해(substantive view), 관계적 견해(relational view), 기능적 견해(functional view)가 있다(Erickson, 2001, pp. 520-529). 실질적 견해란 하나님의 형상이 인간의 특성으로 존재한다는 생각이다. 하나님은 인간을 창조할 때 인간에게 하나님의 특성에 해당되는 실질적 자질이나 경향들을 주었다. 하나님의 형상은 인간이 가지고 있는 그 무엇이기보다 인간 자체를 의미한다. 하나님의 형상은 인간의 몸의 형태, 신체적 요인들, 정신적 능력인 이성들을 의미한다(Erickson, 2001, p. 521). 이러한 하나님의 형상은 인간이 태어날 때부터 가지고 있는 일종의 속성이나 경향을 의미한다. 하나님이 인간을 자신들의 형상으로 창조할 때 하나님은 인간이 창조적이며 지성적이고 하나님을 알고 찾아갈 수 있는 속성을 인간에게 주었다. 이러한 속성은 지성으로 나타나기도 하고 정서적으로 나타나기도 하며 또한 신체적 모양으로 나타나기도 한다. 이러한 속성들은 발달 또는 성숙 또는 성화나 초월을 통해서 하나님을 닮아 가는 존재가 되도록 한다.

관계적 견해는 하나님을 인간이 경험할 때 나타나는, 글자 그대로의 형상을 말한다. 하나님이 무섭게 느껴지기도 하고 자애롭게 느껴지기도 하며 멀리 계시기도 하고 가까이 계시기도 하는 등의 관계적 이미지들이 하나님의 형상이다. 이러한 관계적 이미지들로서 하나님의 형상을 상담 이론들에 적용하여 여러 다른 상담 이론들과 하나님의 형상을 연구한 내용들도 있다(Moriarty & Hoffman, 2007). 따라서 하나님의 형상은 인간들의 경험 속에 다양한 방식으로 존재한다. 하나님의 형상은 인간의 경험에 따라서 다르게 존재하기 때문에 일정한 특성이나 속성이 아니다. 하나님의 형상은 인간의 경험과 무관하게 존재하는 일정한 심리적 특성이라기보다는 인간이 어떻게 받아들이는가에 따라서 다르게 느껴지는 이미지다.

기능적 견해는 하나님의 형상이 인간이 행하는 그 무엇과 관련이 있다는 생각이다. 하나님의 형상이 단순히 인간 속에 특성으로 존재하거나 하나님에 대한 이미지를 만들어 내는 경험이 아니라 인간이 피조물들에게 행하는 일종의 통치권 또는 주권이다(Erickson, 2001, p. 529). 인간이 가지고 있는 이런 주권적 행위는 하나님의 주권적 통치와 관련 있다. 하나님은 창조주로서 이 세상을 창조하고 그 뒤에 세상을 다스리는 주권적 행위를 하신다. 인간이 하나님의 형상으로 창조되었다는 의미는 이렇게 인간도 하나님과 마찬가지로 피조물들에 대해서 주권적 통치를 하는 행위자임을 말하고 있다. 인간의 이러한 행위는 문화적 또는 문명적 책임과 깊은 관련을 가지고 있다. 인간은 자신들이 만들어 내는 문화나 문명을 끝까지 책임지는 주권적 행위자들이다. 이는 마치 하나님이 세상을 창조하신 후에 세상과 끝까지 관계를 하면서 주권적 통치를 하시는 행위와 같다.

하나님의 형상에 대한 이런 논의는 초월상담의 이론적 기초를 튼튼히 한다. 하나님의 형상에 대한 다양한 견해는 철학자들이 논의하고 있는 초월성과 맞닿아 있다. 하이데거는 존재와 존재자를 구분하면서 인간이 자신 스스로에게 질문을 할 수 있는 존재자임을 말하고 있다. 자신에게 질문을 하는 존재자가 되기 위해서는 자신을 넘어서지 않고는 가능하지 않다. 인간이 이렇게 자신을 넘어설 수 있는 이유는 인간 안에 초월적 능력이 있기 때문이다. 이러한 부분에 대해서 심상태(2004)는 "질문자가 감성적으로 체험된 일체의 범주 대상으로부터 분리하여 대치하는 가운데 주체로서 자기 자신에게로 귀환하는 것은 정신 능력으로서의 지성에 의하여 가능하게 된다."(p. 98)라고 말하고 있다. 인간이 자신에게 질문을 할 수 있는 이유는 인간 안에 존재하는 지성적 능력에 의해서 가능하다. 인간 안에 있는 지성적 능력은 초월성을 의미한다. 초월성은 인간의 정신 능력인데 이러한 정신 능력은 추상화 능력과 관련이 있다.

추상화 능력이란 인간이 자신의 한계를 보면서 한계를 넘어설 수 있는 능력을 말한다. 자신의 개별적 실체, 즉 특수한 인간으로부터 보편적 인간으로의 초월 가능성은 언제나 자신의 개별적 실체에 머무르지 않고 이를 넘어서는 능력과 관련이 있기 때문에 인간은 초월을 할 수 있다. 심상태(2004)는 이 부분에 대해서 "구체적으로 개별적이고 특수한 실재로부터 일반적인 것을 파악하는 것은 추상을 통해 이루어진다."(p. 99)라고 말하면서 인간의 지적 능력인 지성이 이러한 추상 능력을 소유하고 있다고 주장하고 있다. 이러한 추상적 능력들은 모두 하나님이 창조할 당시에 인간에게 부여한 인간의 속성들을 의미한다.

추상화 능력은 인간이 가지고 있는 완벽성의 한 측면이다. 인간은 하나님의 형상으로 인해서 완벽해지려고 하는 특성을 지닌 채로 태어난다. 하나님은 완벽하신 분이기 때문에 그분의 형상으로 창조되었다는 의미는 인간에게 완벽해지려는 경향 또는 속성이 부여되었다는 의미다. 인간이 하나님을 향해서 무한히 열려 있는 존재라는 초월적 의미는 인간이 현재의 자신보다 더 나은 존재가 되려는 경향을 의미한다. 콜린스(Collins, 1995)는 영성을 "자신보다 더 크고 높은 것을 추구하는 현상"(p. 4)이라고 정의하고 있다. 콜린스가 말하는 영성은 초월성으로서 자신보다 더 큰 존재가 되려는 현상이다. 이러한 초월성은 인간에게 본능으로 존재하며 인간이 태어날 때부터 가지고 있는 선천적 경향이다(Conn, 1985, p. 38). 이러한 본능적 경향은 인간이 하나님의 형상을 따라 지음받았기 때문에 유전자 속에 갖게 되었으며 이러한 본능으로 인해서 인간은 하나님처럼 되려는 경향을 갖는다. 이는 마치 아이들이 부모들의 특성을 닮아서 부모와 같이 말하고 행동하고 생각하려는 경향과 같다. 추상화 능력은 이러한 특성의 인지적 측면으로서 인간은 지적으로 완벽한 모습을 추구한다. 인간은 모든 것을 알고 싶어 하며 이러한 본능 때문에 인류는 끊임없이 연구하여 모르는 것이 없기를 바란다.

완벽성의 정서적 측면은 심리학자들을 통해서 종종 볼 수 있다. 프로이트는 인간의 본능에 의해서 만들어지는 환상들은 모두 무의식적이면서 동시에 태어날 때부터 존재하는 심리적 현상이라고 말하고 있다(Hinshelwood, 1991, p. 34). 많은 경우에 프로이트가 말하는 이러한 심리적 현상들은 완벽성이라는 본능이 정서적 상태로 존재하는 모습으로 나타난다. 무의식 속에 들어있는 여러 가지 자료는 사실, 사실과 관련된 느낌들, 감정들의 형태로 존재한다. 현실 속에서는 자신들이 원하는 것들, 즉 욕구나 소망들이 이루어지기 어렵기 때문에 현실에 없는 형태로 존재하게 된다. 이는 현실에서 이러한 것들을 원하면 위협을 당하여 불안하거나 두렵기 때문이다. 많은 경우에 사람들이 현실에서 이루기 어려운 소망들을 감정이나 느낌의 형태로 자신 속에만 존재하도록 하는 경우에도 이러한 환상이 존재한다. 환상들은 많은 경우에 감정적 느낌이나 컬러들을 갖는다. 이러한 환상들은 태어날 때부터 존재하는데 이를 전능의 환상이라고 부르며 전능의 환상은 대상관계를 가능하게 하며 이로 인해서 성격이 형성된다고 클레인(Klein)은 말하고 있다(Hinshelwood, 1991, p. 375). 전능의 환상은 완벽성을 의미한다. 전능의 환상은 정서적 영역과 인지적 영역이 상호작용하여 만들어 낸 심리적 현상이다. 인간은 태어날 때부터 완벽성이 전능의 환상 형태로 나타나고 이를 통해서 다른 사람들과 관계를 맺으며 이러한 관계들이 결국 인간이 세상을 살아갈 수 있는 자기를 형성하도록 만든다.

제3장

초월상담의 필요와 인간관

1. 초월상담의 필요

1) 사회심리적 인간관과 상담 이론

현재 상담 영역에서 가르쳐지고 적용되는 상담 이론은 약 20여 가지가 있다. 이 이론들은 내면세계를 대상으로 하는 10여 가지의 심리 이론(노안영, 2005; 한재희, 2013; Corsini & Wedding, 1995)과 관계세계를 대상으로 하는 10여 가지의 가족상담 이론(Nichols & Scwartz, 2006; 김용태, 2000)이다. 내면세계를 대상으로 하는 이론은 모두 심리상담 이론들이다. 인간의 내면세계가 어떻게 구조적으로 형성되어 있으며 이들의 구조는 어디에서 왔는가를 이론화한 내용이 심리상담 이론들이다. 이들은 역사성을 중시하는 경향도 있고 현재성을 중시하는 경향도 있다. 역사성을 중시하는 이론들은 정신분석, 개인심리, 분석심리, 대상관계다. 현재성을 중시하는 이론들은 행동주의의 여러 이론들과 인본주의의 여러 이론들이 있다. 이러한 이론들은 각각의 전통을 가지고 발달해 온 이론들이지만 공통적 특징을 갖는다. 이러한 이론들의 공통적 특징은 인간의 내면세계의 구조와 이로 인해 발생되는 여러 가지 현상들이다. 내면세계가 나누어질 수 있다고 믿는 이론들과 내면세계가 나누어질 수 없다고 믿는 이론들로 나누어진다. 나누어질 수 있다고 믿는 이론들은 인간의 내면세계가 몇 가지 축으로 나누어지거나 기술로 나누어지는 분절된 자기(divided self)로 형성되어 있다고 본다. 나누어질 수 없다고 믿는 이론들은 인간은 하나의 전체라는 입장의 자기(whole self)가 있다고 본다. 분절된 자기로 보든지 아니면 전체적 자기로 보든지 간에 이들은 자기를 중심으로 이론을 전개하고 있다.

자기를 중심으로 개념들을 발전시키는 이론들은 결국 심리적 인간관을 가지고 있다. 인간은 심리적 존재로서 자기를 중심으로 살아가는 존재다. 자신의 심리적 세계는 무엇보다도 우선한다. 자기가 없으면 세상도 없고 자기를 잃으면 모든 것을 잃게 된다. 사람들과의 관계도 자기를 중심으로 만들어진다. 자기가 어떤 마음을 가지고 어떤 생각을 하면서 어떤 느낌을 가지고 있는가에 따라서 관계의 양상은 달라진다. 그렇기 때문에 관계를 할 때 협상이 중요하다. 서로 각각의 생각이나 느낌을 가지고 관계를 하기 때문에 존중하고 대화를 하며 이를 통해서 접점을 만들어 간다. 관계는 개인의 내면세계가 투영되거나 투사된 대상이며 개인의 심리적 세계가 없이는 관계가 존재하지 않는다. 이러한 방식의 심리적 인간관은 두 가지 입장으로 나누어진다. 객관적으로 존재하는 세계에 적응하거나 주관적으로 느끼는 세계만 존재한다는 입장이 그것이다. 객관적으로 느끼는 세계에 적응하는 입장은 논리실증주의 인간관이고 주관적으로 느끼는 세계만 존재하는 입장은 현상학적 인간관이다. 이러한 이론들 중에 일부 이론은 영적 세계까지 연결하려고 한다. 이는 융의 이론, 실존주의 이론들, 초인심리학의 이론들이다. 융의 이론과 실존주의 이론들은 모두 영적 입장을 고려하지만 이러한 입장이 주요하지는 않다. 왜냐하면 이러한 이론들은 일차적으로 개인의 심리적 세계라는 인간관을 가지고 있기 때문이다. 관계의 영역 중 하나인 영적 세계는 단지 심리적 세계의 연장일 뿐이다. 초인심리학은 이러한 입장과 정반대로 지나치게 영적 입장을 강조하고 있다. 인간의 의식은 무한대로 확장할 수 있으며 이를 통해서 인간은 우주 만물과 하나가 될 수 있다고 주장한다. 그러나 초인심리학은 심리적 세계를 지나치게 영적으로 보는 이론이다. 심리적 인간관과 영적 인간관 모두는 인간을 대변하는 데 한계가 있어 보인다. 각각은 지나치게 한쪽을 강조한 나머지 균형있게 인간을 기술하고 대변하는 데 실패하고 있다.

가족상담의 이론들은 사회적 관점을 가지고 있다. 인간은 사회적 관계를 통해서 형성되고 특히 내면세계도 사회적 관계의 산물이다. 인간의 내면세계에 대한 가족상담 이론들의 입장은 크게 세 가지로 나누어진다. 무신론적 입장, 불가지론적 입장, 통합적 입장이 그것이다. 무신론적 입장의 이론들은 인간의 내면세계는 존재하지 않는다고 주장한다. 이들의 견해에 따르면 인간은 집합적으로만 존재하고 각각의 내면세계는 존재하지 않는다. 인간은 집합적 존재다. 불가지론적 입장의 이론들은 인간의 내면세계가 존재하기는 하지만 알기 어렵다고 주장한다. 이 이론에 따르면 인간의 내면세계는 마치 검은 상자(black box)와 같이 그 속에 무엇이 들어있는지 알 수가 없고 오직 기능을 통해서 그 내용을 알 수 있다. 그렇기 때문에 내면에 무엇이 들어있고 구조적으로 어떻게 형성되어 있는지 관심을 둘 필요가 없다. 대화 이론, 전략 이론, 구조 이론들은 무신론적 입장이거나 불가론적 입장을 가지고 있다. 이러한 이론들은 내면세계가 존재하지 않거나 있어도 알 수 없기 때문에 오직 관계적 기능만을 다룬다. 대화 이론은 인간은 대화하지 않을 수 없다는 공리를 통해서 대화 현상만을 다룬다. 전략 이론은 문제가 발생하면 해결하는 전략만을 통해서 가족에 대한 접근을 한다. 구조 이론은 가족들이 가지고 있는 사회적 위치만을 다룬다.

통합적 입장의 이론들은 내면세계가 존재하며 중요하다는 입장이다. 그렇기 때문에 이러한 이론들은 내면세계에서 일어나는 현상과 관계 속에 일어나는 현상 모두를 중심으로 개념화를 한다. 이런 입장의 이론들은 기본적으로 내면세계는 관계를 통해서 형성되기 때문에 내면세계를 이해하기 위해서는 관계의 본질을 이해해야 한다고 주장한다. 예를 들어, 대상관계 이론들은 부모 자녀의 초기 관계가 인간의 성격을 만들어 낸다고 주장한다. 맥락가족치료 이론은 인간의 실존적 관계가 인간의 내면세계의 정의와 부정의를 만들어 낸다고 주장한다. 보웬 이론은 가족의 감정적 체계가 내면세계를 만들어 낸다고 주장한다. 이러한 이론들 외에도 경험주의 가족치료 이론, 이야기 가족치료, 해결 중심 가족치료들이 있다. 이러한 이론들도 기본적으로는 모두 관계의 세계를 일차적으로 다루는 이론들이다.

가족상담의 이론들은 사회구성주의 입장을 가지고 있다. 사회구성주의는 사회는 인지적 조작에 의해서 생겨난 현상이라는 철학적 입장을 가지고 있다. 인간의 내면세계와 관계세계는 모두 인지적 조작에 의해서 생겨난 현상들이다. 가족상담의 이론들 중에 좀 더 엄격하게 사회구성주의 입장을 가진 이론들이 있고 그렇지 않은 이론들이 있다. 엄격한 입장의 이론들은 이차 사이버네틱스라고 하고 그렇지 않은 이론들은 일차 사이버네틱스라고 한다(Becvar & Becvar, 1997). 그러나 이러한 가족상담의 이론들이 가지고 있는 사회구성주의는 최근에 새롭게 등장한 비판적 현실주의에 의해서 새롭게 도전을 받고 있다(김용태, 2009). 인간이 느끼는 현상과 인간과 무관하게 존재하는 현상이 있다. 예를 들면, 산과 바다 등과 같은 여러 현상들은 인간이 느끼는 마음과 무관하게 존재한다. 그러나 산에 신령이 있다고 말을 한다면 인간의 마음과 산이 상호작용을 하면서 존재하는 현상이다. 그럼에도 불구하고 가족상담의 이론들은 모두 사회적 현상과 마음과의 연관성들만을 개념화하고 있다. 가족상담의 한계가 보이는 대목이다. 영적 세계가 객관적으로 존재하는지에 대해서는 아무런 관심이 없다. 그렇기 때문에 가족상담의 인간관은 사회심리적 관점에 한정되어 있다. 이러한 관점을 가지고는 인간의 영적 측면을 제대로 반영한 이론의 탄생을 기대하기는 어렵다.

2) 사회심리영적 인간관과 초월상담 이론

최근에는 융합의 시대를 반영하여 통합하는 이론들이 늘어나거나 영성을 기반으로 하는 이론들이 출현하고 있다. 통합적 접근을 하는 이론들은 단일 이론들이 가지고 있는 한계를 극복하기 위해서 등장하고 있다. 예를 들면, 실존주의 이론들은 문제를 이해하는 데 있어서는 탁월함을 보여 주고 있지만 해결하는 전략이 미비하다. 그리고 가족상담의 해결 중심 이론은 해결 방안은 탁월한데 이론적 기반이 약하다. 이를 극복하기 위해서 페르난도(Fernando, 2007)는 엘러만(Ellerman, 1999)이 개발한 실존주의 이론과 가족상담의 해결 중심 이론을 통합한 모형을 제시하면서 단기 해결 중심 실존주의 치료(Solution-Focused Existential Therapy: BSFET)라고 명명을 하였다. 이 모형에서는 내담자가 경험하는 실존적 문제들을 해결 중심 가족 상담의 관점에서 질문하면서 문제를 해결한다. 윌슨(Wilson, 2000)은 성 중독자의 수치심을 줄이기 위한 노력으로 프로이트의 정신분석, 아들러의 개인심리 이론, 융의 분석심리학을 통해서 하나의 통합된 모형을 제시하고 있다. 그는 이 모형을 창조성 모형이라고 부른다. 정신분석은 창조성의 동기를 잘 이해하고 있고 개인심리 이론은 창조성의 과정에 대한 이론적 배경을 제공하고 있으며 분석심리학은 창조성에 대한 영적 측면을 제공하고 있다. 각각의 이론들이 가지고 있는 특징들을 반영하여 통합된 하나의 틀인 창조성 모형을 제시하고 있다. 통합하는 모형은 어떤 경우에는 기법적 통합을 하는 경우도 있고 어떤 경우에는 이론적 통합을 하는 경우도 있다. 어떤 방향의 통합을 하든지 흐름은 하나의 이론이 아닌 여러 이론들을 통합하여 새로운 방식의 모형을 만들고자 한다.

영성을 기반으로 하는 이론적 모형들에 대한 논의가 아주 활발하다. 이러한 모형들에 대한 논의는 기본적으로 신학과 심리학을 통합하려는 노력에 기초를 두고 있다. 통합의 노력에 대한 검토 논문들(Allison, 2006; Barnett, Bassett, Grimm, & Repass, 2012; Beck, 2003; Tan, 2012), 통합의 흐름에 대한 연구(Struthers, 2005), 이론과 연구에 대한 통합 논문(Garzon & Hall, 2012), 임상훈련에 있어서 심리학과 기독교의 통합에 대한 연구(Peterson, 2011), 신학과 심리학의 위상에 관한 연구(Porter, 2010), 임상적 통합에 관한 연구(Devers, 2013), 신학과 심리학의 철학적 전제에 관한 연구(Miner & Dowson, 2012), 통합의 방향에 대한 연구(Ripley, 2012) 등과 같은 논문들은 모두 이러한 통합의 노력을 보여 주는 최근의 경향이다. 통합을 연구하는 학자들은 통합에 관해서 다양한 스펙트럼을 보여 주고 있다. 그동안의 통합 노력의 방향성과 이론적 모형을 만드는 통합 그리고 실제적이고 기법 중심의 통합 그리고 이론을 실제에 적용하는 방식의 통합 등 다양한 방향으로 통합이 이루어지고 있다. 특히 기독교상담의 영역에서 통합의 모형에 관한 노력은 존슨과 존(Johnson & Jones, 2000)이 펴낸 책『심리학과 기독교: 네 가지 견해들(Psychology & Christianity: Four Views)』에 잘 나와 있다. 네 가지 모형은 성경심리 모델, 기독교심리 모델, 재건심리 모델, 평행 모델이다. 존슨과 존(2010)은 심리학과 기독교를 통합하는 변형심리학의 모형을 하나 더 추가하여『심리학과 기독교: 다섯 가지 견해들(Psychology & Christianity: Five Views)』를 10년 뒤에 출간하였다. 코우와 홀(Coe & Hall, 2016)은 영적 관점에서 인간을 이해하는 변형적 관점을 이론화한 책 변형심리학을 출간하였다.

영적 관점을 학문적으로 연결하는 이론적 통합뿐만 아니라 인간의 감정을 영적 관점에서 이해하려는 노력도 보인다. 토마스와 파커(Thomas & Parker, 2004)는 인간의 감정 중 하나인 수치심을 신학적으로 이해하려는 논문을 출간하였다. 이들은 죄책감은 상대적으로 신학이나 영적으로 많은 주목을 받은 감정임에 비하여 수치심은 상대적으로 적은 관심을 받고 있다고 말하고 있다. 특히 이들은 수치심이 창세기 처음 세 개의 장과 관련이 있다고 주장을 하면서 선악과를 따 먹은 사건과 관계가 있다고 주장한다. 맥니쉬(McNish, 2003)는 수치심은 가장 심오한 종교적 회심 경험의 핵심에 있다고 주장한다. 그는 이 감정이 자기 경험에 가장 가까운 정서라고 말을 하면서 목회자들이 목회 현장에서 인간의 성장을 도울 수 있다고 주장한다. 그도 창세기의 타락 사건과 수치심이 밀접한 관련이 있다고 주장하고 있다. 김용태(2010a, 2010b, 2011)도 수치심과 죄책감을 사회심리영적 관점에서 이해하는 논문을 발표하였다. 그는 이 논문들을 통해서 이러한 감정들이 단지 사회심리적 관점에서만 이해되지 말고 영적 관점에까지 확장되어야 함을 주장하고 있다. 특히 그는 수치심과 죄책감이 인간의 영성 중 하나인 초월성과 관련이 있음을 밝히고 있다. 초월성이란 인간의 심리적 세계에서는 완벽성으로 존재하면서 인간의 특성으로 자리를 잡고 있다. 이러한 완벽성은 성장하면서 주변 사람들과 상호작용하고 수치심과 죄책감을 만들어 내며 발달을 주도하는 하나의 특성이다.

최근의 이러한 통합의 경향은 사회적 관점, 심리적 관점, 영적 관점을 하나로 통합하는 노력의 일환이다. 이러한 경향 중 일부 이론들은 사회적이고 심리적인 관점의 통합을 보이고 있지만 많은 경우에는 사회심리영적 관점의 통합을 보이고 있다. 이제는 각각의 학문의 입장에서만 인간을 바라보는 경향보다는 인간에 대한 이해를 먼저하고 학문적 입장을 정하는 방식의 연구들이 활발해지고 있다. 심리학의 경향에서도 보여 주듯이 인간을 기계론적 입장에서 이해하던 이론들은 점차로 영성을 중요하게 다루는 방향의 이론들로 발달해 가고 있다. 프로이트의 심리학이 좀 더 기계론적이라면 초인심리학은 의식 속에 존재하는 영적 입장을 가진 이론이다. 인간은 결국 사회적이면서 동시에 심리적이며 또한 영적 존재다.

초월상담은 이러한 사회심리영적 인간관을 기반으로 하는 기독교상담의 한 이론이다. 지금까지 초월과 관련된 여러 학문 분야들을 살펴본 결과, 인간은 영적 존재이면서 동시에 사회적이고 심리적이다. 초월적 존재로서 인간은 자신의 내면세계를 넘어서 다른 사람들과 사회적 관계를 형성하며 자신보다 큰 존재인 절대자를 향해서 무한히 열려 있는 영적 관계를 가지고 있다. 김용태는 인간에 대한 이러한 이해를 바탕으로 꾸준히 영적 입장에 근거한 초월상담의 필요성을 역설해 왔다. 그는 기존의 상담학 이론들을 검토한 후에 기독교상담의 발전을 위한 영적 심리학의 필요성을 주장한 논문(2000), 초월의 정의에 대한 논문(2004), 초월의 기초에 대한 연구 논문(2007), 기독교상담의 모델에 대한 저서 및 논문(2006, 2008)을 발표해 왔다.

그리고 최근에는 사회심리영적 관점에서 감정에 대한 연구 논문(2010a, 2010b, 2011)을 발표하면서 인간에 대한 사회심리영적 이해를 감정의 영역에까지 확장을 하고 있다. 그리고 가장 최근에는 초월상담 이론의 주요 개념을 『슈퍼비전을 위한 상담 사례보고서』(2014)의 초월상담 이론 부분에 소개를 하였다. 제2부에서는 초월상담의 주요 개념을 소개할 것인데 이러한 이론적 개념을 소개하기 전에 먼저 초월상담이 어떤 인간관을 가지고 있는지 살펴보도록 한다.

2. 초월상담의 인간관

초월상담 모델에서는 인간에 대한 사회심리영적 관점이 정립되어야 함을 주장하며 다음과 같이 인간을 이해한다.

1) 일원론적 존재

인간 이해에 관한 철학적 연구에서 이미 밝혀졌듯이 인간은 이원론적 존재가 아닌 일원론적 존재다. 성경에는 인간에 대해서 영혼과 육이거나 영, 혼, 육의 존재라고 기록되어 있다. 기독교 사상에 근거를 하고 있는 초월상담 이론은 이 세상 모든 만물이 하나님의 심중에 의해서 만들어졌다고 본다. 하나님은 그 심중에 창조를 위한 마음을 품으시고 물질인 육, 심리라는 혼, 중심인 영을 창조하셨다. 특히 인간을 창조하는 과정에서 보면 흙으로 사람을 지으시고 그 사람에게 영을 불어넣어서 생령, 즉 살아 있는 인간이 되게 하였다(창세기 2장). 하나님이 인간을 창조하였을 당시 인간은 영, 혼, 육이 완벽하게 조화를 이룬 상태인 일원론적 존재였다. 영, 혼, 육은 서로 다르게 보이는 실체지만 이들은 모두 심중이라는 하나의 범주로 귀인되는 특성을 갖는다. 각각은 서로 독립된 실체들로서 각각의 기능과 특성을 가지고 있으면서 동시에 서로 환원될 수 없는 본질적 상호성을 가지고 있다. 이러한 경향으로 인해서 인간은 하나의 유기체로서 일관성을 유지할 수 있게 된다.

인간은 선악과를 따 먹고 타락한 이후에 수치심을 경험하게 되었다(김용태, 2010b, 2011; McNish, 2003; Thomas & Parker, 2004). 수치심은 자신을 바라보는 초월적 감정이다. 선악과란 선악을 알게 하는 열매인데 인간은 선악과를 따 먹고 난 후에 자신에 대해서 좋고 나쁘다고 평가를 할 수 있는 능력이 생겼음을 의미한다. 타락 이전인 창세기 2장에서는 "발가벗었는데 부끄러워 아니하니라."라고 기록된 내용으로 보아 타락 이전에는 자신들의 벗은 몸을 평가하지 못했거나 하지 않았다. 그러나 타락을 한 이후에는 자신들의 벗은 몸을 보고 무화과나무 잎으로 가리는 행동을 하였는데 이는 수치심을 반영하고 있다. 수치심은 자신의 존재를 평가하는 감정(김용태, 2010a, 2010b)이다. 수치심을 느끼는 인간은 자신의 존재의 좋고 나쁨을 평가할 수 있는 특성을 가진 존재가 되었다.

인간은 수치심으로 인해서 자신이 부끄러운 존재, 즉 작은 존재임을 알게 되었다. 수치심이란 자신이 작고 별 볼 일 없고 볼품없는 존재라고 여길 때 발생하는 감정이다(김용태, 2010a, 2010b). 이때 작은 존재라는 말의 의미는 하나님과 자신을 비교하면서 발생된 감정이다. 하나님은 너무 큰 존재고 자신은 너무 작은 존재이기 때문에 부끄러움인 수치심을 갖게 되었다. 이런 의미에서 수치심은 영적 감정이기도 하다. 작은 존재인 인간은 커지려는 노력을 하게 되는데 이러한 노력이 곧 가리는 행동이다. 자신의 결점이나 약점 또는 부족한 부분들을 가려서 남들에게 보이지 않으려는 경향이 가리는 행동이다. 에덴동산에서 쫓겨난 인간은 사회를 구성하면서 살게 되는데 하나님을 잊어버리면서 인간들끼리 비교를 하게 되었다. 사람과 사람 사이에서 서로를 비교하면서 누가 더 크고 작은지를 비교하게 되었는데 이는 열등감과 우월감으로 나타난다. 인류 사회는 끊임없이 비교를 통해서 서로 우위를 점하려고 하는데 이는 작은 존재라는 수치심으로 인해서 발생되는 현상이다. 수치심은 발달적으로도 아주 중요한 감정이다. 수치심은 자기애적 욕구와 관련이 있는데 아이들이 부모와 관계에서 부모로부터 거절당하거나 적절한 돌봄을 받지 못하면 깊은 상처가 생기는데 이러한 상처의 감정 중 하나가 수치심이다. 어린 시절에 발생된 상처로 인한 감정들은 많은 경우에 심리적으로 깊이 자리를 잡고 발달적으로 아주 중요한 영향을 미치게 된다. 수치심으로 인해서 유아와 아동들은 자신의 정체성을 형성하는 방향으로 성장을 하지 못하고 타인의 요구에 자신을 맞추는 방식으로 성장을 하게 된다. 이렇게 성장을 하면서 성격적으로 문제를 갖게 된다. 발달적으로는 건강한 자기애와 병리적 자기애가 있는데 이는 모두 수치심과 발달적 욕구의 상호작용으로 인해서 발생되는 심리적 현상이다.

하나님의 형상으로 지음을 받은 인간은 타락한 후에도 하나님의 형상이 유지되지만 죄에 의해서 깊은 영향을 받았다. 인간은 하나님의 형상과 죄라는 서로 모순된 상태를 동시에 갖게 되었다. 인간은 모순적 존재가 되었다. 선과 악이 동시에 자리를 잡은 인간은 작은 존재이면서 동시에 큰 존재가 되려는 모순을 갖게 된다. 인간의 이런 모순성에 대해서 프로이트 이론에서 잘 설명하고 있다. 죽음의 본능과 생의 본능이 인간 안에서 서로 충돌하거나 원욕, 자아, 초자아 사이의 갈등이 곧 이러한 모순성을 나타내는 이론적 경향이다. 정신분석에서는 인간의 본성을 갈등의 관점에서 그려 내고 있다(Arlow, 1995, p. 15). 또한 인간은 죄로 인해서 한쪽으로 치우치는 경향을 갖는다. 하나님의 형상, 즉 초월적 경향을 가지고 있으면서도 비교 우위를 점하려고 하기 때문에 한쪽으로 치우치는 부분적 경향을 가지고 있다. 인간은 자신이 가지고 있는 초월 경향을 여러 다른 사람들을 고려하고 배려하면서 균형을 유지하기보다는 다른 사람들보다 자신이 얼마나 큰지에 관심을 갖기 때문에 타인을 잊어버리는 경우가 종종 있다. 이는 자기중심성이다. 이러한 자기중심성으로 인해서 자신과 타인에 대해서 균형 잡힌 시각을 갖지 못하고 타인을 지배하려고 하거나 우위에 서려는 노력을 하기 때문에 한쪽으로 치우치게 된다. 인간은 부분적 존재가 되었다. 인간의 이러한 측면은 아들러(Adler)의 개인심리 이론과 인본주의 심리학에 잘 표현되어 있다. 아들러는 인간이 전인적 존재(holistic being)이면서 창조적이고 책임감이 있는 존재라고 말하면서도 동시에 열등감으로 인해서 자기 파괴적 행동을 한다고 주장한다(Mosak, 1995, p. 51). 인간은 완성, 완전, 수월성, 자기실현, 통달 등에 관심이 있으면서 이를 향해서 발달해 가는 존재다(Mosak, 1995, p. 53). 마찬가지로 대부분의 인본주의 심리학은 인간이 전체적 존재이기 때문에 온전하게 되려는 이상적 경향을 가지고 있다고 주장한다. 인간 중심 상담 이론은 인간에게 적절한 조건만 주어지면 인간은 자기 주도적 성장을 해 나간다고 주장한다(Raskin & Rogers, 1995, p. 128). 이러한 성장과 발달 중심의 모든 이론은 인간이 부분적 존재임을 증명하고 있다.

일원론적 존재인 인간이 이렇게 작고 모순적이며 부분적 존재가 되면서 영, 혼, 육 사이의 관계가 조화와 균형을 이룬 완벽한 모습에서 갈등 관계로 변화되었다. 각각은 독립된 실체들이면서 동시에 심중에 묶여 있기 때문에 이들은 서로 갈등을 일으키면서도 헤어지거나 독립할 수 없는 상태로 살아가게 된다. 인간은 자체적으로는 이러한 갈등을 온전히 해결하거나 원래의 완벽한 상태로 돌아갈 수 없는 존재가 되었다. 따라서 인간이 원래의 완벽한 상태로 돌아가기 위해서는 성장과 발달이 필요하며 이러한 성장과 발달을 위해서는 외부의 도움이 필연적으로 요청된다.

2) 사회심리영적 존재: 팽이 모델

인간은 내적 측면, 관계적 측면 그리고 영적 측면을 가진 존재다. 내적 측면이란 심리적 세계에 해당되는 마음으로 정서적 영역, 행동적 영역, 그리고 인지적 영역이 포함된 부분이다. 관계적 측면이란 다른 사람들과 관련을 맺고 있고 영역을 말한다. 영적 측면이란 영적 존재들이나 영적 의미를 포함하는 영역이다. 인간은 이 세 가지 측면이 고루 균형을 맞출 때 온전한 인간이 될 수 있다. 온전한 인간이란 내면세계가 안정되어 있으면서 동시에 다른 사람들과 관계가 원활하고 영적 존재들과 의미가 있는 관계를 맺으면서 살아가는 존재를 말한다. 이러한 세 가지 측면을 가진 인간을 어떻게 비유적으로 이해할 수 있을까?

팽이(TOP)는 인간의 사회심리영적 측면을 구조적으로 보여 줄 수 있는 좋은 모델이다. 우선 팽이를 구조적으로 보면, 팽이는 속 부분과 옆과 겉 부분 그리고 아래의 심에 해당되는 부분과 위에 톡 튀어 나온 부분이 있다. 그리고 팽이를 돌리는 사람이 있다. 팽이의 속 부분은 인간의 심리내적 영역이다. 속에 있는 부분이라서 잘 보이지 않는다. 속에 무엇을 넣느냐에 따라서 팽이의 종류가 달라질 수 있다. 만일 팽이의 속 부분에 스스로 돌아갈 수 있는 동력 장치를 부착한다면 팽이는 스스로 돌아가는 존재가 된다. 이러한 동력 장치는 아마도 하나님의 형상으로 추정된다. 하나님은 인간을 하나님의 형상대로 지었기 때문에 인간은 자유 의지를 가지고 있다. 자신의 삶을 스스로 영위할 수 있도록 하나님은 인간에게 스스로 판단할 수 있는 능력과 욕구와 관련된 감정적 에너지를 주셨다. 이러한 부분이 곧 팽이의 동력 장치에 해당된다. 팽이가 가지고 있는 동력 장치는 무한한 에너지를 가지고 있지 않다. 수시로 점검이 필요하고 새로운 동력 장치로 바꾸어 주거나 에너지를 충전하여야 한다. 인간에게는 제한된 자유가 부여되었다. 인간의 제한된 자유는 일정한 조건 속에서 운영되는 동력 장치와 같다. 그렇기 때문에 인간은 이러한 조건 속에 자신을 발전시켜나가고 끊임없이 다른 사람들과 영적 존재들의 도움을 받아야 한다.

팽이의 옆과 겉 부분은 인간의 관계적 측면이다. 옆 부분은 다른 팽이들과 관계를 할 수 있는 영역이다. 다른 팽이들과 같이 돌면서 부딪치기도 하고 어울리기도 하면서 여러 가지 다양한 형태의 모양을 만들어 낸다. 여러 개의 팽이는 각각의 모양과 형태를 가지고 다양한 모양의 돌기, 어울리기, 붙었다 떨어졌다를 반복하면서 일정한 조직을 만들어 내기도 한다. 서로 모양과 형태 그리고 크기가 다른 각각의 팽이들이 일정한 그룹을 만들어 내기도 하고 서로 하위 그룹을 만들어 내기도 한다. 이러한 모든 관계적 영역은 팽이의 옆과 겉 부분과 관련이 있다.

팽이의 중심 부분에 해당되는 위에 튀어나온 부분과 밑의 심 부분은 모두 팽이가 쓰러지지 않고 돌아가게 하는 역할을 한다. 윗부분은 균형추의 역할을 하고 밑 부분의 심은 팽이가 돌아갈 수 있도록 한다. 팽이의 윗부분은 팽이가 균형을 유지하도록 돕는 역할을 한다. 윗부분이 잘못 부착되어 있으면 팽이가 돌면서 쉽게 균형을 잃고 오래 돌지 못하게 된다. 팽이의 아랫부분의 심은 팽이가 원활하게 돌아갈 수 있도록 하는 역할을 한다. 아랫부분이 둥근 모양으로 되어 있지 않으면 팽이는 아예 돌지 않거나 돌더라도 심하게 흔들리고 쉽게 쓰러진다. 이 부분들은 모두 인간의 영적 측면을 반영하고 있다. 인간은 영적 의미가 없으면 삶을 사는 데 있어서 어느 방향을 향해서 가는지 그리고 어떻게 자신의 자리에서 역할을 해야 하는지 잘 모르게 된다. 또한 영적 의미들이 자신의 심중 깊은 곳에 자리를 잡고 자신의 삶을 잘 영위할 수 있는 중심 역할을 하게 된다. 팽이의 윗부분과 아랫부분은 모두 중심축을 형성하는 인간의 영적 영역이다. 이러한 영적 영역은 위로 무한대로 뻗을 수 있게 되며 이를 통해서 영적 존재들과 소통을 할 수 있게 된다. 인간은 "자신보다 더 크고 높은 것을 추구하는"(Collins, 1995, p. 4) 존재이기 때문에 영적 존재들과 소통을 통해서 더 많은 영적 의미들을 중심축에 담을 수 있게 된다. 그러나 이러한 중심축이 제대로 형성되어 있지 않거나 잘못된 방향을 향하고 있으면 팽이의 돌기가 어려워지거나 돌더라도 심하게 흔들리게 된다. 마찬가지로 인간의 중심축이 영적 의미들로 잘 채워져 있지 않거나 꾸준하게 영적 존재들과 교류를 하지 않으면 인간의 삶은 어려움과 고통 그리고 장애들을 경험하기 쉽다.

마지막으로, 팽이는 팽이를 치는 사람과 관련이 있다. 팽이는 만들어진 존재다. 인간이 하나님에 의한 만들어진 피조물이듯이 팽이도 그 목적을 가지고 만들어진 존재다. 하나님은 인간은 스스로를 재생할 수 있는 능력인 창조력을 주셨다. 그래서 인간은 새로운 생명을 탄생시킬 수 있는 능력을 가지고 있다. 그럼에도 불구하고 인간은 생명을 무에서 만들어 낼 수 없고 기존에 주어진 생식 능력을 통해서만 생명을 창조할 수 있다. 만일 팽이가 이러한 능력을 가지고 있다 하더라도 팽이는 자신을 만든 사람 또는 팽이를 치는 사람과의 관련 속에서 의미를 갖는다. 인간도 하나님과 관련 속에서 의미를 갖는 존재다. 앞에서도 이미 언급하였듯이 팽이 속에 부착된 동력 장치는 인간 속에 들어있는 감정적 에너지나 생명 창조의 생식 능력과 유사하다. 인간이 자체적으로 스스로 존재하는 자 같으나 인간은 이러한 능력을 부여한 존재와 관련 속에만 그 의미와 목적을 갖는다. 그렇기 때문에 팽이가 팽이를 치는 사람의 목적과 의미를 이해하여야 왜 팽이가 돌고 있는지를 알 수 있듯이 인간도 인간을 창조하고 하나님의 형상대로 인간의 깊은 곳에 창조의 능력과 자유 능력을 주신 하나님의 목적을 이해할 때 인간으로서 의미를 갖는 존재가 될 수 있다. 영적 존재들은 팽이의 외부에 존재하는 인격체들로서 팽이가 계속 돌아갈 수 있도록 만드는 역할을 한다. 물론 팽이 속에 부착된 장치에 의해서 스스로 돌아갈 수도 있지만 이는 교환과 충전과 같은 방식이 필요하다. 인간도 스스로 살아갈 수 있지만 교류와 소통을 통해서 에너지를 공급받으면서 살아가는 존재다.

팽이 모델은 인간이 무엇인지를 비유적으로 표현하는 설명이다. 팽이 모델을 그림으로 표현하면 [그림 3-1]과 같다.

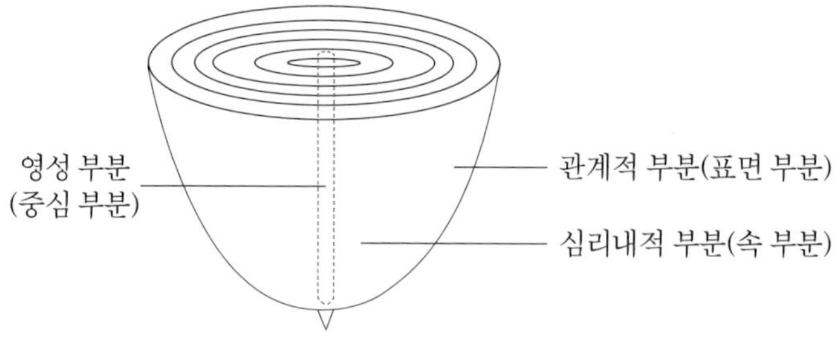

그림 3-1 팽이 모델[1]

출처: 김용태(2014). 슈퍼비전을 위한 상담사례보고서, p. 205, 학지사.

3) 초월적 존재

초월은 자신을 넘어서 더 큰 존재가 되려는 현상이다. 하나님의 형상으로 지음을 받은 인간은 초월을 하려는 경향을 가지고 태어난다. 하나님이 초월적 존재이기 때문에 자연스럽게 그의 경향인 초월성은 인간의 본성 속에 들어 있다. 인간의 본성 속에 들어 있는 하나님의 형상은 영성으로 나타난다. 이때 영성은 반드시 종교적 의미가 아니라 자연적 의미다. 종교인이냐 아니냐와 관계없이 인간은 모두 영적 존재다. 인간은 자연적 영성을 가진 존재다. 영적 존재인 인간은 스스로 자기를 초월하려는 본능(drive for self-transcendence)을 가지고 있다(Conn, 1985, p. 38). 이러한 초월의 본능은 심리내적으로 존재하는 심리적 특성으로 자리 잡고 있다. 초월하려는 경향인 초월성을 가진 존재가 인간이다.

인간이 가진 본능은 생리적이면서 심리적이고 또한 영적 현상이다. 생리적 현상을 중심으로 인간의 본능을 개념화한 사람은 지그문트 프로이트다. 그에게 본능은 'instinct'로서 신체적 흥분 상태를 의미한다(Arlow, 1995, p. 24). 이러한 본능 중 하나가 성적 욕구다. 성적 욕구는 생리적이면서 심리적 현상이다. 이러한 성적 욕구는 생명의 에너지로서 'libidinal instinct'라고 불린다. 심리적 현상을 중심으로 본능을 개념화하는 사람은 아브라함 매슬로(Abraham Maslow)와 칼 로저스(Carl Rogers)다. 이들은 인간에게는 자아를 실현하려는 본능이 존재하며 이 본능이 성적 욕구나 여러 다른 욕구들을 일으킨다고 보았다(Benner & Hill, 1999, p. 1073). 자아실현의 욕구는 생리적 측면의 욕구들이 충족을 하고 난 뒤에 발생되는 심리적 현상이다. 자아실현은 인간이 성장하고 발달하며 성숙해지려는 인간의 본능 또는 경향이다(Hunter, Malony, Mills, & Patton, 1990, p. 1126). 유기체적 관점을 가진 본능인 자아실현의 경향 역시 생물학적 힘에 토대를 두고 있다. 인간이 생물학적 욕구를 충족할 수 없으면 그 위 단계인 자아실현의 욕구를 충족하기 어렵다. 심리적 현상에 중점을 둔 자아실현의 욕구도 여전히 인간의 생리적 현상들의 욕구와 밀접한 관련을 가지고 있다. 영적 현상을 중심에 둔 본능이 초월의 본능이다. 초월의 본능은 인간이 자신을 스스로 넘어서려는 경향으로서 현재 자신보다 더 큰 존재가 되려는 경향이다. 인간은 자신 이외의 존재들과 관련을 맺으면서 현재 자신보다 큰 존재가 되려는 본능을 가진 존재다. 그러나 이러한 초월의 본능도 인간이 가지고 있는 생리적 한계를 벗어나기 어렵다. 생리적 한계로 인해서 초월의 본능이 제한을 당하기도 하고 거꾸로 초월의 본능으로 생리적 욕구를 조절하기도 한다. 초월의 본능도 생리적 현상과 밀접한 관련을 가지고 있다.

우드워쓰(Woodworth)는 본능(drive)이라는 단어를 최초로 사용하면서 본능은 가설적 힘 또는 에너지라고 하였다(Benner & Hill, 1999, p. 371). 본능이란 욕구로 인해서 발생된 힘 또는 에너지다. 감정은 이러한 에너지에 의해서 발생된 정서적 현상이다. 본능은 감정적 에너지의 형태로 존재하면서 인간을 움직이는 동력의 역할을 한다. 두려움이 학습된 본능일 수 있다는 밀러(Miller)의 동물 실험의 결과는 이러한 점을 뒷받침하고 있다(Benner & Hill, 1999, p. 371). 감정은 인간을 움직이게 하는 내적 힘들 중 하나다. 인간은 감정적 존재다. 감정을 통해서 내적 욕구를 충족하기도 하고 다른 사람들과 관계를 맺기도 한다.

감정적 에너지는 일정한 심리적 특성인 경향성과 관련이 있다. 초월하고자 하는 욕구는 인간을 자신의 현재 상태에 대해서 만족하지 못하도록 만든다. 현재 자신은 자신이 원하는 모습에 미치지 못하기 때문에 자신에 대해서 수치심, 열등감, 죄책감을 느끼면서 좀 더 나은 사람이 되려고 한다. 인간은 이러한 경향이 좌절될까 봐 걱정되고 염려스러우면서 심하면 두려움을 느끼기도 한다. 실제로 좌절이 되면 자신을 향해서 화를 내게 된다. 그렇기 때문에 이러한 인간의 감정들은 심리 내적 경향을 반영하고 있다. 초월적 욕구로 인해서 발생되는 수치심과 죄책감은 완벽성이라는 심리적 특성을 반영하는 감정들이다(김용태, 2010a, 2010b, 2011). 완벽성은 에너지 차원에서는 감정적 특성으로 나타나지만 인지적 경향을 갖기도 한다. 자신에 대해서 무엇이 부족한지 무엇이 충분한지를 인지적으로 평가한다. 이러한 평가와 더불어 인간은 수치심과 죄책감이라는 감정을 갖는다. 수치심과 죄책감은 모두 인지적 영역인 평가라는 측면과 에너지라는 동기 측면에 의해서 만들어진 감정들이다. 이런 의미에서 수치심과 죄책감은 모두 평가감정들이다(김용태, 2010a, 2010b, 2011).

완벽해지려는 인간의 욕구인 초월적 본능은 인간으로 하여금 끊임없이 발달하고 성숙하려는 경향을 만들어 낸다. 인간은 결코 현재의 자신에 대해서 만족스러워하지 않으며 끊임없는 더 크고 더 나은 존재가 되려는 노력을 하게 된다. 이러한 경향은 심리적, 사회적, 종교적으로 나타난다. 초월의 힘은 심리적으로는 발달현상으로 나타난다. 아이들은 성장하면서 과거의 자신보다 더 큰 존재가 된다. 인지 발달, 성격 발달, 믿음 발달 등과 같은 모든 발달현상은 모두 자신이 더 커지는 현상이다(김용태, 2004). 초월의 힘은 사회적으로는 다른 사람들과 경쟁 또는 포용을 하는 방향으로 나타난다. 타인을 공감하고 지원하면서 도와주려는 현상은 포용적 측면이고 조직 내에서 일정한 지위를 점하기 위해서 다투는 현상은 갈등적 측면이다. 종교적으로 볼 때 초월의 힘은 인간이 영적 존재들과 교류하면서 자신을 더 큰 존재로 만들게 한다. 인간은 영적 존재가 되고 싶어 하며 이는 종교적으로 나타나기도 하고 일반적으로 나타나기도 한다. 종교적 의미의 영적 존재는 종교에서 말하는 영적 존재들을 닮아 가는 현상이다. 일반적 의미의 영적 존재는 의미를 추구하는 현상이다. 의미가 있는 존재가 됨으로써 영적으로 더 큰 존재가 되려고 한다.

더 커지려고 하는 발달의 경향은 내적 힘에 의해서만 일어나지 않는다. 외부의 힘에 의해서도 발달의 경향은 나타난다. 내적 힘은 동기라 부르고 외부의 힘은 유인(incentive)이라고 부른다. 심리학자들은 인간의 행동적 동기가 내부적 힘인 본능과 더불어 외부의 힘인 유인에 의해서 이루어짐을 밝혀내었다(Benner & Hill, 1999, p. 372). 본능은 선천적으로 주어진 내적 힘이라면 유인은 외부에서 무엇인가를 하도록 이끄는 자극이다. 인간의 발달은 본능과 유인의 상호작용에 의해서 이루어진다. 인간 안에 들어 있는 초월적 본능인 완벽성은 그 자체로 완벽한 상태가 아니다. 완벽을 향해서 나아가는 성향을 의미한다. 완벽성은 인간을 동기화해서 초월하도록 만들면서 외부의 힘인 유인에 의해서 초월이 가속화되기도 하고 둔화되기도 한다. 외부의 힘이란 인간의 외부에 존재하는 초월적 존재가 가진 능력을 의미한다. 초월적 존재는 단순하게 표현하면 자신보다 더 큰 존재다. 이 세상에는 많은 초월적 존재가 있다. 수직적 의미에서 초월적 존재들은 아이에게 부모고, 조직 내에서 하위에 있는 사람들에게 상위에 있는 사람들이고 인간에게 절대자가 초월적 존재다. 수평적 의미에서 초월적 존재는 같은 사람이라 하더라도 서로 영역이 다르면 초월적 존재가 될 수 있다. 교육의 영역과 예술 영역을 보면 교육에 영역에 있는 사람은 예술 영역의 사람에게 초월적 존재일 수 있다. 그 역도 성립한다. 이들은 모두 같은 수준에 존재하지만 영역별로 서로에게 초월적 존재가 될 수 있다.

제2부

초월상담의 이론적 개념

제2부는 초월상담의 이론적 개념이 무엇인지를 다루고 있다. 여기서 제시하는 있는 초월상담의 이론적 개념들은 제1부에서 언급한 초월의 심리사회영적 기반을 근거로 해서 만들어진 새로운 생각이다. 인간은 자신 나름대로 독특한 세계를 형성하면서 살아가고 있다. 이러한 독특한 세계를 범주라고 부르며 범주는 인간이 어떤 존재인지를 나타내는 이론적 개념이다. 인간은 자신의 세계를 확장하고 싶어 하는 본능을 가지고 있다. 자신의 세계를 끊임없이 확장하면서 새로운 세계를 만들어 가는 과정이 인간의 삶이다. 이러한 초월의 과정은 인간의 세계를 확장시키는 발달 현상을 만들어 낸다. 초월이 제대로 일어나면 초월 자기가 형성되지만 그렇지 않으면 병리현상이 만들어진다.

제4장은 심리사회영적 관점에 근거한 범주의 개념을 정의한다. 제5장은 범주라는 이론적 개념이 인간 존재와 어떤 관련이 있는지를 밝힌다. 제6장은 범주 현상은 결국 초월로 나타나고 초월에 의한 자기가 형성된다는 점과 초월 자기가 심리적으로 어떤 역동을 보여 주는지를 밝힌다. 제7장은 초월현상이 발달적으로 어떻게 나타나는지를 밝힌다. 제8장은 범주가 확장되지 못해서 나타나는 초월의 병리현상을 다룬다.

제 4 장

범주에 관한 사회심리영적 정의

1. 초월에 내포된 개념으로서의 범주

1) 초월 개념과 초월적 현실

(1) 넘어서

초월은 글자 그대로의 의미로 보면 "넘어서"(김용해, 2008, pp. 131-133; 이규성, 2012, pp. 60-61; Collins, 1995, p. 4; Cox, 1997, p. 512; May & Yalom, 1995, p. 267)라는 뜻이다. 초월이 '넘어서'라는 개념인 점에 대해서는 학자들 간에는 이견이 없어 보인다. 그럼에도 불구하고 학자들은 '넘어서'라는 개념과 관련된 현상들에 대해서는 각자의 입장을 가지고 있다. 실존주의 심리학자들인 메이와 얄롬은 '넘어서'라는 개념을 한계와 추상화 능력으로 정의하고 있다. 그들은 인간이 주어진 시간과 공간의 즉각적 한계를 넘어서 자신을 방향 지울 수 있는 추상화의 능력을 가지고 있음을 말하고 있다. 이들에게 초월은 즉각적 한계, 자신을 방향 지움, 추상화 능력 등과 관련이 있다. 심리치료사인 콕스(Cox)는 초월을 지금 여기서의 경험과 관련해서 설명하고 있다. 초월의 개념은 지금 여기서의 경험을 넘어서 위를 향해서 일어나는 현상이다. 그에게 초월은 즉각적 경험과 위를 향하기 등과 관련이 있다. 신학자 콜린스는 영성이 자신보다 더 크고 높은 것을 추구하는 현상이라고 말하면서 인간의 초월 경향을 말하고 있다. 인간은 자신보다 더 큰 존재와 관련을 맺으려고 하는 초월적 경향을 가진 존재다. 그렇기 때문에 그에게 초월이란 자신, 더 큰 존재, 관련 등과 같은 현상들과 관계가 있다. 철학자 김용해(2008)는 초월을 "자신의 경험보다 더 큰 실재를 향해 의식을 개방하고 있음"(p. 147)이라고 말하고 있다. 그의 초월의 정의 속에는 경험, 더 큰 실재, 의식의 개방과 같은 현상들이 관련되어 있다. 철학자 이규성도 경험세계를 넘어선 존재로 보려는 경향이 초월이라고 말하고 있다. 그에게 초월은 경험세계와 넘어서려는 경향이라는 현상과 관련이 있다.

여러 학자들의 초월에 대한 정의를 통해서 보면, 초월은 인간이 자신의 경험세계를 넘어서 자신보다 더 큰 존재와 관련을 맺으려는 현상이라고 정리할 수 있다. 초월의 개념 속에는 인간의 경험세계, 자신보다 더 큰 존재, 넘어서 등과 같은 현상들이 있다. 초월의 개념은 '인간의 경험세계를 넘어서'라는 주제와 '자신보다 더 큰 존재'의 주제로 나누어진다.

(2) 인간의 경험세계를 넘어서

① 즉각적 한계와 추상화 능력

'인간의 경험세계를 넘어서'라는 주제에 대해서 학자들은 즉각적 한계, 추상화 능력, 초월적 경향 등을 언급하고 있다. 인간은 자신의 경험세계에 대해서 한계를 느끼기 때문에 초월을 하려고 한다. 인간은 초월을 하기 위해서 자신의 추상화 능력을 사용하고 있다. 다른 말로 하면, 인간은 자신의 경험세계에 갇혀서 살 수 없는 존재다. 이에 대해서 콕스(Cox, 1997)는 즉각성과 초월성에 관해서 설명하면서 인간은 즉각적 현실을 살면서 동시에 초월적 성격을 띠는 삶을 산다고 주장하고 있다. 그는 이러한 주장을 뒷받침하기 위해서 상담 이론과 실제 모두에서 이러한 경향이 있음을 말하고 있다. 에릭슨은 자신의 발달 단계의 맨 위에 관대함과 자아 통합을 중요한 가치로 두고 있다. 관대함과 자아 통합은 모두 희망과 신뢰의 기초 위에 세워진 개념이다(Cox, 1997, p. 513). 다시 말하면, 에릭슨의 자아심리학은 그 자체로 초월적 개념들 위에 서 있는 이론이다. 희망과 신뢰는 모두 인간이 즉각적 현실을 살면서도 그 이상을 넘어서 살아갈 수 있도록 하는 초월적 개념들이다. 인간이 즉각적 현실을 살아가면서 겪는 발달현상은 경험세계만으로 구성되어 있지 않고 초월적 현실 위에 서 있는 이론적 구성 개념이다. 이러한 경험세계의 초월적 현실은 다른 상담 이론들에서도 보인다. 특이 인본주의 심리학 이론들은 모두 이상적 세계를 상정하고 있다. 예를 들면, 인간 중심 이론에서는 완전히 기능하는 인간(fully functioning person)을 이상적 인간으로 상정하고 있다(Raskin & Rogers, 1995, p. 141). 완전히 기능하는 인간은 인간이 가지고 있는 자아실현의 기능 중 하나다. 현실을 살아가는 인간은 그 경험세계에만 빠져 있지 않고 앞으로 나아갈 이상인 희망을 품고 있다. 인간은 즉각적 현실이라는 경험세계를 살면서도 동시에 이상을 동경하도록 하는 초월적 현실을 사는 존재다.

희망은 인간의 경험세계에 관한 이론적 경향뿐만 아니라 실제의 삶에서도 여전히 중요한 삶의 원리다. 삶의 어려움이나 심리적 고통을 가지고 상담에 오는 모든 내담자에게 희망을 심어 주는 일이 심리치료의 중요한 원리 중 하나다(Cox, 1997, p. 514). 상담에 오는 내담자들은 자신들의 문제가 해결될 수 있는지 없는지에 대한 의문을 가지고 있다. 이런 내담자들을 향해서 상담자들은 자신들의 문제가 해결될 수 있다는 가능성을 말해 준다. 문제가 해결될 수 없는 경우에도 상담자들은 내담자가 자신들의 문제를 다룰 수 있는 능력을 키우도록 한다. 이렇게 함으로써 상담자들은 여전히 내담자들이 자신들의 문제에 빠지거나 갇히지 않고 희망을 가지고 살 수 있도록 돕는다. 문제 해결이나 문제를 다루는 능력은 모두 내담자가 자신의 문제를 다룰 수 있는 가능성에 기반을 두고 있다. 상담자는 내담자가 문제에만 초점을 맞추지 않고 미래의 가능성을 가지고 살 수 있는 초월적 현실을 살도록 돕는 역할을 한다. 이러한 상담자의 노력은 내담자로 하여금 희망을 갖도록 만든다. 희망은 아직 이루어지지 않는 미래로서 현재의 현실을 넘어선다.

② 추상화 능력에 의한 초월적 경향

이렇게 초월적 현실을 살도록 도울 수 있는 중요한 이유는 인간에게 있는 추상화 능력인 초월적 경향 때문이다. 인간은 자신의 즉각적 현실을 살아가면서도 이러한 경험세계로 한계 지워진 존재가 아니다. 인간은 자신들이 가지고 있는 추상화 능력이라는 초월적 경향으로 인해서 자신들의 삶을 새로운 시각에서 바라보고 여러 가능성을 타진할 수 있는 존재다. 새로운 시각으로 자신을 바라보는 활동은 상담학 이론들에서는 메타 대화(Nichols & Schwartz, 2006, p. 90), 재구조화(Nichols & Schwartz, 2006, p. 94), 이차 사이버네틱스(Becvar & Becvar, 1996, pp. 75-76), 반영적 사고(김용태, 2014a, pp. 223-225) 등과 같은 개념들로 말하고 있다. 인간은 추상화 능력 때문에 자신의 대화를 객관적으로 바라볼 수 있고 또한 인간은 메타 대화를 할 수 있는 능력이 있다. 인간은 자신의 현재의 삶을 새로운 구조에 담는 노력인 재구조화를 하게 된다. 자신의 현실을 새로운 시각으로 재조명함으로써 자신의 즉각적 현실을 새로운 구조에 담는 재구조화를 할 수 있다. 인간은 자신의 삶을 새로운 차원의 구조로 이해하는 이차 사이버네틱스의 능력을 가지고 있다. 인간은 꿈을 꾸면서 문제로부터 벗어나려고 노력하는 일차 사이버네틱스가 실패하는 지점에서 꿈을 깨면서 새로운 현실을 갖는 이차 사이버네틱스를 이루게 된다. 이러한 메타 대화, 재구조화, 이차 사이버네틱스 등과 같은 모든 현상은 모두 반영적 행동과 관련이 있다.

반영적 행동은 감정적 영역과 인지적 영역으로 나누어진다. 각각의 영역에 대한 반영적 행동은 인지적 공감과 정서적 공감과 유사하다. 인지적 영역의 반영적 행동은 관점을 변화시키는 'perspective taking'과 관련이 있다. 새로운 관점에서 현재의 삶이나 현실을 바라보는 인지적 능력이 'perspective taking'인데 이는 인지적 영역의 공감이다. 이러한 능력을 철학에서는 인식론적 초월인 수평 초월(하피터, 2006, p. 83)이라고 말을 하고 있다. 인식론적 초월은 자신과 타인을 구분해서 볼 수 있는 능력이다. 자신과 타인뿐만 아니라 자신을 객관적으로 바라보면서 타인을 동시에 생각할 수 있는 능력을 반영하는 개념이 인식론적 초월이다.

반영적 행동의 감정적 영역은 정서적 공감이라는 개념과 연관되어 있다. 정서적 공감은 내담자의 감정과 느낌을 상담자가 자기 자신을 잃지 않으면서 있는 그대로 이해할 수 있는 능력이다. 이런 의미에서 상담자들은 공감과 동정을 구분한다. 동정은 내담자의 감정이나 느낌을 상담자가 자신을 잃어버리면서 내담자와 같이 느끼는 개념이다. 동정을 느끼는 사람들이나 상담자들은 자신의 초월적 특성인 반영적 행동을 하지 않고 내담자와 같은 감정을 갖는다. 반면, 정서적 공감은 내담자의 감정과 느낌을 상담자가 같이 느끼면서도 자신의 상태를 객관적으로 유지하는 현상이다. 반영적 행동의 감정적 영역은 같이 느끼면서도 다른 상태다. 자신의 느낌을 유지하면서도 이를 넘어서서 다른 사람의 감정을 느끼는 현상이 감정적 영역의 반영적 행동이다. 정서적 공감은 자신의 느낌에만 머무르는 행위가 아니라 자신의 느낌을 넘어서는 초월적 행위다. 타인의 느낌을 자신 속에 반영하려면 자신의 느낌을 넘어서야 한다.

(3) 자신보다 더 큰 존재

① 발달적 경향

인간은 현재의 자신보다 더 큰 존재가 되어서 초월적 현실을 살려고 한다. 자신보다 더 큰 존재가 되려는 주제는 인간에게는 발달적 경향으로 나타난다. 인간은 하나님의 형상으로 인한 초월적 본능을 가진 존재다. 초월적 본능은 심리학적으로 볼 때 자기애 경향(Benner & Hill, 1999, pp. 780-781; Chessick, 1993, pp. 247-252; Hunter, Malony, Mills, & Patton, 1990, pp. 773-775), 전능의 환상(Hinshelwood, 1991, p. 375), 완벽성(김용태, 2010a, 2010b, 2011) 등으로 나타난다. 자기애는 자기중심성(egocentric tendency), 과대함(grandiosity), 전능감(sense of omnipotence)을 그 중심적 특징으로 가지고 있다.

자기중심성은 우주가 자신을 중심으로 돌아간다고 생각하는 심리적 성향이다. 과대함은 자신이 다른 존재들보다 훨씬 더 큰 존재라고 생각하는 신념이다. 전능감이란 자신은 무엇이든 할 수 있을 것 같은 느낌이다. 자기애가 건강하게 작동을 하면 인간은 자연스럽게 발달을 해 나간다. 발달 단계마다 구조적 변화를 일으키면서 현재의 자신보다 더 큰 존재가 되어 간다. 이러한 발달 단계는 인간으로 하여금 자신의 즉각적 현실보다는 초월적 현실을 꿈꾸며 살아가도록 만든다. 현재에 있으나 현재보다는 미래를 꿈꾸고 지금을 살지만 앞을 보면서 사는 삶이 초월적 현실이다. 이러한 현실은 자기애적 소망으로 나타나서 자신은 앞으로 큰 존재가 될 것 같은 마음을 갖게 만든다. 이러한 마음을 다른 용어로 말하면 희망이다. 미래를 보면서 현재보다 그리고 지금보다 더 큰 존재가 되려는 희망, 자기애적 소망을 가지면서 사는 존재가 인간이다.

전능의 환상은 자기애적 소망이 대상을 통해서 이루어지리라는 심리적 현상이다. 클레인은 이 부분에 대해서 프로이트와는 다른 접근을 취하였다. 그녀는 프로이트가 인간은 자신의 자기애적 욕구를 충족하기 위해서 다른 대상들을 이용한다는 입장에서 떠나 인간은 대상과 관계를 맺으려는 경향인 전능의 환상이 존재한다고 보았다(Hinshelwood, 1991, pp. 354-355). 프로이트와 클레인의 자기애에 대한 주요 차이는 욕구 중심인가 아니면 대상 중심인가이다. 전능의 환상은 욕구 중심이 아니라 대상을 찾기 위한 에너지다. 인간은 태어나면서부터 자신보다 큰 존재인 엄마와 하나가 되려는 경향을 가지고 있는데 이 경향이 전능의 환상이며, 이 전능의 환상은 엄마와 자신이 하나라고 느끼면서 자아를 발달시킨다. 이러한 부분은 공생애(symbiosis)라는 단어에 잘 나타나 있다(Maher, Pine, & Bergman, 1975). 인간은 태어나서 발달의 첫 단계인 엄마와 아이가 하나처럼 느끼는 공생애를 갖는다. 공생애 기간 동안에 아이는 엄마와 자신을 구분하지 못하고 하나가 되는 느낌을 갖는다. 아이는 자신을 엄마라고 착각하는데 이러한 착각은 전능의 환상 때문에 생긴다. 전능의 환상은 아이로 하여금 자신을 자신보다 더 큰 존재인 엄마라고 착각을 일으키게 하면서 아이로 하여금 더 큰 존재를 향해서 나아갈 수 있는 자기애적 발판을 만들어 준다.

완벽성은 인간이 가지고 있는 심리적 특성으로서 태어나면서부터 자신보다 커지려는 경향을 의미한다. 완벽성은 완벽한 상태와는 다르다. 인간은 완벽해지려는 경향을 가지고 있지만 완벽하지는 않다. 인간은 자신의 부족한 부분을 완벽하게 만들려는 경향을 가지고 있어서 자신이 그렇지 않다고 느끼게 되면 자신에 대해서 깊은 수치심을 느끼게 된다. 인간은 태어나면서부터 이렇게 자신이 부족하다는 느낌을 가지고 있다. 이러한 점에 대해서 아들러는 나는 작은 존재고 나는 커져야 한다는 신념인 열등감(inferiority feelings)을 갖는다고 말한다(Mosak, 1995, pp. 62-63). 자신이 작은 존재라는 느낌은 부모와의 관계를 통해서 느낀다. 이러한 느낌을 덮기 위한 노력 중 하나가 부모에게 매달리는 의존적 관계다. 부모가 있으면 자신이 큰 존재같이 느껴지고 부모가 없으면 자신이 작고 초라한 느낌이 든다. 이러한 경향은 결국 평생을 통해서 없어지지 않는데 인간은 자신을 중심으로 주변에 든든한 사람들이나 배경들을 둠으로써 자신이 작은 존재임을 덮으려고 한다. 이러한 경향은 나중에 종교적으로 나타나기도 한다. 신과의 관계를 돈독히 함으로써 작은 존재라는 느낌을 덮고 큰 존재가 되려는 기독교 자기애적 경향으로 나타나기도 한다.

② 존재론적 초월과 수직 초월

이러한 모든 경향, 자기애, 전능의 환상, 그리고 완벽성은 결국 인간이 현재의 자신에 만족하지 못하고 더 큰 존재가 되려는 발달적 경향을 만들어 낸다. 이러한 발달적 경향은 철학적으로 볼 때 존재론적 초월이다. 존재론적 초월은 인간 자체가 초월을 향해서 열려 있는 존재로서 인간은 무한히 자신을 초월하여 더 큰 존재가 되려는 경향이다. 인간에게 이러한 경향이 있기 때문에 인간은 작은 존재인 자신을 끊임없이 초월해 나간다. 인간은 자신의 작은 존재에 머물러 있지 않고 발달을 통해서 더 큰 존재가 되면서 만족을 얻는다. 시간이 지나면서 이러한 만족은 다시 불만족이 된다. 불만족에 의해서 인간은 다시 자신을 더 큰 존재로 만들기 위한 발달을 하게 된다. 이러한 과정이 무한히 자신을 초월하는 존재론적 초월이다.

이러한 존재론적 초월은 수직 초월이다. 수직 초월이란 자신과 자신과의 관계를 수직적으로 재정의하는 방식이다. 재정의가 일어날 때마다 현재의 자신은 이전의 자신과 달라진다. 현재의 자신은 이전의 자신보다 더 큰 존재가 된다. 이러한 과정의 반복은 인간으로 하여금 신과의 관계까지 확장하도록 만든다. 자신과 자신과의 관계뿐만이 아니라 신과 자신과의 관계를 재정의하게 된다. 이러한 존재론적 초월이 반복되면 인간은 결국 자신만이 아니라 인간 전체와 신과의 관계를 재정의하는 방식으로 초월을 하게 된다.

존재론적인 수직 초월은 심리학적으로 볼 때 수치심이라는 감정에 근거하는 경향이 있다. 자기애적 상처를 입는 아이들은 깊은 수치심을 느낀다. 수치심은 인간의 발달에 중요한 영향을 미치면서 인간으로 하여금 끊임없이 현재보다 다른 존재인 큰 존재가 되려는 경향을 만들어 낸다. 인간은 감정적 에너지를 통해서 자신의 발달을 주도하는 동력을 갖는 존재다. 앞에서 언급한 인식론적 초월이 주로 인간이 가지고 있는 인지적 능력이 추상성에 근거한다면 존재론적 초월은 인간이 가지고 있는 감정적 능력에 근거를 한다. 인간이 가지고 있는 초월적 현실은 인지적 능력과 감정적 능력의 상호작용에 의해서 만들어지는 현상이다.

2) 세계로서의 범주

(1) 초월과 인간의 한계

인간의 경험적 세계인 즉각적 현실을 넘어서 초월적 현실을 사는 데에는 일정한 한계가 발생한다. 이러한 한계는 인간이 가지고 있는 제한된 능력 때문에 발생한다. 앞에서 인간에게는 초월적 현실을 살아가기 위한 인지적 능력과 감정적 능력을 설명하였다. 완벽해지고 싶은 완벽성과 이를 인지적으로 뒷받침하는 추상성은 모두 인간의 일정한 경향성을 나타내는 개념들이다. 이 둘은 독립적으로 존재하기도 하면서 동시에 상호작용을 하기도 한다. 인간은 자신의 감정과 관련 없이 무한한 상상력을 발휘하기도 하는데 이러한 무한한 상상력은 일정한 제약이나 한계가 없이 이루어진다. 그러나 이러한 상상력도 모두 인간이 보거나 들은 것들에 근거하는 경우가 많다. 만약 인간이 전혀 보지 못하고 듣지 못하였다면 상상력은 그만큼 제약을 받게 된다. 완벽성은 신을 닮으려는 경향이기 때문에 그 자체로는 완벽을 추구한다. 그럼에도 불구하고 이러한 완벽성을 완벽으로 이루기 위해서는 여러 가지 현실적 제약과 한계가 따른다. 인간은 몸, 즉 신체를 가진 존재고 여러 가지 조건에 둘러싸인 존재다. 이러한 신체와 조건들은 완벽해지려는 인간의 욕구를 제한시키기에 충분하다.

초월적 현실을 살기 위한 일정한 제약은 초월의 개념에서도 분명하게 드러난다. "초월은 경계를 넘어섬이라는 본래적 의미에서 보듯"(박병준, 2006, p. 144)이라는 문장에서 보면 초월하기 위해서는 일정한 대상을 넘어서야 한다. 그 대상이 무엇인가에 따라서 용어가 달라진다. 물리적 대상으로는 국경선과 담이 있다. 나라와 나라의 경계를 국경선이라고 하고 집과 집의 경계를 담이라고 한다. 경계선과 담은 모두 물리적 설정이다. 심리적 설정이나 사회적 설정에 의한 대상도 존재한다. 개인과 개인의 경계를 정체성이라고 한다. 정체성은 심리적 설정이다. 한 사회와 다른 사회를 구분 짓는 경계선은 문화다. 이는 사회적 설정이다. 각각의 설정들은 일정한 대상이 존재하고 대상과 대상을 구분 짓는 현상이 경계선이다. 초월 개념을 더 분명하게 이해하기 위해서는 대상과 경계선이라는 두 가지 개념을 파악하여야 한다.

(2) 초월 개념 속에 내포된 대상과 경계선

① 대상과 초월

대상적 의미로 볼 때 초월은 무엇을 넘는가에 따라서 그 용어와 성격이 달라진다. 한 나라를 넘어서 다른 나라로 가면 월경이다. 한 집에서 다른 집으로 넘어가면 월담이다. 한 자아를 넘어서 다른 자아로 가면 자아초월이다. 한 사회를 넘어서 다른 사회로 가면 이는 문화초월이다. 월경이나 월담은 모두 물리적 설정이기 때문에 평면적이다. 한 나라의 영토가 다른 나라의 영토를 포개거나 덮을 수는 없다. 마찬가지로 한 집이 다른 집을 포개거나 덮을 수는 없다. 월경이나 월담은 단순히 한 집이나 국가의 영토에서 다른 집이나 다른 영토로 넘어가는 전이 현상이다. 월경이나 월담은 단지 경계선의 이쪽에서 저쪽으로 가는 현상을 의미한다. 월경과 월담은 초월상담에서 보면 수평적 확장을 의미한다. 세계사의 많은 전쟁 역사에서 보듯이 자국 영토의 한계를 넘어서 다른 나라 영토를 자국 영토에 합병시키는 확장이 초월현상이다. 초월이란 한 곳을 다른 곳까지 확장해 나가는 현상이라고 볼 수 있다. 이러한 확장은 평면적으로 일어난다. 영토를 넓히는 행위 그리고 집을 더 크게 만드는 행위는 초월이 모두 수평적으로 일어나는 현상이다.

그러나 심리적 설정인 정체성이나 사회적 설정인 문화의 경우에는 물리적 설정과 다를 수밖에 없다. 정체성을 넘는 자아초월이나 문화를 넘는 문화초월은 교류나 수용의 성격을 갖는다. 이는 평면의 확장을 의미하는 물리적 설정과는 달리 교류나 수용은 평면과 공간 모두를 포함하는 개념이다. 정체성이 다른 두 사람의 경우에 교류를 통해서 각자의 정체성을 공유하거나 수용을 통해서 한 사람이 다른 사람을 일방적으로 받아들이게 된다. 문화의 경우도 마찬가지다. 교류는 정체성이나 문화를 나누는 현상이라면 수용은 포함하는 현상이다. 교류는 평면적으로 일어나는 현상이고 수용은 공간적으로 일어나는 현상이다. 교류는 정체성이나 문화를 평면적으로 넘어서 자신의 정체성 또는 문화 이상을 얻는 나눔의 현상이다. 교류를 통해서 정체성이나 문화는 무한히 확장되어 간다. 이는 마치 물리적 설정에서 평면적으로 초월이 일어나듯이 정체성과 문화의 확장도 평면적으로 일어나는 것이다. 수용은 정체성이나 문화를 넘어서 다른 정체성이나 문화를 받아들이는 포용 현상이다. 정체성인 경우에는 한 개인이 다른 개인을 수용하여 그 사람을 책임지는 행위가 초월현상이다. 부모가 자녀들을 수용하여 한 어른으로 성장시키는 행위라든지 한 상담자가 내담자를 일방적으로 수용하여 건강한 개인으로 회복시키는 과정들은 모두 수용의 경우다.

초월이 평면적으로 일어나거나 공간적으로 일어나거나 관계없이 초월은 언제나 일정한 대상이나 영역을 전제로 한다. 이러한 대상이나 영역은 모두 경계선에 의해서 구분된다. 국경선에 의해서 한 나라와 다른 나라는 구분되면서 독립된 국가를 형성한다. 이러한 독립된 국가는 독립된 세계를 유지한다. 독립된 세계 속에는 문화, 관습, 사회 기관들, 국가 체계, 습관, 행동 양식 등 수많은 것들이 포함된다. 마찬가지로 한 가정은 다른 가정과는 여러 가지 다른 것을 갖는 자신만의 독특한 세계를 지닌다. 그래서 한 가정에서 성장한 아이는 다른 가정에서 성장한 아이들과 다른 세계를 지닌다. 이러한 세계 속에서 성장한 아이들은 세상을 보는 일정한 관점을 갖도록 하는데 이 같은 관점을 세계관이라고 한다. 세계관은 세상을 보는 창으로서 앞으로 살아가면서 경험하게 되는 많은 것들을 해석하여 받아들이는 역할을 하게 된다. 마찬가지로 한 개인도 다른 개인들과 다른 내면세계를 갖는다. 이렇게 다른 내면세계를 정체성이라고 부른다. 정체성이 달라지면 모든 것이 다르게 된다. 개인은 자신만의 일정한 세계를 가지고 있다.

② 범주

이러한 세계는 일정한 범위를 가지고 있다. 국가의 경계선 측면에서 이해를 한다면 한 국가의 국민들은 일정한 문화적 양식을 가지고 행동을 한다. 문화적 양식은 곧 자신들의 세계에서는 당연히 받아들여지는 현상이기 때문에 질문을 하지 않는다. 그러나 다른 문화를 가진 사람들을 만나면 질문이 생기고 당연시되던 것들을 다시 보게 된다. 자신이 살고 있는 세계를 다시 되짚어 보는 일이 벌어진다. 이렇게 자신이 살고 있는 세계를 범주(scope)라고 하자. 이러한 범주는 한 가정 내에서 성장한 아이들에게도 일어난다. 아이들은 집에서 성장하면서 집 밖으로 나오면 자신의 범주 안에서 익숙하게 있던 행동을 하게 된다. 이러한 행동들은 다른 행동을 하는 아이들과 부딪치면서 갈등을 겪기도 하고 자신의 행동을 돌아보는 일을 하기도 한다. 가정에서건 국가에서건 모두 자신들이 살아가는 일정한 세계인 범주를 가지고 있다.

이러한 세계에 대해서 이규성(2012)은 "인식 주체가 모든 대상의 경계를 넘어 그 경계를 경계로서 인식할 때, 즉 능동 이성이 인식 가능한 모든 장(das Feld)을 포괄할 때 인식은 가능하다고 라너는 말한다"(p. 61)라고 라너를 인용하고 있다. 인식 주체인 한 개인이 자신의 경계를 넘어서 자신의 경계를 인식하는 모든 장이 범주다. "범주는 한 개인이 살아가고 있는 모든 세계, 즉 원가족, 감정, 생각, 관계, 관점, 행동, 가치 등 모든 것"(김용태, 2004, p. 28)을 의미하는데 이는 "한 개인이 생각하고 느끼고,

가치 판단을 하고, 관계를 하고, 행동을 하는 세계를 의미한다"(김용태, 2004, p. 28). 이러한 범주는 인식 주체인 개인 자신의 경계선을 넘어서 자신을 바라볼 때 알게 된다. 자신을 넘어서게 되면 이제 자신의 경계가 무엇인지를 분명하게 인식하게 되며 자신이 살고 있는 세계가 어떤 세계인지를 인식하게 된다. 이러한 세계에 대해서 이규성은 칼 라너의 말을 빌려서 능동 이성이 인식 가능한 모든 장이라고 표현하고 있다. 이러한 모든 장은 한 개인이 살고 있는 세계인 범주를 의미한다.

2. 범주 확장

1) 인간의 두 가지 현실

초월의 개념 속에 내포된 현상으로서 범주에 대한 논의는 다음의 명제를 명백하게 한다. 인간은 즉각적 현실을 살기도 하지만 초월적 현실을 살기도 한다. 즉각적 현실과 초월적 현실이라는 두 가지 현상에 의해서 인간의 삶은 이루어진다. 즉각적 현실은 자신이 살아가는 세계 속에서 사는 삶을 의미하고 초월적 현실은 자신이 살아가는 세계를 넘어서는 삶을 의미한다. 인간이 만일 즉각적 현실만을 산다고 가정해 보자. 이렇게 된다면 이는 마치 인간이 길을 걸어갈 때 앞을 보지 않고 땅만 보고 걸어가는 것과 같다. 땅만 보고 길을 가는 사람들은 앞에 어떤 장애물이 있는지 알 수 없게 된다. 다가오는 장애물을 보지 못하고 조만간 장애물에 부딪쳐서 사고를 당하기 쉽다. 반대로, 길을 가면서 하늘만 보고 간다면 이러한 사람들은 자신이 딛고 있는 땅에 무엇이 있는지 알 수 없게 된다. 길을 가다가 땅이 움푹 파인 곳이나 맨홀 같은 곳을 발견하지 못하고 이러한 구덩이 빠지는 사고를 당하게 될 것이다. 인간은 즉각적 현실, 즉 땅을 보면서 살아가는 삶과 초월적 현실, 즉 하늘을 바라보고 사는 삶 두 가지를 동시에 필요로 한다.

(1) 즉각적 현실

즉각적 현실은 인간에게 자신이 삶을 살아갈 수 있는 기초, 즉 땅의 역할을 한다. 상담 중에 눈물을 흘리는 사람들 중에 많은 사람은 자신들이 현재 어떤 종류의 삶을 살고 있는가에 대해서 인식을 잘하지 못하거나 인식을 하지 않으려고 한다. 물론 이런 데에는 이유가 있다. 자신이 살아가고 있는 즉각적 현실이 너무 비참하거나 힘들면 이러한 즉각적 삶을 피하기 위해서 초월적 현실만을 살아가려는 경향을 보인다. 눈물을 많이 흘리는 사람들의 공통적 특징은 모두 자신이 원하는 삶, 즉 소망 중심의 삶만을 살려고 한다. 자신이 어떤 땅을 딛고 있으며 이러한 땅이 자신에게 어떤 미래의 삶을 가능하게 하려고 하는지에 대해서는 관심이 없다. 이들은 오직 미래에 자신이 어떻게 살고 싶은지에 대해서만 관심을 가지고 있다. 그러나 이러한 미래의 삶은 현재의 삶인 즉각적 현실 속에서는 이루어지기 힘들다. 그렇기 때문에 이러한 점을 잘 아는 눈물 많은 사람들은 자신의 소망이 현실화되지 않으리라는 생각 때문에 늘 슬프다. 이들은 기초가 없는 삶인 현재가 없는 미래 또는 기본이 없는 해결 등과 같은 삶을 살려고 하는 사람들이다. 즉각적 현실은 우리가 살아가는 삶의 기초로서 역할을 하고 이러한 기초가 미래를 가능하게 하는 든든한 버팀목의 역할을 한다.

인간은 이러한 즉각적 현실에 발을 디디고 있을 때 초월적 현실로 도약할 수 있는 가능성을 갖게 된다. 이는 마치 높이뛰기 선수가 든든한 발 받침대를 필요로 하는 원리와 비슷하다. 발 받침대가 물렁하여 단단하지 않으면 높은 도약을 하기 어렵다. 이들은 단단한 발 받침대를 밟고 하늘 높이 도약을 한다. 이러한 도약을 통해서 자신이 얼마나 높이 뛰는가를 생각하고 높이 뛰면 즐거워하고 좋아한다. 인간은 자신이 살고 있는 즉각적 현실을 잘 인식하고 이해할 수 있어야 한다. 즉각적 현실에는 자신의 주변을 둘러싸고 있는 물리적 환경과 인적 자원 그리고 공동체 등과 같은 여러 조건이 있다. 인간은 이러한 조건 속에서 살면서 성장한다. 주변의 조건들을 면밀히 살피면서 자신이 어떻게 초월할 수 있는지 그리고 얼마만큼 초월할 수 있는지를 알게 된다. 초월적 현실도 이러한 즉각적 현실의 여러 조건들과 연관되어 있다. 인간은 이러한 현실적 조건들인 즉각적 현실과 무관하게 성장하거나 초월할 수 없다.

(2) 초월적 현실

초월적 현실은 즉각적 현실의 위치를 알게 하며 어떤 방향을 향해서 삶이 진행되고 있는지를 알려 주는 역할을 한다. 초월적 현실이란 자신이 처한 현실—즉각적 현실—을 바라보는 삶을 말한다. 즉각적 현실은 일정한 경계를 가진 삶인 세계를 의미한다. 이 세계에만 있으면 인간은 자신이 어떤 경계를 가지고 살고 있는지 그리고 그 경계 너머에 무엇이 존재하는지 알 수 없게 된다. 초월적 현실은 이러한 즉각적 현실을 바라보는 삶이기 때문에 자신이 어떤 경계를 가지고 있는지 그리고 자신의 경계 속에 무엇들이 들어 있는지 알 수 있도록 만들어 준다. 유학생들을 생각해 보자. 이들은 자신의 나라를 떠나서 다른 나라에 살면서 그 나라의 생소한 문화나 습관을 접하게 된다. 예를 들면, 미국에 유학을 간 한국인 유학생을 생각해 보자. 이들은 자신들이 겪었던 많은 에피소드들은 모두 자신들이 익숙하게 살고 있던 세상인 즉각적 현실 속에서는 없었던 일들이다. 이러한 에피소드들은 모두 문화적 충격이라는 이름으로 불리고 연구되는 현상들이다. 미국인들의 항상 웃는 사회적 미소, 그들의 관계 방식, 말을 하지 않으면 아무도 물어보지 않는 행동들, 말을 하는 동안 만들어 내는 많은 몸동작들을 사용하는 삶 등은 모두 한국이라는 현실 속에서는 생소한 것들이다. 이러한 것들을 경험하면서 그들은 점차로 자신들이 미국인들과 다른 방식의 행동 양식이나 삶을 살고 있음을 인식하게 된다. 이 인식이 확장되면서 이들은 한국인과 미국인의 차이, 더 나아가서는 서양인과 동양인의 차이를 알게 된다.

이러한 경험을 바탕으로 유학생들은 한국인의 독특한 삶을 방식을 이해하기 시작하였다. 이러한 이해 중 하나가 '정' 문화다. 한국 사회에는 유독 정 시리즈의 단어들이 많다. 열정, 다정, 온정, 냉정, 비정, 우정, 부정, 모정, 감정, 인정, 만정, 사정, 감정 등과 같은 많은 정 관련 단어들은 모두 한국인들에게 고유한 문화적 특성들이다. 이러한 문화적 특성들이 갖는 장점들이 많이 있으나 단점들 또한 많은 것도 사실이다. 유학생들이 미국이라는 문화에서 살지 않았더라면 이러한 한국인의 한계 또는 세계를 이해하지 못하였을 것이다. 적어도 이들에게는 부분적으로나마 한국 문화와 미국 문화, 나아가서는 동양 문화와 서양 문화를 동시에 갖는 경험을 하게 되었다. 이들에게는 초월이 일어났다. 한국인의 세계를 이해하고 경계를 알게 되었으며 한국인들이 어떤 위치에 있으면서 어디를 향해서 가고 있는지를 알게 되었다. 이처럼 초월적 현실은 즉각적 현실을 바라보면서 현재의 위치, 방향, 성격, 태도 등을 알게 하는 역할을 한다.

2) 초월적 현실과 범주 확장

(1) 초월에 의한 풍요로운 삶

초월적 현실은 인간의 삶을 풍요롭게 하는 역할을 한다. 임상적으로 보면 정서적으로 메마른 사람들, 딱딱한 나무와 같은 사람들, 원리와 원칙 그리고 사실들만 있고 유연성이 없는 사람들이 많이 있다. 이들은 철저하게 자신에게 주어진 사실들 그리고 자신들이 현재 할 수 있는 것들 중심으로 삶을 살아간다. 이들은 주로 외로움을 많이 호소하거나 공허함을 많이 호소하는 사람들인데 자신들이 왜 공허하고 외로운지 잘 모르는 사람들이다. 자신들이 처한 현실들을 뚫어지게 쳐다보면서 이를 해결하기 위해서 노력하며 사는 사람들이 이들이다. 그래서 이들은 사실에 민감하고 이러한 사실들이 어떤 원리에 의해서 묶이며 어떤 원칙을 가지고 살아가야 하는지에 대해서 아주 통달한 사람들이다. 그러나 이들은 이러한 사실이나 원리를 넘어서는 또 다른 초월적 현실이 있음을 인식하지 않으려고 하거나 모르는 경우가 많이 있다. 왜냐하면 이들은 모두 즉각적 현실을 너무 바라보면서 초월적 현실을 잃어버리거나 등한시했기 때문이다. 이들은 특히 정서적 영역을 만나거나 정서적 관계를 해야 할 상황이 발생을 하면서 당황스러워하고 어쩔 줄 몰라 한다. 이러한 감정적 영역은 사실이나 원리 그리고 원칙에 의해서 다스려지기 어렵기 때문이다. 이들은 즉각적 현실에 함몰되어서 초월적 현실이 주는 풍요로움을 놓친 사람들이다.

(2) 초월과 차원적 차이 그리고 범주 확장

즉각적 현실을 초월적으로 바라보기 시작하면 같은 현상이 전혀 다른 현상이 된다. 이는 마치 높은 차원에서 낮은 차원을 바라보면서 발생되는 질적 차이다. 예를 들면, 같은 앞뒤라 하더라도 일차원적으로만 이해할 때와 이차원에서 앞뒤를 이해할 때는 전혀 다르다. 일차원적 이해의 앞뒤는 하나의 방향성으로만 이루어져 있다. 만일 한 사람이 북쪽을 향해서 나아간다면 일차원적으로는 남북으로 움직이는 사람이다. 그러나 이러한 현상을 이차원에서 보면 남북의 방향성을 수많은 다른 각도에서 바라볼 수 있게 된다. 같은 남북이라는 방향성도 동쪽에서 보는지 아니면 서쪽에서 보는지에 따라서 다른 것들이 보인다. 남북의 방향성을 바라보는 각도가 훨씬 풍요로워진다. 이때 남북은 남남북, 남북북, 동남북, 서남북 등과 같이 여러 종류의 남북이 발생을 한다. 이러한 풍요로움은 평면이라는 새로운 차원이 주는 현상이다. 마찬가지로 즉각적 현실을 초월적 현실에서 바라보면 즉각적 현실이 주는 의미는 즉각적 현실 속에서만 이해할 때와는 전혀 다르게 된다.

임상에서 즉각적 현실을 초월적으로 바라보면서 다르게 이해하도록 해 보자. 눈물이 많은 내담자들은 자신들이 원하는 것이 즉각적 현실에서 이루어지지 않는다고 하소연을 한다. 눈물을 흘리는 사람들은 자신들이 바라는 것, 즉 소망으로 사는 사람들이다. 이들을 차원적으로 이해하면 소망이라는 일차원만 가진 사람들이다. 이러한 사람들의 소망은 다양한 종류가 있겠지만 어떤 내담자들은 자신들이 특별한 사람으로 대접받고 인정받으며 사랑받기를 바라는 소망을 가지고 있다. 만일 이러한 사람들이 특별한 사랑의 소망만을 가지고 있다면 이들은 일차원적으로 살아가는 사람들이다. 이들의 소망을 다른 차원인 이차원적으로 바라볼 수 있다.

이차원은 일차원과 달리 하나의 축이 더 있는 차원이다. 수학적으로는 x와 y라는 두 가지 축으로 구성된 세계가 이차원이다. 소망이라는 하나의 요인과 다른 요인을 추가하면 소망과 다른 요인으로 구성된 이차원의 세계가 존재한다. 특별한 사람으로 대접받고 싶은 소망을 가진 내담자에게는 특별한 대접을 받은 사실이 있는가를 물어보면서 새로운 차원으로 소망을 이해할 수 있다. 이 경우에는 소망과 사실로 구성된 새로운 세계인 이차원이 존재한다.

이러한 이차원적 이해를 돕기 위해서 상담자는 내담자에게 자신이 특별한 대접을 받은 사실이 있는지를 물어볼 수 있다. 상담을 진행하다 보면 특별 대접의 소망만 있는 내담자 중에는 자신들이 특별한 대접을 받은 경험 또는 사실이 있는 경우가 종종 있다. 이러한 경우 상담자는 내담자에게 자신이 특별한 대접을 받은 사실을 부각시켜서 인식시켜 줄 필요가 있다. 상담자는 이러한 사실—자신이 특별한 대우를 받았다는 점과 현재에도 그 사람의 마음속에 특별하게 들어가 있다는 점—은 변함이 없는 역사적 사실임을 내담자가 알게 할 필요가 있다. 이렇게 내담자가 자신이 특별한 대접을 받은 사실이 있다는 인식을 하게 되면 내담자는 이제 새로운 차원의 세계를 인식하게 된다. 소망만 있던 일차원의 세계가 이제 소망과 사실이라는 이차원의 세계로 전이된다. 이렇게 새로운 차원으로 자신의 세계가 변화되면 내담자는 자신의 소망을 전혀 다른 각도에서 이해하고 바라볼 수 있게 된다. 이러한 현상은 하나의 방향을 평면적으로 볼 때 다양한 형태의 방위가 생기는 현상과 유사하다.

일차원적으로는 오직 소망만 있었지만 이제는 소망적 사실, 사실적 소망, 소망적 소망, 사실적 사실 등과 같은 여러 가지 조합이 발생한다. 이제 자신의 소망을 한 차원 높은 평면 입장에서 바라보면서 소망을 다각화할 수 있는 가능성을 갖는다.

이러한 차원적 이해는 내담자로 하여금 놀라운 변화를 경험하게 한다. 이 같은 내담자들은 시간이 지나면서 점차로 눈물이 멎으며 나중에는 웃을 수 있게 된다. 이들에게 어떻게 이런 변화가 생겼는가? 내담자들은 종종 말하는데 "내가 그 사람에게 특별한 사람이고 싶었는데, 나는 그 사람이 나에게서 관심이 멀어질 때마다 특별한 사람에서 보통 사람으로 그리고 형편없는 사람으로 될까 봐 노심초사를 하고 그러한 느낌이 들 것 같으면 눈물이 많이 나왔네요. 그런데 다시 생각해 보니 나는 이미 특별한 사람이고 지금도 특별한 사람이네요. 나는 내가 원하는 것이 이미 현실 속에서 이루어지고 있었는데 알지 못했네요."라고 말하면서 환한 미소를 짓는다. 이러한 내담자들은 자신이 특별한 사람이고 싶은 자신의 소망에 의한 즉각적 현실만을 살고 있었다. 이러한 즉각적 현실은 상담자들을 통해서 새로운 각도로 자신의 소망을 검토하기 시작하였다.

소망만 있던 내담자가 새로운 각도로 자신의 소망을 검토할 수 있었던 이유는 상담자가 가진 새로운 시각 때문이다. 상담자는 내담자의 즉각적 현실 속에 함몰된 사람이 아니라 내담자의 즉각적 현실을 새롭게 이해할 수 있는 능력을 가지고 있었다. 상담자의 이러한 능력은 내담자의 즉각적 현실을 바라볼 수 있는 또 다른 현실인 초월적 현실 속에 존재한다. 인간이 가진 객관적 능력인 추상화의 능력은 인간이 가지고 있는 현재 그리고 지금을 초월할 수 있는 본성이다. 상담자는 이러한 본성적 능력 중 하나인 객관적 자기를 통해서 내담자의 즉각적 현실을 초월적으로 바라볼 수 있었다. 그리고 상담자는 이러한 초월적 현실을 통해서 내담자로 하여금 소망을 사실적으로 바라볼 수 있는 새로운 차원을 이해하도록 도와주었다. 내담자는 상담자의 이러한 시각을 받아들여서 자신의 즉각적 현실을 새롭게 이해할 수 있게 되었다.

상담자의 도움을 통해서 소망만 있던 내담자의 세계가 이제 소망과 사실에 의한 세계로 확장되었다. 이러한 내담자 세계의 확장을 범주 확장(scope expansion)이라고 한다. 내담자의 이러한 범주 확장은 즉각적 현실을 초월적으로 바라보면서 발생되었다. 내담자는 자신의 즉각적 현실을 초월하면서 자신의 범주를 확장할 수 있게 되었다.

3) 수평 초월과 수직 초월

(1) 수평 초월과 교류

초월이 무엇인지를 정의하는 하나의 방법이 범주 확장이다. 앞에서도 논의를 하였듯이 범주 확장에는 두 가지 측면이 있다. 하나는 수평적 확장이고 다른 하나는 수직적 확장이다. 수평적 확장은 경계선의 범위가 평면적으로 넓어지는 현상이다. 이는 마치 한 나라가 다른 나라를 정복하면서 땅의 크기가 넓어지는 현상과 비슷하다. 이러한 현상은 개인들에게도 비슷하게 일어나는데 한 개인이 가진 재산이 늘어나거나 아파트의 평수를 넓혀 가는 현상들과 비슷하다. 이러한 경우는 모두 물리적 확장을 의미한다. 그러나 심리적 확장이나 영적 확장은 이러한 방식과는 다른 방식으로 확장이 일어난다. 심리영적 확장은 모두 교류라는 현상을 통해서 일어난다. 한 개인과 다른 개인 간의 심리적 확장은 정서적 교류, 인지적 교류, 행동적 교류를 통해서 일어난다. 정서적 교류의 대표적 형태 중 하나가 공감이다. 서로 같은 느낌을 공유하면서 두 사람은 든든한 느낌을 갖게 된다. 이러한 든든한 느낌은 한 개인으로 있을 때는 느끼기 어려운 감정이다. 그러나 두 사람 또는 더 많은 사람들이 공통의 느낌을 공유함으로써 서로에 대해서 긍정적 느낌을 갖게 되는데 이러한 긍정적 느낌을 통해서 한 개인은 자신의 세계를 수평적으로 넓혀 가게 된다.

인지적 교류란 서로 공통의 인식을 갖으면서 자신들의 지평을 넓혀 가는 현상을 말한다. 부모가 자녀들과의 관계에서 자신들의 생각을 자녀들에게 심어서 아이들이 같은 생각이나 공동의 인식을 가질 때 부모는 자신들의 세계가 자녀들에게 확장되는 느낌을 갖는다. 이러한 과정을 통해서 부모들은 자신들의 세계가 끝나지 않고 자녀 세대에서 이어지기를 바란다. 이러한 인식의 확장은 사회적으로도 같은 방식으로 일어난다. 자신이 가진 생각을 다른 사람들과 공유함으로써 자신의 세계를 무한히 확장해 가려는 마음을 가지고 있는 존재가 인간이다. 이러한 현상은 조직적으로도 일어나고 정치적으로도 일어나며 문화적으로도 일어난다. 사회 현상을 조직 차원에서 이해하려고 하는 행위도 자신의 생각을 무한히 펼쳐 가는 수평적 확장이다. 정치적으로는 자신의 생각을 많은 지지자들에게 인정받으면서 자신의 세계를 확장하고 펼치려고 한다. 이러한 사람이 권력을 얻으면 이 사람의 시대가 왔다고 말하는 현상도 곧 수평적 확장이다. 문화적으로 볼 때도 마찬가지 현상이 생긴다. 문학, 예술, 그리고 연극, 공연 등과 같은 문화 현상들도 모두 자신들이 생각을 글이나 작품, 공연, 노래 등과 같은 여러 형태로 남겨서 많은 사람들이 공유하기를 바라는 마음으로 하게 된다. 문화적 의미에서 수평적 확장이다.

행동적 교류란 유사한 또는 같은 활동을 하면서 행동반경을 넓혀 가는 현상을 말한다. 같은 경험이나 체험을 통해서 공통의 느낌이나 생각을 유지하면서 타인과 자신을 동일시하는 현상들이 행동적 의미에서 범주 확장이다. 서로 같은 활동을 하면서 든든한 느낌을 갖고 동지와 같은 느낌을 가지면서 자신 이외의 사람들을 통해서 자신들이 더 커지는 느낌을 갖게 된다. 체육 활동이나 동호회 활동 등이 이러한 현상들을 반영하는 행동적 교류다. 자신이 가지고 있는 세계를 확장하는 방법으로 여러 사람과 활동을 같이하면서 이러한 느낌을 갖는다. 종교인들 같은 경우에도 공동기도, 수행에 참여하기, 순례의 행진 등과 같은 여러 활동들이 이러한 행동적 교류에 해당된다. 이러한 행동적 교류들은 모두 자신을 신과 동일시하거나 신적 행동을 같이함으로써 자신의 세계인 범주를 확장하는 행위다.

범주를 수평적으로 확장하는 방법인 수평 초월은 철학적으로는 인식론적 초월이라고 부르는 현상이다. 인식론적 초월은 하이데거가 주장하듯이 자신과 타인은 근본적으로 연결되어 있는데 이를 인식하는 현상을 의미한다(하피터, 2006, p. 83). 여기에서 자신은 인식하는 주체고 타인은 인식되는 대상을 의미한다. 하이데거가 주장하는 인식론적 초월은 인지적 현상을 지칭하고 있다. 인간들은 이미 연결된 존재들-세계-내-존재들인데 이를 인식하지 못하다가 인식하게 됨으로써 수평 초월이 일어난다. 이미 연결된 존재에 대한 자각이 수평 초월이다. 범주 확장의 수평 초월은 인식론적 자각과 정서적 교류 그리고 행동적 교류를 모두 포함하는 현상이다. 전 인류를 하나로 느끼면서 인간으로서 행동하기는 범주 확장의 정서적 그리고 행동적 측면이다. 이런 의미에서 수평 초월로서 범주 확장은 인식론적 전환, 인류에 대한 정서적 유대감, 그리고 이를 근거로 한 행동적 변화 등을 모두 포함하는 개념이다.

(2) 수직 초월과 공간적 변화

① 자신 속의 자신

범주를 확장하는 또 다른 방법은 수직적 확장이다. 수직적 확장은 공간적 변화를 의미한다. 수평적 확장이 경계선의 범위가 넓어지는 단순한 영역의 확장이라면 수직적 확장은 위와 아래를 향한 확장을 의미한다. 수직적 확장은 한 개인의 경우에 자신에 대한 물음으로 시작된다. 자신이 어디에서 왔으며 어디로 가고 있는지와 같은 질문을 통해서 인간은 자신과 관계를 시작한다. 자신에 대해서 아무런 느낌이나 생각이 없을 때와 자신에 대한 생각이나 느낌을 갖기 시작하면 같은 사람이라도 같은 종류의 사람이 아니다. 자신에 대한 질문을 하고 있는 사람들은 이미 자신에 대한 또 다른 자신이 생긴다. 자신 속의 자신이 생기고 이러한 자신은 자신에 대해서 아무런 생각이나 느낌이 없는 자신과는 다른 종류의 자신이다.

'자신 속의 자신'에서 앞의 '자신'은 생각하는 자신이고 뒤의 '자신'은 존재하는 자신이다. 하이데거의 용어를 빌리면 존재하는 자신은 존재고 생각하는 자신은 존재자다. 존재자는 자신의 추상화 능력을 활용하여 대상으로서 자신을 생각한다. 존재자는 자신이 어떤 존재고 어떤 근원적 특성을 가지고 있는지 생각한다. 대상으로서 존재의 근원적 특성을 파악하는 일은 존재자의 몫이다. 존재자는 주체적이고 존재는 대상적이다. 이렇기 때문에 존재와 존재자, 즉 존재하는 자신과 생각하는 자신 사이에는 엄연한 구분이 존재하며 이러한 구분은 서로 질적으로 다른 위치를 갖는다. 인간에게는 자신을 자신으로부터 분리하여 생각하고 탐구하며 이해할 수 있는 능력을 가지고 있는데 이는 선천적으로 주어진 초월적 능력 때문이다(윤병렬, 2008, p. 201; 하피터, 2006, p. 70). 이러한 능력으로 인해서 인간은 자신에 대해서 스스로 탐구를 할 수 있는 존재인데, 이는 자신이 어디에서 왔고 어디를 향해서 가고 있는지를 물을 수 있게 된다. 이러한 질문을 자신에게 던지는 사람들은 또 다른 자신을 받아들일 수 있는 능력인 메타 능력을 갖게 된다. 코우와 홀(2016)은 "나 자신을 초월하기는 나 자신을 해결하고 다른 사람을 받아들이도록 하기 위해서, 나 자신에게 도움이 되도록 일하기 위해서 침입하는 그 하나님을 받아들이도록 하기 위해서, 내가 신의 성품에 참여자가 될지도 모르는 메타 역량에 대해 내부에서 열리도록 한다.(벧후 1:4)"(p. 314)라고 메타 능력에 대해서 말하고 있다.

② 수직적 확장과 공간적 변화

메타 능력은 자신과 자신 그리고 자신과 타인 그리고 자신과 영원한 존재들과의 관련을 가능하게 만든다. 첫째, 수직적 확장은 자신과 자신과의 관련 속에서 나타난다. 자신과 자신 사이의 초월현상에 대해서 하이데거는 존재론적 초월이라고 말을 하고 있다. 자신 속의 자신이 존재론적 초월현상이다. 앞에서 말하는 자신은 생각하는 자신이고 뒤에 있는 자신은 존재하는 자신이다. 생각하는 자신은 주체자고 존재하는 자신은 대상이다. 대상으로 존재하는 자신은 이미 생각하는 자신 속에 포함된 자신이다. 자신에 대한 질문을 하는 사람들은 이미 자신이 존재하는 자신보다 더 큰 존재임을 말하고 있다. 이런 의미에서 자신 속의 자신이라고 할 때 이미 대상으로서 자신과 생각하는 자신 사이에는 건널 수 없는 존재론적 차이인 수직적 차이가 존재한다. 대상과 주체자 사이에는 반드시 질적 차이가 존재한다. 생각하는 자신은 자신의 근원을 향한 초월을 하게 된다(하피터, 2006, pp. 86-87). 현대의 과학적 세계관을 지닌 학자들은 자신의 근원에 대해서 진화론적 생각을 하게 된다. 인간은 물질에서 출발하여 단세포를 거쳐서 복잡한 세포를 형성하는 과정을 갖는다. 그리고 나중에는 아주 복잡한 인간이라는 존재가 되어 더 이상 복잡해질 수 없는 상태에 이르렀다. 이러한 과정을 그림으로 보여 주는 형태가 진화의 나무다. 진화의 나무 맨 아래에서는 단세포 생물에서부터 맨 끝에는 아주 복잡한 형태의 생명체가 살고 있다. 이러한 인식은 모두 인간 자신의 근원을 찾아 헤매는 초월적 현상이다. 이렇게 자신을 존재적으로 인식하면서 살게 되는 능력인 이성을 가진 존재가 인간이다(이성환, 2012, pp. 244-245). 이성은 생각하는 자신과 관련이 있다. 생각하는 자신은 이성적 능력을 가지고 자신을 탐구하는 초월적 활동을 하게 되는데 이는 학문적으로 또는 일상적으로 진행된다.

둘째, 수직적 확장은 자신과 타인과의 관련 속에서도 나타난다. 자신 속의 자신, 즉 생각하는 자신과 대상으로서 자신과의 관계가 수직적 확장인데 대상으로서 자신이 타인이 되면 이는 자신과 타인 사이의 수직적 확장이다. 이런 경우에 자신과 타인은 단지 교류 이상을 의미한다. 타인을 마음에 품는 형식으로 관계가 진행된다. 이러한 관계 방식은 자신과 타인 사이에 넘을 수 없는 질적 차이가 존재한다. 예를 들면, 부모가 자녀를 품고 기르는 현상과 같다. 부모와 자녀 사이에는 발생론적 수직적 차이도 존재하지만 양육 과정에서도 수직적 차이가 존재한다. 부모는 자녀를 가슴에 품고 자녀를 양육하기 때문에 부모의 마음은 자녀의 것보다는 더 크게 된다. 자신 속의 자신과 마찬가지로 부모 속의 자녀라는 방식의 언어가 가능하다. 부모는 마치 생각하는 자신과 같고 자녀는 존재하는 자신과 같다. 자녀들이 아무런 생각이 없이 행동할 때도 또는 자신들이 어디로 가고 있는지 모를 때도 부모들은 이러한 자녀들을 바라보면서 자녀들의 방향과 위치를 생각하면서 자녀들과 교류를 한다. 자녀들은 부모의 이러한 마음을 깨닫지 못하다가 자신들이 부모가 되어 자녀를 갖게 되면 부모의 마음을 짐작하면서 후회하거나 부모에게 미안한 마음을 갖게 되는 경우가 종종 있다. 부모 자녀 관계가 아니더라도 두 사람 사이에서 한 사람이 다른 사람을 마음에 품게 되면 마음에 품은 사람과 그렇지 않은 사람 사이에는 질적 차이, 즉 수직적 차이가 존재한다. 이러한 방식은 여러 가지 방향으로 확장될 수 있는데 한 조직을 가슴에 품은 사람, 한 나라를 가슴에 품은 사람, 인류를 가슴에 품은 사람 등으로 확장이 가능하다. 이러한 확장들은 모두 수직 초월현상이다.

셋째, 자신 속의 자신이라는 형식에 후자의 자신 대신에 영적 존재를 넣을 수 있다. 그러나 영적 존재는 인간보다는 더 큰 존재다. 절대자는 인간이 마음에 품을 수 없는 존재고 오히려 역으로 절대자가 인간을 마음속에 품고 있게 된다. 그렇다면 자신 속의 영적 존재란 무엇을 의미할까? 자신 속에 들어있는 영적 존재는 영적 존재의 형상을 의미한다. 이러한 경향은 이미 대상관계 이론에 잘 드러나 있다. 대상관계에서는 자녀들의 심리적 세계의 형성이 부모의 이미지에 의해서 이루어진다고 이론화를 하고 있다. 인간의 심리적 세계는 여러 가지 형상, 즉 이미지의 세계인데 이것은 부모의 태도, 음성, 억양, 언어들을 통해서 구성된다(김용태, 2000, p. 212). 자녀들은 부모들의 형상을 마음에 간직하면서 부모와 상호작용을 통해서 더 큰 존재로 발달하게 된다. 대상관계 이론에서는 이러한 과정을 발달 단계로 나누어서 개념화를 하고 있다. 마찬가지 방식으로 인간 속의 영원한 존재는 영원한 존재의 형상, 언어, 음성 등을 마음속에 간직하게 된다. 코우와 홀(2016)은 성경 말씀을 인용하면서 하나님은 인간의 심중에 영원을 사모하는 마음을 주었다고 말하고 있다(p. 180). 인간은 심중에 들어 있는 하나님의 형상, 즉 영원을 사모하는 마음을 느끼면서 신앙생활을 통해서 받아들이는 성경말씀들과 개인적인 하나님에 대한 체험들이 내면화될 때 영적으로 성장하게 된다. 이러한 영적 성장은 절대자를 향한 초월현상이다. 자신 속의 자신에서 자신의 근원을 찾으려는 노력은 아래를 향하는 초월현상이다. 그러나 영원한 존재를 가슴에 품은 사람들은 절대자를 향한, 즉 위를 향한 초월현상을 갖는다.

자신과 자신과의 관련 속에서 아래를 향한 수직적 초월이 근원에 대한 노력이라면 절대자와 관련 속에서 위를 향한 수직적 초월은 위치에 대한 노력이다. 어쩌면 이 둘은 서로 연관되어 있어서 같은 선상을 움직이는 현상과 비슷하다. 이는 마치 열등감이 아래를 향한 감정이고 우월감이 위를 향한 감정이기 때문에 이 둘은 모두 비교 축을 움직이는 감정이라는 점과 같다. 그래서 근본적으로 열등감과 우월감은 같은 종류의 감정이다. 근원을 향한 아래로의 노력과 위치를 향한 위로의 노력은 모두 '무엇이 인간인가?'라는 주제다. 인류의 수많은 학문적 노력이 근원을 통해서 인간이 무엇인지를 밝히려는 노력이라면 인류의 수많은 종교적 노력은 신과의 관련을 통해서 인간이 무엇인지를 밝히려는 노력이다. 위를 향한 노력인 영적 초월은 인간이 희미하게나마 자신들의 위치, 방향성, 목적지 등을 알 수 있도록 한다. 이는 마치 위성을 통해서 우리가 현재 지구의 어느 위치에 있는가를 알아보려는 노력과 비슷하다. 위성을 지구 위 상공에 띄워 놓고 그 위성과 전자파를 통해서 연결하게 되면 우리는 지구상에서 어느 위치에 우리가 있는지를 알게 된다. 마찬가지로 인간이 절대자와 관련 속에서 수직적 확장을 계속 진행하게 되면 우리는 우리의 위치가 어디에 있는지 어디를 향해서 가고 있는지를 알 수 있게 된다. 이러한 현상이 곧 영적 측면에서 수직적 확장이다.

자신과 자신, 자신과 타인, 그리고 자신과 영적 존재와 관계 속에서 일어나는 수직적 확장은 공간적 변화를 의미한다. 생각하는 자신이 자신, 타인, 영적 존재를 품기 위해서는 자신 안에 공간을 필요로 한다. 이는 마치 작은 그릇을 큰 그릇 속에 넣을 때 큰 그릇 속에 공간이 넉넉하지 않으면 작은 그릇을 넣을 수 없는 이치와 같다. 생각하는 자신 속에 공간이 없으면 자신을 그 속에 넣을 수 없고 마찬가지로 타인과 영적 존재를 넣을 수 없다. 이렇게 넣는 현상을 '품는다'라고 말한다. 수직적 확장이 일어난다는 의미는 곧 품을 수 있는 공간적 변화를 의미한다. 생각하는 자신을 통해서 자신 속에 자신, 타인, 그리고 영적 존재를 넣을 수 있는 공간이 점차로 커져 가는 현상이 수직적 확장이다. 이는 수직 초월이다.

제 5 장

인간 존재와 범주

1. 욕구와 에너지, 감정, 느낌 그리고 인간의 성향

1) 본능 이론과 각성의 여러 가지 측면

인간의 본능에 대한 심리학자들의 연구는 본능을 흥분상태라고 정의한다. 베너(Benner)와 힐(Hill)은『Baker Encyclopedia of Psychology & Counseling』(1999)에서 본능을 생물학적 욕구에 따른 흥분상태로 정의를 하고 있다(p. 371). 이 정의에서 주목할 만한 단어는 생물학적 욕구와 흥분상태다. 욕구가 무엇인가에 대해서는 다음 절에서 논의하기로 하고 여기서는 흥분상태에 집중을 한다. 흥분이란 자극에 따른 각성을 의미한다. 흥분을 이해하기 위해서는 두 가지 현상에 주목이 필요하다. 하나는 자극이고 다른 하나는 각성이다.

인간이 살아가는 세계에는 수많은 자극이 존재한다. 깊은 심리적 세계에서 오는 자극, 다른 사람들과 관계에서 오는 자극, 자연환경으로부터 오는 자극, 사건과 사고를 통해서 오는 자극, 무엇인가 알 수 없는 존재나 세상으로부터 오는 자극 등 수많은 자극이 존재한다. 베너와 힐의 본능에 대한 정의에서 보듯이 심리학자들은 이러한 많은 자극 중에서 생물학적 자극에 한정하여 본능을 정의하고 있다. 이러한 심리학자들의 경향은 정신분석학자인 프로이트의 생리심리학의 연구와 관련이 있다. 프로이트는 신경생리학과 신경병리학 연구에 많은 시간을 보낸 결과로 정신분석에 이르게 되었는데 특히 그의 꿈에 대한 연구를 보면 이런 생리학적 연구 결과가 잘 반영되어 있다(Arlow, 1995, p. 19). 이러한 프로이트의 생물학적 경향은 나중에 생겨난 이론들에서도 보이는데 기본적으로 분석적 경향을 가진 이론들인 아들러의 개인심리학, 융의 분석심리학과 그리고 대상관계 이론들은 모두 생물학적 욕구에 따른 본능 이론을 받아들이고 있다. 인본주의 전통의 이론들은 모두 아브라함 매슬로우의 욕구 위계를 따르고 있는데 이 욕구 위계의 시작은 생물학적 욕구에서 출발한다. 바꾸어 말하면, 본능 이론을 따르는 이론들은 모두 생물학적 욕구에서 출발하여 다른 종류의 욕구에 집중하면서 자신들의 이론을 정당화하고 있다.

그럼에도 불구하고 본능 이론을 연구하는 학자들은 인간을 흥분시키는 자극이 단지 생물학적 욕구에만 있지 않고 다른 여러 가지 원천이 있음을 밝히고 있다. 대표적으로 밀러는 1948년에 두려움이 학습된 본능일 수 있음을 밝혀냈다(Benner & Hill, 1999, p. 371). 그는 쥐를 동기화시키기 위해서 먹을 것을 주지 않고 전기 자극을 주는 실험을 하였다. 전기 자극에 노출된 쥐는 두려움으로 인해서 레버를 움직이거나 바퀴를 돌리는 행동을 하게 되는데, 쥐는 두려움인 심리적 자극에 의해서 동기화되어 흥분상태에 이르게 됨을 밀러의 실험을 통해서 알게 되었다. 이 실험 후에 많은 동기인 본능을 연구하는 학자들은 인간의 움직이는 힘인 흥분상태가 생물학적 욕구가 아닌 다른 여러 가지 자극에 의해서 이루어짐을 발표하기에 이르렀다. 심리학자들은 인간이 자극을 받고 흥분하게 되는 원천에는 성공, 성취, 안전, 인정, 경제적 이득, 소속 등과 같은 다양한 욕구가 있음을 밝혀냈다. 인간을 흥분상태로 몰아가는 원천은 생물학적 욕구, 심리학적 욕구, 사회학적 욕구, 영적 욕구 등과 같이 다양하다. 이러한 연구 결과들을 바탕으로 본능 이론을 연구하는 학자들은 인간은 내적 자극과 외적 자극 모두에 의해서 동기화되어 흥분상태에 이르게 된다고 결론을 짓게 되었다(Benner & Hill, 1999, p. 372). 이러한 논의는 다음과 같은 결론을 가능하게 만든다. 인간을 흥분시키는 본능에 영향을 주는 자극은 생물학적 자극에서부터 영적 자극에 이르기까지 다양하다.

이제 우리의 눈을 각성(arousal)으로 돌려 보자. 흥분상태란 각성을 의미한다. 각성 상태를 이해하기 위해서 두 가지 방향을 생각해 볼 수 있다. 하나는 결핍으로 인해서 생기는 각성이고 다른 하나는 충족으로 인해서 생기는 각성이다. 먼저 결핍으로 인해서 발생되는 각성을 생각해 보고 나중에 충족으로 인해서 발생되는 각성을 생각해 보도록 한다.

첫째, 생리적 결핍에 의한 각성이다. 사람은 배가 고프지 않으면 먹을 것이 잘 느껴지지 않는다. 충분히 음식을 먹고 나면 먹고 싶은 느낌은 뒤로 물러나고 배고픔이 해소된다. 그러나 시간이 지나면서 다시 배가 고프면 먹고 싶은 느낌이 들고 시간이 지나도 음식을 먹지 않게 되면 먹고 싶은 느낌이 강해져서 충동상태에 이르게 된다. 이는 생물학적 자극에 의한 흥분상태인 각성이다. 사람은 생리적으로 결핍이 일어나면 몸에서 자동적으로 이를 보충하거나 충족하기 위한 대사가 일어난다. 이러한 대사의 결과로 인해서 사람은 신체적으로 흥분상태인 각성이 일어난다.

둘째, 심리적 결핍에 의한 각성이다. 심리학적 욕구 중 하나가 안전에 대한 욕구다. 사람이 안전하지 않은 환경에 놓이게 되면 쭈뼛거리는 느낌을 갖게 된다. 신경이 쓰이고 주변을 돌아보는 행동을 하게 되며 머리카락이 서는 느낌, 그리고 온 신경이 곤두서는 느낌을 갖게 되는데 이러한 현상이 심리학적 욕구에 의한 각성인 흥분상태다. 감정적 단어로 표현하면 긴장상태다. 긴장이 되면 사람은 누가 안전한 사람인지 그리고 어디가 안전한 장소인지를 찾게 된다. 그래서 긴장된 사람들은 행동이 분주하고 많은 것들을 한꺼번에 처리하는 과정을 갖게 된다. 이러한 상태가 심리적 흥분상태고 각성이다.

셋째, 영적 결핍에 의한 각성은 무엇일까? 영적 욕구 중 하나가 영원을 바라보는 마음이다. 사람이 이제 영원히 존재할 수 없고 곧 죽을 수밖에 없는 환경에 놓이면 어떻게 될까? 이러한 상황은 인간이 불치의 병에 걸리거나 수명이 다해서 죽을 환경이 놓이게 되는 경우를 생각해 보면 쉽다. 자신의 수명이 얼마 남지 않았다는 생각, 즉 영원이 아닌 유한을 느끼는 경우에 사람들은 의미 없음을 느끼게 된다. 인생이 덧없고 무엇인가 중요한 것을 놓친 것 같은 느낌이 든다. 감정적 단어로 말하면 허무감이다. 허무한 느낌이 들면 전반적으로는 많은 것을 하고 싶은 마음이 줄어들고 없어지지만 무엇인가 중요한 것을 하고 싶은 마음이 든다. 남은 기간 동안에 의미가 있고 꼭 필요한 것에 집중하고 싶은 마음이 든다. 이러한 상태가 영적 각성이다.

앞에서 언급한 생물학적 욕구나 심리학적 욕구에 의한 각성에서는 모두 흥분상태가 생긴다. 배가 고프면 먹고 싶은 충동이 생기고 안전하지 않으면 신경이 곤두서면서 긴장된다. 이러한 경우에는 결핍된 욕구를 위해서 각성된다. 그러나 영적 욕구에 의한 각성은 두 가지 현상이 결합되어 나타난다. 빠지고 없어지는 허무감을 동반하는 각성이다. 영적 각성은 빼고 비우면서 생기는 현상이다.

다음으로는, 충족으로 인한 각성 상태를 생각해 보자. 먼저, 신체적으로 충족되는 경우에는 어떤 흥분상태가 생길까? 몸을 통해서 발생하는 흥분상태의 긍정적 측면은 짜릿한 느낌이다. 짜릿한 느낌은 마치 전기 자극과 같이 몸의 감각을 흥분시키면서 발생하는 느낌이다. 이러한 짜릿한 느낌을 더 느끼고 싶은 사람들은 환경을 조성하면서 이러한 느낌을 추구한다. 예를 들면, 스키를 즐기거나 맛있는 음식을 찾아다니거나 번지 점프를 하는 등의 활동들은 모두 이러한 짜릿한 느낌을 즐기기 위한 활동들이다. 이러한 자극들은 처음에는 약한 강도로 시작을 하였다가 점점 더 강한 강도를 추구하는 경향이 있다. 이러한 짜릿함은 한 번 맛을 보면 더 많은 강도와 더 많은 자극을 원하기 때문에 점점 더 갈증이 심해진다. 예를 들어, 맛있는 음식을 먹고 나면 다음에는 더 맛있는 음식을 먹고 싶은 충동이 생긴다.

관계를 통해서 발생되는 각성은 오감을 통해서 오는 흥분상태와 달리 사람을 안정화시키고 무엇인가를 할 수 있을 것 같은 느낌을 주는 도전적인 자신감이다. 다른 사람들의 인정을 받고 수용을 받으면 편안하고 즐거운 마음이 생긴다. 무엇인가 뿌듯한 느낌이 들면서 자신이 괜찮은 사람 또는 좋은 사람 같은 느낌이 든다. 예를 들어, 어린아이들이 부모와 관계에서 부모에게 칭찬을 받고 인정을 받으면 왠지 자신이 좋은 아이 같은 느낌이 든다. 그렇지 않으면 아이는 자신이 모자라거나 못난 사람 같은 느낌이 든다. 다른 사람의 인정을 통해서 오는 자신감은 사람에게 도전 정신을 만들어 내고 모험을 할 수 있을 것 같은 느낌인 각성을 준다.

영적 신비를 통해서 발생되는 각성은 영적 감흥 또는 영적 감동이라는 현상이다. 영적 감동은 깊이를 더하는 느낌이고 수많은 지혜를 만들어 내는 깨달음과 자신의 위치가 무엇인지를 알게 되는 상태를 말한다. 영적 감동은 가슴에서 느끼는 기쁨과 형언할 수 없는 즐거움을 만들어 낸다. 언어로 이러한 느낌을 표현하기에는 이 감동은 신비롭다. 인간이 가진 언어를 초월하며 자신이 누구인지를 알지 않아도 될 것 같은 마음이 생긴다. 이러한 신비를 주는 사람, 즉 대상만을 알아도 충분할 것 같은 마음이 든다. 이 같은 상태를 경험하면 인간은 자신이 어떻게 살고 있는지 어디에서

와서 어디로 가는지 그리고 지금 자신이 하고 있는 것들이 무엇인지를 한순간에 깨닫기도 하고 한꺼번에 알기도 한다. 그리고 한 인간으로서 자신이 어떤 위치에 있는지 그리고 자신이 무엇을 해야 하는지도 알게 된다. 이러한 깨달음들은 겸손, 겸허, 온유 등과 같은 현상으로 나타난다.

앞에서 살펴본 본능의 각성을 부정적 측면과 긍정적 측면으로 살펴본 결과 각각의 영역에 따라 각성의 내용이 다름을 알 수 있었다. 학자들이 자신들의 이론을 무엇에 근거를 두느냐에 따라서 이론에 대한 개념이 달라질 수 있다. 생물학적 욕구에 근거한 이론을 만드는 학자들은 흥분상태를 줄이거나 고조시키는 방향으로 이론을 만들게 된다. 그러나 심리학적 욕구에 근거한 이론가들은 사람들을 안정시키는 방향으로 이론을 만들게 된다. 이러한 이론가들은 심리적 긴장을 완화하는 방향으로 개념을 발전시켜서 심리적 상태를 안정되게 만드는 여러 가지 개념을 개발하게 된다. 영적 욕구에 근거한 이론가들은 영적 감흥이나 비움과 같은 현상을 바탕으로 개념들을 발전시키게 된다. 초월상담은 초월 본능에 근거한 이론이다. 초월 본능이 작동하면 인간이 어떤 상태가 되는가에 대해서 앞에서 논의한 영적 감흥이나 비움 등이 이론화하는 데 중요한 요인이 된다.

2) 각성과 항상성의 원리

인간의 몸은 일정한 상태를 유지하려는 경향을 가지고 있다. 균형과 불균형의 원리다. 예를 들면, 인간이 넘어지려고 하면 불균형 상태에 이르고 몸은 다시 균형을 유지하기 위해서 손을 펼치거나 다리를 다른 방향으로 움직여서 직립 상태라는 균형을 다시 유지하게 된다. 인간의 직립 보행은 이러한 균형감에 의해서 이루어진다. 인간에게는 이러한 균형을 유지하기 위해서 일정한 조직이 있다. 세반고리관은 불균형을 바로잡기 위한 인간의 기관이다. 일정한 균형을 유지하려는 경향을 '항상성'이라고 부른다.

인간의 몸은 이러한 항상성을 잘 보여 준다. 배가 고프거나 갈증이 생기면 음식을 먹거나 물을 마셔서 배고픔을 해결하고 갈증을 해소하게 된다. 배가 고프거나 갈증이 생기면 인간은 생리적으로 불균형 상태에 이르게 된다. 우리 몸에는 일정한 정도의 영양분과 물이 필요하다. 영양분과 물이 빠져나가면 몸 자체에서 이들이 필요하다고 신호를 보내게 된다. 이러한 신호는 각성을 일으키고 인간으로 하여금 음식을 먹거나 물을 마시는 행동을 하도록 한다. 불균형 상태를 해소하고 영양과 물을 공급하여 균형 상태가 되도록 한다.

인간의 균형과 불균형 현상을 잘 설명하는 개념이 본능이다. 배가 고프면 인간에게는 일정한 동기가 발생한다. 이러한 동기는 신체적 흥분상태인 불균형에 의해서 만들어진다. 배가 고프면 몸은 영양의 불균형이 생긴다. 이러한 불균형 상태는 본능의 개념에 의하면 신체적 흥분상태인데 이러한 신체적 흥분상태는 인간이 일정한 행동을 하도록 동기화시킨다. 음식을 찾아서 먹으면 이러한 흥분상태는 가라앉고 몸은 다시 영양의 균형 상태에 접어든다. 갈증도 마찬가지로 균형과 불균형에 의해서 흥분되었다가 다시 가라앉는다. 이러한 항상성의 개념을 최초로 소개한 학자는 클라크 레오나르드 홀(Clark Leonard Hull)이다(Benner & Hill, 1999, p. 371). 그는 학습 이론을 연구하면서 인간에게는 이러한 균형과 불균형 현상이 있음을 알게 되었다.

과연 안전에 대한 욕구인 심리적 현상에도 이러한 항상성의 원리가 적용되는가? 인간은 안전한 상태를 일정하게 유지하려는 경향을 가지고 있다. 만일 안전한 환경에 놓이지 않으면 인간은 안전한 상황을 만들기 위한 노력을 한다. 적으로부터의 위협에 대처하기 위한 행동을 하기 위해서 성을 쌓거나 무기를 준비하는 등은 모두 전쟁에 대비한 행동이다. 이러한 행동들은 안전에 대한 욕구로 인해서 발생된다. 안전하지 않은 느낌이 들면 각성이 되었다가 안전한 느낌이 들면 이러한 각성은 사라진다. 감정적 언어로 표현하면 긴장을 했다가 긴장이 해소된다. 심리적 측면에서도 항상성의 원리는 적용된다. 다른 예를 하나 더 들어 보자. 인본주의 심리학에서 중요하게 다루고 있는 자아실현의 욕구는 어떠한가? 자아실현을 할 수 없는 상황이 주어지면 인간은 답답해하거나 힘들어한다. 인간은 자아실현을 하기 어려운 상황이 발생하면 심리적 각성을 하게 되는데 이러한 각성이 감정적 언어로 답답함이나 초조함 등으로 나타난다. 자신이 원하는 바를 실현할 수 있게 되면 이러한 감정들은 사라지고 새로운 느낌과 감정이 생긴다.

영적 측면에서는 어떠한가? 초월의 본능은 인간의 영적 욕구다. 영적 욕구도 충족되지 않으면 불균형 상태에 빠지게 되고 이를 균형 상태로 되돌리기 위한 노력을 하게 된다. 인간은 무한히 열려 있는 존재로서 자신보다 더 큰 존재와 관련을 맺으려는 노력을 한다. 이러한 초월의 욕구가 충족되지 않으면 인간은 불균형 상태에 빠지게 된다. 인간의 불균형은 허전하거나 의미가 없는 상태가 된다. 무엇인가 빠진 것 같은 느낌이 들고 스스로에게 '잘 살고 있는가?'라는 회의적 질문이 생긴다. 이러한 질문이나 느낌으로 인해서 인간은 자신에게 의미가 있는 무엇을 하려고 하는 경향을 갖게 된다. 또한 자신의 삶을 의미 있게 만들기 위해서 새로운 시도를 하거나 기존의 것들을 새롭게 보려는 노력을 하게 된다. 자신의 삶이 의미가 있다고 생각되면 충만한 느낌이 들고 이러한 느낌을 유지하려는 경향을 갖는다. 초월의 본능이라는 측면에서 보면 인간은 세계를 향해서 열려 있는 존재인데 이러한 열림이 불균형 상태가 되면 닫힌 상태가 된다. 닫힌 상태는 불균형으로서 회의적, 무기력, 무엇인가 빠진 느낌이고, 열린 상태는 균형으로서 의미가 충만하고 삶의 의욕이 생기며 무엇인가 채워진 느낌이다. 초월의 본능도 닫힌 상태와 열린 상태를 오가는 항상성의 원리를 갖는다.

3) 욕구와 에너지, 느낌 그리고 감정

각성되었다가 해소되는 항상성의 원리는 모두 욕구에 의해서 만들어진다. 욕구가 본능과 같을 수도 있지만 욕구는 본능보다는 좀 더 복잡한 여러 개념들을 필요로 한다. 욕구란 감정이 수반된 본능이며 행동을 가능하게 하는 힘이다(Benner & Hill, 1999, p. 786). 본능이 단순한 흥분상태라면 욕구는 흥분, 감정, 그리고 행동을 수반하는 힘 등과 같은 복잡한 요인들이 포함된 가설적 구성 개념이다.

첫째, 욕구는 힘이다. 인간을 움직이는 기본적 동력으로서 힘은 에너지 상태로 존재한다. 인간의 내면에서는 여러 종류의 힘이 있다. 활성화시키는 힘, 파괴하려는 힘, 자신을 실현하려는 힘, 독립하려는 힘, 함께하려는 힘, 초월하려는 힘은 모두 인간의 내면에 존재하는 에너지들이다. 이러한 힘들을 분류하면 생리적 에너지, 심리적 에너지 그리고 영적 에너지로 구분할 수 있다.

생리적 에너지를 살펴보면 생리적 에너지는 주로 음식이나 물 그리고 공기 등과 같이 몸이 생존하기 위해서 필요한 물질로부터 얻어진다. 우리는 먹지 않으면 몸에 에너지 공급을 할 수 없고 결국에는 죽을 수밖에 없다. 생리적 에너지는 물질 상태로 존재하다가 인간의 몸에 들어오면 화학적 상태로 변한다. 이러한 화학적 상태의

미립자들은 인간의 몸 전체에 에너지원으로서 역할을 한다. 숨을 쉴 때 공기 상태의 산소는 몸속에서는 피에 녹아들어서 액체 상태의 에너지로 몸 전체에 전달된다. 음식도 처음에는 고체 상태로 존재하다가 몸에서 소화의 과정을 거쳐서 액체 상태로 몸 전체에 영양분을 공급한다. 생리적 에너지는 모두 물질로부터 얻어지고 이러한 물질들은 몸을 유지하고 성장하는 역할을 한다.

심리적 에너지는 주로 자신이 원하는 것을 하거나 관계를 형성하면서 얻어진다. 인간의 내면에는 자신이 원하는 것을 하려는 힘이 존재한다. 독립적으로 자신이 하고 싶은 일을 하거나 자신이 꿈꾸는 것들을 하고 싶은 마음이 있다. 예를 들면, 아이들은 놀고 싶을 때 여러 가지 종류의 놀이를 통해서 자신이 하고 싶은 것들을 한다. 놀이는 아이들에게는 자신을 실현하는 방식이다. 어른들도 마찬가지로 일이나 직업을 통해서 자신이 원하는 것들을 성취하려고 한다. 이러한 성취는 모든 심리적 에너지를 공급하는 역할을 한다. 관계적으로 볼 때도 인간을 둘러싸고 있는 환경과의 관계에서 따뜻함, 편안함, 즐거움, 안전함 등을 느끼면서 심리적 에너지를 충족한다. 아이들을 성장하면서 엄마와 아빠 그리고 주변 사람들과의 관계를 통해서 심리적 에너지를 얻는다. 칭찬받고 지지받는 수용적 분위기를 통해서 아이들은 힘을 얻는다. 부모의 칭찬과 인정은 아이들에게 생존을 위한 필수적 요인들이다. 양육자들과 관계에서 아이들은 안전감, 편안함, 인정 등을 느낀다. 이러한 느낌들은 모두 에너지들로서 인간이 안정된 상태로 무엇인가를 할 수 있도록 하는 중요한 동력들이다.

영적 에너지는 영적 존재들과의 관계를 통해서 충족한다. 인간이 영원을 사모하는 마음 그리고 자신을 초월하여 더 큰 존재가 되려는 마음은 모두 영적 존재들과의 교류를 통해서 채워지고 충족한다. 종교 생활은 이러한 영적 에너지를 공급받고 충족하는 중요한 사회적 방식이다. 특히 예배와 기도는 영적 에너지를 충족하는 중요한 수단이 된다. 예배를 통해서 인간은 자신의 위치를 다시 한번 깨닫게 된다. 신의 존재에 대한 각성을 통해서 신과 관련을 더 맺으려고 한다. 기도를 통해서 인간은 신으로부터 직접적 돌봄이나 감흥을 느낀다. 이러한 돌봄과 감흥은 모두 영적 에너지로서 신 또는 종교 공동체와의 교류를 통해서 얻어진다. 이 같은 영적 에너지는 인간으로 하여금 살아갈 이유, 즉 의미를 전달하는 역할을 한다.

둘째, 욕구는 감정이 수반된 본능이다. 에너지로서 욕구는 본능과 같이 흥분상태인 유동성으로 존재한다. 에너지가 충족되면 결핍에 의한 각성은 사라진다. 본능이 각성인데 이러한 각성은 에너지 공급으로 인해서 해소된다. 반면에, 에너지 공급이 이루어지지 않으면 이러한 각성은 사라지지 않고 지속적으로 인간을 괴롭히게 된다. 이러한 에너지의 보충과 결핍으로 인해서 감각적 현상이 생기는데 이것이 느낌이다. 앞 절에서 논의한 바와 같이 자극은 신체적 감각부터 영적 감각까지 다양하다.

신체적 감각에 의해서 만들어지는 느낌들이 있다. 배가 고픈 상태는 배고픈 느낌을 만들어 내고 에너지 보충이 충분히 이루어지면 만족감이 생긴다. 느낌은 인간이 가지고 있는 감각 기관들에 의해서 발생되는 정서적 현상이다. 예를 들면, 추운 곳에 나가면 차가운 느낌이 들고 집에 들어오면 따뜻한 느낌이 생긴다. 마른 느낌, 촉촉한 느낌, 따뜻한 느낌, 차가운 느낌, 따끔한 느낌, 편안한 느낌 등과 같은 이러한 느낌들은 모두 오감을 통해서 전달되는 정서적 현상들이다.

정서적 감각에 의해서 발생되는 느낌들이 있다. 안전하지 못한 상태는 두려운 느낌을 만들어 내고 안전한 환경이 조성되면 편안한 느낌이 든다. 험악한 사람과 만나면 안전하지 못한 느낌을 갖고 더 나아가면 두려움을 갖는다. 인정을 받지 못한 상태는 버려질 것 같은 느낌을 만들어 낸다. 사랑받고 인정받으면 안전하고 편안한 느낌을 갖게 된다. 이러한 느낌들은 모두 정서적 감각에 의해서 발생되는 정서적 현상들이다.

영적 감각에 의해서 발생되는 느낌들이 있다. 영적 존재를 만나게 되면 경외감이 든다. 이러한 경외감은 영적 상태를 반영하는 느낌이다. 이러한 느낌들 중에는 떨리는 느낌, 근접하기 어려운 느낌, 자신이 작아지는 느낌이 있다. 반면에, 이러한 존재들과의 교감은 영적 충족을 만들어 낸다. 영적 충족으로 인한 느낌은 희열, 일치감, 일체감 등을 만들어 낸다. 이러한 느낌들은 모두 영적 감각을 반영하는 정서적 현상이다.

앞에서 본 바와 같이 느낌은 자극에 대한 단순한 감각적 반응 현상이다. 느낌 단어들은 모두 느낌 앞에 대상이 붙는다. 차가움, 따뜻함, 배고픔, 근접함 등과 같은 자극에 대한 단순한 반응으로 느낌이 생긴다. 자극은 심리내적으로는 에너지 현상에 의해서 발생하기도 하고 심리외적으로 환경에 의한 현상으로 인해서 발생하기도 한다. 느낌이 자극에 대한 단순한 반응 현상이라고 말을 할 때 '단순한'이라는 의미는 생각에 의한 깊은 고려를 거치지 않은 상태를 말한다.

감각적 현상인 느낌이 생각에 의한 깊은 고려를 거치면 감정이 된다. 감정은 느낌과 생각, 즉 정서와 인지의 결합에 의한 심리적 현상이다. 예를 들면, 배가 고플 때 비참이라는 감정이 생겼다고 하자. 비참은 배고픈 느낌을 부정적으로 평가하면서 발생되는 감정이다. 배고픈 느낌이 들 때 먹을 것이 없는 자신을 한탄하면서 생기는 감정이 비참이다. '비참'은 느낌이라는 정서적 현상이 생겨나고 이 현상을 인지적으로 평가하면서 발생된 현상이다.

감정은 자극에 대한 반응으로 발생한다(Benner & Hill, 1999, p. 392). 자극에 대한 반응으로서 감정은 단순한 감각적 반응만이 아니라 인지적 생각에 의한 평가를 거친 상태를 말한다. 자극은 크게 심리내적 자극이 있고 심리외적 자극이 있다. 심리내적 자극 중에 가장 기본적이고 원초적 형태의 자극이 욕구다. 심리외적 자극은 환경으로부터 오는 자극인데 이러한 자극은 앞에서도 살펴본 바와 같이 물리적 환경에서부터 영적 환경까지 그 범위가 다양하다. 인간은 이러한 자극들에 대해서 단순하게 감각적으로 느낌을 갖기도 하지만 이러한 느낌을 평가하는 과정을 통해서 감정을 갖기도 한다.

감정을 심리내적 자극으로 한정해서 살펴보면 감정은 심리적 욕구와 깊은 관련을 갖는다. 감정은 감각에 의한 느낌과 인지적 평가의 결합물이기 때문에 느낌을 일으키는 심리적 욕구에 대한 반응 현상이다. 욕구가 발생하면 이러한 욕구에 대한 감각적 반응으로 느낌이 발생하고 이러한 느낌을 인지적으로 평가하면서 감정이 생긴다. 예를 들면, '배가 고프다.'라는 식욕은 배고픈 느낌을 만들어 낸다. 배고픈 느낌에 대한 부정적 평가가 비참이라는 감정을 만들어 낸다. 감정은 배고픔이라는 생리적 욕구의 반응이다. 욕구와 욕구에 따른 반응인 감정은 공존한다. 만일 욕구만 존재하고 욕구에 대한 반응이 없다면 인간은 합리적 존재로 살아갈 수 있다. 그러나 인간은 욕구가 존재하면서 이러한 욕구에 의한 감각적 반응을 끊임없이 평가하면서 살기 때문에, 욕구와 욕구 반응인 감정은 인간의 마음속에 같이 있다고 보아도 무방하다. 다른 말로 하면, 욕구는 감정을 수반한 본능이라고 말할 수 있다.

셋째, 에너지로서 욕구는 사람이 에너지를 따라서 행동하도록 만든다. 배고픈 느낌을 가지고 있는 사람이 절망적 상태가 되면 음식을 찾기 위한 많은 노력을 기울인다. 어느 곳에 가면 음식이 있는지 그리고 무엇을 해야 그 음식을 먹을 수 있는지 그리고 누구와 음식을 먹고 싶은지는 모두 욕구에 의해서 이루어진다. 감정적 에너지의 강도가 강하면 강할수록 행동을 일으키는 힘은 크게 작용을 한다. 이런 의미에서 감정은 인간을 움직이는 원초적이고 본능적이면서 기본적 힘이다(Papero, 1990, p. 27). 지금까지 논의를 통해서 보면 본능, 욕구, 자극 등과 같은 개념들은 모두 감정적 에너지라는 말로 대체해서 사용할 수 있다. 인간이 가지고 있는 기본적 욕구들은 모두 감정적 형태로 존재하면서 인간을 움직이게 하는 힘이라고 말할 수 있다.

4) 욕구와 인간의 성향

인간에게는 식욕, 성욕, 자기애의 욕구, 자아실현의 욕구, 독립하려는 욕구, 함께하려는 욕구, 초월하려는 욕구 등과 같은 많은 욕구가 존재한다. 각각의 욕구들은 인간에게는 죽을 때까지 없어지지 않는 보편적 성향으로 존재한다. 심리학의 여러 이론들은 이러한 욕구들에 기반을 두고 만들어졌다. 정신분석은 파괴적 욕구와 생명의 욕구에 근거한 이론이다. 프로이트는 인간에게는 두 가지 본능의 힘인 욕구가 존재한다고 보았다. 하나는 자신 이외의 다른 것들을 파괴하려는 죽음의 본능인 파괴적 욕구고 다른 하나는 생명을 살리려고 하는 본능인 성적 욕구다. 이 둘은 인간의 마음에 존재하는 보편적 욕구로서 인간에게서 이 두 본능적 욕구는 죽을 때까지 없어지지 않는다. 죽음의 본능은 인간에게는 공격성을 만들어 내고 생의 본능인 성적 욕구는 인간에게 창조성을 만들어 낸다. 공격성과 창조성은 인간의 내면에서 갈등을 만들어 낸다. 이러한 성향과 관련된 개념들이 원욕, 자아, 초자아들이다. 이러한 개념들은 모두 갈등과 관련이 있다. 원욕과 초자아는 현실과 관계없이 자신이 원하는 것을 충족하려는 경향이 있다. 자신이 원하는 것이 충족되면 창조적 에너지인 창조성이 이루어지지만 원하는 것이 이루어지지 않으면 파괴적 에너지인 공격성이 작동을 한다. 이러한 창조성과 공격성을 조율하고 관리하는 능력은 자아를 통해서 이루어진다.

정신분석이 공격성과 창조성이라는 두 가지 본능적 욕구를 가지고 개념화한 이론이라면 인본주의 심리학은 매슬로의 자아실현의 욕구를 통해서 개념화한 이론적 관점이다. 자아실현의 욕구는 이상성이라는 성향을 만들어 낸다. 인간은 단지 생물학적 욕구에 의한 것들로만 살 수 없다. 인간에게는 먹고 마시고 자고 하는 등의 생물학적 욕구 이상의 것이 있는데 이러한 특성이 결국 자신이 원하는 것을 실현하려는 경향이다. 이러한 내용은 유기체라는 개념을 통해서 표현하고 있는데 살아 움직이는 유기체는 자신이 가지고 있는 꿈을 실현하려는 경향이 있다. 이 같은 경향은 결국 경험을 통해서 현실화된다. 경험의 어떤 부분을 개념화하느냐에 따라서 다른 종류의 이론이 생긴다. 게슈탈트 이론에서는 경험의 전경과 배경을 통해서 개념화하였다. 경험을 하면서 유기체가 현재 당장 인식하고 자각하고 있는 내용은 전경이고 경험을 하면서도 자각하지 못하고 있는 부분이 배경이다. 다른 한편으로, 실존주의 이론에서는 인간이 한계를 자각하지 못함으로써 절망에 빠진다고 한다. 한계를 경험하면서 이에 대해 다시 적절한 방향을 설정함으로써 인간이 자신이 가진 문제를 해결할 수 있다고 한다.

가족치료자 중 한 사람인 보웬은 인간이 가지고 있는 독립하려는 욕구와 함께하려는 욕구를 통해서 다세대 가족치료 이론을 만들었다. 독립하려는 욕구인 개별성과 함께하려는 욕구인 연합성이라는 두 가지 경향은 서로 상호작용하고 이러한 상호작용의 결과로 한 개인이 형성된다. 인간은 처음에는 연합성의 힘으로 인해서 가족에게 감정적으로 얽혀 있는 상태인 자아덩어리인 감정덩어리 상태로 산다(Bowen, 1990, p. 476; 1981, p. 281). 이러한 감정덩어리 상태를 다른 개념으로 핵가족 감정 체계라고 부르는데 이는 생존을 위해서 필수적이다. 동물들이 무리를 지어 살듯이 인간도 생존을 위해서 가족이라는 무리를 통해서 생존을 꾀한다. 무리 지어 사는 경향을 자연 체계(natural system)라 부른다(Kerr & Bowen, 1988, pp. 28-30). 이렇게 생존에 필요한 성향은 연합성인데 이러한 연합성은 가족들로 하여금 개별성을 손상시키는 역할을 한다. 그렇기 때문에 인간은 개별성과 연합성의 조화를 통해서 분화된 자기를 완성할 필요가 있다. 적절하게 분화되지 않은 개인들은 건강하지 않은 사람들로서 여러 가지 역기능을 일으키게 된다.

초월상담은 인간의 초월 욕구를 통해서 개념화하는 이론이다. 열린 존재로서 인간은 자신을 초월하여 세계 내에서 여러 다른 존재들과 연계하려는 성향을 갖게 된다. 특히 이러한 경향은 하나님의 형상으로 지음을 받은 존재, 즉 신적 특성을 가진 존재로 나타난다. 인간은 신적 특성인 완벽성을 가진 존재다. 인간은 현재의 자신에 만족을 하지 못하는 존재로서 끊임없이 성장하려는 욕구를 가진 존재다. 여기서 중요한 단어는 '끊임없이'다. 그렇다면 '인간은 왜 이러한 노력을 끊임없이 하는 것일까?'라는 질문이 생긴다.

이 질문에 대한 초월상담의 대답은 간단하다. 인간은 자체로는 부족하고 모순이 많고 작은 존재다. 이러한 인간은 모순을 해결하고 부족함을 메우며 자신을 키우려고 노력을 하게 된다. 이 같은 노력의 방향은 인간 삶의 전 방향에서 진행된다. 생리적으로는 자연적 성숙으로 나타나고 심리적으로는 성장과 성숙으로 나타나며 사회적으로는 유명한 사람, 조직의 장 그리고 정치적 권력을 가지고자 하는 노력으로 나타난다. 그리고 영적으로는 신을 닮아 가려는 노력으로 나타난다. 이러한 여러 가지 노력은 결국 인간이 가지고 있는 초월 본능으로 인해서 발생한다. 초월 본능인 초월 욕구는 인간에게는 완벽성이라는 특성으로 존재하면서 죽을 때까지 완벽을 향해서 노력을 하도록 만든다.

완벽성이 인간의 내면에 존재한다는 사실은 대상관계 이론가인 멜라니 클레인의 이론적 개념에 잘 드러나 있다. 인간은 누구나 자기애적 욕구를 가지고 있다. 자기애란 자신을 사랑하는 느낌인데 자신을 완벽하게 하려는 거대한 느낌, 자기중심성, 전능감으로 이루어진 현상이다. 거대한 느낌은 탄생할 때부터 존재한다. 신생아들은 자신들의 거대한 느낌을 엄마를 통해서 가지려고 한다. 신생아의 이러한 노력을 잘 개념화한 사람이 멜라니 클레인이다. 그녀는 아이들에게 전능의 환상(fantasy of omnipotence)이 태어나면서부터 있다고 주장하면서 이 환상으로 인해서 아이들이 엄마와 완벽한 관계를 형성한다고 말하고 있다(Hinshelwood, 1991, p. 375). 이러한 환상을 통해 아이들은 엄마와의 관계를 여러 상태로 만들어 낸다. 아이들은 엄마와의 편집 단계에서 우울 단계를 거치면서 성장하는데 이러한 단계들은 환상으로 인해서 만들어진다(김용태, 2000, pp. 214-217). 결국 클레인의 전능의 환상은 인간이 완벽성이라는 심리적 경향을 가지고 있음을 보여 주는 이론적 증거 중 하나다.

작고 부분적이며 모순적인 인간은 초월을 통해서 완벽해지려고 한다. 인간이 작은 존재라는 사실은 앞에서 언급한 이론적 경향과 맞물린다. 자기애적 욕구를 가진 인간이 자신을 키우려는 노력 자체가 인간이 작은 존재임을 말해 준다. 인간은 태어나면서부터 작은 존재로 태어나고 성장과 성숙 그리고 사회적이고 정치적 노력을 통해서 큰 존재가 되려고 한다. 인간이 부분적 존재임을 말해 주는 이론적 증거는 게슈탈트 이론의 전경과 배경이라는 개념이다. 자신이 관심을 가지고 있으면 전경으로 떠오르고 관심이 없으면 배경으로 사라진다. 인간은 관심사에 따라서 현실을 부분적으로 지각한다. 왜냐하면 인간은 부분적 존재기 때문이다. 인간이 모순적 존재라는 명제는 프로이트의 두 가지 본능인 죽음의 힘과 생의 힘에 의해서 잘 증명되고 있다. 죽음의 힘과 생의 힘은 서로 공존할 수 없는 본능으로서 끊임없이 갈등을 일으킨다. 서로 모순되는 본능을 가진 존재인 인간은 근원적으로 그리고 근본적으로 모순적이다. 이렇게 작고, 부분적이며 모순적인 인간은 완벽성이라는 심리적 특성으로 인해서 커지고 온전해지고 일치적이려는 초월의 경향을 보인다.

2. 초월 욕구와 범주

1) 욕구의 두 가지 특성: 실재 자기와 객관적 자기

앞 절에서 욕구는 감정적 형태의 에너지라고 논의하였다. 감정적 형태의 에너지인 욕구는 감각과 느낌을 포함하는 정서와 이러한 정서를 평가하는 인지로 이루어져 있다. 욕구는 정서와 인지라는 두 측면으로 이루어진 본능이다. 배고픈 느낌이라는 생리적 현상은 배고픔이라는 생리적 감각과 이 감각이 만들어 내는 느낌으로 이루어진다. 이러한 느낌에 대해서 평가를 하여 감정을 만들어 내거나 느낌 자체가 감정으로 존재한다. 배고픈 상태에 대한 인지적 측면과 감각과 느낌이라는 정서적 측면이 욕구를 이해하는 중요한 영역들이다.

욕구에 대한 사전적 정의를 보면 욕구는 두 가지 특성을 가지고 있는데, 행동을 에너지화하는 경향과 인지적 과정을 활성화하는 경향이 그것이다(Benner & Hill, 1999, p. 786). 먼저, 행동을 에너지화하는 경향으로서의 욕구의 특성을 생각해 보자. 인간이 어떤 행동을 하기 위해서는 에너지가 필요하다. 그 에너지는 감정적 힘인데 감정이 수반된 에너지는 행동을 가능하게 만든다. 예를 들면, 배고픈 사람들이 느끼는 절박함이라는 감정은 음식을 찾는 행동을 하도록 동기화한다. 행동의 동기는 감정의 힘에 의해서 이루어진다. 절박함이라는 감정이 음식을 찾는 행동을 가능하게 하는 에너지 공급의 역할을 한다. 다음으로, 인지적 과정을 활성화하는 경향으로서 욕구의 특성을 생각해 보자. 절박함이라는 감정에 의해서 에너지 공급을 받은 행동을 이루기 위해서 사람들은 생각을 하게 된다. 어디에 가서 어떻게 음식을 공급할지 그리고 어떤 종류의 음식을 먹을지를 생각하게 된다. 이러한 생각들은 자신의 원함을 충족하는 환상으로 존재하면서 자신의 행동을 가능하게 하는 계획을 만들어 낸다. 인지적 과정은 흥분된 에너지인 감정적 에너지를 통해서 활성화된 행동을 조정하는 역할을 한다. 이때 감정적 에너지에 의한 행동은 인지적 과정을 통해서 완성되게 된다.

이 과정은 앞에서 논의한 자기 속의 자기에 대한 논의와 정확하게 일치한다. 앞의 자기는 생각하는 자기고 뒤의 자기는 대상으로서 자기다. 대상으로서 자기는 이미 논의하고 있는 욕구의 두 특성으로 보면 행동을 에너지화하는 경향을 말한다. 행동을 에너지화하는 경향은 감정적 에너지를 말한다. 감정적 에너지는 행동에 에너지를 공급하는 역할을 하고 이 같은 에너지를 바탕으로 행동이 이루어진다. 이러한 특성을 실재 자기(actual self)라고 부르자. 자기 속의 자기에서 후자의 자기는 대상으로서 자기인데 이는 실재 자기다. 행동을 이루는 인지적 과정은 생각하는 자기다. 자기 속의 자기에서 대상으로서 자기를 품고 있는 자기다. 이러한 자기는 생각을 통해서 자신의 행동을 조율하고 계획하는 기능을 갖는다. 이 같은 자기를 객관적 자기(objective self)라고 부르자. 객관적 자기는 실재 자기를 조정하고 조율하면서 자신의 행동을 현실 속에서 이루어 가도록 하는 역할을 한다.

인간의 욕구는 실재 자기와 객관적 자기라는 두 가지 특성으로 이루어진 본능이다. 감정적 에너지로서 실재 자기는 인간을 에너지화하는 역할을 한다. 이는 마치 자동차의 엔진과 같다. 엔진은 자동차를 움직이는 에너지의 원천으로서 전기에 의해서 시동이 걸리면 휘발유의 폭발에 의해서 힘을 얻는다. 엔진을 움직이기 위해서는 자동차는 휘발유를 끊임없이 공급받게 된다. 휘발유와 전기를 에너지원으로 하는 자동차 엔진은 시동이 걸리면서 이제 차를 움직일 수 있는 준비가 된다. 인간의 실재 자기는 마치 자동자의 엔진과 같아서 인간을 이리저리로 움직이게 하는 역할을 한다. 그러나 실재 자기는 인간을 이리저리 움직이게는 하지만 그 방향을 통제하는 힘이 없다. 자신의 힘을 통제하는 수단이 없는 상태로 여러 방향으로 움직이게 하는 힘이 실재 자기다. 자동차 엔진의 힘을 통해서 자동차가 움직이게 하기 위해서는 엔진의 힘을 제어하는 장치들이 필요하다. 이러한 장치가 운전대와 브레이크 그리고 가속 페달들이다. 이러한 것들은 자동차 엔진의 힘을 운전자가 원하는 대로 사용할 수 있기 위한 기계적 장치들이다. 인간도 마찬가지로 실재 자기를 움직이기 위해서는 객관적 자기가 필요하다. 객관적 자기는 실재 자기가 가진 힘을 활용하여 자신이 생각하는 대로 움직일 수 있도록 하는 능력이다. 때로는 실재 자기를 더 활성화하고 때로는 실재 자기를 제어하면서 자신이 원하는 것들을 얻을 수 있도록 하는 인간의 능력이 객관적 자기다. 객관적 자기는 인간을 대표하는 기능도 하고 자신을 대리하는 기능도 한다. 그리고 외부 환경과 상호작용을 통해서 필요한 것들을 거르는 역할도 하고 받아들이는 역할도 한다. 이러한 외부와의 상호작용을 통해서 실재 자기를 어디로 이끌어 가야 하고 어떻게 활성화할지도 결정하게 된다.

객관적 자기와 실재 자기는 서로 상호작용하면서 일정한 행동을 하도록 만든다. 먹고 싶은 욕구는 배고픈 느낌이라는 감각적 정보를 만들어 낸다. 이러한 감각적 정보에 대해서 뇌는 생각을 하고 이에 대한 반응으로 감정을 만들어 낸다. 인간의 행동을 결정하기 위해서 욕구, 느낌, 생각, 감정 등과 같은 여러 가지 심리내적 특성이 상호작용을 하게 된다. 행동은 이러한 상호작용의 산물이다. 물론 때로는 행동을 먼저하고 생각을 하는 경우도 있고 생각이나 감정이 먼저 생기고 행동을 하는 경우도 있다. 그럼에도 불구하고 분명한 사실은 행동은 여러 가지 복잡한 인간의 내적 특성의 결과란 점이다. 객관적 자기와 실재 자기의 상호작용을 통해서 인간은 자신이 원하고 바라는 것들을 현실화하게 된다.

2) 실재 자기와 객관적 자기 그리고 초월자

앞에서 방금 논의한 자기에 대한 비유에서 자동차를 생각해 보면 자동차는 언제나 사람에 의해서 움직인다. 비록 자동차가 엔진과 운전대 그리고 브레이크와 같은 여러 가지 장치를 잘 갖추고 있다 하더라도 사람이 없으면 자동차는 아무런 의미가 없다. 물론 인간을 자동차와 비유하는 설명이 무리가 따를 수 있다. 자동차는 생명이 없고 사람은 생명이 있기 때문이다. 자동차를 좀 더 확장하여 스스로 움직이는 자동차를 생각해 보면 조금 더 사람에게 가깝게 이해를 할 수 있다. 최근 들어서 스스로 움직이는 자동차가 개발되고 있고 일부 운행 중에 있다. 이 경우에 자동차는 제한적 시야를 갖는다. 자동차가 스스로 탐지하는 영역과 이를 바탕으로 움직이는 반경을 생각해 보면 사람의 시야나 움직이는 반경과는 아주 다르다. 그러나 사람도 비전이나 시야가 제한적이고 움직이는 반경이 절대자에 비해서 아주 적으며 스스로 판단을 하지만 판단에는 많은 오류가 있음을 생각할 때 스스로 움직이는 자동차와 유사하다. 사실 인간은 자신을 닮은 자동차를 개발하기 위해서 많은 노력을 하고 있다. 그렇기 때문에 스스로 움직이는 자동차도 사람의 도움을 필요로 하듯이 사람도 무엇인가 외부의 도움이 없이는 자신의 움직임을 스스로 제어하거나 활성화하기 어렵다.

인간 사회를 생각해 보면 사람에 의해서만 움직이는 것은 없다고 해도 과언이 아니다. 인간은 언제나 다른 상대방을 필요로 한다. 아이들은 엄마가 없이는 스스로 성장할 수 없고 학교에 학생들은 교사나 교수가 없이는 스스로 배우기 어렵다. 그리고 정치인들은 국민이 없으면 의미 없는 직업이며 의사도 역시 환자가 없이는 스스로 움직일 수 없는 직업이다. 이렇듯이 인간은 자율적으로 행동하지만 누군가의 도움이 없이는 살 수 없는 존재다. 스스로 움직이는 자동차가 사람을 필요로 하듯이 사람은 언제나 누군가의 도움이 없이 스스로 움직이기 어렵다. 누군가는 영역별로 정의될 수 있다. 심리적으로는 마음을 나누는 사람이고 사회적으로는 일을 같이할 수 있는 사람이다. 영적으로는 삶의 방향을 지도받을 수 있는 영적 존재다. 이렇듯 누군가의 도움이 없으면 인간은 많은 것을 놓치면서 제한적 삶을 살게 된다.

이러한 견해는 심리학자들의 인간의 동기에 대한 연구와 맥을 같이한다. 인간을 움직이게 하는 힘은 인간이 내면에 가지고 있는 욕구와 외부에서 주어지는 자극인 인센티브로 이루어진다(Benner & Hill, 1999, p. 372). 스스로 움직이는 자동차가 사람을 필요로 하듯이 인간은 내적 욕구와 외적 자극인 자신을 돕는 사람이 필요하다. 이러한 점은 인간이 사회적 존재임을 말하고 있다. 인간은 심리적 존재이기도 하지만 사회적 존재로서 다른 사람들과 교류를 통해서 적절한 자극을 받고 이러한 자극이 또한 자신을 움직이는 중요한 동기로 작용한다. 인간은 사회적 존재이면서 또한 인간은 영적 존재이기도 하다. 영적 존재로서 인간은 초월적 존재들의 적절한 자극을 또한 필요로 한다. 초월적 존재들의 자극에 의해서 인간은 눈에 보이지 않는 영역의 중요함을 알게 된다. 이러한 영역은 언뜻 보기에는 중요하지 않거나 불필요하게 보일지 모르지만 자세히 보면 영적 영역은 인간의 근본을 형성하고 있다. 인간은 언제나 추상성을 필요로 한다. 인간은 추상성을 자신의 근본으로 삼고 있다. 인간은 추상적 세계를 통해서 구체적 세계를 실현한다. 이는 즉각적 현실과 초월적 현실에 대한 논의와 맥을 같이한다. 인간의 즉각적 현실은 초월적 현실에 의해서 뒷받침되지 않으면 제대로 이루어지기 어렵다. 인간에게 먹고 마시고 자고 하는 등의 영역은 의미나 비전 그리고 꿈이라는 초월적 현실이 뒤에 배경으로 자리하고 있어야 한다. 이러한 배경들은 언제나 영적 존재들의 현실과 밀접한 관련을 갖는다.

이 같은 영적 존재들을 초월자라고 부르자. 초월상담의 이론적 견지에서 보면 세상에는 수많은 초월자들이 있다. 초월자를 단순히 더 큰 존재라고 정의를 한다면 인간관계에서도 자신보다 더 많은 초월자를 만날 수 있다. 부모는 자녀에게 초월자고 학교 선생님은 학생들에게 초월자며 지도자들은 구성원들보다 초월자들이다. 물론 개인적으로 볼 때는 학생, 아이, 구성원 중에서도 부모, 선생님, 지도자들보다 더 영적인 사람이 있을 수 있다. 그러나 전반적 경향으로 볼 때 이들은 초월자들이다. 초월자들은 수직 초월이 된 사람들이다. 단지 수평 초월에 의해서 교류를 하는 존재들이 아니라 수직적으로 질적으로 다른 차원 또는 조건에 있는 사람들이 초월자들이다. 수직 초월의 중요한 조건 중 하나가 품는 현상이다. 초월자들은 그렇지 않은 사람들을 품을 수 있는 능력을 갖춘 사람들이다. 그렇기 때문에 구성원, 학생, 아이들 중에서도 지도자, 부모, 선생님들을 품을 수 있는 능력이 있는 사람들이 있다. 그렇다면 이들은 거꾸로 선생님, 지도자, 부모들에게 초월자들이다.

이러한 초월자들 중에 가장 상위의 존재가 절대자다. 절대자는 구분된 존재고 상위의 존재며 창조적 존재다. 구분, 상위, 창조는 모두 초월상담의 관점에서 말하는 초월의 중요한 개념들이다. 초월적 존재인 초월자는 그렇지 않은 사람들에 비해서 질적으로 구분된 존재들이다. 만일 서로 질적으로 같은 존재라면 구분되었다고 말하기 어렵다. 질적으로 다르다는 말은 초월자가 그렇지 않은 사람에 비해서 상위에 있는 존재다. 일차원과 이차원을 생각해 보면 이차원이 일차원보다는 상위의 개념이다. 마찬가지로 초월자는 그렇지 않은 사람들에 비해서 상위의 존재다. 마지막으로, 초월은 창조와 관련이 있다. 수직 초월을 하는 초월자들의 눈에는 그렇지 않은 사람들에게 평범하게 보이는 현상이 그렇지 않게 보인다. 이차원의 존재의 눈에는 평면이라는 개념이 있기 때문에 앞과 뒤만 있는 일차원의 존재에 비해서 창의적이다. 일차원의 존재가 전혀 생각할 수 없는 옆이라는 개념을 가지고 있기 때문에 이차원의 존재는 일차원의 존재에 비해서 언제나 창의적이다. 절대자는 절대적으로 구분되며 절대적으로 상위에 존재하고 절대적으로 창조적 존재다.

인간의 범주는 실재 자기와 객관적 자기에 의한 내적 힘과 초월자에 의한 외적 자극에 의해서 이루어진 세계다. 인간의 자기는 외부에 늘 열려 있는 존재다. 자기의 형성은 자신 속의 내적 욕구에 의해서만 이루어지지 않는다. 내적 욕구를 가진 인간이 외부 자극과 상호작용을 통해서 일정한 세계를 형성한다. 실재 자기에 의한 힘은 객관적 자기에 의한 평가에 의해서 자신의 행동을 실행할지 아니면 조정할지를 결정하게 된다. 이러한 평가는 언제나 외부의 초월자와의 관계 속에서 이루어진다. 대표적으로 어린아이들은 자신들의 실재 자기에 의한 감정적 에너지를 부모라는 존재와의 관계 속에서 현실화하게 된다. 부모는 아이들에게 초월자로서의 역할을 하게 된다. 초월자인 부모에 의한 인정, 불인정 그리고 부분적 인정 등과 같은 자극들은 실재 자기를 객관적 자기가 어떻게 실행할지를 평가하는 중요한 기준들이 된다. 이러한 기준들은 내면화되어서 객관적 자기가 실재 자기를 자동적으로 평가하는 심리적 가치관들이 된다. 이러한 가치관들은 단지 인지적으로만 존재하지 않고 정서적 성격의 느낌이나 이미지들과 같이 존재한다. 실재 자기는 이러한 가치관들과 더불어 상호작용을 하면서 인지적으로 평가를 하는 객관적 자기의 도움을 받아 일정하게 행동을 하게 된다. 실재 자기, 객관적 자기 그리고 외부의 초월자는 한 개인의 내면세계를 형성하는 중요한 역할을 한다.

3) 완벽성에 의한 인간 범주

인간이 가지고 있는 초월 욕구는 완벽성이라는 성격 특성을 통해서 인간을 일정한 방향으로 움직이게 한다. 초월하고자 하는 감정적 에너지인 실재 자기는 끊임없이 외부의 초월자를 접촉하게 만든다. 어린 시절에는 외부의 초월자들이 완벽해 보이지만 점차로 성장을 하면서 외부의 초월자들이 완벽한 존재가 아님을 알게 된다. 이러한 한계로 인해서 자신이 스스로 완벽해지려는 경향이 나타나거나 인간이라는 초월자를 넘어서는 영적 존재들에 의한 초월자에게 의지하려는 경향이 나타난다. 스스로 완벽해지려는 경향은 인간이 조직이나 다른 여러 가지 활동을 통해서 자신이 타인들보다 더 큰 존재임을 증명하고 싶어 한다. 예를 들면, 조직의 장이 되려는 노력, 인기를 얻어서 사람들에게 인정을 받으려는 노력, 학술 활동을 통해서 지식의 근원이 되려는 노력, 많은 사람들의 지지를 통해서 권력을 얻으려는 노력 등과 같은 여러 가지 활동은 모두 자신이 스스로 완벽해지려는 경향을 보여 주는 초월적 경향이다. 이런 경우에 스스로 완벽해지려는 경향이 다른 사람들과의 관련 속에서 이루어지기 때문에 경쟁을 통한 우위라는 현상 속에서 나타난다. 이러한 경향은 인류가 사회 조직을 만든 시초에서부터 현재까지 그리고 미래에 인류의 종말이 올 때까지 진행될 현상이다.

스스로 완벽해지려는 경향이 경쟁을 통해서 발생되는 우위를 점하려는 사람들에게는 성공 신화인 성공과 관련된 범주를 만들어 낸다. 끊임없이 성공을 꿈꾸면서 지금도 열심히 일하고 있는 사람들은 모두 이러한 완벽적 경향이 만들어 내는 범주 속에서 살고 있는 사람들이다. 성공을 하지 못하고 경쟁에서 하위에 처지는 사람들은 또 다른 의미의 완벽한 세상을 꿈꾸고 있다. 이들은 도덕을 통해서 완벽한 세상을 꿈꾸는 사람들이다. 이들은 주로 성공한 사람, 조직의 장, 인기가 많은 사람, 학문의 원천을 가진 사람 그리고 권력을 장악한 사람의 도덕성을 비판하는 역할을 한다. 이들의 꿈은 언제나 모든 사람이 평등해지는 세상이다. 그 어느 누구도 소외되지 않고 모든 사람이 공정한 기회와 평등한 대우를 갖는 세상을 바란다. 이렇게 도덕에 의한 완벽한 세상을 꿈을 꾸는 사람들은 대체로 약자들에 의해서 발생되는 현상이다.

이러한 현상은 부부 관계에서도 발생된다. 부부 중 강자인 사람과 약자인 사람들이 갖는 범주는 아주 다르다. 강자인 사람은 자신이 가지고 있는 영역을 확장하기 원한다. 자신이 중요 문제에 있어서 결정권자가 되기를 바라고 상대는 이러한 결정을 따르기를 원한다. 그리고 자신이 이러한 결정을 하는 데 있어서 상대가 자신을 지지해 주고 따라 주기를 바란다. 이러한 부분을 힘에 의한 지배라고 한다. 그러나 약자인 사람들이 갖는 범주는 강자인 상대가 자신의 마음대로 한다는 점을 언제나 꼬집기를 원한다. 상대의 실수나 잘못을 부각하여 자신이 마음대로 하지 못하도록 한다. 많은 사람들이 공유하고 있는 도덕성에 의지해서 이러한 실수나 잘못을 지적한다. 이러한 부분은 도덕적 지배라고 한다. 도덕적 지배의 세상을 꿈꾸는 약자는 피해자가 없고 소외되는 사람이 없으며 더 이상 약자가 없는 세상을 꿈꾼다.

지금까지는 스스로 완벽해지려는 경향을 가진 사람들을 살펴보았는데, 외부의 초월자인 영적 존재들을 통해서 완벽해지려는 경향을 가진 사람들도 있다. 이 경우도 두 가지 방향이 있다. 하나는 여전히 영적 존재인 절대자를 통해서 자신이 완벽해지려는 경우가 있고, 다른 하나는 절대자를 완벽한 존재로 인정하면서 자신이 완벽해지려는 경향을 포기하는 경우가 있다. 전자의 경우에는 역시 대상을 통해서 완벽해지려는 초월의 본능을 말하고 있다. 이러한 방향은 사람들에게 의지하거나 권력 또는 돈, 인기 등에 의지해서 자신의 존재를 고양하려는 노력처럼 절대자에게 의지해서 자신의 존재를 더 큰 존재로 만들고 싶은 노력이다. 절대자가 권력, 조직, 돈, 인기 등으로 치환되어 절대자가 없는 경우처럼 자신이 스스로 완벽해지려고 한다.

다른 하나는 절대자의 관점을 내면화하는 초월현상이다. 이러한 초월현상은 지금까지 논의한 대상을 통한 초월현상과는 전혀 다른 방향을 갖는다. 인간은 절대자와 교류를 통해서 자신의 위치를 깨닫게 된다. 인간은 절대자와 전혀 다른 종류의 존재며 절대자를 흉내 낼 수 없는 존재임을 알게 된다. 이런 의미에서 모든 인간은 같은 종류고 절대자는 인간과 구분되는 존재임을 깨닫게 된다. 절대자가 그리는 세상의 부분으로 참여할 뿐이지 인간이 그 큰 그림을 그릴 수 없다는 사실을 알게 된다. 인간은 참여적 존재고 부분적 존재며 모순이 많은 존재임을 알게 되어서 절대자의 세상을 현실화하면서 살아가는 세상을 꿈꾼다. 이러한 세상은 미션, 비전, 소명, 사명 등과 같은 단어로 알려져 있다. 이러한 세상을 꿈꾸는 사람들은 영적 신비를 통한 감동과 감흥이라는 영적이며 심리적 현상을 경험한다. 이러한 경험이 곧 이러한 세상을 지속하게 하는 동력의 역할을 한다. 물론 감흥이나 감동은 절대자의 개입과 인간의 마음속에 존재하는 초월 욕구에 의한 완벽성의 상호작용에 의해서 발생한다. 완벽성이라는 초월 욕구는 절대자에 의한 세상을 꿈꾸게 만들기도 한다.

제 6 장

초월과 심리적 역동

1. 일원론적 존재와 심중

1) 심중의 의미

귀인적 일원론은 모든 것이 하나의 카테고리에서 발생되었다는 철학적 사상이다. 우리는 이미 제2장과 제3장에서 초월상담 이론에서는 인간을 귀인적 일원론적 존재로 상정함을 논의하였다. 유물론적 사상은 모든 것이 물질에서 생성되었다고 보는 귀인적 일원론이며, 유심론적 사상은 모든 것이 마음에서 생성되었다고 보는 귀인적 일원론이다. 카테고리가 무엇인가에 따라 귀인적 일원론은 물질적 일원론과 유심적 일원론으로 나누어진다. 초월상담 이론은 인간의 모든 것이 마음에서 생성되었다고 보는 유심론적 사상을 철학적 전제로 가지고 있다. 제2장과 제3장에서 마음은 심중이라고 이미 밝힌 바 있다. 제1부에서는 심중에 대한 철학적 정의만을 논하였지만 본 장에서는 심중의 심리학적 정의를 논하려 한다. 기독교상담의 한 이론인 초월상담 이론의 모든 근거는 성경을 최종적 권위로 삼는다. 심중이라는 단어의 의미를 논하기 위해 먼저 성경에서 본 단어를 어떻게 사용하고 있는지 살펴보려 한다.

성경심리학은 성경을 통해 인간의 마음을 연구하는 분야다. 성경에는 인류의 기원, 우주의 탄생, 인류의 구원, 인류의 미래 등 여러 분야가 기록되어 있으며 또한 인간의 마음에 대해 말하고 있다. 성경에서는 인간이 어떻게 구성되어 있으며 인간이 어디에서 왔고 어디로 가고 있고 인간의 마음에서는 어떤 일이 벌어지는지를 기록하고 있다. 성경에 나타난 인간의 마음과 관련된 이러한 부분들을 연구하고 그러한 연구에 근거해서 인간이 어떤 존재인지를 밝히는 분야가 성경심리학이다.

심중이라는 단어는 성경의 여러 곳에 언급되어 있다. 심중은 구약 히브리어 단어인 'leb'와 'lebab' 그리고 신약 그리스어 단어인 'kardia'의 한글 번역이다(Elwell, 1999, pp. 540-541). 엘웰(2001)은 'heart'가 사용된 성경 구절로는 구약의 시편 46장 2절, 신명기 4장 11절, 사무엘하 18장 14절 그리고 잠언의 많은 성경 구절 및 신약의 4복음서 중 마태복음 5장 8절과 28절, 15장 19절, 18장 35절, 22장 37, 누가복음 8장 11절에서 15절, 사도 바울의 서신 중 로마서 9장 2절, 고린도전서 14장 25절이 있으며, 이외에도 많은 성경 구절에서 이 단어를 사용하고 있다고 정리하였다(pp. 540-541). 엘웰(2001)은 심중이 일반적으로 구약에서는 '무엇인가의 가운데(midst)' '중심(innermost)' '숨겨진 곳'이라는 뜻으로 쓰이며 신약에서는 '인간 마음의 중심' 그리고 '깊은데'라는 의미로 쓰인다고 말하였다.

심중에 대한 연구를 진행한 학자들은 심중이 마음의 가장 깊은 곳이며 중심이며 인간의 마음의 원천이라 말하고 있다(Coe & Hall, 2010, pp. 297-303; Elwell, 2001, pp. 540-541). 심중에 대한 연구를 살펴보면, 첫째, 심중은 인간 마음의 가장 깊은 곳이면서 동시에 중심이다. 가장 깊은 곳이라는 말은 두 가지 의미를 지닌다. 하나는 은유적인 의미의 표현으로 눈에 보이지 않는 곳이라는 뜻이며 다른 하나는 문자 그대로의 해석대로 가장 깊은 곳이라는 의미다. 바다의 가장 깊은 곳은 눈에 보이지 않고 나무의 가장 깊은 곳도 눈에 보이지 않는다. 마찬가지로 인간의 가장 깊은 곳인 심중도 눈에 보이지 않는다. "열 길 물속은 알아도 한 길 사람 속은 알기 어렵다."라는 한국 속담은 참으로 중요하면서도 재미있는 표현이다. 이 속담은 우리에게 사람의 심중인 가장 깊은 곳은 인간이 알기가 어렵다는 점을 시사한다. 심중을 포함한 인간의 마음을 이해하는 학문이 심리학이지만 이러한 심리학도 마음이 어디에 있는지 마음의 깊은 곳이 어느 곳인지에 대한 정확한 이해를 제시하지는 못한다. 심리학이 마음에 대해서 추상적이고 가설적 개념만 가지고 있는 이유는 마음 또는 심중이 우리의 눈에 보이지 않기 때문이라고 할 수 있다.

심리학의 한 이론인 행동주의 이론은 눈에 보이지 않는 것에 대해서는 연구하지 않으려는 경향이 있다. 이러한 경향은 관찰 가능한 것만을 연구 대상으로 하는 과학과 그 맥락을 같이한다고 볼 수 있다. 과학은 관찰과 측정을 통해 설명을 하며 이를 바탕으로 미래를 예측하려는 학문이다. 심리학이 과학을 표방한다는 의미는 심리학도 여전이 관찰 가능한 것만을 대상으로 하는 경향이 있는 학문이라는 뜻이다. 눈에 보이지 않는다고 해서 불필요하거나 연구를 하지 말아야 한다는 의미는 아니다. 인간의 마음 깊은 곳에 존재하는 영혼은 눈에 보이지 않지만, 눈에 보이는 몸보다 더 중요하고 더 근원적이며 근본적이다. 이러한 부분은 기독교상담의 입장에서도 동일하다. 기독교상담학은 눈에 보이지 않는 영혼을 대상으로 하기 때문에 심중에 대한 이해와 연구는 그만큼 중요하다. 즉, 심중은 눈에 보이지 않지만 인간을 이해할 수 있는 중요한 개념인 것이다.

눈에 보이지 않는 심중을 기독교상담학적으로 더 잘 이해하기 위해서는 성경에서의 심중이라는 단어의 사용을 연구할 필요가 있다. 성경에서 심중은 무엇인가의 가장 깊은 곳(innermost)이라는 의미로 쓰인다. 시편 46장 2절에 "바다 가운데", 신명기 4장 11절에 "to the very heavens"(NIV), 사무엘하 18장 14절에 "상수리나무의 가운데"라는 표현들은 심중이 가장 깊은 곳임을 말하고 있다(Elwell, 2001, p. 540). 가장 깊은 곳이란 말은 '자리'와 '중심'이라는 두 가지 이해의 차원으로 나눠 생각해 볼 수 있다.

먼저, '자리'라 함은, 가장 깊은 곳이 일종의 실제적인 자리를 의미한다는 것을 상정한다. 신약에서는 "심중 속의 슬픔"(NIV, 로마서 9:2)이라는 표현을 통해 심중이 감정 활동의 자리임을, "어리석은 심중"(로마서 1:21)의 표현으로 심중이 지적 활동의 자리임을, "고집 세고 회개하지 않는 심중"(로마서 2:5)이라는 표현으로 심중이 의지의 자리임을 표현하고 있다(Elwell, 2001, p. 541). 가장 깊은 곳인 심중은 일종의 자리로서 무엇인가를 속에 가지고 있다는 의미이며 감정, 지성, 의지 등이 자리하는 곳이다. 심중의 자리로서의 의미는 사회적인 역할의 예로도 살펴볼 수 있다. 학생, 교수, 경찰, 사장 등과 같은 많은 사회적 역할들은 자리를 나타내는 단어들이다. 이러한 단어들은 수많은 학생, 교수, 경찰 그리고 사장이 앉고 서는 곳이다. 이런 의미에서 볼 때 마음의 깊은 곳이란 일종의 자리로서 인간의 여러 가지 것이 존재하는 곳이라는 의미다. 가장 깊은 곳이라는 표현을 인간에게 적용하면 인간의 마음 가장 깊은 중심을 심중이라 할 수 있다.

가장 깊은 곳의 또 다른 이해는 '중심'이다. 인간은 다양한 방면에서 중심이 되는 가장 깊은 곳을 찾는 여러 가지 노력을 하고 있다. 물리학에서는 물질의 중심을 이루는 핵의 구조, 즉 핵 속의 중심인 양자와 양자를 중심으로 도는 미립자를 연구한다. 모든 물질은 그 중심에 핵을 가지고 있다. 핵 속에 중심은 양자다. 인간의 생리와 관련해서는 심장인 'heart'를 연구하는데 이 또한 이는 몸의 중심이다. 심장은 위치적으로도 중앙에 위치하지만 신체에 양분을 제공하는 혈액을 공급해 주는 심장의 역할이 없이는 인간은 생존 그 자체가 불가능하다. 따라서 몸의 중심을 심장, 즉 'heart'라고 부르는 것은 중심 기능과 중요성에 그 이유가 있다. 심리학에서도 핵심 감정, 핵심 신념이라는 단어들을 사용한다. 이는 사람의 수많은 감정 중에서도 핵심이 되는 감정이 있고 수많은 신념 중에서도 핵심이 되는 신념이 존재한다는 의미다. 심리학자들 그리고 상담 전문가들은 이러한 핵심 감정이나 신념을 찾기 위해 지금도 노력을 하고 있다. 즉, 앞의 두 가지 의미로 심중에 대한 이해를 종합해 보면 심중은 '눈에 보이지 않는 가장 깊은 자리로서 마음의 중심이다.'라고 정리할 수 있다.

앞에서 설명한 심중의 자리로서의 중요성 이외에도 심중은 모든 것의 원천이다. 심중은 인간 마음의 가장 깊은 곳이 자리하고 있으면서 인간에게 필요한 모든 것을 만들어 내고 있다. 심중은 'source'나 'spring'으로서 동기, 열정, 생각, 감정, 의지들을 만들어 내는 자리다(Elwell, 2001, p. 541). 심리내적으로 볼 때 인간의 동기는 본능에서 나온다. 본능은 인간의 기본적 욕구로 인간이 끊임없이 무엇인가를 하도록 만드는 힘이다. 즉, 이러한 힘이 만들어지는 곳이 심중이다. 각각의 이론에 따른 본능의 정의는 다르다. 정신분석에서는 죽음의 힘과 생명의 힘을 인간의 본능이라 말한다. 인본주의 심리학의 자아실현의 욕구가 인간의 본능이며, 초월상담 이론에서의 초월의 본능인 초월하고자 하는 힘이 본능이라 말한다. 하지만 각 이론의 본능은 모두 심중에서 만들어지고 나온다고 생각해 볼 수 있다. 본능적 힘은 인간을 움직이게 하면서 동시에 인간에게 열정이라는 에너지를 제공한다. 인간은 열정적으로 무엇인가를 하려 하며 이는 감정과 연관이 있다. 인간의 감정적 에너지를 통해 열정이 만들어지고 이러한 열정은 인간의 생각에 의해 조정된다. 즉, 인간은 열정으로 인해 어떠한 행동이나 일을 시작하지만 인지를 통해 자신을 돌아보며 자신이 왜 이런 일을 하고 있으며 자신의 삶이 어디를 향해 나아가고 있는지를 생각하며 자신의 의지를 다진다. 즉, 본능과 연관된 열정, 의지, 감정, 생각 등은 모두 심중에 자리를 하고 있는 인간의 요인들이라고 볼 수 있다.

원천으로서의 심중에 대한 이해를 조금 더 살펴보면 사람의 마음을 움직이는 기본적 요소들을 끊임없이 생성하는 원천으로서의 중심을 생각해 볼 수 있다. 이런 의미에서 중심은 'spring'인데 이는 보통 한국어의 '샘'으로 번역된다. 샘은 풍부한 수원을 가지고 있는 지하수를 지상으로 물을 밀어 올리면서 끊임없이 물을 공급하는 귀한 곳이다. 샘은 지하수가 끊임없이 솟아나는 곳으로서 인간의 생존을 위한 식수를 공급할 수 있는 곳으로 이러한 샘의 개념을 신체적으로도 적용해 볼 수 있다. 심중은 인간에게 필요한 많은 것들이 만들어지는 곳으로서 샘과 같은 역할을 한다. 샘에서 물이 솟아나듯이 인간의 몸에서는 인간의 생체 에너지, 즉 생기가 끊임없이 솟아난다. 다시 말해, 생기를 만들어 낸다 함은 유입된 음식물을 분해하여 물리적 에너지를 만들어 내고 공기를 흡입하여 산소를 분리하여서 피를 통해서 온몸 구석구석으로 산소와 영양분을 공급하는 것이다. 이처럼 몸이 신체 활동에 필요한 생기를 끊임없이 생성하여 공급하며 일하듯이 심중은 인간이 살아 있는 동안 필요한 영적, 정서적인 것들을 생성하고 공급하는 역할을 한다. 신체에서도 건강하지 않은 상황에서는 암세포가 발생하고 증식되는 것처럼 때로 심중에서는 인간에게 부정적인 영향을 미치는 것들이 생산되기도 한다. 이러한 예로는 성경 잠언에 인간의 어리석음, 지혜, 슬픔, 속임수, 즐거움, 거만, 열심 등과 같은 많은 것들이 심중에서 나온다고 적혀 있는 것(Elwell, 2001, p. 541)을 들 수 있다.

2) 심중과 인간 존재

철학적으로 볼 때 인간은 귀인적 일원론, 즉 유심론적 일원론인 존재이기에 모든 것은 마음으로 귀결된다. 마음은 눈에 보이지 않는 인간의 심리나 영을 통틀어서 지칭하는 개념이다. 심중(心中)은 마음(心)의 중심(中)을 뜻하므로 마음과 심중은 서로 연관되어 있다.

마음에 대한 구체적인 이해에 앞서 우리는 요약 개념(summary concept)이라는 것을 먼저 살펴보려 한다. 기독교상담학에서는 '죄'를 인간이 가지고 있는 잘못된 여러 가지 현상을 하나로 묶어서 통칭하는 개념으로 사용한다(김용태, 2006, p. 250; Roberts, 1997, p. 95). 이렇듯 여러 가지 현상을 하나로 묶어 지칭하는 것을 요약 개념이라고 한다. 여러 가지 현상을 하나의 범주 안에 넣는 것으로 예를 들자면, 죄라는 요약 개념 안에는 도둑질, 거짓말, 살인, 방화 등과 같은 행동 및 질투, 시기심, 불안, 화, 절망 등과 같은 정서, 그리고 반항하는 마음, 방해하려는 경향 등과 같은 의지의 현상 등이 하나로 묶여 있다고 이해할 수 있다. 즉, 요약 개념으로서의 죄는 위에 나열한 각각의 작은 범주들—행동, 정서, 의지—이 죄라는 큰 범주 안에 포함된 것이다.

죄가 이렇게 요약 개념이듯이 마음도 역시 요약 개념이다. 마음은 인간의 행동적 측면, 정서적 측면, 의지적 측면, 본능적 측면, 영적 측면들을 모두 종합하고 통칭하는 요약 개념인 것이다. 인간 마음의 여러 측면들이 구조적으로 하나의 틀을 형성하는 것을 성격이라고 부른다. 즉, 인간의 성격은 행동, 정서, 의지, 본능과 영적인 측면들이 모두 하나로 묶여져 어떠한 경향성을 나타내는 현상이라 말할 수 있다. 이러한 성격이 도덕적 가치나 사회적 방향성을 갖게 되면 우리는 이를 인격이라 부른다. 이와 더불어 성격과 인격을 뒷받침하는 인간의 특성을 자질이라고 부른다. 앞에서 우리는 마음이 인간의 행동, 정서, 의지, 본능 및 영적 측면들을 모두 종합하고 통칭하는 요약 개념이라고 말했으며 이러한 의미에서 마음은 성격과 유사성을 띤다고 할 수 있다. 또한 우리는 성격, 인격, 자질 등을 포함한 측면으로서의 요약 개념으로도 마음을 이해해 볼 수 있다.

앞의 설명을 정리하자면, 심중은 '마음의 가장 깊은 곳이면서 중심이고 인간의 마음의 원천'이다. 요약 개념으로 심중에 대한 이해를 다시 정리해 보자면, 첫째, 심중에는 인간의 성격, 자질, 인격 등과 같은 구조적 요인들이 존재한다. 둘째, 심중에는 행동, 정서, 생각 등과 같은 측면적 요인들이 존재한다. 셋째, 심중에서는 인간을 동기화하는 본능의 요인들이 생성되며, 넷째, 심중은 중심을 잡아내는 자리다. 심중의 이러한 여러 가지 요약 개념을 인체의 심장과 비교해 보면 이해가 더욱 용이해진다. 심장은 심혈관 계통에 속하며 심장에 모여드는 피를 펌프질하여 모든 장기가 그 기능을 유지할 수 있도록 한다. 만일 심장이 제대로 기능하지 않아 혈액이 제대로 공급되지 못하면 인간의 장기는 금방 기능을 상실하여 인간은 생명을 유지할 수 없게 된다. 인체의 중심이 되는 자리에서 공급자로서 심장의 역할은 생명 유지의 중심을 차지한다. 심장이 신체의 기능을 유지시키는 중심 역할을 하는 것처럼 심중은 인간의 심리적인 기능의 중심 역할을 한다고 이해할 수 있다.

심중에 대한 논의를 좀 더 확장해 보면, 심중은 인간의 모든 것을 만들어 내는 역할을 한다. 성경의 히브리서 11장 1절에 보면 "믿음은 바라는 것들의 실상이요 보이지 않는 것들의 증거"라는 말이 있다. 믿음은 하나님과 인간의 관계를 영적으로 표현하는 개념이다. 즉, 믿음이란 눈에 보이지 않는 영적 존재와 관계를 맺을 때 그러한 관계 형태 및 관계의 내용, 질과 구조 등을 나타내는 개념인 것이다. 이러한 믿음의 개념을 삶의 전반으로 확장시켜 보면, 눈에 보이지 않는 삶의 여러 현상 속에서 사람이 무언가를 믿는 것을 믿음이라 말할 수 있다. 예를 들자면, 사람과 사람 사이에 눈에 보이지 않는 신념이 존재하는 것도 믿음과 관련된 현상이며, 사람이 자신의 미래에 대한 무언가를 품고 있는 현상도 믿음이라 할 수 있다. 믿음은 인간 마음의 가장 깊은 곳인 심중에서 만들어진다.

앞의 히브리서 11장 1절 말씀은 믿음, 즉 영적 현상이 인간이 바라는 세계인 심리적 세계를 만들어 내며, 이러한 심리적 세계가 물리적 세계로도 나타날 수 있다는 말이다. 다시 말해, 믿음이란 단지 영적 현상, 즉 눈에 보이지 않는 현상으로 끝나는 것이 아니라 눈에 보이는 현상까지도 연장될 수 있음을 말하며, 이는 곧 믿음이 심리적 세계와 물리적 세계와 직접적으로 관련이 있다는 것이다. 예를 들어, 마음 깊은 곳인 심중에 '집을 짓고 싶다.'라는 소망을 가지고 있는 사람을 생각해 보자. 집을 짓고 싶은 소망은 무엇인가를 믿는 믿음과 관련이 있다. 안락한 생활, 편안한 삶, 멋있는 삶 등과 같은 삶에 대한 믿음을 집을 짓는 건축의 마음으로 간직하는 것일 수 있다. 이러한 믿음을 갖는 사람은 자신의 안락한 생활을 마음속에 그리며 바라게 될 수 있고, 이렇게 바라는 것은 후에 일정한 현실적 조건을 스스로 갖추게 될 때 실제로 자신의 집을 짓는 것으로 나타날 수 있다. 즉, 믿음으로 바라던 집을 마음으로 품어 실제로 집을 짓게 되는 과정은 믿음이 물리적인 현실로 나타나는 예로 볼 수 있는 것이다.

앞에 설명한 것처럼, 심중에 품고 있는 것들은 후에 물리적인 실제 현실로 나타날 수 있다. 역사적으로도 인간은 마음속에 품고 있는 것들을 발명하여 새로운 것들을 이 땅 위에 탄생시킨다. 인간이 만들어 내는 문명의 이기들은 모두 이전에 누군가의 마음속에 품어진 것들로, 심중에 있는 것들이 현실화되어 나타난 현상이다. 즉, 인류의 도시, 문화, 문명, 정보화 통신 및 사회 간접 자본 시설들과 같은 모든 물리적 현실 역시 누군가가 마음속에 품고 바란 것들의 실상인 것이다. 믿음이 만들어지는 자리인 심중은 영적 현상, 심리적 현상, 물리적 현상들을 만들어 내는 원천이며 샘이다. 이렇듯이 심중은 심중 속에 믿음이 있고, 그 믿음은 소망을 만들어 내며, 소망으로 인해 모든 물리적인 현실들이 만들어진다. 심중에 품어져 있는 것들은 끊임없이 동기화되고 정서적 느낌을 만들어 내며 물리적 현실로 나타나고 영적 방향성을 가지고 움직인다.

이제 심중과 인간 존재가 구조적으로 어떻게 연관되는지를 살펴보자. 코우와 홀(2016)은 자신들이 이해한 심중을 다음과 같은 방식으로 설명하고 있다(p. 361).

코우와 홀(2016)이 이해한 심중([그림 6-1])은 맨 바깥 부분에 자리하고 있으며, 가장 중심에 Core I/Holy Spirit이, 그 둘레에 신념이나 갈망 그리고 정서가 배치되어 있다. 이는 마치 물리학에서 핵의 구조인 원자와 전자를 연상케 한다. 즉, 양자를 중심으로 전자가 주변에 자리하고 있듯이, Core I와 Holy Spirit을 중심으로 감정과 인지가 주변에 위치하고 있다. 이 그림은 마치 나무를 가로로 잘라 그 나이테를 평면

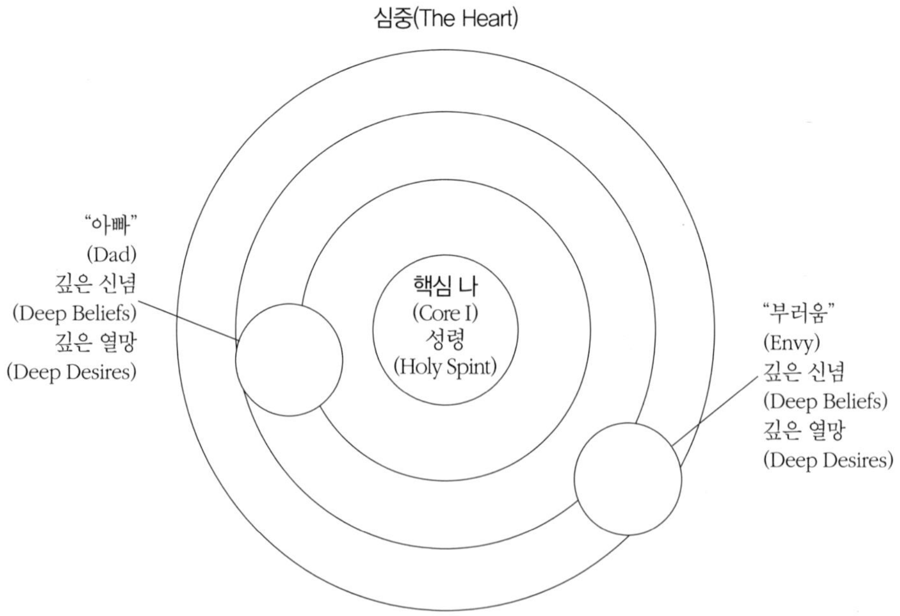

그림 6-1 코우와 홀(2016)이 이해한 심중(Heart)의 개념

도로 그린 것처럼, 심중을 횡적으로 이해한 것이라 볼 수 있다.

초월상담 이론에서는 코우와 홀(2016)의 횡적인 구조의 단순화된 심중의 이해보다 좀 더 역동적인 이해를 시도하려 한다. 이미 필자는 인간의 영, 혼, 육은 서로 환원될 수 없는 실체라고 소개한 바 있다. 인간의 영, 혼, 육은 서로 유기적 연관성을 가지고 있지만 서로 환원은 되지 않는 실체이며 심중에 의해 만들어진다. 영, 혼, 육은 각자의 독자적 정체성을 가지고 있기 때문에 서로 다른 방식으로 표현되며, 이들은 모두 심중에 의해서 만들어지기 때문에 영, 혼, 육과 심중은 언제나 서로 합쳐질 수 있다. 이는 마치 하나의 진흙 덩어리에서 여러 가지 모양의 다른 실체들이 만들어지는 현상과 유사하다. 진흙 덩어리로 만든 모양은 본질은 하나에서 시작하며 필요한 경우 다시 합쳐 하나로 돌아갈 수 있다. 하나의 진흙 덩어리로 사람 모양을 만들 수도 있고 그릇을 만들 수도 있으며 다른 어떤 형태의 것들도 만들 수 있다. 이러한 것들은 일단 만들어지면 그 모양과 형태 그리고 기능 모든 것이 독립적으로 움직인다. 하지만 그렇다고 해서 이들이 진흙 덩어리가 아니라고 말할 수는 없으며 본질적으로 진흙 덩어리들인 것이다. 이러한 점을 고려하며 심중에서 발생하는 영, 혼, 육의 관계를 그림으로 표현하면 [그림 6-2]와 같다.

초월상담 이론에서의 일원론적 존재로서의 인간([그림 6-2])의 표현에서는 코우와 홀(2016)([그림 6-1])이 표현한 심중 속의 영, 정서, 생각뿐만 아니라 물리적 현실

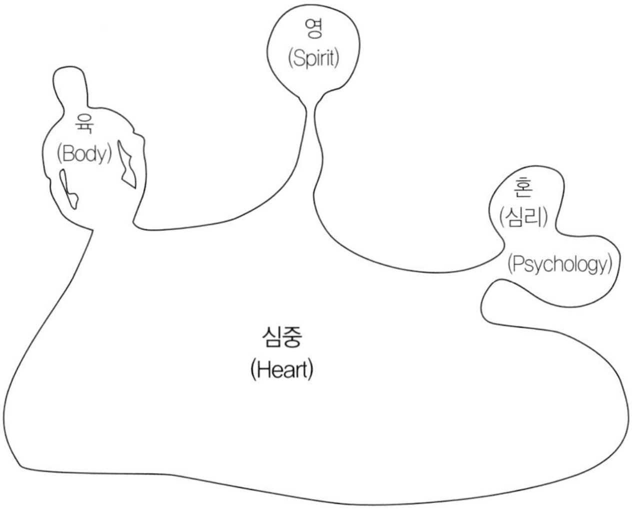

그림 6-2 일원론적 존재로서의 인간

인 육과 심중의 관계도 볼 수 있으며 [그림 6-1]에서 표현하지 못하는 역동적 관계가 나타나 있다. 이는 초월상담 이론은 영, 혼, 육이 심중에서 만들어지며 이들 모두가 서로 관련성을 가지고 있는 역동성이 잘 표현될 수 있음을 의미한다고 볼 수 있다. [그림 6-2]는 심중과 영, 혼, 육의 발생적 관계의 표현이며 구조적 관계에 대한 표현은 아니다.

유심론적 일원론적 관점에서 마음으로 귀인되는 영, 혼, 육은 독자적 정체성, 즉 서로 환원될 수 있는 실체를 가진다. 각각의 개인들은 자신들이 성장한 환경에 따라서 영, 혼, 육 중 한쪽에 더 치중한 삶을 살아가기도 한다. 물질만능주의라는 현대 사회의 경향은 인간이 좀 더 육, 즉 신체 및 쾌락 중심의 삶을 살도록 만든다. 이러한 물질만능주의는 인간의 몸에 필요한 것들을 공급하고 이러한 공급을 위해 삶을 살아가는 방식이라 할 수 있다. 혼, 즉 심리와 정서를 중심으로 하는 삶은 마음을 중시하는 생활 방식을 띠며, 영 중심의 삶은 영성을 중요시하는 삶의 방식이다. 그러나 어떤 경우에도 영, 혼, 육 중 하나만이 작동하는 삶은 없으며 이 세 가지 영역이 서로 상호작용을 하면서 삶을 유지하게 된다. 즉, 이러 삶의 방식은 초월상담 이론이 설명하는 영, 육, 혼의 역동적 관계가 현실에서도 잘 드러나는 것이라 할 수 있다.

[그림 6-2]에서 심중을 아메바 모양으로 나타낸 것은 심중이 네모나 원처럼 정형화된 형태가 아니라 역동적으로 변화되는 개념임을 표현하고 있다. 물리적 실체들은 일정하게 틀과 모양을 갖추고 있어서 그 모양이 굳어져 있지만 심리적 구조는 그렇지 않다. 즉, 인간의 마음속에 존재하는 특성들은 물리적 구조물처럼 일정한 모양이나 형태가 굳어진 상태로 존재하지 않는다. 이러한 특성들은 환경과 상호작용하기 때문에 밀가루 반죽과 같이 그 모양이 수시로 변할 수 있는 구조를 가지고 있다. 이러한 구조의 심중은 환경 또는 자신에 따라서 유기적으로 변화할 수 있는 역동적 형태를 가지고 있다.

2. 객관적 자기와 실재 자기의 역할

1) 심중과 초월자 그리고 자기

초월상담 이론의 초월 본능 역시 인간의 본능이기에 심중에 존재한다고 앞서 밝힌 바 있다. 초월 본능은 두 가지의 자기를 만들어 내는데, 첫째는, 자신을 대리하고 타인과 협력하는 기능을 가진 평가적 측면의 객관적 자기이며, 둘째는, 자신의 욕구를 충족하고 타인과 관계를 맺기 위한 감정적 형태의 에너지의 실재 자기이다. 이 두 자기는 심리영적인 개념으로, 인간의 마음에 존재하면서 동시에 영적 세계와 관련을 갖는다. 인간은 자신에게만 갇혀 있는 존재가 아니라 세계를 향해 무한히 열려 있는 존재다. 열려 있는 존재로서의 인간은 타인 그리고 영적 세계의 존재들과 관련을 맺으려는 본능적 경향을 가지고 있다. 이러한 경향성 역시 마음의 중심인 심중에 들어 있다. 만일 인간이 영적 세계의 존재들 혹은 초월자들과 관련을 맺지 않을 수 있는 존재라면 인간은 그 자체로 완벽한 존재라고 할 수 있다. 즉, 의지하거나 도움을 줄 수 있는 초월자의 관계가 실제적으로 필요하지 않다면 인간은 그 자체로 자신을 충족시키며 살 수 있는 완벽한 인간일 수 있다는 것이다. 하지만 이는 실제로 막 태어난 아이가 부모의 돌봄 없이 살아가는 것이 불가능한 것처럼 현실적으로는 불가능한 일이다. 즉, 인간이 다른 존재들과 관계를 맺으며 살아가는 것 자체가 인간은 필요가 채워져야 하는 불완전한 존재임을 말하고 있다.

인간의 존재 자체가 불완전하다는 사실은 실재 자기와 객관적 자기 역시 그 능력에 있어 한계를 가지고 있음을 말해 준다. 어떠한 이론들은 인간의 끝을 알 수 없고 무한한 가능성을 가진 무의식의 세계를 말하며(김성민, 2012, p. 77; 이부영, 2015, p. 85; Gilliland & James, 1998, p. 82), 인본주의 심리학은 인간의 잠재적 가능성을 무한대로 보며, 초인심리학은 인간이 무한히 초월할 수 있다고 주장한다. 하지만 초월상담 이론에서 심중의 본능에 의한 발생하는 객관적 자기와 실재 자기는 그 능력의 한계가 있다고 본다. 이는 인간이 세계를 향해 끊임없이 열려진 존재이기는 하지만 그 물리적 능력은 제한적인 것처럼, 인간의 초월 역시 한계를 가질 수밖에 없다고 생각하는 것이다. 하지만 인간은 외부에 존재하는 초월자들과의 관련을 통해 이러한 자신의 한계를 향상시키고 확장시킬 수는 있다.

(1) 초월자

초월자란 자신보다 큰 존재를 말한다. 초월자는 현실 세계에 존재할 수도 있고 영적 세계에 존재할 수도 있으며, 어느 세계에 존재하든 자신보다 큰 존재를 지칭한다. 발달적 측면에서는 신체적인 면뿐만 아니라 정신적인 면, 영적인 면이 자녀보다 더 큰 존재인 부모가 초월자이다. 영적 측면에서는 천사와 절대자가 인간보다 더 큰 존재로 초월자이며, 이들은 모든 면에서 인간보다 우월한, 인간을 넘어서는 존재들이다. 이러한 초월자의 개념을 영역의 측면에 적용해 보면, 같은 영역의 사람이라 할지라도 수준에 따라 초월자가 될 수 있다. 예를 들면, 상담 전문가들은 상담 초보자들보다 상담 영역에서 더 큰 존재이기에 상담 초보자들에게 상담 전문가들은 초월자가 된다. 또한 영역이 다른 부분에서는 내가 잘 모르는 영역을 알고 있는 타인이 초월자가 될 수 있다. 예를 들자면, 투자 자문을 제공하는 투자 전문가는 투자 자문을 받는 대상에게는 초월자가 될 수 있다. 즉, 초월자들은 수준별 또는 영역별로 자신보다 더 작은 존재들을 도울 수 있는 존재다.

초월자들은 인간이 가진 현재의 능력을 어느 정도로 초월하여 더 큰 능력을 발휘하게 하는 역할을 한다. 예를 들면, 걸음마 단계의 아이들은 부모의 손을 잡으면 어느 정도 걸을 수 있다. 그리고 성인의 경우에도 타인의 지지와 격려로 자신의 능력이 더 많이 발휘되는 경우가 있다. 이러한 지지와 격려로 인한 능력 향상의 경향을 다루고 있는 이론이 인간 중심 상담이다. 이 이론은 사람들에게 공감, 무조건적 존중, 진솔성을 제공하면 자신이 가지고 있는 능력이 최대한으로 발휘될 수 있다고 주장한다(Nystul, 1999, p. 191). 이러한 개념을 완전 기능인(full-functioning person)이라 한다. 여기서 흥미로운 점은 인간 중심 이론의 초점은 인간의 잠재적 가능성에 맞추어져 있지만, 그러한 잠재적 가능성의 실현 여부가 관계를 통해 이루어진다고 주장하는 것이다. 상담 장면을 예로 들어 보면, 상담자로부터 충분한 공감, 무조건적 존중 그리고 진솔성을 제공받는 내담자는 이러한 조건 속에서 자신의 능력을 충분히 발휘할 수 있다. 즉, 인간은 이러한 조건이 제공되지 않으면 자신의 능력을 발휘하기 어렵다는 의미로도 해석된다. 바꾸어 말하면, 인간은 자신의 능력을 고양하거나 향상시키기 위해 다른 사람들의 적절한 도움이 필요하다는 것이 인간 중심 이론의 완전 기능인에 대한 실정이다. 결국 인간의 무한 잠재 가능성을 말하고 있는 인간 중심 이론 역시 인간의 가능성은 외부에서 제공되는 환경에 의해 그 한계가 정해진다는 의미이다. 이를 초월상담 이론 측면에서 해석해 보면, 인간이 자신의 능력을 발휘하기 위한 초월적 조건 중의 하나가 자신의 주변에 있는 사람들의 도움이다. 필자는 이러한 도움을 주는 사람들을 현실 세계에서의 초월자라 부른다.

'인간이 가진 능력을 초월한다.'는 말은 자신에게 없는 능력을 초월한다는 의미 혹은 인간이 이미 가지고 있는 능력을 최대한 발휘되게 한다는 두 가지 관점으로 해석할 수 있다. 이러한 관점에 대한 초월상담 이론의 이해를 인간 중심 이론과 비교해 보면, 인간 중심 이론은 인간이 이미 가지고 있는 잠재된 무한 능력을 제대로 발휘하기 위해 환경이 필요하다는 입장이기 때문에 후자의 입장을 취하며, 초월상담 이론은 전자와 후자가 모두 가능함을 말한다. 앞에서도 언급한 바와 같이 초월상담 이론에서 인간의 초월적 능력은 자신이 가지고 있는 능력과 외부 도움의 합으로 이루어진다. 즉, 자신의 능력과 외부의 조합이 어느 정도로 이루어지느냐를 논할 필요는 있지만 이러한 논쟁은 과학적으로는 검증되기 어렵다. 과학적으로는 인간이 가진 잠재 능력을 정확히 측정할 수 있는 도구가 없기에 다만 우리는 철학적 가정만을 탐색해 볼 수 있다. 즉, 인간의 능력을 본래적 능력으로 볼 것인지 아니면 개인과 타인의 합에 의한 집합적 능력으로 볼 것인지에 대해서는 각 이론의 철학적 배경에 따라 다른 결론에 도달하게 된다.

(2) 객관적 자기와 실재 자기의 기능

이제 객관적 자기와 실재 자기의 기능으로 우리의 시선을 돌려 보자. 심중 속의 객관적 자기는 다른 사람들, 즉 환경과의 상호작용을 통해 자신이 원하는 여러 가지 욕구를 조절하고 충족시키는 기능을 한다. 객관적 자기는 자신의 욕구를 충족하기 위해 현실에 알맞은 조건을 찾기도 하며 때로는 타인이 원하는 것들을 대리하는 기능도 수행한다. 즉, 객관적 자기는 환경의 요구를 평가하고 변형시켜 환경이 자신에게 맞도록 외부의 변화를 추구하기도 하며, 외부의 요구를 받아들여 자신을 변형시키기도 한다. 특히 객관적 자기는 초월자들의 요구에 부응하여 자신이 어떤 사람인지 그리고 어떤 방향을 향해 가고 있는지 및 자신의 위치가 어디에 있는지를 알려주는 역할에서의 중요성도 가지고 있다.

실재 자기는 감정적 형태로 존재하며 자신이 원하는 것을 충족하고 생존에 필요한 많은 것들을 얻을 수 있도록 우리에게 감정적 에너지를 제공한다. 실재 자기는 객관적 자기에게 직감에 의한 통찰을 제공하기도 하고 때로는 직접적으로 필요한 것을 얻기 위한 노력도 한다. 말하자면, 상황을 직감적으로 파악하고 이러한 직감을 바탕으로 움직이는 힘은 모두 실재 자기에서 나온다. 실재 자기는 생존 본능으로 존재하기 때문에 자신에게 필요한 것들을 특별히 생각하지 않아도 알게 된다. 이런 실재 자기의 모습은 어린 아이들의 행동을 살펴보면 알 수 있다. 아이들은 자신에게 필요한 사람, 무서운 사람 그리고 무관심한 사람들을 금방 안다. 아이들은 직감적으로 자신에게 관심을 보이는 사람들에게 웃으며 다가가고 무섭게 느끼는 사람들을 피하고, 자신에게 관심을 보이지 않는 사람들에게는 자신도 관심을 보이지 않는다. 이렇게 자신의 관심을 본능적으로 어디에 두어야 할지 아는 힘에 의해 움직이는 것을 '주의를 끄는 행동(attention seeking behavior)'이라고 부른다.

이렇듯 기능적으로 구분되어 있는 객관적 자기와 실재 자기는 필요에 따라 협력을 하지만 때로는 갈등을 일으키기도 한다. 이미 제5장에서 객관적 자기와 실재 자기는 존재적으로 볼 때 모두 심중에서 발생된 실체들임을 말하였다. 존재론적으로 볼 때, 인간이 일원론적 존재기 때문에 객관적 자기와 실재 자기는 심중이라는 하나의 카테고리로 환원되어 그 카테고리에 속한다. 하지만 각각의 자기는 그 기능이나 존재 및 위치 등에 있어서는 서로 다른 특징을 지닌, 서로 환원되지 않는 독립적 특성을 가진 실체들이다. 객관적 자기와 실재 자기가 환원되지는 않지만 서로 교류를 시작하면 이들은 서로 협력적 관계를 맺을 가능성이 크다. 근본적으로 인간은 모순적 존재기 때문에 이를 극복하기 위해서는 많은 교류가 필요하며, 교류를 통해 서로에게 유익이 되는 부분을 찾아내기 위해서는 각자의 협력 방안이 요청된다. 이러한 관점과 유사하게 객관적 자기와 실재 자기 역시 교류를 통해 둘 모두에게 서로 유익이 되는 방향으로 움직이면 두 자기는 협력 상태에 놓이게 된다. 하지만 교류가 부재하거나, 교류를 하더라도 외부의 도움이 없다면 갈등상태가 발생하기 쉬워진다. 실재 자기는 교류가 없는 상황에서는 자신이 원하는 대로 살려고 하는 욕구가 더 강해지는 경향성이 있다. 이러한 상황에서의 실재 자기는 주변의 현실적 여건과 관계없이 자신이 원하는 것을 충족하려는 것으로 인해 현실의 주변 사람들이나 상황적 여건과 충돌을 일으킨다. 객관적 자기는 이러한 충돌을 중재하기 위해 노력하지만 실재 자기의 힘이 너무 클 때는 객관적 자기의 적절한 중재 시도가 실패하게 된다. 교류가 부재할 경우의 객관적 자기는 실재 자기를 억누르려는 경향성을 갖는다. 실재 자기를 억누르는 큰 객관적 자기의 개념을 전통적인 정신분석에서는 억압이라 정의하였다. 정신분석에서는 감정들이 억압당하여 적절한 감정을 표출하지 못하면 무의식의 세계에 부정적 감정들이 쌓이게 된다고 설명한다. 초월상담 이론의 관점에서 보면 실재 자기의 기능이 위축되거나 부적절하게 기능하기 시작하면 자기의 주체인 인간은 여러 가지 어려움에 처하게 된다. 객관적 자기가 실재 자기를 억누르고 사는 기간이 오래되면 사람은 자신의 감정적 에너지를 어떻게 사용해야 하는지 그리고 언제 어떻게 이를 충족해야 하는지에 대한 적절한 지식을 갖지 못하게 된다. 오랜 기간 이러한 부정적 상황이 지속되면 종국에는 감정적 에너지의 힘이 충동적으로 변하여 객관적 자기는 더 이상 실재 자기의 감정적 에너지를 통제하지 못하게 된다.

(3) 객관적 자기와 실재 자기의 관계

객관적 자기와 실재 자기는 역동적 관계를 맺으며 심중 속에 존재한다. 우리는 이 두 자기의 관계를 여러 가지 관점에서 살펴볼 수 있다. 먼저, 두 관계를 단순하게 현실적인 부분에서 살펴보면 실재 자기와 객관적 자기는 주어진 환경에 따라 한쪽의 자기가 더 지배적일 수도 있고 그렇지 않을 수도 있다. 실재 자기의 힘이 강할 때 객관적 자기는 그 힘을 잃고 실재 자기의 지배를 받으며 감정적 삶을 살게 된다. 객관적 자기의 힘이 강할 때는 실재 자기는 객관적 자기에 의해 조절되고 통제되는 이성적 삶을 살게 된다. 즉, 환경의 영향에 따라 객관적 자기의 힘이 강해지기도 하고 실재 자기의 힘이 강해지기 때문에 환경의 영향은 매우 중요하다. 한다. 특히 환경 중에서도 초월자와의 관계는 결정적이다. 즉, 초월자들과 어떤 관계를 가지고 있는가에 따라서 객관적 자기와 실재 자기와의 관계는 달라지며, 이를 통해 이성적으로 살지 감정적으로 살지가 정해질 수 있다. 이러한 두 자기의 현실적 관계는 [그림 6-3]으로 나타낼 수 있다.

[그림 6-3]에서 보면 실재 자기와 객관적 자기가 겹쳐진 부분도 있고 겹쳐지지 않은 독립적인 부분도 있다. 객관적 자기가 실재 자기 속에 있는 부분(①)은 실재 자기의 힘이 객관적 자기를 지배하고 있는 부분이다. 객관적 자기가 실재 자기보다 밖에

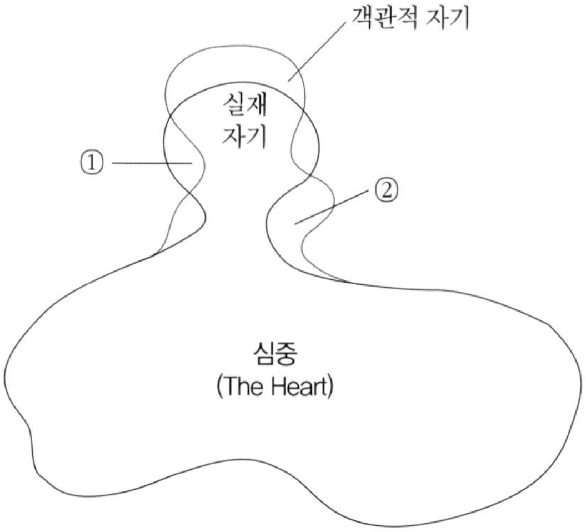

그림 6-3 객관적 자기와 실재 자기의 현실적 관계

존재하는 부분(②)은 실재 자기를 포함하고 있으면 객관적 자기가 실재 자기를 지배하고 있는 부분이다. 이렇게 겹쳐진 부분들은 서로 상호작용하며 만들어진 결과다. 상호작용을 통해 감정적 욕구인 실재 자기의 힘에 의한 삶을 살 수도 있고 이성적인 판단의 힘인 객관적 자기의 힘에 의한 삶을 살 수도 있다. 독립된 부분은 서로 상호작용하지 않으면서 이성적으로 또는 감정적으로 사는 형태다.

객관적 자기와 실재 자기의 이상적 관계는 모든 환경이 완벽하게 제공되어 객관적 자기와 실재 자기의 발달이 완벽하게 이루어진다는 가정을 기본으로 한다. 이상적 관계에서 이 두 자기는 양자 간의 소통이 완벽하게 이루어진다. 실재 자기는 객관적 자기와 대화를 통해 자신의 욕구를 현실에서 어떻게 만족시킬 수 있는지에 대해 이해를 구하며, 이에 대해 객관적 자기는 현실적 여건을 고려하여 이러한 욕구가 어떻게 충족될 수 있는 가장 이상적인 조건을 형성한다. 이러한 두 자기의 활발한 대화와 환경과의 소통으로 두 자기는 완벽한 이상적인 관계를 만들어 낼 수 있다. 이를 그림으로 표현하면 [그림 6-4]와 같다.

[그림 6-4]에서 보면 객관적 자기는 실재 자기를 모두 포함하는 형태를 보이고 있다. 실재 자기는 객관적 자기 안에 포함되어 있어 실재 자기에 의한 욕구는 모두 객관적 자기의 검증을 거친다. 이는 현실적 조건이나 여건 속에서 자신의 욕구를 충족한다는 의미다. 객관적 자기는 실재 자기와 소통을 통해 현실 세계를 살아가고

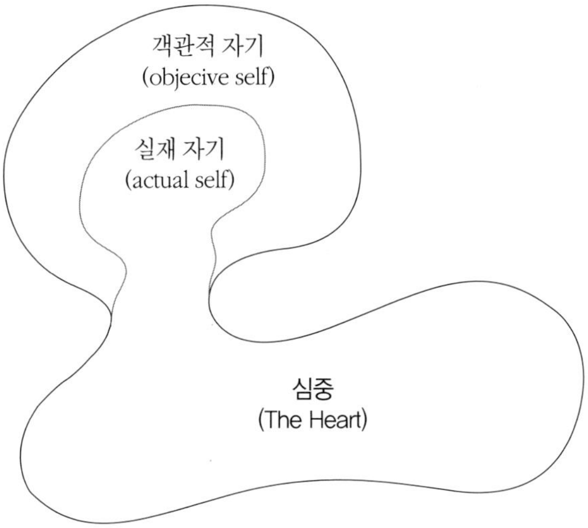

그림 6-4 객관적 자기와 실재 자기의 이상적 관계

실재 자기는 객관적 자기에게 현실 세계를 살아가는 데 필요한 감정적 에너지를 제공한다.

객관적 자기와 실재 자기가 완전하게 이상적으로 관계를 맺은 상태는 초월 자기의 가장 완벽한 모습이다. 초월 자기는 초월을 통해 발생한 자기, 자기를 초월하여 만들어진 자기를 말한다. 현실적으로 볼 때 객관적 자기와 실재 자기는 여러 요인에 의해 영향을 받기 때문에 이처럼 완벽한 이상적 관계를 유지하기란 어렵다. 현실적 제약으로 인해 객관적 자기와 실재 자기는 부분적으로는 협력 관계를 유지하고 부분적으로는 갈등 관계를 유지한다. 이러한 현실적 관계를 고려하면 초월 자기는 이전의 자기보다 더 초월된 상태의 자기라고 정의할 수 있다. 사람마다 초월된 상태가 다르기 때문에 각 사람의 초월 자기는 각기 다른 형태, 방식, 모양, 수준을 갖는다.

2) 초월과 객관적 자기 그리고 실재 자기

앞 절에서 우리는 실재 자기와 객관적 자기의 각각의 역할과 상호작용에 대해 논하였다. 이제 우리는 객관적 자기와 실재 자기와의 관계를 통해 만들어지는 초월 자기의 역동성에 대해 알아보려 한다. 즉, 실제로 초월이 일어날 때 각각의 자기들이 어떻게 관계하는지에 대해 알아보겠다. 범주가 확장되면 초월은 두 가지 방향으로 일어난다. 하나는 수평 방향이고 다른 하나는 수직 방향이다. 수평과 수직은 평면적으로 보면 이차원에 존재하는 각각의 축들이다. 수학에서는 수평인 X축과 수직인 Y축이 서로 다른 독립적 개념들을 나타내는 상징적 부호다. X축은 완전히 독립적인 변수를 나타내는 축이고 Y축은 완전히 종속적인 변수를 나타내는 축이며, 완전한 독립과 완전한 종속은 서로 겹쳐짐이 없는 별개의 개념으로 존재한다. 수학에서 X축과 Y축을 완전히 별개의 독립적 형태로 표현하는 그림이 이차원의 그래프다. 이차원의 그래프를 평면에 그릴 때 X축과 Y축은 90도로 교차하도록 그린다. 이때 90도는 완전한 독립을 의미하는 개념이다.

그러나 수학적 개념과는 달리 인간의 초월이 일어날 때 발생하는 수평과 수직 축은 완전히 독립적이지 않다. 수평과 수직은 단지 방향을 나타내는 개념일 뿐 서로 독립적으로 일어나는 현상이 아니다. 이는 마치 수학에서 이차원의 그래프가 45도 각도로 그려지면 X와 Y의 관계가 일대일 관계인 현상과 같이, X와 Y의 각도에 따라서 그 관계가 달라지는 현상과 유사하다. 수직 초월과 수평 초월이 정확하게 몇 도로 교차하는지는 조건과 상황에 따라서 달라지겠지만 분명한 것은 이 둘이 어느 정도 연관성을 가지고 같이 일어난다는 점이다.

인간의 수평, 수직 초월의 관계는 등산을 할 때 위치 변화를 그 예로 들 수 있다. 사람이 산을 오르기 시작하면 그 사람의 시야와 위치는 계속 변하게 된다. 시야는 넓이를 나타내는 횡적 시각을 의미하고 위치는 높이를 나타내는 종적 점유를 나타낸다. 이 둘은 동시에 일어나는 현상으로서 하나가 없이는 다른 하나도 일어나지 않는다. 즉, 산을 오르기 시작하여 고도가 높아지면 시야 역시 넓어지는 경험을 하게 된다. 산을 오르기 전에는 보이지 않던 것들이 보이기 시작하고 더 높이 올라갈수록 더 넓은 시야를 확보하며 더 먼 곳의 풍경이나 광경이 눈에 들어오기 시작한다. 즉, 산에 오르면서 시야는 종적으로나 횡적으로도 점점 더 많은 면적을 확보하게 된다.

동시에 사람들은 산을 오르면서 땅에 있는 집들이나 건물들 그리고 여러 가지 것이 점차로 멀어짐을 경험하게 된다. 멀어지는 현상은 위치가 달라지기 때문에 일어난다. 산에서 위치가 점점 더 높아지면 높아질수록 땅에 있는 집들은 점점 더 작게 보인다. 땅에 있는 집들과 산에 있는 사람의 사이는 수직적으로 더 멀어지고 높이가 점점 더 깊어진다. 시야가 넓어지면서 높이가 점차로 높아지고 높이가 높아지면 시야는 점차로 더 넓어지는 것처럼 시야와 위치는 불가분의 관계라 할 수 있다. 초월

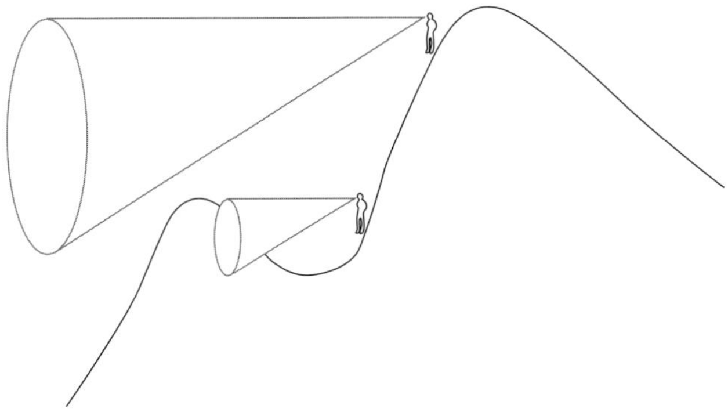

그림 6-5 수평 초월과 수직 초월

의 수평 초월과 수직 초월 역시 상호불가분의 관계를 가지고 있다. 그럼에도 불구하고 이 둘은 하나의 현상이 아니라 서로 다른 측면의 현상들이다. 이는 마치 영, 혼, 육이 서로 불가분의 관계를 가지고 있으면서 동시에 서로 환원될 수 없는 실체들인 것과 같은 이치다. 각각은 서로 다른 독자적 정체성을 가지고 있으나 불가분의 관계이며 하나가 없이는 다른 것들이 존재할 수 없다. 마찬가지로 수평 초월과 수직 초월은 각각 시야와 높이라는 횡과 종의 개념을 각각 가지고 있지만 서로 불가분의 관계를 가지고 있다. 횡과 종은 공간을 이루고 있는 중요한 두 축이다. 이 둘을 합쳐서 그림으로 표현을 하면 [그림 6-5]와 같이 나타난다.

등산으로 비유를 한 수평 초월과 수직 초월을 이제 우리의 삶과 연관시켜 보자. 큰 그림을 보고 싶은 사람들은 세세한 것들이 작게 보인다. 이는 마치 망원경으로 우주를 보는 이치와 같다. 망원경으로 우주를 보면 태양을 비롯한 수많은 별이 있는데 이러한 별들을 관찰하게 되면 별들 속에 있는 작은 것들, 세세한 것들은 볼 수 없게 된다. 큰 그림을 보기 시작하는 것은 초월의 현상으로 이러한 초월이 일어나면 이 땅에 있는 것들은 작게 보이게 된다. 반면에, 현미경으로 우리의 삶을 보기 시작하면 작은 것들을 크게 볼 수 있지만 그만큼 큰 그림을 그릴 수 없게 된다. 이는 마치 숲을 보는 사람들은 세세한 나무를 보기 어렵고 나무를 세세하게 보는 사람은 숲을 볼 수 없는 현상과 같다. 이처럼 수평 초월과 수직 초월은 서로 연동되어 있으면서 인간의 변화를 이끌어 간다.

3) 수평 초월과 객관적 자기 그리고 실재 자기

수평 초월은 횡적으로 범주가 확장되는 현상이며 주로 인간관계 속에서 일어난다. 앞 절에서 언급한 등산의 예를 생각해 보면 수평 초월의 개념은 시야의 확장에 비유해 볼 수 있다. 그렇다면 이러한 시야의 확장은 인간관계에서 어떻게 일어날 수 있을까? 현실 생활에서 인간관계를 할 때, 객관적 자기와 실재 자기는 타인과의 관계에서 중요한 역할을 한다. 실재 자기 중심의 인간관계는 욕구 충족이나 좌절과 관련이 있고, 객관적 자기 중심의 인간관계는 생각의 교류나 신념의 공유 등이 초월과 관련이 있다.

먼저, 실재 자기 중심의 인관관계에서 일어나는 욕구 충족이나 지연 및 좌절의 경우를 생각해 보자. 실재 자기의 욕구가 타인과 관계에서 충족되기 위해서는 타인과 친밀한 관계가 우선되어야 한다. 친밀한 관계가 형성되면 객관적 자기가 자신의 욕구와 타인의 욕구를 병렬적으로 놓고 생각을 하게 된다. 즉, 객관적 자기는 서로의 실재 자기 욕구를 어떻게 같은 방향으로 충족시킬 수 있을지를 간구하게 되는 것이다. 말하자면, 놀고 싶은 욕구를 가진 두 사람이 만나면 객관적 자기의 기능을 통해 서로 놀고 싶은 욕구를 충족시키기 위한 탐색을 하며, 탐색의 결과에 따라 여러 가지 놀이를 하며 실재 자기의 욕구를 충족시킨다. 이때의 탐색이란 서로의 생각을 공유하고 같은 행동을 하며 서로 배우게 되는 것을 말한다. 이 경우 객관적 자기는 놀이를 통해 실재 자기의 욕구를 충족시키며 놀이에 관한 자신의 범주를 확장하게 된다. 즉, 객관적 자기는 같이 노는 행동뿐만 아니라 상대방의 행동을 통해 함께 노는 방법에 대한 이해, 놀이에 관한 여러 가지 다른 생각이나 원리 그리고 철학을 배우게 된다. 놀이에 대한 새로운 세계를 경험하고 접하면서 놀이 세계를 자신의 세계로 받아들이게 된다. 이렇게 되면 놀이를 통한 욕구 충족은 단지 놀이 행위 자체에 국한되지 않고 놀이와 관련된 여러 다른 것들을 배우고 느끼는 한 단계 성장으로 이어질 수 있다. 이러한 과정을 실재 자기의 충족을 통한 범주의 확장인 수평 초월이 일어난 경우라 말한다.

다음으로, 실재 자기의 욕구가 갈등을 일으키는 경우에 나타나는 수평 초월을 생각해 보자. 서로의 욕구 충돌이 일어나는 경우에는 욕구의 지연이나 좌절 현상이 벌어진다. 이렇게 욕구가 지연되거나 좌절이 일어나는 경우에도 역시 객관적 자기는 자신의 욕구와 타인의 욕구를 병렬적으로 위치시키며 서로의 공통점이 무엇인가를 찾기도 하고 자신의 욕구 중에서 무엇을 변화시켜야 타인과 욕구를 공존하면서 자신을 충족시킬 수 있는지 알아보기를 시도한다. 밖에 나가서 놀고 싶은 사람과 집에 조용히 있고 싶은 사람의 욕구가 충돌하는 경우를 생각해 보자. 욕구 충돌 시 객관적 자기는 놀고 싶은 욕구와 조용히 있고 싶은 욕구를 병렬시키면서 생각하게 된다. 이 두 욕구를 동시에 존중하는 방법으로 밖에 나가서 조용히 노는 방법 또는 집에 가만히 있으면서 노는 방법이 있다. 수평 초월은 자신의 범주를 타인을 통해서 확장하는 현상이다. 그래서 객관적 자기는 노는 욕구와 조용히 있고 싶은 욕구를 어떤 형태로든지 조합하여 초월하고자 한다. 이러한 조합의 방법이 나가서 조용히 노는 방법과 집에서 가만히 있으면서 노는 방법이다. 이러한 두 방법은 놀이와 조용함을 동시에 존중하는 수평 초월이다. 이렇게 수평 초월이 일어나면서 각각의 사람의 실재 자기는 어떤 형태로든지 변형을 불가피하게 겪는다. 밖에 나가서 조용히 노는 방법은 놀이와 조용함이 합쳐진 형태의 새로운 놀이 방법이다. 그리고 집에서 있으면서 노는 방법은 정중동 형태의 방법이다. 어떤 방법이든지 놀고 싶은 욕구와 조용히 지내고 싶은 욕구인 실재 자기는 새로운 형태의 놀이와 조용함을 배우고 알게 된다. 이전과는 다른 방식의 놀이와 조용함을 갖게 된다. 각자는 이제 서로 타인을 통해서 놀이와 조용함에 대한 새로운 방식의 범주를 갖게 된다. 이는 수평 초월의 결과로 인해서 이루어진 초월현상이다.

객관적 자기 중심의 인간관계에서 욕구 충족으로 일어나는 수평 초월은 서로 갈등이 없거나 적은 경우에 생각의 교류나 사상의 공유를 통해 범주가 확장된다. 대인과 관계를 맺을 때 우리는 서로의 생각을 나누면서 그로부터 영향을 받기 시작한다. 이러한 경우는 주로 가족이나 공동체 생활에서 나타난다. 각자의 생각을 서로 나누고 공유하면서 이전에 미처 몰랐던 것들을 알게 되거나 상대방의 생각이나 사상들을 자신의 것으로 받아들이면서 자신의 세계가 확장되어 간다. 이러한 방식으로 확장되는 현상을 객관적 자기 욕구의 충족으로 인한 수평 초월이라 말한다.

이제 객관적 자기의 욕구 지연 및 좌절에 의해 신념, 생각, 사상 등의 충돌이 일어날 경우 초월이 어떻게 발생하는지 살펴보자. 사상이나 생각 그리고 신념의 충돌은 서로에게 많은 감정적 상처를 주게 된다. 이러한 감정적 상처를 주지 않기 위해 또는 최소화하기 위해서는 자신의 생각만을 주장하지 말고 다른 사람의 생각과 공존

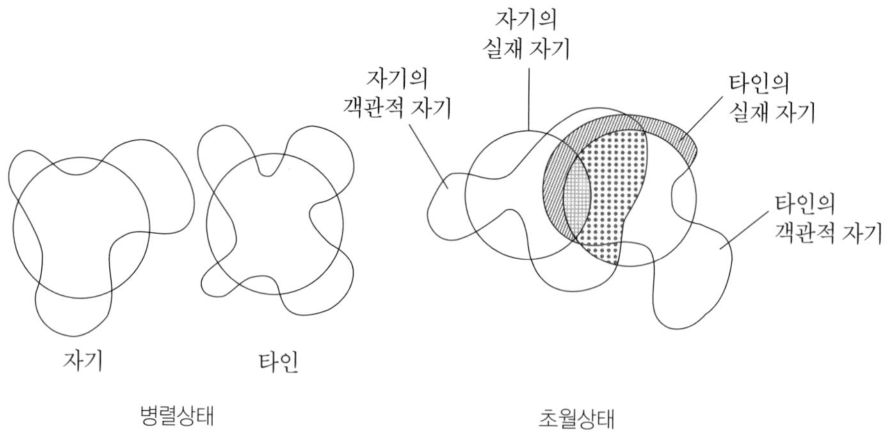

그림 6-6 수평 초월

할 수 있는 영역이나 자신의 생각을 바꾸어야 할 부분들을 생각하는 것이 좋다. 이때 감정적 에너지를 가진 실재 자기가 타인을 지배하거나 관계를 철회하는 방향으로 힘을 쓰려하면 객관적 자기는 이를 통제하고 조절할 수 있어야 한다. 즉, 객관적 자기의 조절과 통제를 바탕으로 상대방의 생각이나 사상들을 통해 자신의 생각을 어떻게 바꾸거나 보충해야 할지를 점검할 필요성이 생긴다. 만약 이러한 점검을 통해 자신의 생각을 바꾸어 가면서 상대방과 조율하는 과정을 거친다면 자신의 범주는 확장되어 간다. 즉, 이전에 미처 생각하지 못한 부분들을 더 깨닫거나 자신의 생각 중 일부를 포기 또는 변형시키며 자신의 생각을 상대방과 조율함을 통해 자신의 세계는 점차 더 확장되어 갈 수 있다. 이러한 확장이 객관적 자기 욕구의 지연이나 좌절 상황에서의 수평 초월이다.

앞에서 논의한 수평 초월을 그림으로 표현하면 [그림 6-6]과 같다. [그림 6-6]에서 왼쪽의 병렬상태는 수평 초월이 일어나지 않은 인간관계로 서로 독립적으로 삶을 사는 것을 표현한 것이다. 수평 초월이 일어나지 않은 인간관계는 각각의 삶이 그림에서와 같이 병렬적으로 존재하며 서로에 대해 별다른 영향을 미치지 않고 상호 변화를 일으키지 않으면서 살아간다. 그러나 오른쪽의 초월상태의 그림을 살펴보면 실재 자기와 객관적 자기는 타인의 실재 자기와 객관적 자기와 많은 부분이 겹쳐 있게 된다. 한 개인의 범주가 확장되지 않으면 타인과의 관계에서 서로 공통 부분을 갖기 어렵게 된다. 인간관계는 이렇게 수평 초월을 통해 각각의 삶에 깊숙하게 관여하게 되고 이렇게 함으로써 서로에게 없는 것들을 공유할 수 있게 된다. 이것이 공유를 통한 수평 초월이다. 이렇게 수평 초월의 관계에서는 서로의 실재 자기가 가지고 있는 욕구들을 조절할 수 있는 객관적 자기가 더 중요하게 작용하며 더 힘을 받게 된다. 수평 초월의 관계에서는 자신 혼자의 힘으로만 실재 자기와 환경을 조절하는 것이 아닌, 서로 같이 조절할 수 있는 관계의 힘을 갖게 된다. 이러한 관계의 힘을 외부적 환경의 힘이라 할 수 있으며 이는 곧 혼자만의 삶이 아닌 공유된 삶 그리고 초월된 삶을 통해서 나온다.

4) 수직 초월과 객관적 자기 그리고 실재 자기

수직 초월은 초월의 종적 현상이기 때문에 자신과 자신의 관계, 타인과의 대인관계, 영적 존재들과의 관계 속에서 일어난다. 수직 초월현상은 아이들이 성장을 하며 경험하게 되는 현상과 유사하다. 아이들은 태어나면 거의 감정적 에너지만을 가진 실재 자기의 형태로 삶을 살아간다. 생존을 위한 본능적인 힘은 많은 경우에 감각, 느낌 및 감정의 형태로 존재하며 이러한 형태의 자기는 실재 자기다. 즉, 아이는 처음에는 거의 실재 자기의 형태로 삶을 살아간다. 본능에 충실하게 삶을 살기 때문에 거의 본능적이고 생존적이다. 자신이 왜 이러한 본능이 있는지 그리고 이러한 본능적 삶이 무엇을 의미하는지에 대해서는 아무런 생각이나 아이디어가 없다. 또한 언어를 습득하지 못한 상태의 아이는 거의 실재 자기로만 삶을 살아간다.

이러한 아이가 언어를 습득하고 자신을 돌보아 주는 어른들인 초월자들과 상호작용을 하면서 점차로 객관적 자기가 형성된다. 언어를 습득하면서 아이들은 점차로 자신을 언어화해서 표현하게 된다. 이러한 현상은 자신을 객관화할 수 있는 능력을 갖추는 과정이다. 자신을 객관화한다는 의미는 스스로 자신을 바라보며 자신의 필요와 욕구를 알아차리는 과정이다. 아이는 이러한 과정 속에서 자신 속의 자신인 감정적 에너지에 의한 실재 자기와 그 실재 자기를 바라보는 자신인 객관적 자기의 삶을 갖게 된다. 이러한 과정이 초월의 가장 기초적 형태다. 객관적 자기와 실재 자기는 자기 속의 자기라는 초월현상을 나타낸다. 이처럼 자신을 품는 자기의 모양이 수직 초월의 가장 기본적 형태다. 즉, 객관적 자기로 구성된 자기가 감정적 에너지에 의한 실재 자기로 구성된 자기를 이성적으로 바라보는 형태인, 자신 속의 자기가 곧 수직 초월이다.

수직 초월현상은 자신과 자신, 자신과 타인, 자신과 초월자와의 관계가 수직적이라는 의미다. 등산에서 산을 올라가면서 자신의 위치가 달라지듯이 자신과 자신, 자신과 타인, 자신과 초월자와의 관계가 수직적으로 변해 가는 현상이 수직 초월이다. 객관적 자기는 자신의 위치가 결정되는 수직 초월에 결정적인 역할을 한다. 앞의 아이의 성장을 계속 예로 들자면, 객관적 자기는 아이가 성장하면서 현실적으로 받게 되는 여러 가지 요구들을 실재 자기와 조율을 해야 하는 어려운 일을 담당하게 된다. 객관적 자기는 실재 자기의 감정적 에너지에 의한 욕구를 대변하고 대리할 뿐만 아니라 주변 환경, 즉 초월자들의 요구와 욕구를 대변하는 역할도 한다. 때로는 객관적 자기는 자신을 대변하여 초월자들이나 주변의 환경이 실재 자기의 욕구에 부합하게 충족시키거나 혹은 외부의 요구를 받아들이면서 실재 자기의 욕구 및 실재 자기의 감정적 에너지를 조절하기도 한다. 그렇기 때문에 객관적 자기는 실재 자기의 욕구를 대변할 것인지 아니면 주변의 요구를 받아들여서 실재 자기의 욕구를 조절할 것인지와 같은 종류의 선택을 객관적으로 내려야 하는 빈번한 선택의 기로에 서게 된다. 객관적 자기는 이러한 선택의 과정을 통해 발달하게 된다. 객관적 자기의 발달은 실재 자기의 감정적 에너지의 형태 변화와 더불어 일어난다. 자신 속의 자신과 같이 자신을 조절하고 통제하는 힘을 갖게 되면 이러한 자기는 심리내적으로 초월이 일어난 상태다. 객관적 자기가 실재 자기를 조절하고 통제할 수 있게 되면 이 둘 사이에는 약간의 공간이 생긴다. 이러한 공간은 앞으로 객관적 자기가 활

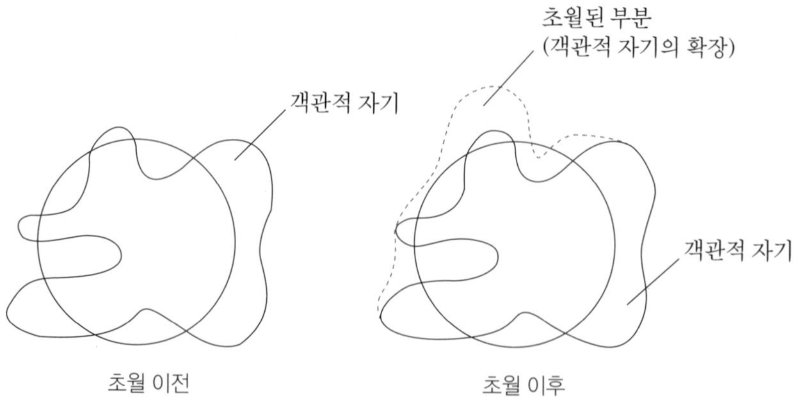

그림 6-7 심리내적 수직 초월

동할 수 있도록 하는 중요한 영역이다. 이 공간은 때로는 실재 자기의 감정적 에너지로 채워지기도 하고 때로는 객관적 자기가 활동하는 영역으로도 사용된다. 공간에 감정적 에너지가 어느 정도 해소되고 공간이 생기면 객관적 자기가 그 자리를 사용하며 생각하고 평가하며 판단하는 기능을 더 원활하게 할 수 있게 된다. 하지만 감정적 에너지가 그 공간에 점점 차 갈수록 객관적 자기는 점차로 그 기능을 잃게 된다. 여유 공간에 감정적 에너지가 채워지는 것을 감안한 초월 이전과 초월 이후를 그림으로 표현하면 [그림 6-7]과 같다.

[그림 6-7]의 그림을 통해 우리는 실재 자기와 객관적 자기의 관계를 살펴볼 수 있다. 왼쪽의 초월 이전의 상태 그림에서는 객관적 자기가 실재 자기와 많은 부분이 겹쳐 있음을 볼 수 있다. 어떤 부분은 실재 자기가 객관적 자기보다 크고 그 역인 경우도 있다. 실재 자기가 객관적 자기보다 크다는 의미는 실재 자기가 객관적 자기를 지배한다는 의미이며, 반대의 경우는 객관적 자기가 실재 자기를 지배한다는 것이다. 즉, 실재 자기가 크면 감정적 욕구에 의한 결정을 하고 객관적 자기는 이에 따라서 행동을 하며, 객관적 자기가 크면 합리적 이유에 의한 결정을 하고 실재 자기는 이에 따르는 행동을 한다는 의미다. 초월 이전에는 많은 부분이 실재 자기에 의해 지배당하지만 초월 이후에는 많은 부분이 객관적 자기에 의해 통제받는다. 이는 초월 이전에는 감정적 행동을 많이 하던 사람들이 초월 이후에는 이성적이고 합리적으로 행동하는 것이 가능하다는 의미다. 다른 각도로 설명하자면, 초월 이후에는 객관적 자기의 부분이 실재 자기의 부분보다 더 커졌기 때문에 그만큼 객관적 자기는 실재 자기를 통제하여 현실적 여건이나 조건 속에서 행동하도록 만든다는 것이다. 이때 객관적 자기가 실재 자기를 통제한다는 의미는 서로 협력적 관계를 갖는다는 의미이지 부정적인 의미의 통제는 아니다. 즉, 객관적 자기는 실재 자기의 감정적 욕구를 받아들여서 이를 조율하거나 억제하기도 하고 때로는 감정적 행동을 하도록 허락도 한다. 이러한 과정들이 부드럽게 그리고 현실적으로 진행될 때 수직 내적 초월이 이루어졌다고 말할 수 있다.

지금까지는 객관적 자기와 실재 자기의 변화를 중심으로 수직 초월이 심리내적으로 일어나는 경우를 설명하였다. 이제 수직 초월이 초월자와 관련해서 어떤 방식으로 객관적 자기와 실재 자기가 형성되는지 알아보도록 하자. 자신 주변에 초월자가 있는 경우에 객관적 자기와 실재 자기는 각각의 방식대로 초월자와 관계를 맺는다. 초월자가 부모인 경우를 예를 들어서 살펴보도록 하자. 실재 자기는 초월자인 부모를 직감적, 즉 본능적으로 인식한다. 이는 인간이 본능적으로 무엇인가를 인식할 때의 '하위 경로'인 '직감 수준의 지식'을 의미한다(Coe & Hall, 2010, pp. 183-188). 감정적 에너지로 구성된 실재 자기의 인식은 보통 이러한 직감 수준 또는 뇌 조직 중 가장 원초적인 기능을 담당하는 뇌간 등을 중심으로 이루어진다. 이를 통해 아이들은 본능적으로 자신을 돌보아 주는 부모를 인식하고 이들과 관계를 직감적으로 하게 된다. 반면에, 객관적 자기는 초월자의 특성을 마음으로 받아들이면서 내면화하는 역할을 하게 된다. 부모들의 말과 언어 그리고 행동을 자신의 것으로 받아들이면서 내면화하고 이를 통해 부모와 관계를 이어 간다. 즉, 객관적 자기는 부모로부터 배우는 언어 그리고 행동 양식, 가치관, 습관 등에 의미를 부여하거나 이해하며 부모와 관계를 돈독하게 하는 역할을 한다. 이러한 과정에서 자신의 감정적 에너지와 부모의 요구 사이에 충돌이 생기면 객관적 자기는 이를 조정하거나 부모와 협력하여 부모와의 관계가 위험에 빠지지 않도록 한다.

실제의 예를 통해 실재 자기와 객관적 자기의 초월자와 관계를 구체적으로 살펴보도록 하자. 초월자가 인간인 경우와 영적 존재인 경우로 나누어 생각해 보자. 초월자가 인간인 경우에 부모가 자녀에게 "참고 공부해."라고 말한 경우를 가정해 보자. 이 경우 아이는 욕구에 의한 행동 또는 신념에 의한 행동을 할 가능성이 있다. 욕구에 의한 행동이란 실재 자기의 힘이 객관적 자기의 힘보다 더 강한 경우로, 아이의 충동적 힘은 참고 공부하라는 부모의 말을 무시하고 자기가 원하는 대로 행동을 하도록 만든다. 이렇게 되면 아이는 부모에게 거짓말을 하거나 갈등 상황에서 자기중심적 행동을 하게 되며, 이러한 경우 초월은 일어나지 않는다. 아이가 취할 수 있는 또 다른 행동은 신념에 의한 행동으로 이 경우에는 객관적 자기의 힘이 실재 자기의 힘보다 더 강하다. 신념에 의한 행동일 경우, 다시 객관적 자기가 실재 자기의 욕구를 대변하는 경우와 부모의 요구를 대변하는 경우로 나누어 생각해 볼 수 있다. 객관적 자기가 실재 자기의 욕구를 대변할 경우, 아이의 놀고 싶은 욕구인 실재 자기와 객관적 자기는 내적으로 일치되는 삶을 산다. 즉, 비록 부모와 갈등이 생겨도 자신의 내면에서는 일관되고 일치되는 삶을 살기 때문에 내적 갈등에 휘말리지는 않는다. 하지만 이 경우에도 자신의 정체성을 유지하는 일관된 삶을 살 수는 있지만 초월이 일어나지는 않는다. 그러나 객관적 자기가 초월자인 부모의 요구를 수용하는 경우에는 초월이 일어난다. 하지만 아이의 내면에는 내적 갈등이 일어날 수 있다. 즉, 놀고 싶은 실재 자기의 욕구와 참으라는 부모의 요구 사이에서 갈등이 일어나며 객관적 자기가 이를 중재하는 역할을 제대로 수행하기 어려워질 경우 아이는 심리적인 내적 갈등을 경험한다. 이런 상태에서 내면의 어떠한 변화가 일어나지 않으면 갈등을 이기고 부모의 요구를 수용하는 행동을 하기는 어렵다. 즉, 객관적 자기는 실재 자기와 환경을 중재하기 위해 실재 자기의 힘을 조절, 통제하여 부모가 요구를 행동을 수용하도록 만든다. 이때 수용을 하며 일어나는 변화가 억압을 하거나 회피를 하는 행동이 아니라 자기의 변형을 의미할 때 우리는 이를 초월현상이라 말한다. 즉, 객관적 자기에 의해 자신의 실재 자기를 통제하며 부모의 요구에 알맞은 생각, 느낌, 가치관 등과 같은 것들을 내면에서 만들어 내게 되면 아이는 새로운 자기를 갖게 된다. 이때 새로운 자기는 이전의 자기보다는 더 큰 존재인 초월 자기가 된다.

초월이 일어나는 과정에서의 변화를 좀 더 구체적으로 살펴보면 단계적으로는 다음과 같다. 객관적 자기가 부모의 요구를 받아들이게 되면 실재 자기의 놀고 싶은 욕구는 좌절된다. 욕구가 좌절되면 허망하거나 허탈한 느낌이 자기 속에 생긴다. 허망과 허탈한 느낌은 자기 속에 일정한 공간이 생겼음을 의미한다. 이는 좌절의 일종이나 이러한 좌절이 아무런 대책 없이 지속되도록 놓아둔다면 아이에게 초월은 일어나지 않는다. 이에 객관적 자기는 좌절로 인해 공간이 생기면 그 공간을 이용하여 이런 경우에 어떻게 할 것인가 하는 생각을 하게 된다. 즉, 객관적 자기는 자신의 감정을 계속적으로 억누를 것인지 아니면 무엇인가 새로운 방법을 찾을지와 같은 대책을 강구하며 행동을 선택할 수 있게 된다. 이때 객관적 자기와 실재 자기는 자신을 잃지 않으면서 부모의 요구를 수용하는 방법을 찾기 위해 협력적 관계를 갖는다. 자신의 욕구를 존중하면서도 부모의 요구를 받아들이기 위한 방법이 무엇인가를 찾는 것은 아이에게 새로운 시도다. '공부를 하면서도 놀 수 있는 방법이 있을까? 아니면 공부와 놀이를 같이할 수 있는 방법은 없을까?' 등과 같은 새로운 생각은 자신의 욕구와 부모의 요구를 동시에 존중할 수 있는 방법이다. 이러한 과정을 통해 아이는 실재 자기의 욕구와 사회 환경의 요구를 적절하게 통합할 수 있는 새로운 방법을 찾게 된다. 이러한 방식의 협력은 하루아침에 일어나지 않고 아이가 성장하면서 지속적으로 방법을 찾는 형태로 지속된다. 시간이 지나면서 아이는 점차로 놀이에 대한 새로운 의미를 알게 된다. 즉, 부모의 요구인 인내를 하며 공부하기와 자신의 놀고 싶은 욕구 사이가 언제나 불일치하거나 갈등만 있는 것이 아니라 서로에 대한 접점을 찾을 수 있을 것 같은 느낌을 갖게 된다. 이는 아이에게 놀이에 대한 새로운 조명을 이루어지고 있음을 의미한다. 아이가 공부 속에서 재미를 찾거나 공부를 통해서 놀이를 하는 방법들을 찾아낸다면 그는 새로운 자기를 형성하게 된다. 즉, 공부를 놀이 삼아 하고 놀이를 통해 공부가 되는 방법들을 찾아낸다면 아이는 공부와 놀이를 함께 그리고 인내와 놀고 싶은 욕구를 동시에 충족시킬 수 있게 된다. 이러한 충족이 성립되는 때, 아이는 놀이와 공부, 즉 인내와 놀고 싶은 욕구가 이분법적으로 나누어졌을 때와는 전혀 다른 자기를 만나게 된다. 다시 말해, 아이는 놀이와 공부라는 영역에서의 새로운 범주를 갖게 되는 것이다. 아이는 놀이와 공부를 동시에 한 범주에 넣고 생각하고 이를 통해 새로운 삶을 살 수 있는 방법인 범주 확장을 경험하게 된 것이다. 이러한 범주 확장은 심리내적으로 자기 속의 자기인 새로운 자기로의 변화가 이루어진 경우로, 초월자의 요구를 통해 자기가 새롭게 변화된 초월현상이다. 즉, 이러한 현상은 초월자와의 관계를 통해서 오는 심리내적 초월이라고 할 수 있다.

초월자가 사람 대신 영적 존재인 절대자인 경우의 초월현상이 있다. 이제는 복수하고 싶은 마음을 가진 사람이 절대자의 '용서하라.'는 메시지를 들었을 경우의 예를 통해 실재 자기와 객관적 자기와의 관계가 어떤지 알아보자. 자신을 피해자라고 생각하는 사람은 복수하고자 하는 강한 감정적 욕구를 갖게 된다. 이러한 복수라는 감정은 실재 자기로서, 감정에 의한 행동을 하고자 한다. 반면에, 용서라는 메시지는 객관적 자기가 절대자를 통해 자기에게 가져오는 이성적인 힘이다. 복수와 용서라는 두 상반된 힘은 이 사람의 마음속에서 갈등을 일으키게 된다. 복수하고자 하는 실재 자기와 용서를 하자는 객관적 자기는 서로 상반된 입장에서 역동적 관계를 만들어낸다. 이때 실재 자기의 힘이 더 커지면 객관적 자기는 실재 자기의 복수를 정당화하는 방향으로 생각하게 되며 이러한 정당화의 과정을 심리학에서는 합리화라 칭한다. 복수에 대한 감정적 힘과 합리화를 통한 이성적 힘이 하나가 되어 복수를 하는 방향으로 행동을 하게 되는 경우 용서라는 객관적 자기의 욕구는 좌절되고 초월자의 메시지는 마음속에 파편화되어 남는다. 즉, 복수하고자 하는 마음으로 이루어진 복수의 세계와 용서하고자 하는 마음으로 이루어진 화해의 세계가 마음속에서 분리된 상태로 남게 된다. 이러한 범주의 분리는 지속적으로 갈등을 일으키는 문제의 요인이 된다.

위의 합리화의 상황 대신, 용서하려는 객관적 자기의 힘이 커져 복수하고 싶은 실재 자기의 힘이 조절되고 통제되는 경우를 생각해 보자. 이 경우에는 복수하고 싶은 감정적 욕구는 지연되거나 좌절된다. 이렇게 마음에 공간이 생기면 객관적 자기는 합리적으로 생각을 하게 된다. 복수를 하고 난 뒤의 결과, 이로 인해서 발생되는 여러 가지 인간관계 그리고 하나님과 관계에서 오는 심리적이고 영적인 측면들을 객관적으로 생각하게 된다. 즉, 객관적 자기는 복수하고 싶은 실재 자기의 힘을 존중하면서 어떻게 용서하는 새로운 메시지를 접목할 수 있는지에 대한 복수의 의미를 새롭게 조명하는 작업을 생각하게 된다. 이렇게 되면 복수에 대한 새로운 의미, 복수의 다양한 방법, 복수와 용서와의 관계 등 여러 가지 새로운 것에 대해 이해할 수 있게 된다. 말하자면, 복수를 통해 상대방을 파괴하거나 관계를 어렵게 하는 방식이 아닌, 복수를 하더라도 관계를 유지하거나 아니면 새로운 발전된 관계를 만들어 낼 수 있는 방식 등을 고민하게 된다. 이러한 방식의 생각은 복수와 용서에 대한 새로운 세계인 복수와 용서가 공존하는 세계를 만들어 내고, 복수와 용서가 분리되고 분열된 세계가 아닌 통합되고 하나로 일치된 세상을 갖게 한다. 이러한 세상은 복수만을 위한 세계, 용서만 있는 세계가 아닌 새로운 범주를 가진 범주 확장이 일어난 초월의 세계다. 이러한 초월의 세계는 절대자라는 초월자와의 관계를 통해 형성된다.

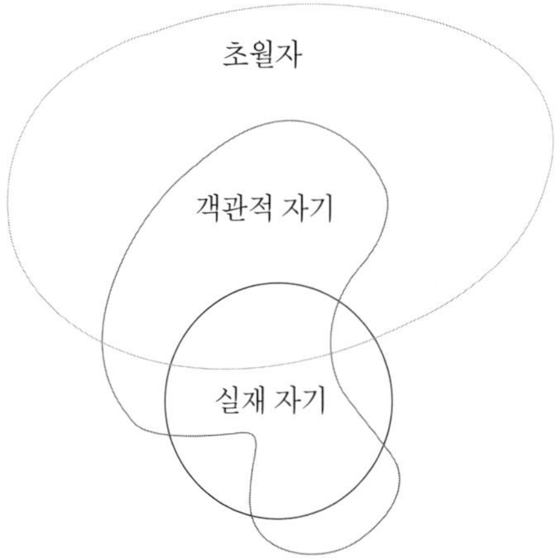

그림 6-8 초자연적 수직 초월 상태

절대자의 메시지가 상위에 있으며 인간의 상반된 자기를 통합시켜 나가는 세계는 초월자와 연결되어 있으며, 동시에 인간 자신을 잃지 않는 초월의 세상을 살 수 있게 한다. 심리내적으로 이러한 세상에서는 실재 자기와 객관적 자기가 초월자와 함께 인간의 초월 세계를 살아가는 일치된 삶이 진행된다. 이러한 현상이 절대자와의 관계를 통해서 오는 수직 초월의 현상이다. 이를 그림으로 표현하면 [그림 6-8]과 같이 나타낼 수 있다.

[그림 6-8]을 보면 초월자가 실재 자기와 객관적 자기 모두에 겹쳐 있는 부분이 있다. 이는 초월자는 객관적 자기뿐만이 아니라 실재 자기에도 직접적으로 관련을 가지고 있음을 나타낸다. 실재 자기는 감정적으로 초월자에게 반응할 수도 있고 초월자의 신적 감정을 받아들일 수도 있다. 마찬가지로 객관적 자기 역시 초월자의 사상과 생각을 받아들여서 자신의 것으로 만들 수도 있고 그렇지 않을 수도 있다. 객관적 자기는 초월자의 사상이나 신념을 자신의 것으로 받아들이고 실재 자기의 감정 상태는 점차로 희열, 감동, 경외, 놀람 등과 같은 영적 감정의 상태로 변화된다. 이렇게 됨으로써 자기는 초월자와 점점 더 깊은 관계를 갖게 되면서 초자연적 수직 초월을 경험하게 된다. 초월자와의 수직 초월은 초월자와 점점 더 가까워지는 현상이다.

제7장

발달현상으로서의 초월

1. 초월 능력과 발달

1) 내적 힘과 외부적 영향에 의한 범주 확장

초월을 향한 본능을 가진 존재로서 인간은 태어나면서부터 범주를 확장하는 방향으로 발달하게 된다. 인간에게 있어 초월을 향한 본능은 완벽성이라는 심리적 특성으로 존재한다. 심리적 특성이란 인간이 인간으로서 일정한 감정을 느끼게 하고 일정한 생각을 하도록 하며 일정한 행동을 하도록 만드는 근본적 힘이다. 심리적 경향은 인간 안에 자리 잡고 있어 인간을 일정한 방향으로 나아가게 한다. 완벽성은 공격성, 자아실현성, 보편성, 특수성 등과 같은 심리적 특성으로서 일정한 경향을 의미한다. 완벽성은 인간이 죽을 때까지 완전을 향해 나아가는 심리적 힘으로서 인간이 성장하고 발달하며 더 큰 존재가 되어 가도록 만든다.

인간은 자신이 더 큰 존재가 되어 갈 때 여러 가지 심리적 현상을 경험한다. 먼저, 감정적으로는 자신이 할 수 있다는 느낌을 갖는다. 이러한 느낌은 아이들에게 뿌듯함과 자기도취적 감정을 만들어 낸다. 자신이 무엇인가를 할 수 있다는 경험을 하게 되면서 자신이 강력한 존재가 되는 것 같은 느낌을 갖는데 이러한 느낌이 자신감(competence)이다. 이러한 자신감은 아직 현실감이 없는 유아나 아동의 상태에서는 자기도취적 경향으로 나타나기도 한다. 자신만 할 수 있고 다른 아이들은 할 수 없을 것 같은 느낌을 갖는다. 잘못하는 아이들을 보면 무시하고 잘하는 아이들을 보면 기가 죽는 현상이 바로 자기도취적 경향과 관련이 있다. 더 큰 존재가 되어 가면서 아이들은 상상을 한다. 인지적 특성인 상상은 아이들로 하여금 자신이 더 큰 존재가 된 것 같은 느낌을 준다. 현실에서는 할 수 없는 것들을 상상 속에서는 할 수 있다고 받아들인다. 이러한 상상을 통해서 자신이 얼마나 큰 존재인가를 느끼고 생각하면서 살아간다. 행동적으로 아이들은 무모하리만큼 도전적이고 진취적이다. 아이들은 상상에 의한 세계가 작동하기 때문에 현실에서도 자신들이 생각하고 상상하는 것들이 이루어질 수 있을 것 같은 느낌을 갖는다. 어른들은 현실적 안목이 있기 때문에 이러한 행동들이 가져다줄 수 있는 여러 가지 가능성을 생각한다. 그러나 아이들은 상상에 의해 자신들이 할 수 있다는 생각을 가지고 있기 때문에 현실과 관계없이 많은 행동을 한다. 아이들끼리의 놀이를 살펴보면 이러한 점이 잘 나타난다. 아이들이 놀며 서로 밀치고 싸우는 행동은 자신이 더 큰 존재임을 보이는 것이며, 다른 아이들에게 자신이 얼마나 잘하는지를 보여 주려 하는 것이다. 아이들에게는 자신이 다쳐도 할 수 있는 능력이 있음을 보여 주는 행동이 더 중요하다.

더 큰 존재가 되려는 인간의 경향은 초월자의 영향으로 인해 강해지기도 하고 약해지기도 한다. 초월자의 영향은 완벽성이라는 심리적 힘을 강화하기도 하지만 약화시키기기도 한다. 초월자가 격려하고 지지하며 긍정적 환경을 만들어 주면 완벽성이라는 심리적 힘은 탄력을 받는다. 초월자에 대한 믿음으로 인해 아이들의 발달적 힘은 더 강렬하게 발현되고 더 큰 존재가 되려는 행동, 느낌, 생각은 더 강렬하게 일어난다. 초월자에 의해 주어지는 믿음은 아이들이 더 큰 존재가 되어 가게 하는 중요한 외적 원동력이 된다. 그러나 초월자가 부정적이고 비판적이며 통제적인 경우에는 완벽성의 힘은 다른 방향으로 작동한다. 이런 경우 아이들을 더 큰 존재로 발달시키지 못하고 오히려 증상을 만들어 낸다. 초월자에 대한 부정적 신념인 불신은 초월의 방향을 바꾸어서 증상으로 나타나게 한다. 이러한 증상들은 많은 경우에는 완벽성의 특성을 보여 주는 경향이 있다. 부모로부터 야단을 맞고 비판적 영향을 받은 아이들은 상상을 통해 완벽성을 보여 주려는 경향이 강하다. 어떤 경우 이들은 인터넷 게임을 통해 자신이 상상하는 것들을 실현하려는 행동을 보인다. 인터넷 게임은 초월자의 영향을 받지 않는 공간이다. 이렇듯 초월자에 대한 부정적 감정으로 인해 초월자가 없는 세상에서 완벽성을 추구하려는 욕구가 인터넷 중독을 초래한다고 생각해 볼 수 있다.

발달에 의한 범주 확장은 완벽성이라는 내적 힘과 외부 초월자로부터의 영향이 서로 상호작용하여 나타나는 산물이다. 대상관계 이론가들은 주로 대상과의 상호작용에 의한 성격 형성 과정에 관심을 가지고 많은 연구를 하였다(Erikson, 1968, 1964, 1963; Klein, 1986; Mahler, Pine, & Bergman, 1975). 이들 연구에서 나타나는 상호작용은 내적 힘과 환경의 영향이며, 주된 관심사는 성격 형성이 어떻게 일어나며 어떤 상호작용이 건강한 성격을 형성하는가에 대한 것이다. 그러나 대상관계 이론과는 다르게 초월상담에서는 성격 형성이라는 측면보다는 상호작용을 통해 인간이 어떤 존재로 발달되어 가는가에 더 큰 관심을 둔다. 즉, '일정한 성격을 형성하는 데 필요한 조건이 무엇인가?'를 연구하는 분야가 대상관계 이론이라면 '어떤 존재가 되어 가는가?'를 연구하는 분야가 초월상담이다. 이런 이유로 초월상담 이론에서는 초월자의 도움과 완벽성이라는 발달적 힘의 상호작용에 의한 범주 확장의 개념으로 존재적 특성들을 기술한다.

초월자의 도움이 없는 발달은 오직 자신만을 아는 자기 범주에 머무르는 발달이 된다. 이러한 발달은 자신의 욕구만을 중심으로 하는 삶과 자신만의 세계에 갇혀 살게 되는 것을 의미한다. 내부에 있는 완벽성은 객관적 자기와 실재 자기의 두 가지 자기 형태로 나타난다. 객관적 자기와 실재 자기가 초월자의 자극에 의해 발달하는 것은 생물학적이면서 동시에 심리적이고 영적인 현상이다. 초월을 향한 잠재적 힘은 외적 자극에 의해 발현된다. 이러한 발현은 사회적이면서 영적인 방향으로 범주 확장이 일어난다. 반영은 상호작용 중 하나로, 반영적 공감을 통해 범주 확장을 일으킬 수 있는 현상이다. 아이들은 부모라는 초월자와 상호작용을 통해 인간의 언어를 배운다. 인간의 언어는 그 자체로서 초월적이다. 이는 온전히 자신만을 위한 언어는 존재하지 않으며 언어를 공유한다는 의미는 이미 자기를 초월할 수 있는 가능성을 가진 존재로 성장한다는 뜻이다. 아이는 '엄마'라는 단어를 통해 엄마라는 타인의 존재를 알게 되고, 이 단어를 받아들임으로써 '나와 엄마'라는 '우리'의 범주로 더 크게 확장할 수 있는 가능성을 갖는다. 이러한 가능성은 실재 자기와 객관적 자기가 상호작용함을 통해 좀 더 큰 세계로 나아가는 과정이다. 하지만 이 같은 과정에서 타인의 존재에 대한 인식이 자신의 삶으로 받아들여지는 통합의 과정이 언제나 동시에 일어나는 것이 아니다. 즉, 언어를 통한 지식적인 측면으로서 타인의 존재에 대한 인정과 감정적 수준에서의 타인의 존재에 대한 인정이 자동적으로 발생하지는 않는다. 감정적인 측면에서 타인의 존재가 경험되지 않거나 타인의 존재를 감정적 수준에서 적극적으로 받아들이지 못하면 자신의 범주 확장은 일어나지 않고 여전히 자기 범주에만 머무르는 상황이 된다.

범주 확장이 꾸준히 일어나서 어느 정도의 시기가 되면 자기는 일정한 방식으로 달라진다. 시기에 따라 발달적 힘이 더 강하게 작용하는가 하면 어떤 때는 주변의 환경적 힘이 더 큰 힘을 발휘한다. 각각의 시기에는 그 시기에 알맞은 방식의 초월인 범주 확장이 존재한다. 이렇게 범주 확장이 일어나면 이전의 자기보다는 더 큰 자기로 발전해 나간다. 이러한 범주 확장은 시기적으로 왕성할 때도 있고 그렇지 않을 때도 있지만 보편적으로는 평생에 걸쳐서 일어난다. 초월은 아주 기본적이고 기초적인 초월일 수도 있지만 인류 전체를 포함하는 아주 일반적인 것일 수도 있다.

2) 초월의 유형

초월의 형태와 모양은 발달의 단계에 따라 다르게 나타나고 특정한 시기에 특정한 방식으로 나타난다. 초월의 유형은 감각적 초월, 공유적 초월, 추상적 초월, 관계적 초월로 나누어진다.

(1) 감각적 초월

처음 태어난 신생아들은 초월이 거의 없는 상태로 살아간다. 이들은 자신과 타인에 대한 인식이 거의 없으며 생물학적 욕구에 의한 감정적 에너지로 삶을 살아간다. 신생아의 배고픔에 의한 생물학적 욕구는 울음을 만들어 낸다. 아이의 울음에는 슬픔과 두려움 그리고 갈망과 같은 감정적 에너지가 들어 있다. 이러한 감정적 에너지들은 배고픔을 충족하는 방향으로 자신을 움직이게 한다. 즉, 배고픔이라는 생물학적 욕구에 의해 만들어진 감정적 에너지의 힘은 실재 자기에 의해서만 움직이는 삶을 만들어 낸다. 이러한 상태의 삶은 욕구 충족이 일어나면 즐겁고 편안하며 욕구 충족이 좌절되면 슬프고 두렵고 힘들어진다. 신생아들은 실재 자기만 있고 객관적 자기의 힘은 거의 작동하지 않는 상태로 수개월의 삶을 산다. 이러한 상태의 삶을 대상관계 이론가들은 미분화(undifferentiation), 공생애, 또는 융해관계(fused relationship)라고 부른다(Kernberg, 2004; Mahler, Pine, & Bergman, 1975; Winnicott, 1988). 공생애란 아이와 부모가 하나인 것 같은 느낌의 삶을 말한다. 아이는 자신이 아이인지 부모인지 구분이 없으며 단지 자신의 욕구가 충족되는 방식의 삶만을 살게 된다. 이때의 아이는 자폐적 경향을 보이며 자신에 취한 상태인 자기도취에 의한 삶을 사는데 이러한 상태가 1년 정도 이어진다(Mahler, Pine, & Bergman, 1975, pp. 52-63). 대상관계 이론가 중의 또 다른 한 사람인 컨버그(Kernberg)는 신생아의 이런 상태의 삶을 미분화라고 부른다. 미분화 상태의 아이는 오직 본능적 욕구인 생물학적 힘에 의해서만 삶을 산다. 이들의 삶은 쾌와 불쾌 자극에 의해 발생되는 행동으로 움직인다. 자신이 느끼는 자극이 쾌라면 즐거워하고, 불쾌라면 고통스러워하여 피하는 행동을 한다. 또 다른 대상관계 이론가인 위니콧(Winnicott)은 아이의 이러한 상태를 융해관계라고 부른다. 융해관계란 아이가 자신을 돌보는 사람과 붙어서 자신과 자신을 돌보는 사람을 구분하지 못하는 관계를 말한다. 대상관계 이론가들의 연구는 공통적으로 신생아인 아이가 자신을 돌보는 사람과 자신을 구분하지 못한다는 관계적 측면을 말하고 있다. 이는 아이가 자신과 타인에 대한 구분이 없는 삶을 살고 있음을 시사하고 있다. 이 시기의 아이는 생물학적 욕구에 의한 감정의 힘인 실재 자기로만 살고 있다. 이러한 이유로 생육 초기의 아이는 자신에 대한 인식이나 타인에 대한 인식이 거의 없는 상태의 비초월적 삶을 살고 있다.

아이의 삶은 성장을 통해 타인을 인식하면서 달라지기 시작한다. 아이의 타인에 대한 인식은 자신을 돌보는 사람과 연관이 있다. 아이는 삶의 어느 시점에서부터 자신을 돌보는 사람에 대한 인식이 생기기 시작하는데 이를 "심리적 부화(psychological hatching)"(Mahler, Pine, & Bergman, 1975, p. 53)라고 한다. "심리적 부화"는 아이의 심리적 발달을 비유적으로 달걀에서 병아리가 부화를 하는 현상으로 표현했다. 달걀 안의 병아리는 바깥 세상에 대한 인식이 전혀 없는 상태이나 알에서 부화하게 되면 달걀 밖의 세상을 보게 된다. 부화한 병아리는 자신이 처음 본 대상인 어미 닭을 자신에게 각인하며 어미 닭을 따르게 된다. 인간도 유사한 현상을 경험하게 된다. 아이는 자신과 타인에 대한 인식이 전혀 없이 살다 어느 순간에 자신을 돌보는 사람을 인식하게 된다. 자신을 돌보는 사람인 초월자를 인식하면서 유아는 초월자와 가장 기초적 수준에서 상호작용을 하게 된다. 이러한 상호작용은 초월의 가장 기초적인 형태로 유아가 자신을 돌보는 사람과 관계를 맺음으로써 발달하게 된다.

초월의 가장 기초적 형태 중 하나는 공감 발달을 연구하는 학자들에 의해 잘 제시되어 있다. 공감 발달 연구가 중 한 사람인 호프만(Hoffman, 2000)은 감정적 측면에서 공감 발달의 다섯 단계 중 첫 단계로 흉내 내기를 제시하고 있다(pp. 36-58). 이러한 흉내 내기는 초월자의 행동을 따라 하는 것으로 생각해 볼 수 있다. 초월자의 존재를 인식하기 시작한 유아는 초월자의 행동을 따라 하면서 초월자와 관계를 맺기 시작한다. 초월자가 찡그리면 같이 찡그리고 웃으면 같이 웃는 행동을 하면서 초월자를 따라 한다. 초월자를 따라 하는 행동은 초월자를 향한 관계적 노력의 일환이다. 완벽성이라는 초월적 본능은 인간을 완벽한 존재가 되게 하려는 발달적 힘으로 작동을 하는데 그 첫 번째 단계가 초월자의 행동을 따라 하기다. 이러한 따라 하기의 초월현상은 단지 아이의 발달에서만 나타나는 현상이 아니라 성인이라 할지라도 자신의 영역이 아닌 다른 영역을 접하고 배울 때 이러한 따라 하기 현상이 나타난다. 예를 들면, 목회자가 되기 위한 초보 신학생들은 유명한 목회자들을 따라 하는 행동을 자주한다. 유명한 목회자들의 설교를 유심히 들으면서 이들의 설교하는 방식, 내용, 형태를 익히기 위해서 노력한다. 이렇게 유명한 목회자의 설교에 대한 따라 하기는 나중에 자신의 스타일인 설교를 만들어 내기 위한 첫 단계다. 흉내 내기는 타인의 삶인 초월자의 삶을 내 것으로 받아들이는 첫 번째 초월적 행동이다. 공감 발달의 또 다른 학자인 셀먼(Selman, 1980)은 공감 발달을 인지적 측면에서 다섯 단계로 제시하고 있으며 그 첫 번째 발달을 자기중심적 관점의 공감이라 말하고 있다(pp. 131-135). 유아는 비록 초월자의 행동을 흉내 내기는 하지만 이러한 흉내 내는 행동은 자신의 감각에 근거하고 있다. 자신의 감각이 즐거우면 즐거운 방식으로 그리고 자신의 감각이 고통스러우면 고통스러운 방식으로 표현을 하는데 단지 초월자의 행동을 빌려서 흉내 내는 방식으로 표현하는 것이다.

유아의 흉내 내는 행동은 유아의 감각에 그 기초를 둔다. 첫 번째 초월현상은 유아가 자신의 감각에 근거하여 초월자의 행동을 빌려 오는 형태로 일어난다. 이러한 형태의 초월현상을 감각적 초월이라 부른다. 감각적 초월을 통해 유아는 감각적으로 자신 이외의 사람이 존재함을 알게 된다. 이때의 감각은 실재 자기와 객관적 자기의 상호작용에 의해서 만들어진 현상이다. 감각은 일차적으로 인간의 오감이라는 신체적 측면에 기초하고 있지만, 이러한 감각이 활용되고 사용될 때는 객관적 자기의 힘을 빌리기도 한다. 그러나 이 시점에서 객관적 자기의 힘은 아주 미미하게 작용한다. 대부분의 경우, 감각적 초월에서 유아는 실재 자기의 힘에 의해 움직이고 객관적 자기는 최소한으로만 작용된다.

감각적 초월은 타인의 존재를 감각적으로 느끼면서 자신을 넘어서는 현상이라고도 정의할 수 있다. 타인의 존재를 느끼지 않는 사람은 자신 하나만의 범주를 가지고 있다. 그러므로 타인의 존재를 느끼는 사람은 타인의 존재를 느끼지 않는 사람보다 자신의 범주가 더 확장된 사람이다. 자신의 세계 속에 타인의 존재에 대한 인식이 없는 사람은 자신이 원하는 대로 무엇이든지 할 수 있다고 느끼게 된다. 그러나 자신 이외에 타인이 있다고 인식하는 사람은 자신이 원하는 것을 하려고 할 때, 타인의 존재를 느끼면서 그 사람의 반응을 살피는 행동이나 마음을 갖게 된다. 이러한 행동이나 마음은 자신만의 범주 속에 있는 사람의 행동이나 마음과는 질적으로 다르다. 정도의 한계는 있지만 자신 이외의 세계에 열려 있는 존재로서의 유아는, 자신의 행동에 대해 점검할 수 있게 되고 자신의 행동이 제약받을 수 있음 또한 알게 된다. 물론 이러한 앎이 분명한 인식 상태에 있는가, 아니면 느낌이나 감각 정도의 수준인가는 발달의 정도에 따라 달라진다. 유아가 이제 자신이 아닌 자신을 돌보는 사람인 타인을 인식하게 되면, 이들은 이미 자신의 범주 속에 그들을 포함하는 행동을 하게 된다. 즉, 이들은 대상적 행동, 다른 말로는 관계적 행동을 하게 된다. 완전한 개인적 행동이 대상적 행동 또는 관계적 행동으로 달라지는 이러한 현상은 범주 확장의 결과물 중 하나다.

(2) 공유적 초월

언어의 습득은 유아의 삶을 질적으로 달라지게 한다. 언어의 습득으로 인해 아이는 더 이상이 유아가 아니게 되며 사회 속에서 살아가는 존재가 된다. 즉, 언어의 습득이 시작된 시기부터 유아의 시기를 지나 아동으로 살게 된다. 사회적 존재로서 아동은 타인의 존재를 완전히 느끼면서 살게 되는데 이때부터 아동은 타인과 공유된 삶을 살아간다. 이렇게 공유된 삶을 나타내는 지표 중의 하나가 언어다. 언어를 통해 아이의 범주 확장이 가속화되고 아동은 감각적 초월상태와는 질적으로 다른 삶을 살게 된다. 이러한 삶의 형태를 공유적 초월이라 한다. 공유적 초월을 통해 아이들은 이제 사회 속에서 자신을 느끼면서 살아가는 존재가 된다. 엄마와의 관계 안에서 엄마라는 단어를 배우는 것을 통해, 아이는 엄마와 공유적 삶을 산다. 자녀가 없이는 엄마가 될 수 없고 자식이 되기 위해서는 엄마가 있어야 하는 공동의 삶이 공유적 초월의 방식이다. 아이의 이러한 공유적 삶은 언어를 통해 주변의 많은 초월자들에게로 확장된다. 단어 습득를 통해 아빠, 할머니, 할아버지, 고모, 이모 등과 같은 다른 여러 종류의 초월자와 공유된 삶을 살게 된다.

공유적 초월을 뒷받침하는 증거 중 하나는 신경과학자들의 뇌 연구 결과다. 이들은 뇌를 제1의 뇌인 파충류의 뇌, 제2의 뇌인 포유동물의 뇌, 제3의 뇌인 인간의 뇌로 분류를 한다(Pearce, 2002, pp. 21-27). 이 중 제3의 뇌인 인간의 뇌는 언어적이면서 지적 능력을 가진 뇌로서 다른 두 뇌와는 구분된다. 언어적이면서 지적 기능을 하는 제3의 뇌는 진화를 통해 초월을 향해서 나아간다(Pearce, 2002, p. 27). 지적 기능을 가진 제3의 뇌는 인간으로 하여금 상상을 할 수 있게 한다. 언어는 이러한 상상력의 실현을 가능하게 만드는 도구다. 상상을 통해 아동은 자신과 직접적으로 관계를 하는 사람들의 입장이나 역할을 고려할 수 있게 된다. 이러한 역할에 대한 고려는 언어의 습득에 의한 지적 기능으로 인해 이루어진다.

공유적 삶은 자신의 일부를 넘어서는 초월적 삶이며 범주의 확장이다. 이제 아이는 자신의 삶이 자신의 뜻대로만은 되지 않으며, 다른 사람들과 공존하기 위해 공통의 삶인 자신을 넘어선 삶을 살아야 됨을 배우고 익히는 단계에 접어든다. 아이들은 점차로 자신 이외의 존재들인 초월자들이 여러 가지 면에서 자신과 다른 존재임을 알게 된다. 셀먼(1980)은 역할 수용 측면에서 공감 발달을 연구하는 학자로(pp. 131-135), 그의 연구는 역할 수용의 측면에서 공유적 삶이 조명되는 것을 뒷받침해 준다. 아이들은 공감을 통해 다른 사람들과 자신의 역할이 다름을 인식하게 되며 이에 따라 타인이 자신과는 다른 생각이나 느낌을 가진 존재임을 인식하게 된다. 아이와 엄마의 역할을 생각해 볼 때 둘은 서로 다른 역할을 가지고 있다. 엄마는 아이를 돌보는 초월자고 아이는 돌봄을 제공받는 수혜자다. 초월자와 수혜자는 생각과 느낌이 같을 수 없고 다른 역할에 따라 다른 방식의 삶을 살게 된다. 수혜자가 초월자와 관계를 지속적으로 맺기 위해서는 자신이 원하지 않아도 초월자의 것을 받아들이는 노력이 필요하다. 이러한 노력의 과정을 통해 수혜자는 자신을 넘어서는 범주 확장을 경험할 수 있다. 이러한 범주 확장은 수혜자와 초월자의 삶이 공유되면서 공유된 삶이 수혜자를 변화시키는 방식으로 일어난다.

공유적 삶에 의한 초월현상은 또한 아동이 다른 아이들과 관계를 지속하면서 다른 방식으로 발달하게 된다. 초월자를 통한 아이들의 범주 확장은 주로 일대일의 관계를 통해 공유된 삶의 방식으로 나타났다. 그러나 아이들은 다른 아이들과 삶을 살아가면서 새로운 방식의 공유된 삶을 살게 된다. 이러한 방식의 삶을 맥락적 공유라 한다. 이 단계의 아동은 다른 아이들과 놀면서 그들의 생각이나 행동, 느낌이 자신과는 다른 상황 속에 있음을 인식하게 된다(Selman, 1980, pp. 131-135). 다른 아이들의 생각이나 느낌 그리고 행동을 받아들일 때는 초월자와 수혜자라는 직접적 관계 양식을 넘어서 상황과 맥락 속에서의 이해와 받아들임이 필요하다. 이러한 과정에서 아동의 인식은 더욱 확장되어 같은 생각이나 행동이라도 맥락과 상황에 따라 다르게 이해될 수 있음을 알게 된다. 아동은 이제 맥락적 사고를 하는 존재가 되는 범주 확장을 경험하게 된다.

(3) 추상적 초월

아동의 맥락적 사고는 청소년기에 접어들면서 그 기능이 최대한으로 확대된다. 청소년기에는 뇌의 발달로 추상적 사고 능력이 확대되어 맥락 자체를 언어적으로 기술하는 능력 및 이러한 기술을 바탕으로 관계를 맺을 수 있는 능력이 개발된다. 이제 청소년의 언어적 기술 능력은 상황과 맥락을 통해 자신의 본능을 언어적인 기술에 따라서 통제할 수도 있고 확장할 수도 있는 가능성을 열어 준다. 진화론적 관점에서 뇌를 연구하는 학자들은 이러한 기능을 다음과 같이 설명한다. 제1의 뇌인 파충류의 뇌에서부터 제3의 뇌인 인간의 언어적이고 추상적 뇌로 진화하는 동안, 생존을 위해 더 상위의 기능을 하는 뇌가 하위의 기능을 하는 뇌를 통제하고 조절하게 된다(Pearce, 2002, pp. 49-51). 생존적 뇌는 감정적 뇌에 의해서 통제되고 조절되며 감정적 뇌는 인지적 뇌에 의해서 조절되고 통제된다. 이러한 발달은 인간이 생존에 있어 자연스러우며 반드시 필요한 과정이다. 상위가 하위를 통제하고 조절하면서 결국 초월을 향한 힘이 더욱 커지는데 이때가 청소년 중기이다(Pearce, 2002, p. 49).

전두엽의 발달과 더불어 인지적 기능이 확장되고 확대되는 청소년기에는 자신과 타인에 대해 객관적으로 기술할 수 있는 능력이 생긴다. 자신 주변의 초월자의 행동이나 생각에 대한 맥락이나 상황을 객관적으로 기술하고 이를 언어적으로 비평하거나 인정할 수 있는 지적 능력을 갖는 시기가 청소년기다. 청소년들은 다른 사람들의 생각이나 느낌을 그들의 언어를 사용하여 객관적으로 기술할 수 있는 단계(Selman, 1980, pp. 131-135)에 이른다. 이로 인해 이들은 자신과 타인을 다르게 인식할 뿐만 아니라 서로 공유할 수 있는 것과 공유할 수 없는 것을 깨닫기 시작한다. 이런 단계에 이르면 청소년들은 초월자들의 생각이나 감정, 행동과 관계없이 자신만의 생각이나 감정 그리고 행동을 가지기를 원한다. 이 같은 특징을 보이는 초월을 추상적 초월이라 한다.

청소년기는 자신의 정체성을 분명하게 하는 시기다(Erikson, 1968, 1964, 1963). 자신의 정체성을 분명하게 형성한 청소년은 사람들이 저마다 나름대로 복잡한 행동 체계 또는 관점 체계를 갖추고 있음을 인식한다. 이러한 인식은 청소년들로 하여금 사람들을 분별하고 구분하여 관계를 할 수 있도록 만든다. 공감 발달 측면에서 보면 인간은 저마다 복잡한 자기 체계를 형성한 존재(Selman, 1980, pp. 131-135)임을 인식하게 된다. 이러한 인식은 범주 확장을 무한대로 넓혀 갈 수 있는 토대를 만들어 준다. 즉, 이 시기의 청소년들은 자신과 다르게 존재하는 수많은 사람들이 모두 복잡한 자기 체계를 가지고 있으며, 이러한 타인과 관계하기 위해서는 또 다른 초월이 필요함을 깨닫기 시작한다.

청소년들의 이러한 인식 능력은 모두 지적 능력의 발달과 더불어서 시작되며, 이 같은 발달은 추상적 초월현상을 이끌어 낸다. 청소년은 자신의 추상적 능력을 활용하여 자신이 원하는 사람이 될 수 있는 능력을 가지고 있다. 추상적 능력은 자신의 본능적 힘을 변화시키고 바꾸어 변형에 이르게 한다. 이러한 능력을 통해 청소년들은 자신의 정체성을 새롭게 만들어 자신의 원하는 방식대로 자신의 삶을 살아갈 수 있게 된다. 추상적 능력은 청소년으로 하여금 선택을 할 수 있게 만들고 이러한 선택은 앞으로 어른으로서 자신의 삶을 선택하며 살아갈 수 있음을 깨닫도록 만든다. 어른이 되어 가는 과정에 있는 청소년들은 선택을 통해 자유로운 삶을 누릴 수는 있는 초월적 삶을 살 수도 있고 그렇지 않을 수도 있는 단계에 와 있는 것이다. 많은 청소년들이 절대자인 신을 영접하고 절대자의 가르침을 자신의 삶으로 받아들이는 현상도 바로 이러한 선택 중 하나다. 청소년들은 이제 자기중심적 삶을 살 수도 있고 한 단계 더 높은 초월을 하기 위해 절대자와의 관계를 통한 삶을 살 수도 있는 선택의 자유를 가진 사람이 된다.

추상적 초월을 통해 이제 자신을 넘어서는 청소년들은 자신과 비슷한 종류의 사람들을 자기처럼 인식하기 시작한다. 이러한 인식은 자신이 좋아하거나 유사한 사람들 속에 끼고 싶어 하는 행동으로 나타난다. 청소년 시기에는 타인을 여러 가지 부류로 나누며 자신과 비슷한 부류의 사람과 그렇지 않은 사람들을 구분하는 경향이 나타난다. 이러한 경향은 추상적 초월로 인해서 발생한다. 청소년은 자신이 속한 무리의 사람들을 자신과 하나로 인식하면서 자신 또한 이들 중 하나라고 인식하는 경향을 나타낸다. 추상적인 초월을 통해 타인의 특성을 구분하기 시작하면서 청소년은 타인과 자신의 유사성과 차이점을 발견하기 시작하며 자신이 어느 부류에 해당하는지 인식하기 시작한다. 이러한 인식과 더불어 청소년들은 자신이 속한 부류와 그렇지 않은 부류를 구분하며 심하게 차별하기도 한다. 이러한 차별로 인해 청소년기에는 종종 왕따 현상이 문제시된다. 즉, 자신과 비슷한 유형의 사람들끼리 집단을 형성하고 이러한 무리에 해당되지 않는 다른 청소년을 배제하고 괴롭히는 현상이 발생하는 것이다. 이러한 왕따 현상은 이러한 추상적 초월로 인해 자신과 다름을 차별하는 것으로 인해 발생되는 문제 중 하나다.

(4) 절대적 초월

추상적 초월을 이룬 청소년들은 이제 절대자를 추구하는 방식의 초월을 무한히 수행하게 된다. 절대자란 초월자들 중에 가장 높고 큰 존재다. 자신을 넘어선 지속적인 초월을 통해 청소년들은 점차로 자신이 그저 한 집단의 일원이거나 수많은 인류 중 한 사람임을 깨닫게 된다. 즉, 인간이라는 존재를 한 개인, 공동체의 구성원, 민족 중 한 사람, 그리고 인류의 한 명으로 생각할 수 있음을 알게 된다. 또한 인간은 자신 속에 세계가 있지만 세계 속에 자신이 있음도 알게 된다. 이런 의미에서 이 시기의 청소년은 하이데거의 "세계 내 존재"(강학순, 2006, p. 9; 윤금자, 2012, p. 303; 이남인, 2003, p. 26; 이성환, 2012, p. 227; 조형국, 2012, p. 239; 하제원, 2007, p. 670; 하피터, 2006, p. 103)가 된다. 초월이 계속됨에 따라 한 개인으로서 자신이 절대자의 피조물이지만 인류 전체가 절대자의 피조물임을 알게 된다. 초월을 지속적으로 하는 사람은 한 생명이 온 천하보다 귀하기도 하지만 그 한 생명은 모든 인류의 그저 한 사람일 뿐이라는 사실을 절대자를 통해서 인식하게 된다. 즉, 절대자의 입장에서 보면 인류 전체나 한 개인이나 동일함을 인식하게 된다.

그동안의 초월은 인간의 입장에서 절대자를 바라보면서 인간의 필요에 의해서 절대자를 이해하는 방식을 취하였다. 하지만 초월이 지속되면 절대자의 입장에서 인간을 바라보는 안목이 생긴다. 절대자와 관계를 통한 초월은 인간이 어떤 위치를 가지고 있는 존재이며 인간이 어떤 종류의 존재인지를 알게 한다. 자신의 입장에서 절대자를 바라보는 인간적 시각을 가지고 있었던 존재가 이제는 절대자를 통해 인간을 바라는 다른 방향의 시각을 갖게 되는 것을 절대적 초월이라 한다. 즉, 절대적 초월은 인간의 시각을 떠나 절대자의 입장과 관점으로 인간을 바라보고 이해하는 방식의 삶이다. 이제는 절대자의 입장에서 인간이 어디쯤 위치하는가와 인간이 어떤 성향을 가지고 있는지를 이해하기 때문에 인간을 작은 존재, 부분적 존재, 모순적 존재로 이해할 수 있게 된다.

절대자에 비하면 인간은 아주 작은 존재다. 절대자는 절대적 기준을 가진 존재고 절대적 힘을 가진 존재며 영원히 존재하는 지존자이다. 이에 반해서 인간은 유한적이고 상대적이고 절대자에 의해 만들어진 피조물에 불과하다. 영원히 살고 싶은 마음이 있다 하더라도 인간은 100년 남짓의 삶을 살 수 밖에 없다. 한번 인간으로 태어난 사람들은 죽음을 피할 길이 없으며 죽음으로 인해 이 세상에서 인간의 삶은 끝이 난다. 능력에 있어서도 인간은 아주 제한적이다. 절대자처럼 무엇인가를 만들어 내기는 하지만 이러한 창조 능력은 모두 있는 것들을 조합하거나 변형시키는 방식이 전부다. 절대자처럼 무에서 유를 창조하는 능력은 없으며 있는 것으로부터 무언가를 만들어 내는 부분적인 창조 능력을 가진 존재가 인간이다. 이러한 사실 모두가 우리는 신이 아니고 인간일 뿐임을 말해 준다. 피조되었으며 능력이 아주 제한적이고 한시적 삶을 사는 작은 존재가 인간이라는 사실은 절대자와 관련 속에서만 이해될 수 있다. 이러한 인식은 단지 개념적으로만 자각되는 것은 아니며 가슴에서부터 깊이 느껴지는 방식의 초월로 다가오게 된다. 이러한 예는 성경에서 욥의 경우를 보면 알 수 있다. 욥은 하나님의 존재를 직접적으로 느끼기 전에는 자신이 얼마나 의로운 사람인가를 논리적으로 증명하려고 하였다. 그러나 하나님을 직접 만난 후부터 욥은 자신이 얼마나 보잘 것 없고 작은 존재임을 느끼기 시작했다. 이를 통해 욥은 증명하려던 입을 다물고 하나님께 회개하며 자신이 작은 존재임을 고백하게 된다. 이렇게 인간은 절대자의 존재 앞에서의 초월을 통해 자신의 위치, 즉 작은 존재임을 깊이 느끼게 된다.

절대자를 통한 초월을 하게 되면 인간은 자신이 얼마나 부분적인가를 깊이 알게 된다. 절대자는 인간의 중심, 즉 그 마음의 깊은 곳을 보시며 그를 단번에 이해하신다. 이러한 이해는 예수님의 행동을 보면 알 수 있다. 예수님께서는 제자들이나 주변 사람들이 말을 하기도 전에 혹은 말을 했을 경우라 하더라도 전체와 말하는 이의 중심을 단번에 아시고 그 사람에게 꼭 필요한 말을 하셨다. 절대자는 인간을 이해할 때 과거와 현재 그리고 미래라는 시간적 요소, 그 사람의 심중에서 느껴지는 공간적 요소 그리고 수많은 인간관계에서 필요한 관계적인 요소 등을 고려하여 말을 한다. 이러한 전체적 이해는 반드시 필요하지만 인간은 이러한 능력을 가지고 있지 않다. 그렇기 때문에 사람들은 전체를 볼 수 있는 능력으로 인해 미래를 더 잘 예견한다든가 타인의 마음을 더 잘 헤아리는 능력 등이 자신보다 더 뛰어난 사람을 좋아하고 존경하는 경향이 있다. 이러한 경향은 사람들이 자신보다 더 위에 있는 초월자에게 의지하고 초월자를 통해 이해하려는 현상을 말해 준다. 인간이 이러한 절대자와 관계하게 되면 자신이 하는 말이나 자신이 보는 방식 그리고 자신이 세우는 계획들이 어느 방향이나 위치에 있는지를 알게 된다. 성경에는 이에 대한 구체적인 예가 되는 구절이 있다. 하나님께서는 인간이 죄를 지었을 때 아담에게 "아담아! 네가 어디 있느냐?"라고 말씀하시며 아담이 지금 어느 위치에 있는지를 물으신다. 인간은 죄를 지음으로 인해 한쪽 방향만 생각하는 경향이 생겼다. 아담은 하나님께서 자신을 부르고 계시나 벌을 받을 것에 대한 생각에만 사로잡혀 하나님의 은혜나 사랑을 생각하지 못하는 사람이 되었다.

이렇듯 한쪽 방향만을 생각하는 부분적 경향은 인간의 세상에서 다양한 형태로 나타난다. 인간의 부분적 경향성은 관계적인 측면에서도 자주 드러난다. 자신과 사이가 좋은 사람은 안 좋은 점도 너그럽게 봐주려 하지만 싫어하는 사람은 그의 장점도 안 좋게 보는 것과 같은 인간의 편향성은 우리의 부분적 경향성을 드러내는 것이다. 학술적인 부분에서도 인간의 부분적 경향성은 인간이 만들어 내는 이론에 의해 드러난다. 같은 현상이라도 각자 정의하는 방식은 너무도 다양하고 이러한 정의에 근거해서 다양한 이론들이 출현하게 된다. 같은 현상을 기술하는 방식의 다양성은 아마도 인간의 수만큼이나 다양할 것이다. 인간은 부분적이기 때문에 온전한 전체를 보지 못하며, 장님이 코끼리를 만지는 식으로 타인과 세상을 이해한다. 현상을 이해하는 방식뿐만 아니라 일상생활에서도 한쪽을 보지 않으려는 이러한 부분적 방식의 이해는 편만하다. 대표적 표현 중 하나로 나이를 들 수 있다. 사람들은 보통 나이를 물을 때 몇 살이냐고 묻는다. 보통 이 물음에서의 몇 살은 몇 년 동안 살았는가를 묻는 의미다. 하지만 몇 년 동안 살았는가는 다시 말해 남은 인생에서 몇 년을 죽어 왔는가와 같은 의미로 해석될 수 있다. 즉, 열 살이면 10년을 살았지만 동시에 남은 인생에서 10년만큼을 죽은 사람이라고 생각해 볼 수 있다. 말하자면, 사는 날과 남은 날을 동시에 생각해 볼 수 있는 나이의 개념에 대해 살아온 날만을 생각하는 부분적 경향성을 보이는 것이다. 즉, 나이에 대해 한쪽만 보려는 경향이 나타난다. 다른 예를 생각해 보면 어둠과 밝음에 대해서도 같은 방식으로 어둠만 보려는 경향이 있거나 아니면 밝음만 보려는 경향도 있다. 빛이 없기 때문에 어두우며 어두운 곳에는 빛이 없음이 함께 존재하나 우리는 어둠이나 밝음만을 생각하지 두 개념을 동시에 생각하지 못하는 경향이 있다. 이러한 경향들은 모두 인간이 부분적 존재임을 말해 주는 대목이다. 인간은 다른 사람들의 말을 들을 때에도 전체적으로 듣기보다는 부분적으로 듣는 편이다. 그래서 다른 사람들의 말을 이해할 때도 많은 상호작용이 필요하다. 한 번의 상호작용으로는 전체적 맥락과 내용을 다 이해하기 어렵기 때문에 여러 번의 상호작용을 통해 전체적 윤곽을 이해하고 그에 따라서 내용을 이해하기 시작한다. 그럼에도 불구하고 타인의 말을 이해할 때 우리는 오해나 왜곡을 하거나 특정한 것만 듣고 전체를 판단하거나 전체를 듣더라도 일부를 누락하는 현상이 나타난다. 이러한 현상은 인간의 부분적 경향으로 인해 나타나는 것으로, 이로 인해 서로 간의 많은 갈등이 발생한다.

인간은 절대자와의 관계에서 볼 때 모순적인 존재다. 인간은 절대자와의 관계를 통해 초월을 하면 할수록 자신이 얼마나 어리석은지 깨닫기 시작한다. 어리석은 존재라는 의미는 인간은 모순적임에도 불구하고 증명을 통해 자신이 모순이 없는 존재라는 것을 나타내려 시도하는 것을 말한다. 인간은 자신에게 있는 모순을 없애기 위한 노력을 끊임없이 시도하는데, 이러한 노력을 하면 할수록 인간은 더욱 모순에 빠진다. 인간에게는 합리적이면서 충동적인, 영혼을 가지면서 물질적인, 죄인이면서 의인인 여러 측면의 존재로서의 모습이 동시에 존재한다. 이와 같이 본래 모순적인 존재임을 받아들이고 이를 온전히 신에게 바치는 방식의 삶을 사는 것이 인간에게는 더욱 필요하다.

프로이트는 인간이 합리적이면서 충동적인 존재인 측면을 본능으로 개념화하여 설명하였다. 프로이트는 인간에게는 죽음의 본능과 삶의 본능이 동시에 존재하고 이들 본능들은 인간 안에서 끊임없이 서로 갈등을 일으킨다고 하였다. 이 두 본능은 서로 동시에 존재할 수 없기 때문에 서로를 밀어내면서 없애려고 하고, 이로 인해 마음속에서 지속적인 갈등이 발생하는 것이다. 이러한 본능은 현실적 여건과 관계없이 서로의 본능적 욕구에 충실하게 살도록 만든다. 본능은 인간이 원초적으로 살도록 만든다. 원초적 욕구에 의한 삶인 원욕적 삶은 충동적이다. 원욕은 현실에 상관없이 자신의 욕구에만 충실하게 살도록 만든다. 다른 한편으로, 인간은 자아가 있어 현실적 요건을 고려하면서 욕구를 충족하도록 한다. 자아는 현실을 대변하여 욕구를 충족하는 기능이다. 자아는 합리적 성격을 가진 성격의 일부분이다. 자아와 원욕과의 충돌로 인해 인간은 모순적 성향을 갖는다. 인간은 충동적이면서 동시에 합리적인 모순적 존재다.

인간은 영, 혼, 육으로 구성된 존재다. 이를 줄이면 영혼과 육이다. 영혼은 눈에 보이지 않는 현상이고 육은 눈에 보이는 현상이다. 인간의 영혼과 육은 서로 협력을 하기도 하지만 갈등을 일으키기도 한다. 그 이유는 영혼이 바라는 것과 육이 바라는 것이 서로 다르기 때문이다. 혼이 육에 지배를 받기 시작하면 생물학적 욕구가 심리적 욕구로 드러난다. 그렇게 되면 영이 원하는 것을 혼이 하지 않으려고 한다. 예를 들면, 몸이 피곤할 때 쉬려는 육의 욕구가 받아들여지면 혼은 편안해지려는 욕구를 갖는다. 이렇게 되면 다른 사람을 배려하고 돌보는 욕구인 영적 욕구와 갈등을 일으킨다. 이러한 현상은 가족관계나 인간관계에 수없이 존재한다. 반면에, 혼이 영의 지배를 받게 되면 혼은 영의 욕구를 대변하는 심리적 욕구를 갖는다. 몸이 피곤함에도 불구하고 꾸준히 다른 사람을 돌보는 현상이 이에 해당된다. 이렇게 영혼과 육은 종종 서로 모순적 입장에 서 있으면서 갈등을 일으키는 것을 볼 때 인간은 모순적 존재임을 드러난다.

신학적인 측면에서 인간은 의인이며 동시에 죄인이다. 죄인인 인간이 예수 그리스도를 주인으로 받아들이면 이때부터 신분상으로는 의인이 된다. 이러한 현상을 칭의(called righteousness)라고 부른다. 칭의는 불러 주어서 의롭게 되었다는 의미다. 죄인인 인간은 하나님께서 예수님을 통해 의인으로 불러 주었기 때문에 의인이 되었다. 모순적인 부분은 인간은 의인이 되었지만 여전히 죄인의 속성인 죄성을 가지고 산다. 죄성을 가진 존재는 영의 것인 하나님의 세계의 일을 생각하지 않고 인간의 것인 세상의 일을 생각하면서 산다. 반면에, 의인인 인간은 세상의 일을 생각하지 않고 하나님의 세상을 생각하면서 산다. 많은 경우에 하나님의 세상과 인간의 세상은 서로 정반대의 입장에 있다. 예를 들면, 인간에게는 물질인 돈이 목적인 경우가 많다. 많은 사람은 세상에서 돈을 벌기 위한 목적으로 산다. 그렇기 때문에 다른 사람을 어떠한 수단으로 생각하는 경우가 종종 있다. 그러나 하나님의 나라에서는 돈이 수단이고 사람이 목적이다. 사람을 돌보기 위해 돈을 사용하고 사람을 살리고 풍성하게 하기 위해 돈을 번다. 인간의 세상과 하나님의 세상에서 돈과 사람의 관계가 정반대로 존재하는 것처럼, 의인이면서 죄인인 인간은 이러한 모순 속에서 삶을 살아간다.

절대자와의 관계에서는 인간의 이런 점이 적나라하게 드러나고 인간은 자신들의 작음, 부분적임, 모순적임을 받아들일 수밖에 없다. 절대자 앞에 서게 되면 자신이 그동안 주장해 왔던 것이 얼마나 어리석은지 느껴지며 자신이 얼마나 작은 존재고 자신이 얼마나 부분적이며 하찮은 존재인지를 느끼기 시작한다. 이러한 느낌들은 인간이 대자연 앞에 설 때의 느껴지는 것과 유사한 점이 있다. 산을 오르는 등반가들은 산에 가까이 가면 갈수록 자신이 얼마나 작은 존재인지를 느낀다고 한다. 증명하려고 노력하는 학자들은 자신이 노력을 하면 할수록 모순을 느낀다. 대표적인 경우가 논리의 모순이다. 활을 쏘면 절대로 벽에 맞지 않는다는 수학적 논리인 제논의 화살의 역설을 생각해 보자. 제논은 화살이 이동한 거리만을 고려하여 화살은 벽과의 거리의 반을 간다고 한다. 그리고 그 화살은 다시 반의반을 간다. 계속해서 화살은 반의반을 가고 결국 언제나 반의반은 남게 된다. 제논의 논리로 볼 때 화살은 벽에 맞지 않는다. 하지만 실생활에서 움직이는 물체는 움직이는 데 걸린 시간으로 움직인 거리를 나눠서 속도를 구하며 비교해야 한다. 즉, 물체의 이동은 속도에 의해 표현되어야 하므로 실생활에서 화살은 벽에 맞게 되고 제논이 펼친 논리는 모순에 부딪힌다. 물체의 움직임에 있어 이동하는 시간을 고려하지 않은 제논의 논리처럼 인간이 주장하는 수많은 학설은 인간이 결국 부분적 존재임을 말해 준다. 언제나 같은 것을 보더라도 많은 다른 생각들이 존재하고 이러한 생각들은 이론이 되어서 교과서에 실린다. 인간이 이렇게 전체 진리를 한꺼번에 볼 수 없는 존재라는 사실을 인식할 때 우리는 상대성을 인정하게 된다. 아무리 인간이 초월을 한다고 하더라도 우리는 부분일 수밖에 없는 존재다. 이렇게 인간이 절대자 앞에 서면 자신이 얼마나 작고 부분적이며 모순적인 존재인지를 충분히 깨닫고 인식하며 느끼고 행동할 때, 인간의 초월은 절대자를 향해서 간다.

3) 발달에 따른 수평 초월과 수직 초월

우리는 앞에서 초월의 유형을 감각적, 공유적, 추상적, 관계적 초월로 자세하게 살펴보았다. 이제 우리는 그러한 각 유형의 초월을 발달 단계에 따라 정리해 보고 아울러 발달에 따라 나타나는 수평 초월과 수직 초월의 관점으로 살펴보려 한다.

완벽성에 의한 발달적 경향은 심리사회영적 현상이다. 심리적 현상으로서 발달은 완벽적 특성이 발현되는 과정이다. 완벽적 특성의 발현은 신생아로 하여금 전능감에 빠지게 만든다. 전능감은 자신이 대단한 존재인 것 같은 느낌으로 신생아는 자신만이 존재하는 것 같은 자기도취인 하나 되는 느낌에 빠진다(Kernberg, 2004; Mahler, Pine, & Bergman, 1975). 자기도취에 빠진 신생아는 주변의 모든 사람을 자신을 위해서 존재하면서 자신의 욕구를 충족시켜 주는 대상으로 인식한다. 자신의 욕구가 충족되지 않으면 주변의 상황이나 사람들의 상태와 관계없이 울고 떼를 쓰는 충동적 행위를 한다. 자신의 욕구가 충족되면 유아는 만족하고 웃거나 잠을 자거나 노는 행위를 한다. 이러한 욕구는 감정에 근거한 힘으로서 실재 자기에 의한 삶이다. 완벽성이 심리적으로 발현되면서 유아는 감정에 근거한 생존의 모드로 삶을 살게 된다. 이러한 심리적 삶이 변화를 맞이하게 되는 시점은 유아가 주변의 사람인 초월자들을 인식하면서부터다. 자신의 내면에 충실하게 사는 심리적 과정에서 이제 사회적 과정으로 이행되는 삶의 단계가 유아의 시기다.

유아는 초월자를 인식하면서 조금씩 사회적 관계에 눈을 뜨면서 감각적 초월을 하게 된다. 감각적 초월은 실재 자기의 삶에 객관적 자기의 삶이 조금씩 더해지면서 일어난다. 객관적 자기는 인식을 기반으로 한 인지적 능력이며, 인식은 감각에서부터 영적 현상에 이르기까지 다양한 스펙트럼을 가지고 있다. 그 스펙트럼은 오감을 통한 타인의 지각에서부터 절대자를 만나서 자신을 변형시키는, 온몸과 마음으로 느끼는 전인적 통찰까지 그 범위가 다양하다. 유아는 이제 오감을 통해 초월자를 인식하는 과정에 이르게 된다. 유아는 감각적 초월을 통해서 조금씩 사회적 과정인 관계를 하기 시작한다. 이러한 관계를 통해 유아는 자신이 원하는 대로만은 할 수 없음을 감각적으로 느끼게 된다. 이 같은 감각적 느낌은 유아에게 좌절을 가져온다.

이러한 감각들이 모이면서 자신과 타인에 대한 이미지들이 모이고 모여진 이미지들이 점차로 자신을 만들어가기 시작한다. 자신이 만들어져 가는 동안 유아는 아동으로 발달하고, 다른 아이들과 이러한 심리적 느낌들을 공유하면서 자신의 범주를 확장하는 공유적 초월을 하게 된다. 공유적 초월이 더 진행되면서 청소년기에 이르게 되고 청소년 때부터는 추상적 초월을 하게 된다. 이러한 초월이 일어나는 과정 속에서 실재 자기의 힘과 객관적 자기의 힘이 서로 상호작용하면서 자신의 정체성을 만들어 간다. 이렇게 자신의 정체성을 만든 청소년들은 더욱더 완전해지려는 경향을 만들어 내는데 이는 절대자를 향한 초월이다.

감각적 초월에서 공유적 초월과 추상적 초월 그리고 절대적 초월로의 발달 과정은 그 자체로 영적 현상이다. 완벽한 존재를 향한 여정인 발달 과정은 영적 현상이며, 발달을 거듭하면서 초월을 통한 범주 확장이 일어나고 이러한 범주 확장은 그 자체로 초월적이다. 자신을 넘는 초월적 과정으로 인해 자신 안에서 심리적 세계의 변화와 변형이 생긴다. 영적 현상과 심리적 현상은 직접적으로 연관이 있다(Hall, 2004, pp. 66-68; Roberts, 2006, pp. 132-135; Worthington, 2006, pp. 34-39). 이러한 영적이며 심리적인 현상은 사회적으로 발현되기도 하는데 이 같은 사회적 발현 중 하나가 공감 현상이다. 공감은 이런 의미에서 심리사회영적 현상 중 하나다. 공감 자체는 타인을 인식하고 받아들이는 과정으로서 심리적이면서 동시에 사회적 현상이다. 또한 동시에 자신을 초월하며 공감이 이루어지기 때문에 공감은 그 자체로 초월적이다. 즉, 공감을 통해 자신을 넘어서는 수직 초월을 하고 타인과 관련을 맺는 수평 초월현상을 하게 된다.

감각적 초월부터 시작한 발달현상은 철학적 의미에서 보면 인식론적 초월과 존재론적 초월이 어울려진 현상이다. 인식론적 초월은 수평 초월로서 이는 자신과 타인의 관계를 자신의 입장에서 인식하고 있는 상태를 말한다. "대상이 본질적으로 인식하는 주체에 동화 내지 일치되어 있다. 의식과 대상은 분리되지 않고 밀접하게 관계되어 있는(하피터, 2006, p. 83)" 상태가 자신의 입장에서 본 타인을 향한 수평 초월이다. 철학적으로 보면 자신의 입장을 유지하고 고수하면서 타인을 인식하고 그에게 동화하거나 일치하려고 하는 현상이 수평 초월이다. 발달의 초월현상은 이렇게 자신의 입장에서 타인을 무한히 인식해 가는 과정이다. 감각적 초월의 유아는 타인의 존재를 감각적으로 인식한다. 공유적 초월의 아동은 타인의 일부분을 자신과 공유하면서 인식을 확장한다. 추상적 초월의 청소년은 이러한 공유를 개념적으로 이해하고 이를 바탕으로 일반적으로 타인들을 인식한다. 절대적 초월의 인간은 이러한 인식의 확장이 절대자에게까지 이르게 한다.

이렇게 인식이 확장되어 감에 따라서 자신 안에서 변형이 이루어지는데 이를 수직 초월이라 한다. 자신과 자신의 관계가 수직 초월을 하면서 이전의 자기와는 다른 자기가 된다. 감각적 초월을 통해 타인의 존재인 초월자의 존재를 인식하면서 익숙한 대상과 그렇지 않은 대상을 구분하기 시작한다. 이러한 구분은 유아 속에 낯선 사람에 대한 불안을 만들어 내고 불안이 지배하는 심리적 삶을 살게 한다. 유아의 자신 속에 있는 불안이 점차로 구체화되면서 불안에 의한 삶으로 자신이 변형된다. 막연한 불안과 공포에서 구체적 불안과 공포로 변형이 일어난다. 유아는 선택적 삶이 가능해진다. 이 같은 선택적인 삶에서는 불안한 대상과 그렇지 않은 대상을 구분하는 것이 가능해진다. 이러한 과정은 감각적 초월을 통한 인식이 일어나서 자신의 삶이 새로운 단계에 이른 수직 초월현상 중 하나다. 수직 초월현상은 유형적으로는 공유적 초월, 추상적 초월, 절대적 초월이 일어나면서 급격하게 진행된다. 각각의 초월적 단계들은 자신들의 심리적 구조를 변형시켜서 이전 단계의 심리적 구조와는 확연히 다른 심리적 구조를 만들어 낸다. 각각의 초월 단계에 따른 심리적 구조들은 모두 존재가 달라지는 현상이다. 변형된 심리적 구조로 인해 각각의 초월 단계에 따른 존재들은 존재론적으로 구분된 현상을 보인다. 즉, 이전의 존재와 초월에 따른 존재는 서로 다른 존재들로서 이러한 존재적 발달은 수직 초월과 더불어서 온다. 수직 초월의 개념의 예를 비유적으로 들어 보자면, 아동기가 지난 청소년이 다시 아동이 될 수 없고 청년이 된 사람은 다시 청소년이 될 수 없음과 같은 이치이다. 즉, 한번 수직 초월을 이루고 나면 본질적으로는 하나의 같은 존재이지만 확연히 다른 존재로 구분되며, 다시 이전 단계로 돌아갈 수 없는 것이 그 특징이라 말할 수 있다.

초월에 따른 발달현상은 영적 발달이다. 영적 발달은 개인의 인식 능력과 더불어 발달하면서 타인과 어떤 관계를 맺는가에 관련되어 있다(Hall & Edwards, 1996). 수평 초월의 측면에서 보면 인간은 오감 능력에서부터 추상적 능력에 이르기까지 자신 개인의 능력을 발휘하면서 주변의 타인들, 즉 초월자들과 관계를 맺으며 존재론적으로 그리고 인식론적으로 초월해 나간다. 자신보다 큰 존재인 하나님과의 관계 속에서 인간이 자신을 바라보는 영적 인식은 유아와 그 유아를 돌보는 사람인 부모와의 관계 속에서도 생겨난다. 하나님과 소통하기 위해서 깊은 영적 인식이 필요하듯이(Hall & Edwards, 1996, p. 236) 인간은 타인들인 주변의 초월자들과 소통하기 위해 깊은 인식을 필요로 한다. 이러한 깊은 인식은 존재론적 초월과 인식론적 초월 모두에 기초를 두고 있다. 이는 인식론적으로 볼 때 자신 이외의 수많은 존재가 있음을 깊이 인식하게 됨을 의미한다. 이러한 인식을 통해 수평 초월이 가능하게 되며 범주가 수평적으로 무한히 확장될 수 있게 된다. 자신에 대한 인식은 기초적 감각에서부터 추상적이고 절대적 초월을 거치며 확장되어 가는 과정을 겪는다. 이 세상에는 끝을 알 수 없을 것 같은 수많은 다른 존재가 있음도 알게 되며 이들과 관계하기 위해서는 이들의 독특한 관점과 세계 그리고 그들의 세상을 이해하는 노력이 필요함을 알기 시작한다. 이 세상에 인간만 존재하는 것인지에 대한 의문도 들며 때로는 보이지는 않지만 무엇인가 있는 느낌이 들기도 하고 설명할 수 없는 어떤 것이 있는 느낌이 들기도 한다. 이러한 느낌이나 생각들은 소설, 영화, 예술 작품, 종교적 수행이나 활동 등에 의해 확인을 받기도 한다.

존재론적으로 볼 때 자신과 다른 복잡한 자기 체계를 갖춘 존재들과 관계하기 위해서는 자신이 포기해야 할 것과 주장해야 할 것을 구분하면서 타인을 받아들이는 수용의 정도를 결정하는 노력이 필요하다. 이러한 수용의 과정은 근본적으로 자신에 대한 질문을 야기한다. 이러한 질문은 자신이 누구인지 그리고 자신이 어디에서부터 왔는지 등과 같은 철학적이고 존재론적인 고민과 맞닿게 된다. 이 같은 고민들을 통해 인간은 인간 존재를 넘어서는 새로운 세계를 접할 수 있게 되는데 이것이 바로 영적 세계다. 영적 세계를 접하며 인간의 생각은 자신의 근본, 인류의 근본과 우주에 관한 수많은 것에까지 확장된다. 이러한 근원에 대해 알아보려는 과정을 곧 수직 초월이라 할 수 있다. 이러한 존재론적 고민들은 청소년기에 절정에 이르게 되는데 어떤 경우 이러한 수직 초월을 무한하게 하기도 한다. 또는 수직 초월의 결과로 많은 청소년이 종교에 귀의하기도 한다. 이처럼 청소년은 수직 초월을 통해 자신보다 더 큰 존재를 만나고 이러한 만남을 통해 절대자와 관련을 맺으면서 살아가는 영적 존재가 된다.

2. 범주 확장의 국면

1) 변형과 범주 확장

변형은 글자 그대로 형태의 변화를 의미한다. 형태란 일정한 모양을 의미하는데 보통은 구조를 말한다. 인간의 신체에 일정한 구조가 있듯이 마음에도 일정한 구조가 있다. 이를 정신 구조(mental structure)라고 한다. 변형은 이러한 정신 구조의 변화를 의미한다. 정신 구조와 관련된 단어로는 형태, 스타일, 모양, 경향, 성향, 방향성 등이 있다. 각각의 단어들은 구조의 여러 측면을 나타낸다. 스타일은 구조의 겉모습을 나타내는 단어다. 강렬한 경향을 가진 사람들은 옷을 입을 때 좀 더 자극적 스타일의 옷을 입을 수 있다. 우울한 경향을 가진 사람들은 평범하거나 눈에 잘 띄지 않는 스타일의 검정이나 회색 계통의 옷을 입을 수 있다. 경향, 성향, 방향성은 모두 일정한 방향을 지칭하는 단어들이다. 물리적 구조는 정적 상태로 머물러 있지만 정신적 구조는 일정한 방향을 가지고 움직이는 동적 경향을 가지고 있다. 환경에 따라서 그리고 상호작용하는 사람들에 따라서 이리저리로 모양이나 형태를 바꾸기도 한다. 이렇게 변화하는 동적 상태를 가진 구조라 할지라도 일정한 경향성을 가지고 있기 때문에 이를 이해하면 행동이나 언어 그리고 방향에 대해서 예측이 가능하다. 변형은 이러한 경향, 방향, 성향이 새로운 경향과 방향, 성향으로 바뀌는 구조적 변화를 의미한다. 구조적 변화와 더불어 구조의 형태와 모양이 바뀌면서 나타나는 양상인 스타일도 달라진다.

변형은 양적 변화를 통한 질적 변화라고 정의할 수 있다. 많은 양적 변화가 일정하게 모이면 더 이상 같은 상태를 유지하기 어렵게 된다. 양적 변화량이 포화상태에 이르면, 같은 상태로는 모여진 양적 변화를 계속 수용하고 있을 수 없기 때문에 변화가 필요하게 된다. 이러한 변화를 받아들이기 위해 새로운 상태의 질적 변화를 이루는 것이 변형이다. 변형은 서서히 오기도 하지만 급격히 오기도 한다. 새로운 것을 받아들일 수 있도록 서서히 변화가 오면서 변형이 일어나면 이는 정상적 발달의 과정이라 할 수 있다. 하지만 새로운 것을 받아들일 준비가 되지 않았는데 급격한 변형이 오면 이는 충격이 된다. 이러한 충격을 경험하는 사람들은 변형에 따른 증상을 경험하게 된다. 하지만 정상적 발달의 과정을 겪는 사람들은 이 같은 증상을 경험하지 않고 새로운 구조 변화인 변형을 용이하게 받아들이게 된다.

초월이 일어남에 따라 인간은 서로 다른 모양의 범주를 갖게 되는데 이러한 다른 모양이 구조적 변화다. 범주 확장은 수평 초월과 수직 초월이 어우러지면서 일어나는데 이는 구조적 변화를 초래한다. 감각적 초월에 의한 범주 확장과 공유적 초월에 의한 범주 확장은 서로 다른 질적 변화를 갖는다. 각각의 범주 확장이 서로 질적으로 다른 이유는 구조적 변화가 일어나기 때문이다. 이러한 구조 변화는 감각적 초월, 공유적 초월, 추상적 초월과 절대적 초월에 이르는 발달 과정에서 지속적으로 일어난다. 이 구조적 변화로 인해 인간은 더 큰 존재가 되어 가며, 평생을 살면서 범주 확장을 통한 변화의 과정을 겪는다. 즉, 인간은 평생에 걸쳐서 구조적 변화인 변형을 겪는 존재다.

구조적 변화로서 변형은 "발달이나 의도된 연속선상을 따라서 낮은 질서에서 높은 질서에로 형태의 변화(a change in form from lower to higher orders of life along a continuous line of intention or development)"(Loder, 1989, p. 43)로 정의된다. 질서 변화는 낮은 질서에서 높은 질서에로의 형태적 변화다. 로더(Loder, 1989)는 이러한 질서 변화에 대해서 "변형에 있어서 전형적 예는 누에가 나방이 되면서 발생하는 형태의 변화"(p. 43)라고 정의한다. 누에는 이차원인 평면을 사는 존재다. 평면이란 수학적으로 표현하면 X축과 Y축의 평면으로 구성된 세계다. 누에는 앞뒤와 옆이라는 개념을 가진 존재다. 누에가 경험하는 모든 것들은 이렇게 X축과 Y축으로 구성된 평면에 모두 저장된다. 누에가 성장함에 따라 누에는 생물학적인 변형이 필요하다. 인간은 이러한 이차원에서의 경험들이 팽창을 계속하게 되어 더 이상 이차원의 평면에 모든 경험을 저장할 수 없게 되면 새로운 차원의 그 무엇인가를 필요로 하게 된다. 이러한 상황을 비유적으로 살펴보면 누에가 삼차원인 공간을 사는 존재인 나방으로 변신하는 것을 그 예로 볼 수 있다. 누에가 나방으로 변신하는 것은 이차원의 질서에서 삼차원의 질서에로의 변형이다. 즉, 나방은 X축, Y축, Z축으로 구성된 공간적 존재다. 이제 나방이 경험하는 것들은 이러한 삼차원의 공간에 저장된다. 앞뒤와 옆으로 구성된 이차원과 달리 삼차원은 앞뒤, 옆, 그리고 위아래로 구성되어 있다. 나방이 앞뒤와 옆의 경험을 한다 하더라도 이는 누에가 평면에서 경험하는 앞뒤의 경험과는 전혀 다르다. 이는 다시 말해, 공간을 염두에 둔 이차원적 경험과 공간 개념이 없는 이차원적 경험은 같은 차원이라 하더라도 질적으로 전혀 다르다는 뜻이다. 누에가 나방과 함께 똑같은 이차원의 경험을 하더라도 이에 대한 이해는 서로 전혀 다를 수밖에 없다. 이와 같은 경험의 질적 차이는 차원적 변화인 이차원에서 삼차원에로의 변형에 의해 발생한다. 이러한 현상이 나방의 변형적 경험(transformational experience)이다. 나방의 변형적 변화는 낮은 질서인 이차원에서 높은 질서인 삼차원에로의 질적 변화다.

변형적 경험은 반드시 새로운 차원의 범주 확장을 수반한다. 이차원의 범주는 평면적 세계고 삼차원의 범주는 공간적 세계다. 차원이 하나씩 달라질 때마다 수직 초월과 수평 초월이 일어난다. 수평 초월의 입장에서 보면 같은 평면적 경험이라 할지라도 누에와 나방은 서로 다르다. 누에의 평면적 경험은 앞뒤와 옆만 있는 세계에 국한되어 있으나, 나방의 평면적 경험은 앞뒤와 옆을 공간 측면에서 다시 조명될 수 있다. 나방은 공간을 통해서 자신의 평면적 경험이 새로운 세계를 구축하는 하나의 축에 불과함을 이해하게 된다. 그러나 누에의 평면적 경험은 그 자신의 세계 그 자체이며, 이는 누에가 평면의 세계를 살기 때문에 축의 형성이 불가함에서 기인한다. 즉, 누에의 범주는 평면에서 끝이 나지만 나방의 범주는 평면에서 끝나지 않고 새로운 평면으로 확장된다. 예를 들면, 직육면체가 있다고 하자. 누에의 범주는 직육면체 바닥에 있는 한 평면의 경험에서 끝이 난다. 그러나 나방의 범주는 직육면체의 바닥 평면, 윗 평면, 옆 평면 등과 같이 여러 평면들로 확장된다. 누에와 나방이 같은 평면적 경험을 하더라도 전혀 다른 방식과 의미 그리고 종류의 범주 속에 놓이게 된다.

수직 초월의 입장에서 보더라도 누에와 나방의 범주는 전혀 다르게 된다. 누에는 위와 아래가 없는 평면적 경험을 하지만 나방은 위와 아래가 있는 평면적 경험을 하게 된다. 같은 평면적 경험이라 하더라도 하나는 단지 앞뒤와 옆이라는 축으로 경험되지만 다른 하나는 앞뒤와 옆 그리고 위아래라는 축으로 경험된다. 하나의 축이 더해지면서 누에와 나방의 경험은 완전히 질적으로 다른 범주 속에 놓이게 된다. 앞에서 예를 든 직육면체를 다시 보자. 누에는 기어가다가 장애물이 생기면 돌아가거나 넘어가야 한다. 이는 마치 자동차가 도로 위를 달리다가 장애물을 만나면 옆이나 앞뒤로 가야 하는 이치와 동일하다. 그러나 그 자동차가 날 수 있다면 장애물을 만날 때 위로 날아서 그 장애물을 피할 수 있다. 나방은 이제 장애물을 만나면 위로 날아서 그 장애물을 피하고 장애물 다른 쪽에 안착할 수 있게 된다. 나방의 범주는 누에의 범주와는 전혀 새로운 차원의 형태와 방식을 갖는다. 누에에게는 전혀 알 수 없는 위와 아래가 나방에게는 일상이고 평범한 일이 된다. 수직 초월의 측면에서 보면 나방의 범주는 누에의 범주와는 차원을 달리하는 질적 차이를 보인다.

우리는 인간의 변형과 범주 확장을 이해하기 위해 누에와 나방의 예를 통해 그 내용을 살펴보았다. 누에가 나방이 되는 것처럼 인간의 범주도 구조와 형태의 변형이 일어나며, 수직 초월을 경험한 객체와 수직 초월을 경험하지 못한 객체의 범주는 인식의 차이를 초래한다.

2) 초월 경험에 따른 범주 확장의 차원적 차이

감각적 초월은 일차원적 초월이다. 유아는 자신 이외에 다른 초월자가 있음을 인식하고 안다. 이러한 인식은 방향성만 있는 일차원적 현상이다. 일차원은 방향만 존재하는 수학적 개념으로서 존재 유무에 관한 내용이다. 유아는 자신 이외의 존재를 감각적으로 알고 있는 정도다. 자신이 다른 초월자들과 어떤 상호작용을 해야 하는지 그리고 그러한 상호작용이 어떤 영향을 미치는지 아직은 알지 못한다. 감각적 초월은 존재를 인식만 하는 일차원적 초월이며, 존재 유무의 인식은 초월의 첫 단계다. 자신의 존재는 타인의 존재와 더불어 이해되는 개념이기 때문에, 이러한 인식이 없이는 자신이 존재할 수 없다. 즉, 자신과 타인은 각각 짝 개념으로서 타인이 없이는 자신이 없고 자신이 없이는 타인이 존재하지 않는 개념들이다.

타인의 존재를 인식함으로써 인간은 자신을 넘어서는 경험을 하게 된다. 예를 들어, 산이 존재한다고 인식하면 인간은 산을 바라보는 경험을 할 수 있다. 산을 바라보면서 자신의 존재를 잠시 잊을 수도 있고 자신의 존재와 산을 비교해 볼 수 있다. 이 단계에서는 산과 자신이 어떤 관련성을 가지고 있으며 이러한 관련성이 자신에게 어떤 영향을 미치는지에 대해서는 알지 못한다. 다만 산의 존재가 자신에게는 중요한 초월적 경험일 뿐이다. 즉, 이때의 초월적 경험은 단지 방향성만으로 존재하는 현상이며, 산의 존재는 점처럼 인식되는 초월적 경험인 것이다. 산의 존재 여부가 일차원적이라는 말은 마치 누군가가 "산이 어디 있어요?"라고 물으면 "저기 있네요."라고 방향을 가리키는 현상과 동일하다. 유아는 자신 이외의 존재가 있음을 인식하는 초월적 상태를 보이면서 감각적으로 상대방을 인식한다. 상대방에 대해 어떤 의미 부여도 되지 않으면서 어떤 관계를 맺어야 하는지에 대한 인식도 없다. 유아에게 "엄마 어디 있어?"라고 물을 때 엄마를 바라보거나 가리키는 유아의 행동은 감각을 통한 초월일 뿐, 엄마라는 대상에 대한 의미나 관계성은 포함되어 있지 않다는 것이다. 이런 의미에서 감각적 초월은 존재의 방향만을 가리키는 일차원적 초월 현상이다.

공유적 초월은 감각적인 일차원적 초월을 넘어선, 이차원적 초월이다. 아동은 이차원적 초월을 통해 다른 존재들과 필요를 공유하게 되는 형태의 삶을 산다. 이러한 초월은 같은 평면에서 존재하면서 서로의 필요에 따라 놀이를 공유하는 형태다. 이 같은 놀이가 자신에게 어떤 영향을 미치고 자신의 존재를 어떤 방식으로 달라지게 하는지에 대한 인식은 여전히 없는 상태다. 이는 마치 서로 이웃하는 두 집이 있으면서 서로 왕래하는 경우와 비슷하다. 두 집은 왕래는 하지만 집이 이동을 하거나 면적이 작아지거나 늘어나지는 않는다. 이차원적 초월은 단지 같은 땅 위에 존재하면서 서로를 의지하고 살아가는 평면적 측면의 초월이라 할 수 있다. 즉, 이차원적인 초월인 공유적 초월은 나와 환경이나 타인이 변형됨 없이 서로 교류 차원에서 필요를 공유하는 것을 의미한다.

공유적 측면에서 아동은 다른 아동들 그리고 초월자들과 상호작용을 한다. 이러한 상호작용은 마치 나와 집이 상호작용을 하거나 나와 산이 상호작용을 하는 현상과 같다. 산과 집이 고정된 물체이기는 하지만 나는 산이나 집을 이웃 삼아서 살 수 있다. 이때의 산과 집은 단지 방향성만 있는 존재가 아니라 나의 이웃이기도 하다. 즉, 산과 집에 이웃이라는 추상적인 개념이 대입됨을 통해 상호작용이 나타난 것이다. 아동은 다른 아동들과 놀이를 통해 서로 공유를 하는 초월적 경험으로 친구를 사귄다. 놀이를 통한 상호작용으로 다른 아이에게 친구라는 개념을 붙이면서 아동은 새로운 차원의 초월적 경험을 한다. 그냥 서로 이름만 아는 정도의 개념인, 점으로의 존재가 일차원적 초월이라면 이웃으로서의 친구가 이차원적 초월이다. 이웃은 이제 평면적인 개념에서 옆으로 존재한다. 이는 마치 두 집이 나란히 존재하면 이웃집이라고 하는 원리와 같다. 이웃집은 나란히 일정한 평면에 존재하면서 서로를 든든히 지켜 주는 역할을 한다. 친구는 이제는 아동에게 자신들의 옆을 지켜 주는 역할을 하는 존재들이다. 친구란 이전에 의미나 관계가 없던, 점으로 존재하는 타인들과는 전혀 다른 초월적 경험으로, 친구들은 서로 일정 부분을 공유하는 존재들이다. 평면으로서 존재하는 친구는 각각의 관심사인 놀이를 통해서 평면적 공유를 하며, 서로의 관심사와 필요를 평면적으로 공유하는 존재들이다. 이때에는 공정이나 평등과 같은 상위 차원의 개념들을 공유하지는 않는다.

추상적 초월은 서로의 영향으로 인해 자신의 삶이 달라지는 초월을 말한다. 타인과의 관계가 없이는 정체성 형성이 불가하다는 것은 앞에서 이미 설명한 바 있다. 삼차원의 초월에서는 타인과의 상호작용이 전제가 된다. 추상적 초월은 자신이 어떤 정보를 상대방에게 주는가에 따라 상대방의 정체성이 달라지고 자신이 어떤 정보를 상대방에게 받는가에 따라서 자신이 달라진다. 이는 단지 두 집이 공유하는 식의 평면적 초월이 아니라 각각의 집들이 서로 겹쳐지기도 하고 분리되기도 하는 공간적 초월이며 삼차원의 초월이 된다. 추상적 초월의 관계에서는 서로의 관계를 어떤 각도로 보느냐에 따라 다양한 방식으로 관계가 정의된다. 즉, 같은 인간으로서의 상호작용으로 볼지 아니면 역할에 따른 위치로 볼지에 따라서 두 사람의 정체성과 방향은 아주 달라질 수 있다.

인간의 정체성과 방향은 변형을 통한 자기 통합이라는 현상으로 나타난다. 추상적 초월의 단계에 이른 청소년들은 자신의 정체성을 확립하기 위해 많은 변형의 과정을 거친다. 이 시기에는 아동기에 가지고 있던 많은 특성이 어른의 특성으로 변형된다. 즉, 아동기의 특성이 완전히 사라지거나 없어지지 않지만 새로운 것들을 받아들이면서 이전과는 질적으로 다른 특성을 가진 형태를 갖추게 된다. 성장하면서 이전에 인식되지 않던 현실적 안목이 생겨나고, 자신이 원하는 것들을 현실적 안목과 일치시키려는 노력을 하게 된다. 이러한 노력의 결과로 자신 안에서 일정한 틀이 생기며, 이 틀 안으로 자신의 경험을 내용으로 채워 넣는 일관성이 있는 자기가 생겨난다. 아동기의 미성숙한 상태를 벗어나며 자기를 만들어 나가는 통합된 자기를 정체성이라고 부른다. 이러한 정체성은 통합된 자기의 다른 이름으로 성숙한 자기 또는 진짜 자기를 위한 중요한 개념들이다(Erikson, 1968, 1964, 1963; Greenberg & Mitchell, 1983, pp. 327-333; Masterson, 1988). 성숙한 자기 또는 진짜 자기는 초월상담적 시각으로 보면 초월 자기다. 추상적 개념에 의해 자신을 새롭게 조직할 수 있는 능력을 갖춘 청소년들은 타인의 존재를 단지 점으로 위치하거나 이웃으로만 존재하게 인식하지 않는다. 이제 그들과 자신을 한꺼번에 자신 안에 통합시켜서 응집

된 자기를 만들어 내는 초월적 상태를 보이며, 자신의 초월 자기 속에 자신과 타인이 모두 포함된 인간의 상태를 가진다. 예를 들자면, 아동은 부모를 단지 자신의 뒤를 든든히 받쳐 주는 일차원적 존재나 자신들이 필요하면 언제든지 도움을 주는 이차원적 존재로 생각한다. 하지만 청소년기에는 이러한 생각을 넘어서는 새로운 경험을 하게 된다. 즉, 청소년기에는 아버지나 어머니 역시 자신과 같은 인간일 뿐이며, 인간으로서 부모가 가지는 인간의 상태를 인식하는 새로운 차원의 추상적 초월을 경험한다. 이러한 초월은 삼차원적 현상으로서, 이 현상을 통해 자신 속에 인간을 담는 새로운 의미들이 생겨난다.

절대적 초월은 사차원 이상의 현상을 가지고 있다. 이는 절대자의 입장에서 보는 초월로서 인간의 시공간을 초월하는 현상이다. 말하자면, 죽음 이후의 삶이나 영원한 삶 그리고 천국과 같은 이 세상에서는 상상하기 힘든 주제를 통해 자신을 바라보는 초월이다. 죽어도 죽은 것이 아니고 살아도 산 것이 아닌 것 같은 느낌들은 모두 이러한 절대적 초월로 인해서 발생되는 현상들이다. 즉, 삶과 죽음이 다르지 않고 존재와 비존재가 엄격하게 구분되지 않는 초월적 세계의 관점에서 인간을 바라보는 현상이 절대적 초월이다.

인간의 존재를 절대자를 통해서 바라보는 시각 중 하나가 인간 속의 죄성이다. 죄성을 가진 존재인 인간이기는 하나 구원받은 존재는 성경 속에 나타난 하나님의 특성을 닮아 가는 존재다. 이러한 존재의 모습은 예수 그리스도와 구체적 관계 속에서 나타난다. 절대자인 하나님은 인간이 “태도와 행동이 일치되지 않는 자신을 버리고 행동과 태도가 통합된 모델로서 예수 그리스도의 상태를 자신 속에 받아들이기” (Southard, 1989, p. 26)를 바란다. 인간을 욕구 충족의 존재로 보아 온 인본주의 심리학과 달리 절대자는 인간에게 자신을 버리고 비우기를 바란다. 자신을 버리고 비우기는 초월 경험의 하나로 자신을 잃는 현상(Hood, 1991)이다.

자신을 잃고 버리고 비우는 현상은 자기 부정이다. 자기 부정은 자신의 존재를 없앤다는 의미가 아니라 자신 속에 있는 일정한 경향을 부정하는 의미다. 자기 부정은 곧 자신 속에 있는 자기중심성의 부정을 말한다(Hart, 1992, pp. 53-67; Rottschafer, 1992, p. 153). 절대자 입장에서 보면 인간은 죄성인 자기중심성을 가진 존재다. 이러한 존재적 특성은 절대자와 관계하기 위해서 변형되어야 한다. 이 같은 변형이 없이는 절대자와 인간의 관계는 질적인 차원에서 깊어지지 않는다. 인간의 자기중심성은 인간 차원에서는 당연하고 자연스럽지만 절대자의 입장에서는 자연스럽거나 당연하지 않다. 절대적 초월은 절대자의 입장을 따르기 때문에 인간의 자기중심적인 특성들은 변형되어야 하고 이러한 변형을 통해 절대자와의 관계는 깊어 간다. 변형은 인간이 절대자에게 드리는 기도를 통해 이루어진다. 즉, "기도는 인간이 자신에게만 초점을 맞추는 경향을 넘어서서 자신을 잃어버리는 상태에 이르도록 하는 완벽한 예"(McMinn, 1986, p. 81)다. 자신을 잃어버리는 상태는 다른 의미로 자신을 넘어서는 초월적 경험이라 할 수 있다. 초월적 경험은 자신의 시각과 인간의 관점에서가 아닌, 절대자의 관점으로 인간을 이해하고 인식하는 노력을 통해 가능하다. 맥민(McMinn, 1986)은 "자신에게 빠져 있는 사람들이 그리스도를 보기 위해서는 자신을 넘어서도록 해야 한다."(p. 81)라고 말을 하고 있다. 자기 부정은 인간이 절대자와 관계 속에서 자신을 잃고 버리면서 자신을 넘어서는 초월적 현상이다. 절대적 초월은 인간 내에서만 초월을 하는 감각적 초월, 공유적 초월, 추상적 초월과는 또 다른 차원의 초월이다. 절대적 초월은 적어도 삼차원을 넘어서는 사차원 이상의 초월을 의미한다. 절대자가 몇 차원을 가지고 있는지는 아무도 알지 못한다. 그러나 절대자는 인간의 차원을 넘어서 존재하는 초월적 존재로서 그 입장에서 발생되는 현상들은 모두 삼차원을 넘어선다.

3) 포괄차이

초월은 연속적으로 일어나기도 하고 불연속적으로 일어나기도 한다. 연속적 초월이란 같은 상태를 유지하면서 볼륨이나 면적 또는 방향이 늘어나는 현상이다. 이러한 현상은 상담에서는 동질 현상으로 이해할 수 있다. 동질 현상은 질적 변화를 수반하지 않으면서 양적으로만 변화를 일으키는 같은 상태다. 이러한 동질 현상에는 두 가지 측면이 있는데 하나는 변화가 없이 같은 상태를 유지하는 경우와 변화를 하면서 같은 상태를 유지하는 경우다(김용태, 2006, p. 54). 변화가 없으면서 같은 상태로는 바위, 책상, 칠판 등과 같이 일정한 상태를 유지하는 무생물들을 들 수 있다. 변화가 있으면서 같은 상태란 회전하는 팽이와 같이 변화를 하면서도 일정한 상태를 유지하는 경우다. 동질 현상에서 각각의 경우는 모두 일정한 상태를 유지한다. 즉, 변화가 없어서 일정해지든지 아니면 변화를 함에도 불구하고 일정해지든지 그 초점은 일정한 상태다. 물질의 본질은 일정한 상태를 유지하나 양적 변화의 현상이 일어난다. 예를 들자면, 물의 양이 많아지는 현상은 물이라는 물질이 기체나 고체로 변화되지 않으면서 물이라는 액체를 유지하는 경우다. 이렇게 양의 많아지는 경우를 연속적 초월이라고 한다.

비연속적 초월은 질적으로 달라지는 현상을 말한다. 즉, 이전의 상태와 이후의 상태가 전혀 다른 경우를 말한다. 예를 들자면, 기체, 액체, 고체는 같은 물임에도 불구하고 그 모양과 형태가 전혀 다르다. 기체는 공기 형태의 물이고 액체는 유동적 형태의 물이며 고체는 딱딱한 형태의 물이다. 같은 물이지만 모양과 형태는 질적으로 다르다. 같은 물질이 모양이나 형태가 달라지는 경우도 있지만 같은 물질이 전혀 다른 질적 변화를 보이는 경우도 있다. 이러한 대표적 예 중의 하나가 앞에서 언급한 누에와 나방이다. 누에는 이차원적 존재고 나방은 삼차원적 존재로서 이 둘은 전혀 다른 구조와 기능을 가지고 있다. 이러한 경우를 비연속적 초월이라고 한다.

비연속적 초월이 이루어지는 누에와 나방과 같은 경우에는 포괄차이(inclusive difference) 현상이 일어난다. 이차원의 존재인 누에를 차원적으로 해석하면 앞뒤(방향)와 옆(평면)을 가지고 있다. 이차원은 언제나 방향과 옆으로 이루어진 현상이다. 하지만 나방은 삼차원적 존재기 때문에 앞뒤(방향), 옆(평면), 위아래(공간)를 가지고 있다. 이차원적 존재인 누에가 가지고 있는 모든 요소는 삼차원적 존재인 나방의 모든 요소에 포함된다. 누에의 이차원적 특징인 방향과 평면은 나방의 삼차원적 특징에 모두 포함된다. 게다가 나방은 누에에게는 전혀 없는 공간을 가지고 있다. 삼차원의 존재는 이차원의 존재가 가지고 있는 모든 특징을 가지고 있으면서 동시에 이차원의 존재에게는 없는 다른 특징을 가지고 있다. 삼차원의 존재는 이차원의 존재를 포괄하면서 차이를 가지고 있는 포괄차이의 특징을 갖는다(김용태, 2006, p. 56). 포괄차이는 아래 단계의 모든 특성을 위 단계가 가지고 있으면서 아래 단계에는 없는 특성을 위 단계가 가지고 있을 때 발생하는 현상을 말한다. 즉, 위 단계가 아래 단계를 모두 포함하면서 차이를 보이는 경우를 포괄차이라고 한다. 포괄차이는 글자 그대로 포괄하면서 차이를 보인다는 의미다.

인간의 변화에도 이러한 포괄차이 현상이 있다. 성경에서 말하고 있는 자기 부정의 원리는 이러한 포괄차이를 나타내는 좋은 현상 중 하나다. 성경말씀에는 “모든 인간이 죄인”(로마서 3:23)이라고 기록되어 있다. 또 다른 성경말씀에는 “누구든지

나를 따라오려거든 자기를 부인하고 자기 십자가를 지고 나를 따를 것이라."(마태복음 16:24)라고 기록되어 있다. 이 두 말씀을 합쳐서 생각해 보면 인간의 본성은 죄로 물들었으며, 인간은 죄성을 가진 존재인데 자기 죄성을 부인하고 예수님을 따르라는 말로 이해된다. 죄성의 부인이라는 말은 죄를 부정하고 죄인인 나를 수용하면서 예수님의 특성을 닮아 가는 과정을 말한다. 구원받은 사람은 자신의 죄의 성질(죄성)대로 살지 않고 자신의 죄성을 조절하면서 예수님의 특성인 성화된 인간의 모습으로 살아가려 한다. 성화된 인간은 의인을 말한다. 이때 의인은 죄성이 조금도 없는 인간이라는 의미가 아니라 죄성을 가지고 있으나 의인인 인간이라는 의미다. 자기 부정에는 죄성과 의인이라는 두 개의 요소가 존재한다. 이러한 두 개의 요소 중에서 죄성을 부인하고 의인의 삶을 살아가는 인간이 자기를 부인하는 인간이다.

죄성을 가진 의인은 죄성을 포함하면서 죄성에 존재하지 않는 새로운 자기인 신적 특성을 가지고 있다. 죄성에 의한 인간인 죄인과 신적 특성에 의한 의인 사이에는 포괄차이가 존재한다. 죄성은 신성을 이해할 수도 없고 받아들일 수도 없다. 그렇기 때문에 죄성은 신성을 전혀 알 수 없는 낮은 차원에 존재하는 인간의 속성이다. 그러나 신성은 죄성이 무엇인지 알면서 죄를 멀리하고자 하는 신의 특성이다. 의인은 죄성을 가진 인간으로서 신의 특성이 발현된 존재이기 때문에 의인 속에는 죄성과 신성이 동시에 있다. 의인은 죄인과 비교하면 차원이 다른 존재다. 그렇기 때문에 죄인이 의인이 되기 위해서는 전혀 다른 종류의 사람인 새사람이 되어야 한다. 새사람은 죄인이 구조적 변화를 일으킨 변형적 존재다. 자신의 죄성을 끌어안으면서 새로운 특성인 신성에 의한 삶을 사는 인간으로 변형되지 않고는 의인이 될 수 없다. 이러한 변형으로 의인이 되고 나면 인간의 모든 것이 달라진다. 인생에서의 목적과 수단이 달라진다. 죄인일 때 가졌던 목적은 의인이 되면 수단이 되고 죄인일 때 가졌던 수단은 의인이 되면 목적이 된다. 죄인인 보통의 사람들은 돈을 버는 것이 목적이 될 때가 많다. 그러나 의인이 되면 사람을 돕는 수단으로서 돈을 벌기 시작한다. 같은 행동으로 보이지만 질적으로 전혀 다른 삶을 살아가게 된다. 죄인인 인간들은 돈을 벌기 위해서 사람들을 이용하거나 활용하는 수단으로 삼는다. 그러나 의인들에게는 사람 자체가 삶의 목적이 되고 돈은 이들을 도와주는 수단에 불과해진다. 이렇게 죄인과 의인 사이에는 서로 질적으로 다른 차원을 가진 포괄차이가 존재한다. 의인은 죄인들의 삶을 포괄하고 있지만 신성을 가지는 질적 차이를 낸다.

앞에서 언급한 감각적 초월, 공유적 초월, 추상적 초월, 절대적 초월들은 모두 포괄차이라는 현상을 갖는다. 공유적 초월은 감각적 초월의 감각을 포함하면서 이러한 감각에 의한 정보를 공유하는 나눔의 현상이다. 아이들은 다른 아이들의 존재가 있음을 감각적으로 인정하면서도 이들과 서로 정보를 공유하고 자신의 삶을 일정 부분 나눈다. 이렇게 나누는 삶은 놀이라는 현상 속에 존재한다. 따라서 공유적 초월의 아동들은 감각적 초월의 유아들보다 더 높은 차원의 초월을 하게 된다. 추상적 초월의 청소년들은 공유적 초월의 나눔을 포함하면서 이보다 다른 차원인 정체성을 확립하는 초월을 하게 된다. 추상적 초월의 청소년들은 아동들처럼 단지 나누는 삶에 그치지 않고 이들의 나눔이 서로 다른 복잡한 체계에 근거한다는 사실을 인식하게 된다. 나누는 과정 중에서 나눔의 복잡한 체계들이 유일성, 독특성을 가지고 있음을 알게 된다. 추상적 초월의 시기에 청소년들은 감각, 나눔, 유일성이라는 요소들을 포함하는 초월을 하게 된다. 추상적 초월에는 공유적 초월에서는 존재하지 않았던 유일성과 독특성이 존재한다. 절대적 초월을 통해 추상적 초월의 청소년들이 가지고 있는 유일성과 독특성이 절대자에 의해서 만들어진 피조물임을 알게 된다. 이는 각각 다른 종류의 도자기들이 한 명의 토기장이에 의해 만들어진 것과 같은 의미다. 즉, 절대적 초월의 위치에 있는 사람들은 인간의 독특성과 유일성이 그 자체로 존재하는 특성이기보다는 절대자의 작품이고 솜씨며, 이러한 독특성과 유일성은 각각의 특별한 목적하에 창조되었음을 알게 된다. 절대적 초월의 인간은 감각, 나눔, 독특성이라는 정체성, 목적이 있는 피조물이라는 현상의 확장을 경험한다. 앞에 살펴본 것과 같이 각각의 초월들은 아래 단계의 초월적 특성들을 모두 포함하면서 동시에 아래 단계에 존재하지 않는 새로운 요소들을 갖는 포괄차이를 갖는다.

각각의 초월은 범주 측면에서도 포괄차이를 갖는다. 감각적 초월은 자기 범주, 공유적 초월은 관계 범주, 추상적 초월은 부류 범주, 그리고 절대적 초월은 인류 범주를 갖는다. 자기 범주는 자신만이 존재하는 세계다. 자기 범주에서는 자신의 욕구 중심으로 삶을 살아가며 자신만이 그 세계의 주인이다. 타인은 단지 자신의 욕구를 충족하는 대상으로 존재하며 이러한 타인은 단지 인식론적 초월에 불과하다. 감각적 초월을 하는 유아들은 자기 범주 속에서 살면서 세상의 모든 것이 자신을 위해 존재하는 듯한 환상을 갖는다. 심지어는 별이나 달들도 자신을 위해서 존재하고 자신이 움직이면 이들도 자신을 따라다닌다고 생각한다. 이렇게 자신을 위해 모든 것이 존재한다고 믿지만 감각적으로 이들의 존재가 자신은 아니라는 점을 알고 인식한다. 유아뿐만 아니라 성인 역시 감각적 초월 단계에서만 살 수도 있다. 이러한 사람은 감각에 기초한 초월을 하기 때문에 감각적 초월 단계의 사람들은 앞으로 더 초월할 가능성을 가지고 삶을 살아간다.

공유적 초월의 아동들은 자신과 타인이 공존하는 관계 범주를 갖는다. 이러한 관계 범주 속에서 자신과 타인이 공존하고 이러한 공존은 서로 나누는 삶으로 나타난다. 아동들은 아주 초보적 수준의 관계 범주를 갖고 있으면서 많은 경우에 자기 범주적 삶을 살지만 조금씩 타인과 나누는 삶을 살게 된다. 이러한 대표적 예가 놀이다. 아이들은 놀이를 통해서 서로 차례를 지키고 자신이 원하는 것들을 조절한다. 이러한 삶이 관계 범주며, 이는 자신의 욕구를 초월하는 삶을 부분적으로 살게 한다. 관계 범주는 자기 범주보다는 더 큰 범주다. 이 둘 사이에는 포괄차이가 존재한다. 관계 범주에는 자기와 타인이 동시에 공존한다. 자기 범주가 자신만이 존재하는 삶이라면 관계 범주는 자신과 타인이 동시에 있으면서 공존하는 공유적 삶이다. 자신과 타인을 동시에 포괄하면서 자기 범주에 없는 타인이 있는 차이를 보인다.

추상적 초월의 청소년들은 자신과 타인을 포함하면서 유목화하는 범주를 보인다. 청소년기에는 특히 부모나 어른에 대한 생각이 달라진다. 자신을 돌보아 주는 아버지나 어머니라는 관계적인 측면만이 아니라 아버지나 어머니가 자신과 같은 남자나 여자로 보인다. 비록 어른이지만 이들은 모두 부류라는 범주로 유목화된다. 그래서 청소년기는 유목화된 범주인 부류 범주를 산다. 부류 범주는 자신과 타인을 포함하면서 인간이라는 세계를 살아가는 삶이다. 청소년들이 어른이 되면서 겪는 구조적 변화인 변형은 이러한 범주적 차이를 보인다. 부류 범주는 관계 범주를 넘어서는 포괄 차이를 보인다.

절대적 초월은 인류라는 범주를 보인다. 부류 범주를 가진 사람이 이제 절대자와 관계를 하면서 인류 전체를 하나로 보기 시작한다. 이 범주에 있는 사람들은 인종이나 민족, 문화적 차이와 관계없이 인류를 절대자와 관련 속에서 이해한다. 인류 전체가 절대자에게는 피조물이고 이러한 피조물들에게는 일정한 특징이 존재한다. 이 같은 특징 중 하나가 기독교에서는 죄인이다. '모든 인간은 죄인'이라는 문장은 인류 전체의 특징을 나타내는 표현이다. 이러한 인류 범주는 종족, 민족, 인종과 같은 부류 범주를 뛰어넘는 포괄차이를 보인다. 종족을 나타내는 종족주의, 민족을 대변하는 민족주의, 인종을 선호하는 인종주의와 같은 삶들은 모두 인류 범주에 포함되면서 인류 범주는 절대자와 인간이라는 새로운 특징을 보인다.

4) 범주 확장의 과정

연속적 범주 확장은 주변의 상황이나 자신을 인식하면서 일어난다. 미처 모르던 것을 알거나 자신에 대해 전혀 생각해 보지 않던 자신의 행동을 인식할 때 범주 확장이 일어난다. 철학적 의미로 보면 인식론적 초월현상이다. 인식론적 초월이 비연속적 범주 확장을 일으키기도 하지만 많은 경우에 인식론적 초월은 연속적 범주 확장을 일으킨다. 이러한 범주 확장은 생각이 더 확장되는 객관적 자기의 활동으로 인해서 발생된다. 외부에서 정보가 유입되면 이 같은 정보로 인해 자신이 살고 있는 세계가 확장될 수 있다. 어떤 길을 갈 때 한 길로만 다니던 사람이 다른 길에 대한 정보를 알게 되면 기존의 길에 새로운 길이 더해져서 길에 대한 정보가 두 개가 된다. 이 사람은 새로운 길을 자신의 세계에 추가하여 더 많은 길로 다닐 수 있는 가능성을 확보하게 된다. 정보에 의한 가장 간단한 범주 확장은 이와 같은 방식으로 나타난다. 상담 장면에서도 이러한 방식의 범주 확장은 종종 일어난다. 자신의 의견을 제대로 말해 보지 않은 사람이 상담을 통해 자기표현에 대한 조언을 듣고 이 조언을 통해서 자기표현을 함으로써 새로운 세계로 진입하는 범주 확장을 경험한다. 침묵과 자기표현으로 이어지는 행동의 범주 확장은 모두 객관적 자기의 발달로 발생된다.

비연속적 범주 확장이 일어나기 위해서는 기존의 세계에 대한 불만과 새로운 세계에 대한 동경이 필수적으로 요구된다. 기존 세계의 불만이란 현재 자신이 살고 있는 세상으로는 지금 당면하고 있는 문제를 해결하기 어려움을 말한다. 불만은 실재자기와 객관적 자기의 상호작용에 의해서 발생되는 심리적 현상이다. 실재 자기 입장에서 불만은 주로 감정적 형태로 나타난다. 화, 불안과 두려움, 슬픔, 외로움, 압박감, 지루함, 고통, 죄책감, 수치심 등과 같은 부정적 감정들이 현존할 때 현재 자신이 살고 있는 세계에 대한 불만이 나타난다. 객관적 자기 입장에서 보면 부정의, 부당, 차별, 억눌림, 싫고 못난 생각 등과 같은 부정적 사고에 의해 현재 세계에 대한 불만이 생긴다. 폭력을 행사하는 아버지로 인해 불안하고 두려운 감정을 가진 사람은 부당하고 차별당한다는 생각을 하게 된다. 이럴 때 자신이 살고 있는 폭력의 세상에서 벗어나 평화롭고 자유로운 세상에서 살고 싶은 마음이 생길 수 있다. 심리적으로 볼 때 폭력의 가정에서 자란 사람들은 자신도 언제 폭력을 행하는 사람들이 될지 모른다는 두려움을 가지고 산다. 이로 인해 마음속에 두 세계에 대한 깊은 갈등이 생긴다.

갈등은 비연속적 범주 확장인 초월이 일어나기 위한 첫 번째 조건이다(Loder, 1989, p. 40). 비연속적 범주 확장은 변형으로서 구조 변화를 의미한다. 갈등이 발생하면 심리적으로 많은 에너지가 소모된다. 불안, 두려움, 공포, 외로움, 화, 분노 등과 같은 많은 부정적 에너지들이 활성화된다. 다른 한편으로, 이러한 부정적 감정을 해소하기 위한 새로운 에너지인 긍정적 감정들에 대한 기대가 높아진다. 평화로워지고 안전하고 싶으며 편안해지려는 마음이 강해진다. 실재 자기의 감정적 에너지들끼리 상충되면서 새로운 형태를 갖추려는 마음도 많아진다. 객관적 자기는 이러한 감정들을 촉진하기도 하고 억제하기도 하면서 그 힘을 발휘한다. 심리내적으로 보면 실재 자기와 객관적 자기 사이에 갈등이 유발된다.

이렇게 갈등이 유발되면 사람들은 새로운 해결책을 찾기 위해서 많은 노력을 한다. 해결을 위해 행동적으로 새로운 시도를 하는 사람들도 있고 감정적으로 관계를 단절하는 사람도 있으며 인지적으로 많은 생각을 하는 사람들도 있다. 행동적 시도나 감정적 단절의 경우에는 새로운 구조인 변형이 일어나지 않는다. 오히려 기존의 구조를 형태만 바꾸어서 유지하는 경우가 많아진다. 불안하고 두려운 사람들은 행동적으로 자신을 불안하게 하는 사람과 같이 지내려고 하지 않는다. 폭력을 쓰는 아버지가 두려워서 아버지와 같이 살지 않는 행동적 시도는 일시적으로 불안이나 두려움을 낮추는 역할을 한다. 또한 폭력을 쓰는 아버지와 감정적 단절을 시도하는 사람들은 일시적으로 마음의 평화를 유지할 수는 있다. 그러나 이 두 경우는 모두 유사하거나 같은 상황이 발생하면 다시 불안이나 두려움을 느끼게 될 가능성이 높다. 이들은 "자신으로부터 내적으로만 변화될 수 있고 천천히 만들어지는 믿음과 확신으로 구성된" (Kerr & Bowen, 1988, p. 105) 세계를 가진 사람들이 아니다. 이들은 외부의 요인을 일시적으로 차단하여 자신을 보호하려는 경향을 가진 사람들이다. 즉, 일시적인 차단의 형태를 통해 자신의 마음을 편안하게 함으로써 자신의 마음을 보호하려고 하는 것이다.

변형에서의 내적 확신과 믿음을 갖기 위해서는 인지적으로 자신의 세계를 검토하고 확인하는 작업이 필요하다. 다시 말해, 자신이 왜 불안을 느끼고 두려워하는지에 대한 자기 검토가 필요하다. 하지만 자기 검토의 필요성을 느끼면서도 대부분은 자신의 마음을 들여다보지 않으려는 심리적 저항이 발생한다. 어떤 경우에는 자신에게 문제가 있지 않고 폭력을 행사하는 사람에게 문제가 있음을 자꾸 지적하는 행동을 하기도 한다. 자신은 전혀 잘못이 없고 상대방이 잘못하고 있다고 말을 함으로써 자신은 무죄한 사람이라는 주장을 하고 있는 중이다. 이러한 무죄 주장이 자신의 마음을 들여다보는 치료적 행위와는 무관하기 때문에 이제 다시 자신의 마음을 들여다보는 작업을 해야 한다. 이러한 것은 자신의 마음을 보지 않으려는 심리적 저항을 나타내는 행동들 중 하나다. 이 같은 행동의 이면에는 불안과 두려움이 있고, 이러한 불안과 두려움은 자신이 무엇인가 잘못되어 있는 것 같은 또 다른 새로운 불안이나 두려움을 야기한다. 앞의 예와 같이 사람은 자신의 마음을 검토하면서 자신이 어떤 세계를 살고 있는지를 이해하도록 해야 한다. 이러한 이해는 객관적 자기의 작업이다. 남 탓을 하며 자신은 무죄하다고 주장하는 이들은 안전한 세계를 살고 싶어 하는 사람들이다. 객관적으로 자신의 세계를 검토하기는 하지만 자신이 언제 해를 당할지 모른다는 막연한 생각을 가지고 있기 때문에 이러한 생각이 불안과 두려움의 감정으로 나타난다. 이는 해를 당하게 되면 끔찍할 것이라는 상상을 하고 있고 이러한 상상으로 인해서 불안과 두려움이 가중되는 것을 보여 준다. 감정에 근거한 상상은 객관적 사실에 의한 생각과 다르다. 이러한 점을 자신의 세계를 검토하면서 인식하고 알게 되면, 이 같은 인식은 불안과 두려움을 어느 정도 낮추어 주는 역할을 한다.

불안과 두려움이 어느 정도 낮아지면 심리내적으로 공간이 발생한다. 이러한 공간은 객관적 자기가 새로운 작업을 할 수 있는 장소다. 이제 자신이 왜 그렇게 안전에 매달리고 있는지를 이해했으면 당하게 되는 해에 대해서도 객관적인 검토를 할 수 있게 된다. 예를 들면, 폭력을 행사하는 아버지의 폭력의 정도를 객관적으로 이해하고 이로 인해서 발생되는 해를 객관적으로 검토할 수 있게 된다. 이러한 검토를 바탕으로 심리적으로 대처할 것들과 법적으로 대처할 것들을 검토한다. 또한 즉각적으로 행동해야 할 것들과 장기간으로 행동해야 할 것들을 검토한다. 이러한 검토는 불안하고 두려워하는 사람들에게 새로운 가능성을 열어 준다. 안전한 세계에만 머무르려는 막연한 소망이 현실화되는 과정이다. 이러한 현실화의 과정은 객관적 자기의 힘에 의해서 이루어진다. 실재 자기의 막연한 두려움과 불안은 객관적 자기의 인지적 검토로 인해 현실화되면서 새로운 가능성을 열어 준다.

새로운 가능성이 확인되면 자신을 스스로 바꾸어야 하는 것이 무엇인지를 알게 된다. 해가 없는 세상에서 살려고만 하던 자기가 이제는 해가 있음에 대한 가능성을 허용되는 세상으로의 진입이 필요함을 인식하게 된다. 이를 통해 해를 어느 정도 수용하는 과정을 거치게 된다. 즉, 해가 전혀 없는 안전한 세상은 환상이고 현실 세계를 살 때는 어느 정도 해가 있다는 사실을 현실적으로 받아들이는 수용의 과정을 거친다. 이러한 수용의 과정에는 많은 감정적 노력이 필요하다. 해가 없는 세상을 동경하면서 가졌던 환상이 깨지면서 고통을 느끼고 많은 눈물을 쏟아 낸다. 이러한 감정적 분출은 객관적 자기가 일할 수 있는 공간을 더욱 확보하도록 만들어 준다.

이제 객관적 자기는 자신의 과거의 세계를 재평가하게 된다. 앞의 폭력을 가하던 아버지의 예를 다시 살펴보면, 무서워만 보이던 아버지가 무서운 면만 있지 않고 새로운 면이 있음을 알게 된다. 미워하면서 부정적인 것만 보이던 아버지 이외에 자신과의 관계에서 잊고 있었던 아버지의 새로운 행동들을 깨닫게 된다. 아버지가 자신에게 잘해 주던 기억들이 새롭게 인식되기도 하고 아버지에 대한 평가가 달라진다. 즉, 무섭기만 하고 안전하지 않던 세계가 아니라 무섭기도 했지만 좋은 기억도 있는 세상으로 자신의 과거가 재구성된다. 이렇게 과거의 세계가 재구성되면 이제는 재구성 이전의 과거 세계로는 돌아갈 수 없게 된다. 되돌아가고 싶어도 과거의 세계는 이미 새로운 방식으로 재구성되었기 때문에 더 이상 과거로 존재하지 않는다. 객관적 자기에 의해 재평가되고 재구성된 새로운 세계 속에 살게 되는 것이다.

새로운 세계는 해가 없는 세상이 아니라 해가 있어도 최소화하거나 대처할 수 있는 세상이다. 객관적 자기는 이러한 세상이 존재함을 알게 하고 이러한 세상에서 살 수 있는 경험을 하도록 만든다. 안전해야만 새로운 경험을 하던 옛날의 세계와는 달리 안전하지 않더라도 새로운 경험을 할 수 있는 세계로 진입하게 된다. 이러한 세계로의 진입된 증거의 예 중 하나가 소리를 지르는 아버지를 견딜 수 있게 되거나 무서워 보이는 사람들과 관계를 하기 시작하는 행동들이다. 이러한 새로운 경험이 안전한 느낌을 주면서 즐겁고 재미있는 느낌이 생겨나기 시작한다. 새로운 세계에 대한 이 같은 감정적 지지로 인해 새로운 세계는 자신의 세계로 자리를 잡게 된다.

5) 초월 자기의 형성

감각적 초월에서 절대적 초월에로의 발달은 초월 자기가 형성되는 과정이다. 초월 자기는 실재 자기와 객관적 자기의 상호작용과 초월자에 의해 만들어진다. 처음에 태어난 신생아는 거의 감정적 에너지에 의해서 움직이는 삶을 산다. 이는 거의 실재 자기로만 구성된 자기다. 시간이 지남에 따라서 신생아는 유아로 발달하게 되는데 이러한 유아는 자신을 돌보는 초월자와 상호작용을 통해 조금씩 감각적 초월을 하게 된다. 태어날 때부터 전능의 환상(Hinshelwood, 1991, p. 375)을 가진 신생아들은 자신과 자신을 돌보는 초월자를 구분하지 못하는 상태의 삶을 산다. 이는 자신과 초월자를 하나로 느끼면서 사는 삶이다. 신생아들은 객관적 자기에 의한 삶이 아니라 전적으로 실재 자기에 의한 삶을 산다. 시간이 지남에 따라서 신생아의 내면에 존재하는 현실 인식 능력인 객관적 자기의 힘은 발달한다. 이에 따라 유아는 자신과 초월자가 하나가 아님을 알게 된다. 이러한 인식이 감각적 초월이다. 감각적 초월은 객관적 자기가 감각 형태로 작동하는 방식에 의해서 이루어진다. 이러한 감각적 초월로 인해서 유아는 자신 안에서 깊은 좌절을 경험하게 되는데 이러한 좌절은 유아의 객관적 자기의 발달을 더욱 촉진하는 역할을 한다. 객관적 자기가 발달함에 따라서 좌절을 처리하는 능력이 발달하게 된다. 좌절 처리 능력의 발달은 자신의 어두운 면을 자기의 일부분으로 받아들일 수 있게 만들어 준다.

초월 자기의 형성을 융의 이론에서는 개별화의 과정(Douglas, 1995, pp. 101-102)이라고 부른다. 융은 자아가 그림자 영역을 받아들이면서 좀 더 완성된 형태의 자기를 만들어 간다고 믿었다. 자신의 좌절인 어두운 면을 받아들이는 능력이 생기면서 유아는 점차 자신을 중요한 대상들로부터 분화시켜 나간다. 이러한 자기의 발달을 분화의 과정이라고 한다(Mahler, Pine, & Bergman, 1975). 좌절된 상태의 유아는 자신의 좌절을 혼자 힘으로 해결할 수 없게 되면 중요한 타인에게 의존하는 형태로 삶을 살아가게 된다. 그러나 자신의 좌절을 해결할 수 있게 되면 점차로 중요한 타인으로부터 자신의 삶을 만들어가게 된다. 이러한 과정을 좀 더 면밀한 심리적 과정으로 묘사한 사람은 클레인이다. 그녀는 이 과정에서 편집과 우울을 거치게 된다고 말하고 있다(Hinshelwood, 1991, pp. 376-377). 이 과정에서 유아는 자신의 환상을 깨트리면서 점차로 현실적인 안목을 갖는 자기를 형성하게 된다.

결국 현실성을 근거로 하는 자기의 형성은 자신을 초월하는 능력과 관련이 있다. 객관적 자기가 발달하면서 자신 속에 있는 좌절을 다루는 능력도 점차로 발달해 나간다. 인간은 좌절이 생기면 허탈함과 허전함을 경험한다. 좌절은 원하거나 바라는 것이 줄어들거나 없어지는 현상이다. 이상적으로 바라고 원하던 것과 실제로 지각된 것의 간극이 생기면 이러한 차이가 곧 공간을 만들어 낸다. 이러한 공간에서 객관적 자기가 활동을 하고 객관적 자기는 자신에 대해서 다시 한번 생각하면서 자신의 욕구를 조절할 수 있도록 만들어 준다. 이 과정을 통해서 유아들은 '잘 모르지만 아닌 것 같은' 또는 '무엇인지 모르지만 다른 것 같은' 객관적 자기의 초기 형태를 경험하게 된다. 이러한 객관적 자기의 초기 형태는 인간의 내면에 존재하는 초월적 욕구인 완벽성으로부터 발생한다. 완벽성이라는 인지적 능력은 실재 자기의 좌절, 즉 욕구의 좌절과 상호작용을 통해서 그 형태가 점차로 만들어진다.

앞의 과정을 초월자와의 관계를 통해서 설명해 보자. 실재 자기의 욕구들은 유아의 주변에 있는 초월자들에 의해서 만족된다. 그러나 초월자들은 절대자가 아니기 때문에 유아의 실재 자기의 욕구를 완벽하게 충족시켜 주지 못한다. 이러한 이유로 유아의 실재 자기들은 욕구의 좌절을 경험하게 된다. 좌절은 유아로 하여금 완벽성의 인지적 측면인 객관적 자기를 자극한다. 이때의 객관적 자기는 거의 감각 형태로 존재한다. 유아들은 감각적으로 자신의 욕구가 충족되지 못함을 알게 되고 이를 만족시키기 위해 여러 가지 방법을 사용하게 된다. 이러한 과정 속에서 유아들은 자신만이 이 세상에 존재하는 유일한 존재가 아님을 감각적으로 알게 된다. 이러한 앎이 객관적 자기의 초기 형태다.

유아는 이러한 인식을 통해서 자기 범주에서 관계 범주로 자신의 세계를 확장할 준비를 하게 된다. 자신을 돌보는 타인인 초월자에 대한 인식이 점점 더 분명해지고 또렷해지면서 유아는 이제 자신의 뜻대로만, 즉 자신의 실재 자기에 의해서만 삶을 살기 어렵다는 사실을 점점 더 인식하게 된다. 객관적 자기의 발달이 가속화되고 확실해지면서 이러한 인식은 더 분명해진다. 이 과정을 대상관계 이론가인 말러(Mahler)는 심리적 부화로 표현하면서 분리의 시작이라고 말하고 있다(김용태, 2000, pp. 226-228; Horner, 1991, pp. 20-21; Mahler, Pine, & Bergman, 1975, pp. 53-64). 이러

점을 자신의 것으로 받아들이면서 자신의 위치와 기원에 대해 이해하기 시작한다. 이러한 절대자의 관점과 이해는 실재 자기를 전혀 다른 방향으로 바꾸는 변형의 작업을 하도록 한다. 실재 자기에 의해 느끼는 자신은 객관적 자기에 의해서 인식하는 자기와의 큰 갭(gap)을 형성한다. 이러한 갭을 어떻게 받아들이는가에 따라서 지속적으로 범주 확장이 일어나는지 아니면 범주 확장이 멈추는지가 결정된다. 갭을 절대자의 관점으로 받아들이게 되면 객관적 자기는 실재 자기를 본격적으로 변형하는 작업을 하게 된다. 즉, 객관적 자기에 의해 생각되는 자신의 모습을 가지고 실재 자기에 의해서 느끼는 자기를 바꾸도록 한다. 이로 인해서 자신 안에서 많은 분투(struggle)가 생기고 이러한 분투는 절대적 초월을 하도록 만든다. 인간은 이러한 절대적 초월을 통해 자신이 절대자의 피조물이고 자신이 이 세상에 존재하는 이유인 기원을 알기 시작한다. 이러한 앎은 새로운 목적의식을 만들어 내며, 사명에 의한 삶을 살 수 있게 한다. 이제 초월 자기는 이러한 사명에 의해 완성되는 단계를 갖는다. 초월 자기의 완성은 객관적 자기가 절대자의 관점을 받아들이면서 자신이 어디에서 왔고 어디로 가는지에 대한 분명한 인식을 갖게 한다. 이러한 인식으로 인해 자신이 무엇을 하면서 삶을 살아야 하는지에 대한 확실한 믿음을 가질 수 있다.

초월 자기의 형성은 범주가 확장된 것의 결과물로, 한 번에 이루어지기 어렵다. 감각적 초월에서부터 절대적 초월에 이르기까지 여러 번의 변형을 통한 범주 확장이 일어나면서 이러한 초월 자기가 완성된다. 초월 자기는 어린 시절에만 국한된 발달 개념이기보다는 평생에 걸쳐서 일어나는 과정적 개념이다. 각각의 초월적 단계들은 서로 질적으로 다른 차원에 존재한다. 위 단계는 아래 단계를 포함하면서 새로운 것을 추가한다. 이렇게 함으로써 위 단계와 아래 단계는 포괄차이를 보인다. 이러한 포괄 차이가 지속적으로 일어나면서 초월 자기는 점점 더 완성도를 높여 간다. 이 과정에 객관적 자기의 발달이 결정적이다. 객관적 자기의 발달이 지속적으로 일어나면서 실재 자기는 좀 더 통제되고 조절된다. 객관적 자기는 외부의 요구를 자신의 입장에서 조절하면서 받아들이며 이를 통해서 실재 자기의 욕구를 조절하게 된다. 완성된 초월 자기는 객관적 자기에 의한 실재 자기의 조절과 통제를 완전하게 한다.

제8장

초월의 병리현상

1. 비초월적 삶과 부정적 감정

1) 완벽성과 열린 존재

초월의 본능인 하나님의 형상에 의해서 만들어진 완벽성은 인간을 끊임없이 외부 세계에 열린 존재가 되게 한다. 인간은 태어났을 때부터 자신의 주변에 있는 존재들과 관계를 맺으려고 한다. 자신의 내부에서부터 나와서 외부의 존재에게로 가려는 본능적인 힘 때문에 외부의 존재와 관계를 맺으려 한다. 이러한 열린 존재에 대해서 이론가들마다 다른 방식으로 해석을 한다. 분석 전통의 이론가들은 인간은 태어날 때부터 자신의 욕구를 대상을 통해서 충족하려는 경향이 있다고 한다(Arlow, 1995, p. 16; Douglas, 1995, p. 98; Mosak, 1995, p. 52). 비록 자신의 욕구를 충족하기 위해서지만 자신의 마음을 열지 않고는 자신의 본능을 충족하기 어렵다. 예를 들면, 배가 고픈 아이들은 자신이 배가 고프다는 사실을 어떤 형태로든지 자신을 돌보는 사람에게 알려야 한다. 신생아들은 이렇게 자신을 알리는 방법으로 울기를 선택한다. 아이가 울면 아이를 돌보는 초월자들은 아이가 왜 우는지를 살피고 배가 고프다고 생각이 되면 먹을 것을 제공한다. 마찬가지로 아이가 무서운데 자신을 돌보는 초월자가 옆에 없으면 또 운다. 울음을 통해서 아이는 지속적으로 자신의 상태를 초월자들에게 알리고 그렇게 함으로써 자신의 욕구를 충족해 나간다. 아이들은 자신을 열어서 주변의 초월자에게 나아가는 행동을 하는 열린 존재로 삶을 산다.

열린 존재로서 인간을 다른 방식으로 개념화한 이론가들이 있다. 대상관계 이론가들은 인간은 태어날 때부터 관계적 본능을 가지고 태어난다고 말하고 있다 (Slipp, 1991, pp. 27-44). 관계적 본능은 환상의 형태로 존재하면서 대상과 사랑과 미움의 관계를 맺게 된다(Nichols & Schwartz, 2006, p. 209). 대상을 사랑하고 미워하면서 인간은 발달을 이루게 된다. 이러한 환상으로 인해서 인간은 결코 현실을 있는 그대로 경험을 하지 못한다(Guntrip, 1973, p. 54). 환상으로 인해서 대상과의 관련 속에서 일어나는 현상들을 왜곡하면서 결코 객관적으로 받아들이지 못한다. 이러한 과정에서 인간은 대상에게 집착하는 편집 상태와 우울 상태를 경험하기도 한다(Greenberg & Mitchell, 1983; Nichols & Scwartz, 2006; Slip, 1991, pp. 34-35). 대상관계 이론가들의 이러한 개념적 증거들은 인간이 끊임없이 대상을 찾고 그 대상과의 관계 속에서 발달을 하고 있음을 보여 주고 있다. 대상관계 이론가들이 말하고 있는 대상과의 관련성에 대한 논의는 최근의 이론적 경향에서도 그 맥을 찾을 수 있다. 인간은 그 자체로 관계적이기 때문에 혼자 존재하지 못한다. 이론적으로 볼 때 인간은 관계적 자기에 의해서 움직이는 존재다.

최근에 발표되는 많은 논문들은 관계적 자기에 근거해서 인간을 연구하고 있다 (Andersen, Tuskeviciute, Przybylinski, Ahn, & Xu, 2016; Bessant, 2014; Du, King, & Chi, 2012; Dunlop, Walker, & Wiens, 2014; Kraus & Chen, 2014; Mattingly & Lewandowski, 2014). 이 논문들은 모두 인간의 성격 속에 존재하는 관계적 측면의 자기를 여러 가지 각도에서 연구하고 있다. 인간이 자신을 증명을 하기 위해서 관계적 정당성을 반영하거나 인간이 가지고 있는 자기는 근본적으로 관계적 자기 속에 묻혀 있음을 증명하고 있다. 이러한 논문의 일부 저자들은 관계적 자기를 근간으로 해서 스케일을 개발하거나 자기의 관계적 속성을 통해서 공동체 형성의 근간을 이루는 연구를 하고 있다. 이러한 논문들은 한결같이 인간이 관계적 존재기 때문에 다른 사람들과 더불어 살 수 밖에 없음을 증명하고 있다.

이렇게 인간은 관계를 맺기 위해서 대상에게 끊임없이 열린 존재로서 삶을 살게 된다. 대상에게 열려 있지 않으면 대상과 관계를 맺기는 불가능하다. 그렇다면 무엇이 우리를 이렇게 끊임없이 열게 만드는가? 이 질문에 대답은 간단하다. 인간 안에 존재하는 완벽성 때문이다. 하나님의 형상으로 지어진 인간은 세계 내 존재로서 끊임없이 세계를 향해서 열려 있는 존재다. 이렇게 열려진 존재는 대상들을 찾아서 관계를 맺기도 하지만 이러한 대상들을 넘어서 관계를 맺으려는 본능적 경향을 가지고 있다. 이러한 경향으로 인해서 인간은 결국 눈에 보이지 않는 영적 존재들과도 관계를 맺게 된다.

열린 존재로서 인간은 끊임없이 자신의 범주를 확장해 나가는 존재다. 감각적 초월에서부터 절대적 초월에 이르기까지 자신의 범주를 확장해 나가면서 새로운 세계를 접하려는 경향을 가지고 있는 존재가 인간이다. 자신의 세계인 범주에 일정한 기간 동안 머무르면 이제 새로운 세계가 있는 범주를 향해서 발달해 나간다. 예를 들어, 자기 범주에 살고 있는 아이들은 이제 새로운 세계인 관계 범주를 향해서 발달해 나간다. 그동안 자신의 욕구를 충족하기 위해서 자신을 돌보는 초월자들과 살았다면 이제는 자신과 비슷한 존재들과 교류하면서 자신의 영역을 확장하기 위해서 공유적 초월을 하게 된다. 이러한 공유적 초월을 통해서 아이들은 아이들의 세계에서 새로운 역할들을 습득하게 된다. 새로운 역할들 속에서 새로운 방식의 생각과 느낌 그리고 새로운 방식의 놀이나 관계 형태를 경험하면서 즐겁고 재미있으며 감동적인 삶을 살아간다. 그러나 이러한 세계에 지나치게 오랫동안 머무르게 되면 지루하고 재미가 없어지며 새로운 자극을 찾아 나선다. 이제 새로운 발달 단계에 이른 청소년들은 추상적 사고를 통해서 인간을 그룹별로 이해하려는 시도와 노력을 한다. 자신들과 어른들의 세계를 객관적으로 탐구하고 이를 통해서 자신들의 세계와 어른들의 세계를 이해하기 시작한다. 이러한 추상적 초월을 통해서 인간을 여러 가지 방식으로 유목화하면서 자신이 어떤 그룹에 속해 있는지를 객관적으로 이해하기 시작한다. 이러한 세계에 오래 머물게 되면 다시 새로운 세계를 찾아나서는데 이제는 눈에 보이지 않는 영적 존재들과 관계를 맺으려는 경향으로 나타난다. 이러한 열림이 절대적 초월이다. 절대자들과 관계를 맺으면서 인류 전체에 대한 새로운 이해에 도달하게 된다. 인류의 기원과 위치 그리고 절대자를 통한 새로운 방식의 삶을 이해하고 받아들이면서 새로운 세계 속에서 삶을 살게 된다.

여기에서 중요한 질문이 하나 생긴다. 그렇다면 인간은 자신 안에 있는 완벽성에 의해서만 끊임없이 열리는 삶을 살게 되는가? 이 질문에 대한 대답은 이미 제7장에서 하고 있다. 인간은 내적 힘과 외부적 영향의 상호작용에 의해서 발달한다. 내적 힘이란 완벽성을 의미하고 외부적 영향이란 초월자의 역할이다. 초월자의 역할에 따라서 열리려고 하는 힘이 강해지기도 하고 약해지기도 한다. 이는 마치 힘만 있고 방향성이 없는 엔진을 운전자가 운전대와 기타 장치들을 통해서 힘을 더하기도 하고 덜하기도 하는 원리와 비슷하다. 한 개인의 심리적 세계에서도 이러한 현상이 일어난다. 인지적 에너지에 의한 객관적 자기가 감정적 에너지에 의한 실재 자기를 조절하고 통제하게 된다. 이러한 조절과 통제는 객관적 자기와 실재 자기의 상호작용 그리고 초월자와의 상호작용에 의해서 이루어진다. 이러한 상호작용은 한 개인이 자신의 마음을 외부에 얼마나 개방할지의 정도를 결정하게 된다.

2) 초월자와 닫힌 존재 그리고 부정적 감정

열린 존재로 살아가는 인간은 어떻게 해서 닫힌 존재가 되어서 자기 속에 갇히게 되는가? 이 질문에 답하기 위해서 경험적 수준에서 아이의 발달 과정을 살펴볼 필요가 있다. 아이들은 엄마의 배 속에서 열 달 동안 지낸다. 열 달이 지나면서 자연스럽게 세상으로 나오는 탄생의 과정을 겪는다. 이 탄생의 과정이 순조롭지만은 않다. 엄마와 아이 모두에게 엄청난 고통을 경험하게 하는 과정이 탄생이다. 엄마는 해산의 고통을 겪지만 아이는 탄생의 고통을 겪는다. 탄생의 고통은 그 자체로 충격적이다. 자궁 속의 환경과 자궁 밖의 환경은 많은 차이가 있다. 원하지 않는 급격한 환경의 변화는 인간에게 충격적 경험을 만들어 낸다. 이러한 충격적 경험은 심리적으로 불안과 두려움, 더 나아가서 공포를 수반한다. 충격 후 스트레스 장애를 겪는 사람들은 공통적으로 이러한 불안과 두려움, 그리고 공포를 증상으로 경험한다. 불안과 두려움을 겪는 사람들은 이러한 감정을 일으키는 사건을 피하려는 경향을 갖는다. 아이들도 태어나면서 이 같은 충격적 경험을 하기 때문에 자신을 두려워하게 만들고 불안하게 만드는 자극을 피하려고 한다. 큰 소리가 나거나 불쾌한 경험이 형성이 되면 아이는 울어서 자신이 위험에 처해 있음을 알린다. 누군가 자신을 돌보아서 안전한 환경으로 돌아가기를 바라는 마음이 된다.

탄생 후에 불안과 두려움을 가진 아이들이 열린 존재로 살아가기 위해서는 기본적 신뢰가 필요하다(김용태, 2000, p. 223; Erikson, 1963, 1964, 1968). 자신을 돌보는 초월자가 지속적으로 일관되게 같은 방식으로 아이를 돌보는 양육 방식을 제공하면 아이는 엄마와 정서적 애착을 형성하게 된다. 정서적으로 안정된 애착을 형성한 아이들은 자유롭게 자신을 개방하면서 주변의 환경을 탐색하기 시작한다(Goldberg, 2014, pp. 66-67). 안정된 정서적 애착이란 불안과 두려움이 줄어들고 엄마를 포함한 주변의 초월자들로부터 안정된 지지를 형성한 관계를 말한다. 이러한 관계를 가지고 있는 아이들은 대상에 집착을 하거나 낯선 사람들을 경계하는 행동을 하지 않고 적극적으로 관계를 맺으려는 행동을 하게 된다.

불안정한 애착을 형성한 아이들은 마음속에 여전히 불안과 두려움이 많이 있다. 이러한 불안과 두려움으로 인해서 아이들은 자신을 좋아하고 돌보아 줄 대상을 향해서 집착적 경향을 보인다. 집착적 경향이란 열린 존재로서 세상을 향해서 나아가는 행동이 아니라 닫힌 존재의 특성이다. 불안과 두려움은 인간이 열린 존재로 살아가게 하지 않고 닫힌 존재로 살아가게 하는 감정들이다. 불안과 두려움이 많은 아이들은 새로운 사람을 만나거나 새로운 장소에 가게 되면 낯선 느낌이 든다. 이러한 낯선 느낌은 안전하지 않다는 신호를 보내고 불안과 두려움이 많은 아이들은 이러한 신호에 반응하여 자꾸 숨으려고 하는 경향을 보인다.

불안과 두려움이 많은 아이들은 자신의 내면에 있는 완벽성에 의한 방향과 안전을 추구하려는 방향 두 사이에서 갈등을 한다. 모든 인간은 내면에 완벽성이라는 초월적 본능을 가지고 있기 때문에 자신을 개방하고 새로운 것들을 접하려는 개방적 경향을 갖는다. 그러나 이러한 개방적 경향에도 불구하고 자신이 경험을 통해서 받은 느낌이 불안하고 두렵게 되면 안전을 추구하려는 경향이 생겨서 자신을 숨기고 감추려고 한다. 완벽성에 의한 존재적 방향과 탄생과 양육의 경험적 방향이 불일치를 일으키면서 이제 인간은 서로 갈등을 하고 모순을 일으키는 존재가 된다.

이러한 갈등과 모순을 초월 경험과 연결시켜 보자. 다른 대상을 향해서 열려 있으려는 본능적 경향은 감각적 초월을 하게 만들지만 불안과 두려움이라는 경험적 방향은 그 대상에게 머물러 있게 만든다. 감각적 초월의 대상을 넘어서 이제 공유적 초월로 나아가는 영적 발달이 이루어지기보다는 그 대상에게 집착을 하여 그 대상 주변에 머무르려는 경향이 보인다. 그 대상은 자신에게 안전을 제공하여 불안과 두려움을 낮추는 역할을 하도록 한다. 이러한 행동을 지속적으로 보이면 자신을 돌보는 대상인 엄마인 초월자는 아이가 예쁘고 사랑스럽게 느껴지지 않는다. 엄마는 집착하는 아이를 야단치거나 혼내는 행동을 더 하게 된다. 집착과 야단이라는 악순환으로 인해서 아이는 더 많은 불안과 두려움을 겪는다.

엄마인 초월자에 의한 야단치는 행동 또는 거부하는 행동은 아이에게 단지 불안과 두려움을 더 많이 일으키는 데서 끝나지 않는다. 아이는 엄마의 거부하고 야단치는 행동을 통해서 자신이 무엇인가를 잘못한 것 같은 죄책감을 갖는다. 아이는 자신이 잘못한 어떤 행동으로 인해서 엄마가 자신을 싫어하고 야단치는 행위를 한다고 생각하게 된다. 죄책감이 이렇게 특정한 행동과 관련되어 있다는 사실은 잘 알려져 있다(Dost & Yagmurlu, 2008, p. 110; Elvin-Nowak, 1999, p. 73; Luyten, Corveleyn, & Fontaine, 1998, p. 167; Wright & Gudjonsson, 2007, p. 308). 아이는 자신이 너무 울거나 집착을 하는 행동을 해서 엄마를 힘들게 하고 이로 인해서 엄마가 자신을 미워하거나 싫어하는 행동을 하게 된다고 받아들이게 된다. 아이는 엄마의 야단이나 혼내는 행동을 양육 차원에서 생각을 하지 못한다. 단지 자신이 잘못을 했다는 죄책감을 느낀다.

죄책감은 아이로 하여금 벌을 받고 엄마와 화해를 하려는 행동을 하도록 만든다(Rollins, 2007, p. 75). 죄책감을 느끼는 아이들은 자신들의 욕구에 의해 행동하지 못하고 엄마의 행동을 달래는 방향으로 행동하게 된다. 이렇게 함으로써 자신의 잘못에 대한 대가를 치르고 엄마와 관계를 회복하려는 노력을 하게 된다. 이러한 죄책감에 의한 행동은 아이가 자신을 초월하여 새로운 자기를 형성하는 데 치명적 역할을 하게 된다. 자기가 잘못되었다고 느끼기 때문에 아이는 초월자인 엄마와 화해를 하기 위해서 용서를 구하는 행동(Riek, 2010)을 하려고 하거나 엄마의 행동을 따라서 흉내 내려는 행동(Martin, Gueguen, & Fisher-Lokou, 2010)을 하기도 한다. 이러한 행동들은 결국 아이로 하여금 자신을 넘어서 상대방과 관계를 맺으려는 공유적 초월을 방해하는 역할을 한다. 공유적 초월이 이루어지기 위해서는 자신이 원하는 것인 자신의 욕구에 따르는 행동을 할 수 있어야 한다. 그러나 죄책감에 의한 행동은 초월자인 엄마의 행동을 따라 하거나 일방적으로 맞추려는 행동으로 나타난다. 이러한 행동들은 결국 자신의 초월적 본능에 의한 욕구와 정면으로 부딪치는 결과를 낳는다.

죄책감에 의한 행동을 하는 아이는 결국 자신이 도덕적으로 잘못되었다는 느낌을 갖는다(Connor, 2001, p. 217; Raikka, 2004, p. 475). 아이는 자신도 모르는 사이에 엄마를 비롯한 초월자들의 도덕적 기준들을 내면화하게 된다. 이렇게 내면화된 도덕적 기준들은 앞으로 아이가 자신의 행동을 평가하는 기준의 역할을 하게 된다. 도덕적 기준에 맞는 행동을 하게 되면 아이는 편안한 느낌을 갖지만 도덕적 기준에 맞지 않는 행동을 하게 된다고 느끼면 아이는 죄책감을 갖는다. 엄마를 비롯한 자신의 주변에 있는 초월자들과의 관계에서 이들의 마음을 편안하게 하고 이들과 화해하려는 방식의 행동을 하게 되면 편안하고 그렇지 않으면 죄책감을 느끼게 된다. 죄책감은 아이들로 하여금 자신의 초월적 본능에 의한 열린 행동을 하도록 만들지 못하고 주변의 요구에 맞추어서 살도록 하는 닫힌 행동을 하도록 만든다.

자신의 욕구를 제대로 표현하지 못하고 엄마를 비롯한 초월자들의 요구에 맞추어 사는 죄책감을 가진 아이들은 결국 자신이 형편없고 못난 존재라는 깊은 인식을 갖게 된다. 이러한 인식은 많은 경우에 주변의 초월자들의 태도나 말과 깊은 관련이 있다. 주변의 초월자들이 아이들에게 '못난 놈' '형편없는 놈' 그리고 '바보 같은 놈'과 같은 직접적 언어를 표현함으로써 이러한 존재의식을 갖기도 하지만 초월자들의 거부하는 태도에 의해서도 비언어적으로 이러한 존재의식을 갖기도 한다. 결국 아이들은 자신이 무엇인가를 잘못하는 사람이고 이러한 잘못으로 인해서 이러한 대접을 받아도 당연한 존재라고 자신을 인식하기 시작한다. 존중받고 중요한 사람으로 받아들여지고 싶은 아이들의 자기애적 욕구가 좌절되면 이로 인해서 수치심이 만들어진다(Brown, 2004). 자신이 중요한 사람이 아니기 때문에 자신은 형편없고 못난 사람이라는 생각을 갖기 시작한다.

수치심은 이상하고 부끄러우며 어색하고 비참한 느낌이다(Scheff, 2009, p. 40). 수치심을 느끼는 아이들은 자신들이 현실에 있는 느낌이 들지 않고 어딘가 다른 곳에 있는 사람 같은 느낌을 받는다. 그러면서 자신들이 무가치하고 무능력하며 무엇인가를 잘못하는 사람 같은 느낌을 갖는다(Wilson, 2000, p. 229). 이러한 느낌을 갖는 아이들은 자신들이 무엇인가 부족하고 모자라며 작고 부적절한 느낌을 갖으면서 희망이 없다고 생각한다(Wells & Jones, 2000, p. 19). 수치심을 느끼는 아이들은 자신들이 무엇을 할 수 있고 무엇을 할 수 없는지를 구분하기도 전에 이미 자신들은 할 수 없고 무가치하고 모자란 존재라고 생각하면서 살게 된다. 수치심은 아이들의 내면에 깊이 자리를 잡는 감정(deep-seated emotion)으로 존재하게 된다. 이렇게 자리를 잡은 수치심은 일시적으로 부끄럽고 창피한 느낌을 유발하고 사라지는 감정이 아니라 내면에 일정하게 존재하는 정서적 상태가 된다(김용태, 2010b; Scheff, 2009, p. 41; Wiklander, Samuelson, & Asberg, 2003, p. 293; Yourman, 2003, p. 603). 수치심은 대부분 무의식 속에 존재하면서 가끔씩 의식적으로 경험되는 감정으로서 지속적으로 영향을 미치는 감정이다.

수치심은 이제 죄책감과 더불어 아이들의 내면에 지속적으로 존재하면서 아이들의 초월을 방해하거나 왜곡시키는 역할을 한다. 수치심은 수치심 경향을 만들어 내고 죄책감은 죄책감 경향(Pineles, Steet, & Koenen, 2006)을 만들어 내어 초월의 방향을 바꾸는 역할을 한다. 수치심은 자신이 현실적으로 달성할 수 없는 아주 이상적 수준이나 방향으로 초월이 일어나게 만든다. 수치심 경향의 아이들은 모든 사람에게 인정을 받으려고 하거나 모든 사람을 만족시키려는 완벽적 경향의 초월을 하려고 한다. 이러한 경향을 완벽주의라고 한다. 죄책감은 아이들로 하여금 조금도 실수하지 않으려는 행동적 경향을 만들도록 유도한다. 죄책감 경향의 아이들은 실수를 하면 너무도 두려워하고 무서워하여서 아예 시도를 하지 않으려는 경향도 만들어 낸다. 이들은 자신을 열어서 다른 아이들과 교류를 하거나 새로운 경험을 하려고 하지 않고 지속적으로 같은 일을 반복하려고 한다. 수치심과 죄책감은 결국 아이들로 하여금 부모의 이상적 경향을 자신의 것으로 가져오려는 노력을 하게 된다(Wells & Jones, 2000). 이러한 이상을 실현하려는 노력을 하게 되는 아이들은 지속적으로 거듭해서 실패를 하게 된다. 이러한 실패가 거듭되면 될수록 아이들은 자신들이 정말로 형편없고 못났으며 실수투성이인 존재임을 확인하게 된다.

3) 부정적 감정과 왜곡된 초월

아이들의 내면에 형성된 부정적 감정은 열린 존재가 되어서 새로운 경험을 하면서 범주를 확장하려는 초월의 본능과 충돌한다. 감각적 초월의 단계에 있는 아이들은 불안과 두려움으로 인해서 초월자인 대상에게 집착하는 행동을 보인다. 불안과 두려움이 적거나 없는 아이들은 초월자를 중요한 대상으로 경험을 하고 다음 단계로 넘어갈 준비를 한다. 그러나 불안이나 두려움이 높으면 자신의 중요한 대상을 잃어버릴 것 같은 느낌이나 감정이 강해진다. 게다가 죄책감이나 수치심은 아이로 하여금 집착하는 대상에게 맞추려는 행동을 하도록 만든다. 초월자가 원하는 대로 행동해서 인정을 받으려는 경향이 강해진다. 이렇게 되면 아이의 내면에서는 세계를 향해서 나아가려는 초월 본능과 대상에 집착하여 대상으로부터 멀어지지 않으려는 폐쇄적 경향이 부딪치는 결과를 가져온다. 초월자인 대상에게 붙어 있으면서도 새로운 세상으로 나아가려는 양가적 감정을 갖게 된다.

이러한 상태로 공유적 초월의 단계에 이르면 아이들은 자신의 관심사나 좋아하는 것들을 다른 아이들과 공유하기보다는 다른 아이들에게 일방적으로 맞추거나 조종하려는 행동을 하게 된다. 이렇게 다른 아이들에게 맞추면서 노는 행동들은 주변의 초월자들인 부모나 다른 어른들에 의해서 지지를 받는다. 이러한 지지로 인해서 자신들이 잘 살고 있다고 느끼기도 한다. 그러나 시간이 지나면서 아이들은 다른 아이들의 욕구에 일방적으로 맞추면서 놀이를 진행하기 때문에 왕따를 당하거나 심리적으로 상처를 입게 된다. 이러한 심리적 상처를 견디지 못해서 분노가 폭발하기도 하고 아이들과 심하게 싸우는 행동을 하기도 한다. 다른 한편으로, 자신이 원하는 것을 얻기 위해서 다른 아이들을 조종하는 아이들은 아이들을 편 가르는 방식으로 관계한다. 자신을 좋아하는 아이들과 그렇지 않은 아이들을 편으로 갈라서 아이들과 객관적으로 공유된 놀이를 하지 못하도록 만든다. 이로 인해서 아이들 사이에 많은 갈등이 일어나고 이러한 갈등의 결과로 놀이는 쉽게 파국으로 치닫는다.

일방적으로 맞추거나 조종하려는 아이들은 결국 감각적 초월에서 공유적 초월로 넘어가는 과정에서 관계를 자기중심적으로 하려는 강한 경향을 나타낸다. 타인에게 맞추어서 관계를 하거나 조종을 하여 관계를 하는 경우는 모두 자기중심적 방식의 관계다. 이런 아이들은 다른 아이들과 자신의 것과 타인의 것들 중에 공통된 부분을 공유하는 방식으로 관계하지 못하고 자신의 것으로만 하거나 타인의 것으로만 하려고 하는 왜곡된 방식의 관계를 하게 된다. 이러한 방식으로 관계를 하게 되면 관계 범주의 일부분만을 경험하게 된다. 감각적 초월의 자기 범주에서 공유적 초월의 자기 범주로의 범주 확장은 자신과 타인을 공히 인정하면서 자신과 타인의 공동의 관심사나 영역으로 자신의 범주를 확장하는 초월이다. 관계 범주로의 초월이 제대로 일어나면 자신과 타인의 일부에게까지 범주 확장이 일어난다. 그러나 자기중심적 관계 형태를 가진 아이들은 이러한 관계 범주로의 확장이 한쪽으로만 일어나거나 아니면 관계를 왜곡하는 방식으로 일어난다.

이렇게 왜곡된 방식의 초월을 한 아이들이 추상적 초월의 단계에 다다르게 되면 초월의 왜곡 내지 부분 현상은 훨씬 심화된다. 청소년이 된 아이들은 마음속에 불안과 두려움 그리고 죄책감과 수치심을 내면화한 채로 추상적 초월 단계에 이르게 된다. 부류 범주로 확장을 하게 되는 추상적 초월에서 이러한 감정들은 청소년들로 하여금 부류 범주의 아주 작은 부분에 집착하는 방식으로 초월을 하게끔 한다. 즉, 자신과 비슷한 사람들과만 초월적 관계를 유지하거나 자신의 욕구를 완전히 배제한 채로 다른 청소년들과 관계를 하게 된다. 자신과 비슷한 유형의 청소년과 관계를 하는 초월은 집단 간 차별을 낳게 된다. 자신과 비슷한 특성을 가졌거나 동조하는 사람들을 규합하여 관계를 형성하고 이러한 관계를 바탕으로 다른 집단의 사람들을 학대하거나 벌을 주는 방식으로 관계를 한다. 이러한 방식의 관계는 결국 자신의 수치심이나 죄책감이 반영된 행동 양식들이다. 자신이 못나고 형편없는 존재임을 숨기기 위해서 이러한 행동을 하게 된다(김용태, 2010a, 2010b, 2011). 그리고 자신들이 하는 행동이 잘못되지 않았음을 입증하기 위해서 다른 집단의 잘못을 드러내어 벌을 주는 행동을 하게 된다. 또한 다른 청소년들에게 일방적으로 맞추는 행동을 하는 청소년들의 초월은 인간에 대한 깊은 불신을 갖도록 만든다. 어차피 인간은 다 형편없고 모자란 사람들이기 때문에 이래도 상관없고 저래도 상관없는 방식의 삶의 형태를 갖는다. 자신에게만 피해가 오지 않으면 되기 때문에 자신의 마음속에 있는 확신이나 신념에 따른 행동이 아니라 창피를 당하지 않으려는 행동이나 잘못했다는 다른 사람들의 비난을 피하는 방식의 행동을 하게 된다. 이렇게 행동을 하기 위해서는 자신이 속한 그룹이 힘이 센 그룹인지를 먼저 파악하고 힘이 센 그룹에 동조하기 시작한다. 부류 범주에서 발생하는 초월적 현실 중에서 힘의 관점에서 그룹을 나누고 이러한 그룹의 사람들과 관련을 맺으면서 이 집단의 가치를 받아들이는 왜곡된 초월을 하게 된다. 인간으로서 보편적 가치나 공통의 특징을 가진 집단으로 유목화를 하기보다는 이익에 따라서 그리고 세력에 따라서 유목화를 하는 왜곡된 초월현상이 벌어진다.

이러한 왜곡된 초월현상이 절대적 초월의 단계에 이르면 자신을 신처럼 생각하는 방식의 초월이나 모든 인간을 쓸모없는 존재로 여기는 우울 방식의 초월을 하게 된다. 일부 자기중심적 범주를 가진 아이들이 공유적 초월을 거쳐서 추상적 초월의 단계에서 집단 간에 차별을 하는 방식으로 초월을 하게 되면 이러한 집단을 이용하여 자신을 신의 반열에 올려놓으려는 수치심의 극단의 형태를 보인다. 자신이 형편없고 못났으며 비참한 존재이기 때문에 집단의 장이 되어서 이러한 수치심을 가리고 극복하려는 노력을 하게 된다. 이러한 방식이 정치적으로 나타나면 한 민족을 말살하려는 인종 청소와 같은 방식의 신적 행동을 하게 된다. 실제로 인류의 역사에서는 이러한 방식의 민족 말살 정책들이 있어 왔다. 다른 한편으로, 모든 인간을 쓸모없는 존재로 보는 우울 초월의 시각을 가진 사람들은 신으로 하여금 인간을 이 땅에서 몰아내기를 바라는 마음을 갖기도 한다. 이들은 특히나 창세기에 등장하는 대홍수 사건 같은 것에 주목하고 신이 다시 한번 이러한 심판을 하기를 바라는 마음을 갖기도 한다. 이러한 방식의 생각이나 기도는 자신의 수치심이나 죄책감이 절대적으로 나타난 경우다. 수치심이나 죄책감은 둘 다 인간의 완벽성을 추구하는 감정(김용태, 2010a, 2010b, 2011)이기 때문에 자신을 절대자처럼 생각하는 행동을 하도록 만든다. 즉, 신과 인간과의 관계가 정립되는 것이 아니라 자신의 수치심과 죄책감이 반영되면서 절대적 초월이 왜곡되어 나타나는 것이다.

4) 왜곡된 초월 속의 실재 자기와 객관적 자기

감각적 초월이 제대로 일어나기 위해서 유아는 자신 이외의 다른 초월자가 객관적으로 존재함이 경험되어야 한다. 실재 자기의 감정적 에너지가 긍정적 방향으로 작동하게 되면 다른 초월자들이 객관적으로 존재함을 받아들이게 된다. 그러나 실재 자기의 감정적 에너지가 부정적이면 초월자들이 객관적으로 경험되지 않는다. 불안과 두려움이 큰 상태에서 유아의 실재 자기는 초월자를 하나의 객관적 대상으로 경험하기보다는 불안과 두려움을 줄이는 대상으로 인식하기 시작한다. 객관적 자기와 실재 자기가 서로 도움을 주고받는 상호작용을 하기보다는 객관적 자기가 실재 자기의 욕구를 충족하는 방향으로 작동을 한다. 객관적 자기가 실재 자기의 욕구인 불안과 두려움을 줄이는 대상으로 인식하기 위해서 실제보다 더 큰 존재로 인식하기 시작한다. 엄마를 비롯한 주변의 초월자들은 불안과 두려움의 관점에서 보면 너무도 크고 무서운 존재들이다. 객관적 자기가 이러한 방식의 인식을 하게 되면 실재 자기는 무섭고 큰 대상에게 맞추는 방식으로 행동을 하도록 만든다. 이러한 방식으로 관계가 일어나기 시작하면 객관적 자기는 객관성을 잃어버리면서 실재 자기의 욕구를 충족하는 방식으로 대상을 인식하기 시작한다. 부정적 감정에 근거한 대상 인식이 진행된다.

초월자에 대한 대상 인식만 아니라 자신에 대한 인식도 많이 달라진다. 감각적 초월이 일어나기 위해서 객관적 자기는 초월자와 자신에 대한 객관적 인식이 필요하다. 자신 이외의 다른 대상이 존재한다는 감각적 초월은 나와 타인이라는 관계 형태를 통해서 이루어진다. 자신과 초월자인 타인은 일종의 수평적 관계로서 자신도 하나의 존재고 타인도 하나의 존재로 인식되는 과정이 감각적 초월이다. 그러나 자신 이외의 타인이 크고 무서운 존재로 인식되기 시작하면 상대적으로 자신은 작고 보잘것없는 존재로 인식되기 시작한다. 이러한 인식과 더불어 죄책감과 수치심이 더해지면 자신은 정말로 쓸모없고 형편없으며 바보와 같은 존재가 된다. 객관적 자기는 대상에 대한 인식을 왜곡시키면서 마찬가지로 자신에 대한 인식도 왜곡시킨다. 수평적 관계 형성을 통한 감각적 초월이 일어나야 할 시기에 수직적 관계를 만들어서 자신은 형편없고 못나며 초월자들은 어마어마하게 크고 무서운 존재로 인식을 하게 된다. 이는 객관적 자기가 객관성을 잃어버리고 실재 자기의 부정적 감정에 이끌려서 자신과 타인을 평가하기 때문에 벌어지는 심리적 현상이다.

수치심과 죄책감에 근거한 실재 자기는 객관적 자기의 이러한 왜곡된 평가를 증폭시키는 역할을 한다. 불안과 두려움 그리고 수치심과 죄책감은 심리적으로 각각 정해진 위상들이 있다. 불안과 두려움은 상대적으로 수치심이나 죄책감보다는 심리적으로 위에 존재하는 감정들이다. 감정들의 위계질서는 표면, 이면, 심층으로 분류될 수 있다(김용태, 2014b). 표면 감정은 자신과 타인에 의해서 의식적으로 경험되는 감정을 말한다. 이면 감정은 표면 감정의 바로 이면에 있는 감정으로서 의식되기도 하고 그렇지 않기도 한다. 심층 감정은 이면 감정의 밑에 존재하면서 많은 경우에 의식되지 않는 상태로 존재한다. 예를 들면, 화가 난 사람들은 화가 표면 감정이다. 화가 왜 났는가를 물어보면 이면에 두려움이나 불안이 있는 경우가 많이 있다. 이러한 두려움과 불안은 결국 수치심이나 죄책감과 같은 심층 감정에 의해서 야기되는 경우가 많이 있다. 이제 유아들은 불안과 두려움에 의해서 만들어지는 수치심이나 죄책감이 마음 깊은 곳에 자리하면서 수치심과 죄책감에 의해서 영향을 받는 생각을 하게 된다. 불안과 두려움에 의한 생각만이 아니라 수치심이나 죄책감이 이러한 불안과 두려움을 지속적으로 만들어 내어서 객관적으로 생각을 하지 못하게 만든다. 실재 자기는 불안과 두려움 그리고 수치심과 죄책감이라는 부정적 감정에 근거한 행동을 하게 되고 이 실재 자기는 객관적 자기로 하여금 이러한 감정들에 근거한 평가를 하도록 만든다. 불안과 두려움 측면에서 불안에 의해서 쫓기는 생각(anxiety-driven thought)을 하면서 동시에 이 같은 생각이 수치심이나 죄책감에 근거한 생각(shame & guilt based thought)들에 더해진다. 객관적 자기는 부정적 사고에 또 다른 부정적 사고를 더하는 방식으로 생각하게 된다. 자신이 형편없고 못났다고 생각하는 사람들은 다른 사람들과 관계를 할 때 불안과 두려움을 갖는다. 다른 사람들이 자신의 결점을 잡아내거나 잘못을 했다고 지적을 할 것 같은 마음이 생긴다. 이러한 마음을 가지고 관계를 하는 사람들은 관계를 할 때 객관적으로 받아들여야 할 사실들에 대해서 왜곡하게 된다. 예를 들면, 누군가가 자신에게 "얼굴에 무엇이 묻었네요."라고 말을 했다고 하자. 수치심이나 죄책감이 많은 사람들은 이런 말을 객관적으로 듣지 못하고 '자신이 칠칠치 못한 사람'이거나 상대방이 자신에 대해서 '지적을 한 것 같은 느낌'을 갖는다. 상대방은 사실을 객관적으로 말을 했음에도 불구하고 자신은 객관적 사실이 아니라 평가적으로 들리거나 자신을 못난 사람이라고 지적하는 것같이 들린다. 이러한 방식으로 받아들이는 이유는 객관적 자기가 객관적으로 기능하기보다는 상대방의 행동에 대해서 부정적 평가를 하면서 듣기 때문이다.

수치심과 죄책감에 근거한 실재 자기는 초월을 하는 내내 객관적 자기로 하여금 부정적 평가를 하도록 만든다. 객관적 자기는 실재 자기에 지배되는 방식으로 초월을 진행하게 된다. 정상 초월의 경우에는 객관적 자기와 실재 자기의 상호작용을 통한 평가에 의한 초월이 일어나지만 왜곡된 초월의 경우에는 객관적 자기가 실재 자기의 부정적 감정을 확인하고 증명하는 방식의 평가를 하면서 초월을 하게 된다. 객관적 자기는 부정적 감정에 근거한 실재 자기의 삶을 합리화하거나 정당화시키는 방식의 초월을 만들어 내기 때문에 초월이 부분적으로 일어나거나 왜곡되기도 한다. 객관적 자기의 이러한 역할로 인해서 초월의 방향은 자신의 범주가 넓어지는 쪽으로 일어나기보다는 자신의 범주를 확장하지 못하고 타인에게 초점을 맞추는 방식으로 일어난다. 자기 범주의 초월 범위가 여전히 자기 범주이면서 타인에게만 초점을 맞추는 방식의 초월이다. 초월이 일어난다고 하더라고 타인 지향적 경향성이 강해져서 타인을 살피고 읽는 방식의 초월이 일어난다. 자기 범주는 여전히 자신에게 머물기 때문에 자신과 타인이 공유하는 방식의 초월이 제대로 일어나기 어렵다. 자기와 타인의 공유된 방식의 부류라는 범주로 초월이 일어나기보다는 자기는 가만히 있고 타인만 커지는 비대칭적 방식의 초월이 일어난다.

이러한 비대칭적 초월의 상태에서 객관적 자기의 추상성의 발달은 초월의 경향을 자기와 같은 부류의 사람들로 한정 짓는 방식의 초월을 일으킨다. 부류 범주의 추상성을 가진 객관적 자기는 실재 자기의 부정적 감정에 의한 평가를 더 확장하고 증명하게 된다. 크고 두려워하는 사람들과 못나고 보잘것없는 사람들로 사람들을 실재 자기가 구분하고 나누는 데 객관적 자기의 추상성이 역할을 하게 된다. 객관적 자기의 추상성은 인간을 힘이 있는 자와 힘이 없는 자로 구분하면서 세상은 어차피 이렇게 구성되어 있다는 식의 합리화를 하게 된다. 이 합리화를 위한 근거와 사실들을 찾아내어 이러한 방식의 세계관을 더 고착시키게 된다. 예를 들면, 민족 차별을 하는 경우에, 실재 자기의 부정적 감정들인 불안과 두려움, 죄책감과 수치심은 한 민족을 다른 민족보다 열등하게 보도록 만든다. 가난한 민족이거나 국가가 없는 민족 또는 유색 인종 등을 싫어하는 실재 자기는 객관적 자기로 하여금 이러한 민족들이 열등할 수밖에 없는 증거들을 수집하도록 만든다. 부류 범주로 추상적 초월이 일어나기는 했지만 인간의 하위 그룹 중심의 초월이 일어나도록 객관적 자기가 실재 자기의 수치심이나 죄책감에 근거한 세계관을 확증하도록 만든다.

절대적 초월이 일어나는 단계에 접어들더라도 이런 방식의 초월은 지속적으로 일어난다. 초월이 인간의 하위 그룹에서 인간 전체를 대상으로 하는 인류적 초월이 일어나기보다는 자신이 좋아하거나 싫어하는 방식의 세계관을 가지고 절대자를 바라보는 방식의 초월을 하게 된다. 분명 인류 전체를 넘어서 절대자를 만나기는 하지만 절대자는 일정한 조건을 갖춘 사람들만을 편애하거나 좋아하는 방식으로 관계한다고 생각하게 된다. 절대자는 두려움의 대상으로 주로 심판하는 존재며 이러한 심판의 대상이 되지 않으려면 율법에 매인 방식대로 행동을 하게 된다. 객관적 자기는 절대자가 요구하는 것들 중에서 두려움의 대상이 될 만한 율법들을 찾아내게 된다. 기독교의 경우에는 주로 구약에 드러난 하나님 중심의 율법들을 찾아내고 이러한 율법을 중심으로 인간과 하나님이 관계를 한다고 생각한다. 이러한 율법들이 어겨지면 하나님은 불같이 화를 내시는 분이고 종국에는 이러한 법을 어긴 자들을 모두 천국에서 제외시키는 하나님을 그리게 된다.

초월이 이런 방식으로 일어나게 되는 것은 감각적 초월 단계의 유아가 주변의 초월자들과의 관계에서 경험한 부정적 감정들과 밀접한 관련이 있다. 이 단계에서 경험된 불안에 쫓기는 생각이나 수치심과 죄책감에 근거한 생각들이 초월의 방향이나 방식을 이렇게 만들어 간다. 이러한 감정들은 모두 감정의 위계질서가 있어서 겉으로 잘 경험되지 않으면서 초월 방향을 좌지우지할 만큼 중요한 영향을 미치게 된다. 실제자기는 객관적 자기의 통제 대상이면서 협력 대상이다. 초월이 제대로 일어나기 위해서는 초월의 주체로서 객관적 자기가 실재 자기를 조절하면서 동시에 실재 자기의 지지를 받으며 생각하고 판단할 필요가 있다. 객관적 자기의 생각이 지식이나 머리에만 머무는 판단이 아니라 실재 자기의 감정과 깊이 연결된 판단이 되어야 인간은 제대로 초월을 경험할 수 있다. 이러한 경험은 다른 용어로는 확신 또는 믿음으로 표현을 할 수 있다. 그러나 객관적 자기가 실재 자기에 의해서 좌지우지되거나 객관적 자기가 부정적 감정에 의해서 일방적으로 실재 자기의 감정적 에너지를 누르는 경우에는 욕구들이 좁은 범주 안에서 자신들의 자리를 잡지 못하게 된다. 욕구들 간에 충돌이 일어나서 하나의 욕구가 다른 욕구를 지배하거나 둘 사이에 갈등이 벌어지게 된다. 이런 경우에는 실재 자기의 감정적 에너지는 분산되면서 일관성이 있는 생각 또는 합리적이고 객관적인 생각을 하기 어렵게 된다. 객관적 자기의 판단이 일관성을 잃고 다른 사람들의 말에 좌지우지되거나 자신 안에서 일어나는 욕구들의 충돌로 인해서 행동이 이랬다저랬다 하게 된다.

2. 세 가지 종류의 병리현상: 범주 축소

초월은 과거에 의미를 부여하고 미래에 닿을 수 있는(reach out) 능력을 가지고 있다. 만약 내담자가 과거의 장애를 초월하지 못하면 그 사람은 과거에 새로운 의미를 부여할 수 없으며 현재와 미래에 자신을 헌신할 수 없게 된다. 인간은 자신의 능력이 한계에 부딪힐 때 초월을 필요로 한다. 초월은 인간의 심리적 세계와 영적 세계를 연결하는 개념으로서 이 두 세계를 연결하는 다리 역할을 한다(김용태, 2007, pp. 101-104). 초월은 현재의 상태나 단계를 넘어서고 확장하는 현상을 말한다. 자기 인식을 바탕으로 하여 자신을 초월함으로써 한 개인은 다른 개인과 관련을 맺을 수 있다.

수치심과 죄책감은 정상적 초월을 방해하여 사람으로 하여금 범주가 축소되도록 만든다. 범주가 축소되면 사람들은 심리적 세계에만 머물거나 자신의 과거에 매이는 방식으로 왜곡된 초월을 경험하게 된다. 이러한 왜곡된 초월로 인해서 자신의 심리적 세계를 벗어나지 못하여 심리적 세계의 연장으로서 영적 세계를 바라보게 된다. 이렇게 되면 완벽성에 의한 초월 욕구는 자신을 넘어서 범주 확장을 하지 못하고 영적 존재를 이용하여 완벽해지려는 심리적인 환상을 갖도록 만든다. 이러한 방식의 왜곡된 초월을 하도록 만드는 중요한 감정은 깊은 곳에 자리를 잡은 수치심이나 죄책감이다. 자신의 잘못을 덮기 위해서 신처럼 행동을 하거나 자신의 존재를 커 보이게 하기 위해서 신과 같은 생각을 하게 된다.

수치심과 죄책감은 과거에 매이는 방식의 왜곡된 초월을 하도록 만든다. 과거에 경험된 대상이나 생각이 미래의 세계를 좌지우지하게 된다. 얻어맞은 경험을 많이 한 사람들은 마음 깊은 곳에 수치심과 죄책감을 많이 가지고 있다. 이러한 수치심과 죄책감은 영적 존재를 이해하거나 자신의 미래를 생각할 때 모두 벌 중심의 생각을 하도록 만든다. 이 같은 사람들은 영적 존재가 자신을 벌하기 위해서 자신의 행동을 감시한다고 느끼거나 자신의 미래는 자신이 어떤 행동을 하는가에 따라서 달라진다고 믿는다. 영적 세계나 미래 세계의 범주는 모두 벌이나 심판 중심의 세계관으로 구성된다. 이러한 세계관을 반영하는 초월상담의 병리현상에는 범주 이탈, 범주 치환, 범주 분리가 있다.

1) 범주 이탈

범주 이탈(scope estrangement)을 이해하기 위해서는 먼저 영혼과 몸과의 관계를 이해할 필요가 있다. 일원론적 존재인 인간은 심중에서 영, 혼, 육이 나온다. 이러한 삼분설을 이분설로 줄이면 인간은 영혼과 몸, 즉 눈에 보이지 않는 영혼과 눈에 보이는 몸으로 구성된 존재라고 할 수 있다. 성경은 하나님이 인간을 창조하는 과정을 "땅의 흙으로 사람을 지으시고 생기를 그 코에 불어넣으시니 사람의 생령이 된지라."(창세기 2:7)라고 기술하고 있다. 이 구절에 의하면 인간은 흙과 생기로 구성된 존재다. 흙이란 눈에 보이는 물리적 실체고 생기는 눈에 보이지 않는 심리영적 실체다. 이 둘이 결합을 하여 생령인 살아 있는 존재가 되었다. 영혼은 신적 특성을 닮아서 시간과 공간을 초월하는 특성을 가지고 있다. 그러나 몸은 언제나 시간과 공간 속에 갇혀 있는 특성을 가지고 있다. 인간이 생각에 의해서 멀리 날아가고 싶다고 해도 인간은 몸을 가지고 있기 때문에 생각만큼 날아갈 수 없다. 단지 뛰어서 어느 정도는 날아갈 수 있지만 새들이나 다른 날짐승들처럼 날아갈 수는 없다.

영혼과 몸의 관계는 영혼이 몸에 들어 있는 형태이면서 서로 영향을 주고받는 관계다. 눈에 보이는 몸 어딘가에 인간의 영혼이 깃들어 있다. 정확하게 영혼이 어디에 있는지는 알 길이 없다. 과학적으로 아무리 검증을 하려고 해도 검증이 되지 않는다. 이렇게 몸과 영혼과의 관계를 어느 정도 짐작할 수 있는 그림은 프로이트의 마음의 위상 구조다. 프로이트는 의식, 전의식, 무의식으로 마음을 나누면서 의식은 위에 그리고 전의식은 중간에 그리고 무의식은 밑에 위치시키면서 이들의 위치를 정하였다. 그러나 이러한 마음의 위상 구조는 가설적이어서 과학적으로 검증을 하기 어렵다. 실질적으로 생각해 보면 위가 어디를 말하며 아래가 어디인지는 정확하게 찾을 수 없다. 그렇기 때문에 이러한 마음의 위치에 관한 논의는 다분히 철학적이며 신학적이다. 이렇게 마음의 위치를 몸과의 관계에서 정확히 알 수는 없지만 이 둘은 서로 상호작용을 하면서 영향을 주고받는다.

몸은 인간의 영혼을 제한하는 역할을 하고 영혼은 인간의 몸을 조절하는 역할을 한다. 영혼이 몸속에 들어 있기 때문에 영혼은 자신이 원하는 대로 할 수 없다. 영혼은 무엇인가를 하기 위해서 몸이 제공할 수 있는 한계 내에서 하게 된다. 영혼은 인간의 마음에서 소망을 만들어 낸다. 인간은 초월을 해서 신적 존재와 같은 사람이 되고 싶어도 실제로는 그렇게 할 수 없다. 인간은 몸을 가진 존재기 때문이다. 또한 영혼은 몸을 제어하고 조절하는 역할을 하기도 한다. 몸이 피곤하고 쉬고 싶을 때도 영혼은 몸을 더 사용하도록 만든다. 좀 더 일을 하고 쉬려고 한다든지 좀 더 힘을 내어서 더 가도록 몸에게 명령을 내린다. 몸은 피곤하지만 영혼이 말을 하면서 몸은 영혼의 명령을 따라서 좀 더 몸을 움직인다.

영혼이 초월을 하고 싶어도 몸이 따라 주지 않으면 가능하지 않다. 그렇기 때문에 초월은 몸에서 허락하는 한도 내에서 이루어지게 된다. 영혼은 자신의 범주를 무한대로 확장하여 신이 생각하는 방식으로 이해를 하고 신의 행동을 이해하기를 원하지만 삼차원의 시간과 공간에 갇힌 인간은 이렇게 범주를 확장할 수 없게 된다. 이러한 한계를 인정하면서 발생하는 범주 확장은 정상적 초월현상이다. 그러나 이러한 한계를 인정하지 않으면서 초월을 하려고 하면 병리적 초월이 발생을 한다. 이러한 몸과 영혼과의 관계는 유사하게 감정과 생각 사이에도 벌어진다.

실재 자기는 감정에 근거한 에너지고 객관적 자기는 인지에 근거한 에너지다. 이 둘은 서로 긴밀한 관계를 가지고 있으면서 동시에 환원될 수 없는 정체성을 가진 자기들이다. 실재 자기는 자동차의 엔진이라면 객관적 자기는 제어장치다. 엔진이 없는 제어장치는 의미가 없듯이 제어장치가 없는 엔진은 아주 위험하다. 감정과 생각은 이렇게 서로 보완을 하면서 인간의 마음을 구성하는 존재들이다. 생각은 감정에 기반을 두고 그 생각의 깊이를 더하고 넓이를 확장한다. 감정은 생각이 인도하는 방향으로 에너지를 공급하면서 인간이 자신의 범주를 확장하도록 만든다.

감정이 생각을 지배하는 방식의 초월이나 생각이 감정과 관계없이 초월을 하게 되면 초월의 병리현상이 생긴다. 이것이 범주 이탈이다. 감정이 생각을 지배하게 되면 감정적 에너지에 의해서 생각이 결정된다. 예를 들면, 폭력의 경험을 가진 사람이 분노가 있다고 하자. 이러한 분노는 생각을 하는 데 많은 영향을 미친다. 분노를 가진 사람들은 이분법적으로 생각하기 쉽다. 옳은 사람과 나쁜 사람이다. 자신은 아무런 해를 끼치지 않았기 때문에 옳은 사람이고 해를 끼치는 사람들은 나쁜 사람들이다. 이렇게 이분법적 사고를 하게 되면 초월을 하는 데 있어서 병리적 현상이 일어난다. 마찬가지로 감정과 관계없이 생각을 하게 되면 자신이 무엇을 느끼는가와 관계없이 자신의 생각을 통해서 초월을 하려고 한다. 감정은 일종의 균형추와 같은 역할을 한다. 예를 들면, 다른 사람들을 내 마음대로 하려고 하면 미안한 감정이나 죄책감이 든다. 이런 감정이 들면 자신의 생각을 다시 점검해서 생각을 돌이키도록 한다. 그러나 이러한 감정이 들었음에도 불구하고 자신의 생각대로 다른 사람들을 내 마음대로 하게 되면 자신이 큰 사람 또는 강한 사람처럼 된 것 같은 착각을 하게 된다. 이는 자신의 범주를 부인하면서 자신과 무관한 다른 세상을 살려고 하는 현상이다.

신적 존재로서 착한 사람과 전능의 사람과 같은 자기애의 주제는 자신의 범주를 부정할 때 나타나는 병리현상이다. 마음속 깊이 들어 있는 수치심이나 죄책감에 의해서 움직이는 실재 자기는 객관적 자기에 영향을 미치고 객관적 자기는 현실이나 자신의 범주와 관계없이 무한한 큰 세상을 동경하게 된다. 이러한 동경은 종종 환상적 생각을 낳는다. 그러나 범주 이탈을 경험하는 사람들은 이 같은 환상적 생각들이 마치 현실처럼 느껴진다. 자신을 과대하게 생각하여 자신이 생각하는 것들을 현실

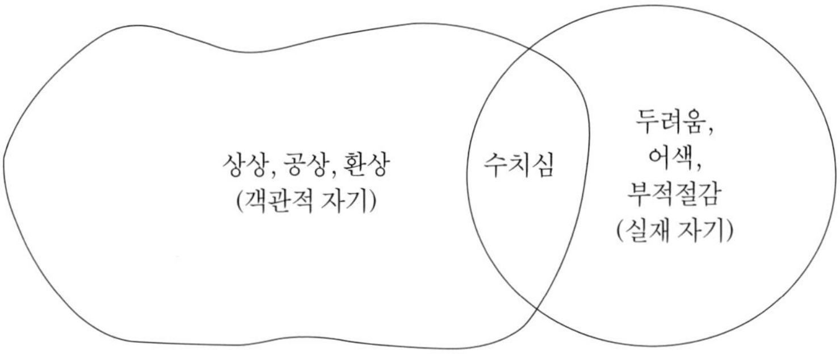

그림 8-1 범주 이탈

에서 이룰 수 있는 것처럼 느끼고 이를 행동으로 옮긴다. 자신은 신의 도움을 매일 받아서 일반인들과는 다른 세상을 살고 있다고 생각을 하거나 느낀다. 그렇기 때문에 자신은 무한히 다른 사람들에게 베풀 수 있는 사람이거나 무한한 능력을 가진 사람처럼 생각을 한다. 자신의 범주와는 무관한 신적 세계의 범주를 살려고 하는 사람들의 병리 현상은 [그림 8-1]과 같이 표현할 수 있다.

[그림 8-1]에서 보는 바와 같이 객관적 자기와 실재 자기는 수치심을 중심으로 연결되어 있다. 수치심에 의해서 움직이는 실재 자기는 객관적 자기로 하여금 자신의 범주와 상관없는 신적인 세계를 상상하도록 만든다. 객관적 자기에 의해서 발현되는 세계는 다른 사람들이 보기에는 커다란 범주처럼 보일지 모르나 실제는 상상, 공상, 환상과 같은 불가능한 세계를 꿈꾸는 범주다. 이러한 범주를 현실에 적용할 때는 언제나 무리가 따르고 이로 인해서 많은 사람들이 어려움을 겪거나 상처를 입게 된다. 자신의 불가능한 범주의 세계를 현실화하려는 노력은 자신과 다른 사람들 모두 힘들게 하는 역할을 한다.

2) 범주 치환

범주 치환(scope substitution) 현상은 주로 다른 사람들과의 관계에서 나타난다. 자신의 범주는 타인과 관계할 때 타인을 품거나 담을 수 없는 작은 범주지만 타인과 교류할 때 타인을 품을 수 있는 것처럼 행동하는 범주 치환 현상이 나타난다. 범주 치환이란 자기 범주를 타인과 교류하면서 타인의 범주로 치환시키는 현상을 말한다. 자기 범주나 타인 범주는 모두 한 사람 범주다. 자기 범주도 자신이라는 한 사람 범주고 타인범주도 타인이라는 한 사람 범주다. 각각은 범주의 확장과는 무관하게 자신이나 타인이라는 한 사람 범주에 머무르고 있다. 자기 범주를 가진 감각적 초월에서 관계 범주를 가진 공유적 초월로 발달이 일어날 때 자기 범주가 확장이 되면서 타인의 것을 수용하게 된다. 자기 범주가 타인의 것을 받아들이면서 세계가 더 넓어지고 자기 범주의 변형이 일어나게 된다. 그러나 타인과의 교류의 욕구를 가지고 있으면서 이렇게 범주가 확장이 일어나지 않으면 다른 사람들의 욕구에 맞추는 삶을 살게 된다. 자신의 욕구나 욕망 그리고 세계에서 일어나는 일들은 잃어버리거나 무시하면서 타인의 욕구에만 맞추어 주는 삶을 살게 된다. 자신이 없는 타인의 삶을 사는 세계를 가진 범주 현상을 범주 치환이라고 한다.

범주 치환은 수치심이나 죄책감이 불안과 두려움을 만들어 내면서 발생되는 현상이다. 관계를 할 때 불안이 많은 사람들은 자신의 욕구를 제대로 표현하기 어렵다. 자신의 욕구를 표현하였다가 타인이 거절하거나 비난을 받을까 봐 불안하기 때문이다. 이렇게 불안이 많은 사람들은 자신의 욕구를 표현하는 대신 타인이 무엇을 원하는지 예민하게 된다. 타인이 필요한 것들을 파악하여 그것을 자신의 욕구로 가져와서 실행하게 된다. 예를 들면, 인정을 받고 싶은 욕구가 많은 사람들은 다른 사람들에게 맞추는 행동을 하게 된다. 다른 사람들이 무엇인가를 하게 되면 이들이 한 것은 조건과 관계없이 무조건 잘했다고 한다. 만일 누군가가 다른 사람들과 싸웠다고 한다면 전후좌우나 자초지종과 관계없이 자신이 맞추어 주려고 하는 사람들에게는 잘했다고 한다. 이렇게 함으로써 그 사람의 환심을 사고 그 사람으로부터 좋은 사람 또는 괜찮은 사람이라고 인정을 받으려고 한다.

이러한 사람들은 인정을 받지 못하면 심하게 좌절하고 죄책감이나 수치심을 많이 느낀다. 자신 안에서 어떤 확신이나 믿음으로 행동을 하기보다는 타인의 인정이나 말 한마디에 좌지우지되는 삶을 살기 때문에 다른 사람들의 행동에 예민해진다. 그래서 타인이 어떤 말을 하는가에 따라서 자신의 기분이 쉽게 변한다. 자신이 인정받고 싶은 말이나 행동이 나오지 않으면 자신이 무엇을 잘못했는지 찾으려고 한다. 잘못했다고 생각하는 행동을 발견하면 자신의 이러한 행동을 수정하고 타인의 기분이나 기준에 따라서 다시 행동을 하게 된다. 이렇게 수정된 행동을 했음에도 불구하고 다른 사람이 만족을 하지 못하면 이들은 자신이 쓸모없는 사람이라고 생각을 하게 된다. 자신은 아무짝에도 쓸모없는 존재이기 때문에 다른 사람들이 자신을 좋아하지 않는 사람이라고 규정을 하게 된다. 이런 사람들은 수치심에 근거한 존재의식을 갖는다.

범주 치환은 착한 사람 증후군, 구원자 증후군, 경계선 장애 등을 갖는 사람들을 만들어 낸다. 먼저, 착한 사람 증후군을 가진 사람들을 살펴보자. 착한 사람 증후군이란 다른 사람들에게 착한 사람이 되어서 인정을 받으려 하는 것으로, 이 때문에 여러 가지 증상이 발생한다. 이러한 증상은 다음과 같다. 타인의 눈치 보기, 자신의 감정이나 느낌을 표현하기 힘들어하기, 타인으로부터 좋지 않은 말을 들으면 쉽게 좌절하기, 자신을 과도하게 안 좋은 사람으로 치부하기, 쉽게 울거나 감정적이 되어서 조절을 어려워하기, 인정을 받지 못하면 우울감에 빠지기, 자신을 좋아해주는 사람이 없으면 관계하기 어렵기. 착한 사람 증후군을 갖는 사람들은 자신을 착하다고 하는 사람 옆에 붙어서 산다. 비록 사실이라 하더라도 부정적 성향의 사실을 들으면 자신들이 인정받지 못한 느낌을 갖고 쉽게 상처를 입는다. 이렇게 상처를 자주 입기 때문에 억울한 마음을 많이 가지고 있다. 자신들은 언제나 착하고 세상이 나쁜 사람들 때문에 어렵다고 생각하는 범주를 갖는다. 이들의 실재 자기는 모두 자신을 정당화시키는 착한 느낌으로 이루어져 있기 때문에 직면이나 부정적 사실들에 의한 행동을 하는 사람들에게는 적대감을 느끼기도 한다.

구원자 증후군을 갖는 사람들은 다른 사람들의 문제를 해결하면서 자신들의 존재감을 느낀다. 이들은 타인의 문제를 해결하거나 어려움을 해결해 주면서 자신이 살아가는 세상을 유지한다. 타인이 문제가 없거나 어려움이 없으면 이들은 자신들이 사는 세계인 범주에서 아무런 의미를 찾지 못한다. 자신 자체만으로는 자신의 세계가 존재하지 않고 타인에 의해서 주어지는 세계만을 살며 증상을 나타낸다. 이러한 증상은 다음과 같다. 갈등이 없으면 무력감 느끼기, 문제가 없는 사람을 만나면 위축되어서 자신이 쓸모없다는 생각 갖기, 문제가 없는 관계가 지속되면 문제를 만들어 내기, 쉬지 못하고 끊임없이 일하기, 자주 신체화 증상을 경험하기. 이들은 자신들만의 세계가 존재하지 않는다. 오직 타인의 범주에 의해서만 움직이기 때문에 자신은 어려움이 발생하거나 문제가 생겨도 다른 사람들에게 도움을 구하지 않는다. 자신에게 문제가 생기면 자신의 범주 속에서 갈등이 발생한다. 자신에게 생기는 문제는 '문제는 타인에게만 존재하고 자신에게는 존재하지 않는다.'라는 신념과 충돌을 일으킨다. 구원자 증후군을 갖는 사람들은 타인에게서 문제를 발견하면서 자신에게는 문제가 없는 것처럼 행동을 한다. 실제로 자신이 가진 문제보다 더 큰 문제를 만나거나 경험하면 자신이 가진 문제가 별것 아니거나 문제가 아닌 것처럼 느껴지는 현상과 같다. 그래서 이들은 타인의 큰 문제에 집중을 하고 이들의 문제를 해결하고 다루면서 자신의 문제를 회피하게 된다. 이들은 자신의 문제를 타인의 문제로 치환을 하고 자신의 문제를 보지 않는다.

경계선 장애의 경향을 갖는 사람들은 타인에게 붙어서 자신의 범주를 유지한다. 이들은 경계선에 서 있으면서 스트레스가 많아지면 다른 곳으로 넘어갔다가 스트레스가 적어지면 다시 원래의 자리로 넘어온다. 예를 들면, 이들은 신경증과 정신증의 경계선에 있으면서 보통의 상황에서는 신경증의 증상을 보이다가 스트레스 상황이 되면 정신증의 증상을 보인다. 평소에는 짜증을 내던 사람이 스트레스가 많아지는 상황이 되면 의심을 하는 증상을 보인다. 경계선의 증상을 갖는 사람들은 많은 경우에 의존적이다. 이들은 자신들이 스스로 자신들의 문제를 해결할 능력을 가지고 있지 못하다. 자신의 범주인 세계 속에서는 문제 해결 능력을 가지고 있지 못하기 때문에 타인에게 의존해서 타인보고 해결해 달라고 하는 이들이 곧 경계선 장애의 경향을 가진 사람들이다.

경계선 장애의 경향을 가진 사람들은 자신과 타인의 구분이 없다. 이들은 오직 자신의 욕구에만 관심을 가지고 있으며 타인을 자신의 욕구대로 움직이려고 하는 사람들이다. 자신의 욕구를 타인이 해결해 줄 것 같으면 이들은 타인에게 너무도 잘한다. 그러나 이들은 타인이 자신의 욕구를 해결해 줄 것 같지 않으면 타인을 비난을 하고 밀쳐 내는 사람들이다. 이들의 마음속에는 자신과 타인의 구분이 존재하지 않으면서 오직 자신의 욕구만 존재한다. 욕구 중심의 자기 범주는 타인 범주와 경계선을 제대로 설정하지 못하고 자신과 타인에 대한 인식이 별로 없다. 특히 자신의 욕구와 타인의 욕구 사이에 경계선이 없어서 자신의 것인지 아니면 타인의 것인지 잘 구분하지 못하는 경향이 있다. 이러한 경향으로 인해서 이들은 제대로 된 범주 설정을 하지 못한다. 이들에게는 한 사람 범주만 존재하면서 욕구에 따라서 범주가 자신에게서 타인에게로 치환되기도 하고 타인에게서 자신에게로 치환되기도 한다. 범주 치환은 [그림 8-2]로 표현할 수 있다.

[그림 8-2]에서 보면 자신 속에 타인이 대부분 들어 있거나 타인 속에 자신이 대부분 들어 있다. 이 두 그림은 모두 전형적인 범주 치환의 자기 범주와 타인 범주를

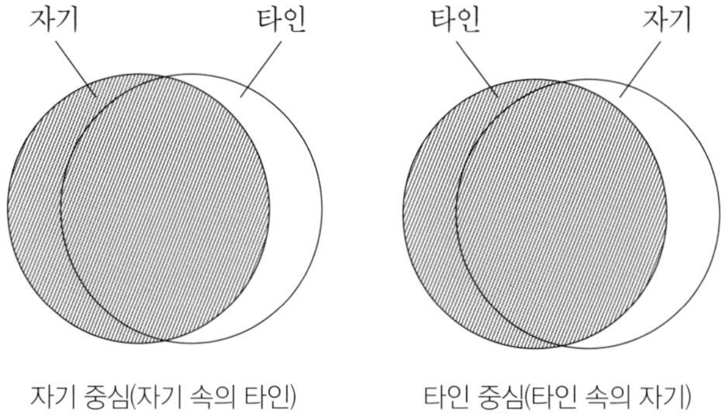

그림 8-2 범주 치환

나타내고 있다. 이 두 그림의 공통점은 자신과 타인의 공유된 부분이 공유되지 않은 자신만의 부분이나 타인만의 부분보다 훨씬 많다. 공유된 부분이 자신의 고유한 부분보다 훨씬 많기 때문에 자신만의 정체성을 제대로 유지하기 어렵다. 자신의 것을 반영하려고 하면 타인의 것이 반영되고 타인의 것을 반영하려고 하면 자신의 것이 반영된다. 자신과 타인은 구분될 수 없는 하나의 범주에 존재하기 때문에 서로의 세계를 구분하여 존재하기 어렵다. 이렇게 살게 되면 자신과 타인이라는 건강한 관계를 유지하기 어려워서 갈등이 자주 발생한다. 버림받을 것 같은 두려움이 생기거나 삼켜질 것 같은 두려움이 생기게 된다. 이 둘의 관계는 결국 불안과 두려움에 의해서 유지되는 실재 자기에 의해서 지속된다. 객관적 자기는 이러한 불안과 두려움을 합리화하는 방향으로 생각을 하게 된다. "내 것이 네 것이고 네 것이 내 것이다."라는 한국의 속담이 있다. 내 것과 네 것을 구분하지 않고 살아가는 삶이 아름답다고 생각을 하는 방식이 합리화다. 이러한 합리화를 나타내는 말 중의 하나가 "자기 것을 잘 챙기는 사람이 이기적인 사람이다."라는 식의 표현이다. 이러한 합리화 속에서는 자기 것을 잘 챙기는 사람이 자기 세계를 잘 살아가는 사람이 아니라 자기만 챙기는 사람이라고 인식된다. 이렇게 함으로써 자기와 타인의 범주를 구분하지 못하도록 만든다.

3) 범주 분리

"인간이 제대로 기능을 하기 위해서는 일정한 공간이 필요하다."(김용태, 2014a,

p. 231). 공간이 부족하면 많은 갈등이 발생한다. 예를 들면, 작은 공간에 많은 사람이 있으면 사람들은 자신의 공간을 차지하기 위한 노력을 하게 된다. 이렇게 공간을 차지하려는 노력으로 다른 사람들을 밀치거나 방어적으로 관계를 하게 된다. 밀쳐서 자신에게 필요한 공간을 확보하기, 자신의 자리를 유지하기 위해서 옆에 있는 사람에게 양보를 하지 않기, 일부러 넓은 공간을 확보하기 위해서 다리를 벌리고 앉기, 자신의 앞길을 막는 사람들을 위협하기 등과 같은 행동들이 모두 좁은 공간으로 인해서 발생을 한다. 콩나물시루의 버스나 만원의 지하철 그리고 많은 입장객이 한꺼번에 몰린 영화관, 공연장, 광장 같은 곳에서는 이러한 행동이나 갈등이 언제나 재현될 수도 있고 재현되기도 한다.

사회적 상황에서 공간이 모자라면 이와 같은 갈등이나 행동이 존재하듯이 인간의 마음에서도 유사한 일들이 벌어진다. 범주가 축소되어 마음에 충분한 공간이 존재하지 않으면 인간에게 있는 많은 욕구들이 서로 충돌을 일으킨다. 각각의 욕구들은 자신들의 욕구를 실현하기 위한 일정한 공간들을 반드시 요구한다. 예를 들면, 컴퓨터 프로그램이 제대로 기능하기 위해서는 각각의 프로그램들이 점유하는 컴퓨터 내의 일정한 용량이 필요하다. 일정한 용량이 없으면 각각의 컴퓨터 프로그램들은 운영되기 위한 기본적 조건이 부족하게 된다. 이렇게 되면 각각 프로그램들은 실행에 어려움을 겪거나 급기야는 프로그램끼리 충돌을 일으키는 현상을 만들어 낸다. 마음속에 있는 욕구들도 비슷하다. 피곤하고 졸리면서 배고프고 누군가와 이야기를 하고 싶은 마음의 상태를 생각해 보자. 이러한 마음을 가진 사람은 세 가지 욕구가 동시에 발현되고 있다. 이 경우에는 쉬면서 자고 싶은 욕구, 먹고 싶은 욕구, 대화를 나누고 싶은 욕구가 있다. 이때 마음이 넉넉한 사람, 즉 범주가 충분한 자기 공간을 확보한 사람은 이러한 욕구들을 하나씩 충족을 하게 될 것이다. 그러나 마음이 넉넉하지 못한 사람, 즉 범주가 충분히 확장되지 못한 사람은 이 세 가지를 동시에 하려고 한다. 이러한 현상 중 하나가 시간이다. 시간이 충분히 없다고 느끼면 이 세 가지 욕구는 각각의 욕구를 충족하기 위해서 갈등을 일으킨다. 먹으면서 자고 그리고 이야기를 하고 싶은 욕구를 짧은 시간에 다 충족을 하려고 하면 각각의 욕구들이 충족되지 못하면서 오히려 짜증이나 신경질 또는 화를 내게 된다. 마음에 여유가 없다고 느끼는 사람들은 이러한 욕구들을 충분히 시간을 가지고 하나씩 충족하지 못한다. 이들은 급하게 세 가지 욕구를 한꺼번에 충족하려고 하기 때문에 마음속에서 갈등을 경험하게 된다. 각각의 욕구들은 마음속에 일정한 공간을 필요로 하고 확보를 하려고 한다. 그러나 이러한 공간 확보의 실패는 언제나 갈등을 유발한다.

범주 분리(scope division)란 각각의 욕구들이 자신들의 욕구를 충족하기 위해서 자신들의 영역을 확보하려고 갈등을 일으키는 현상이다. 부부 관계를 할 때 발생되는 범주 분리를 예로 들어 보자. 부부는 서로 인정을 받으려고도 하지만 서로 지배하려고도 한다. 이럴 때 남편이나 부인의 마음속에서는 인정받고 싶은 욕구와 지배하고 싶은 욕구가 동시에 존재한다. 남편이 부인에게 아들처럼 인정을 받고 싶은 욕구가 있으면서 동시에 부인을 딸처럼 말을 잘 듣게 하고 싶은 욕구를 동시에 보인다고 가정을 하자. 이런 경우에 남편은 부인이 아들에게 하듯이 어머니처럼 행동을 하면서도 동시에 딸처럼 자신의 말을 잘 듣는 행동을 하기를 바란다. 배가 고픈 남편들은 종종 이러한 범주 분리에 빠지게 된다. 배가 고픈 나머지 부인에게 자신의 어머니의 행동을 기대한다. 부인이 자신의 어머니처럼 아무런 불평이 없이 빨리 밥을 주기를 바란다. 한 걸음 더 나아가면 부인이 어머니처럼 자신의 마음을 공감하면서 빨리 밥을 챙겨주기를 원한다. 다른 한편으로, 남편은 부인을 지배하고 싶은 마음, 즉 딸처럼 말을 잘 듣게 하고 싶은 마음이 든다. 이렇게 부리고 싶은 지배욕으로 인해서 남편은 부인에게 소리를 지르면서 밥을 빨리 달라고 외치게 된다. 남편은 자신이 가지고 있는 두 가지 욕구가 부인에게 어떻게 전달되며 이로 인해서 어떤 일이 일어나는지 잘 알지 못한다. 왜냐하면 두 가지 욕구가 동시에 전달이 되면서 부인을 얼마나 힘들게 하는지 잘 모르기 때문이다. 마찬가지로 부인에게도 이러한 두 가지 욕구가 동시에 존재하여 남편을 힘들게 한다. 부인은 남편이 자신의 아버지처럼 자신을 잘 돌보아 주기를 바라면서 동시에 자신의 말을 잘 듣는 아들이기를 바란다. 부인은 아버지에게는 딸로서 인정을 받기를 원하고 아들에게는 자신의 말을 잘 듣기를 원한다. 남편이 자신의 마음을 잘 공감하거나 돌보아 주지 않으면 남편을 비난한다. 남편을 비난하면서 아들처럼 자신의 말을 잘 듣고 아버지처럼 자신을 잘 돌보아 주기를 바란다. 그러나 비난을 받은 남편들은 말을 들을 수는 있으나 부인의 마음을 잘 공감하면서 돌보기는 어렵다. 이러한 점을 범주가 축소된 부인은 잘 알지 못한다.

이러한 두 욕구는 남편과 부인의 마음속에서 서로 충돌하게 된다. 아들과 딸처럼 인정받고 싶은 욕구와 지배하고 싶은 욕구가 충돌을 할 때 하나의 욕구는 충족되지 않는다. 밥을 달라고 소리를 지르는 남편의 경우에는 부리고 싶은 지배의 욕구는 표면적이지만 이러한 표면적 마음의 이면에는 아들처럼 어머니에게 인정을 받고 싶은 욕구가 진행되고 있다. 이면의 인정받고 싶은 욕구가 표면의 지배하고 싶은 욕구를 통해서 표현되고 있다. 남편은 정작 이면의 인정받고 싶은 욕구가 부상하면 어색함을 느끼고 부적절감을 느낀다. 이러한 어색함과 부적절감은 지배하고 싶은 욕구로 인해서 표현되는 전능감과 정면으로 충돌하게 된다. 전능감은 어색함과 부적절감으로 인해서 일그러지고 부분적이 된다. 그 역도 마찬가지다. 겉으로 아들처럼 인정받고 싶은 욕구가 표면에 부상하면서 아들처럼 부드럽게 부인에게 말을 했다고 하자. 이런 경우에 부드러운 남편의 표현은 그 이면에 전능감이라는 지배 욕구를 통해서 나타나고 있다. 이 경우에는 딱딱한 느낌을 주기도 하고 경직된 느낌을 주기도 하는 부드러운 표현을 하게 된다. 이러한 경우를 부드럽게 경직됨 또는 경직된 부드러움이라고 한다.

(1) 범주 분리의 양상

범주 분리는 한 가지 양상으로만 일어나지 않는다. 범주가 양분되면서 서로의 영역을 주장하기 시작하면 이는 수직 범주 분리다. 수직 범주 분리는 위에서 아래로 범주가 분리된다. A4 용지를 위에서 아래로 찢으면 길쭉한 직사각형의 형태인 종이가 두 개가 된다. A4 용지는 이제 왼쪽과 오른쪽으로 나누어지면서 두 개의 기다란 종이가 된다. 이런 형태와 마찬가지로 마음도 위에서 아래로 나누어지면서 왼쪽 마음과 오른쪽 마음이 서로 다른 욕구를 갖는다. 이는 마치 경계선 성격 경향을 가진 사람이 이랬다저랬다 하는 경우와 비슷하다. 한편으로는 붙어 있고 싶으면서도 다른 한편으로는 멀어지려고 하는 경우다. 이를 그림으로 표현하면 [그림 8-3]과 같다. [그림 8-3]에서 보는 바와 같이 위에서 아래로 분리가 일어났다. 그래서 왼쪽에는 인정받고 싶은 욕구가 그 영역을 차지하고 오른쪽에는 지배하고 싶은 욕구가 그 영역을 차지했다. 인정받고 싶은 욕구가 작동을 하다가도 지배하고 싶은 욕구가 작동을 하게 되면 일관성을 잃어버리게 된다. 조금 전까지만 해도 인정받기 위해서 상대방의 비위를 맞추다가 언제 그랬느냐 하면서 행동이 달라진다. 그리고 지배하기 위해서 상대방을 비난하거나 통제하려고 한다.

다른 예를 하나 더 들어 보자. 만일 같이 쉬고 싶은 욕구와 밥을 먹고 싶은 욕구 그리고 나누고 싶은 욕구가 동시에 존재하면서 각각의 영역을 평면적으로 점유하

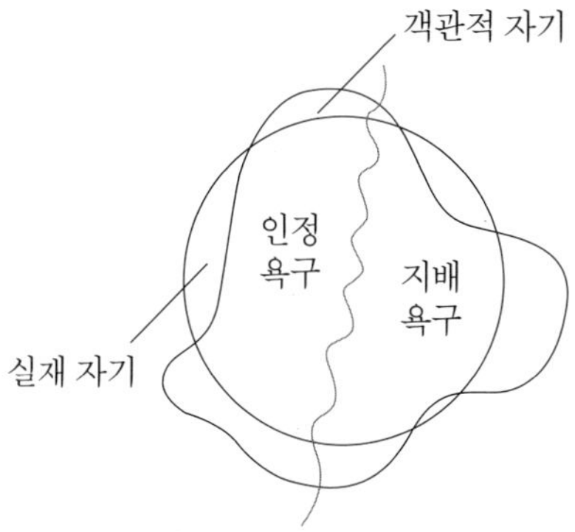

그림 8-3 수직 범주 분리

고 있다면 이는 수직 분리다. 어린아이들인 경우에 여러 가지 욕구가 동시에 존재하면서 각각의 욕구를 이랬다저랬다 하면서 충족하려고 한다. 어린아이와 같이 범주가 충분히 확장되지 못한 경우는 먹으면서 이야기를 하려고 하고 쉬려고 한다. 그러다보니 아이는 엄마를 붙들고 말을 하면서 먹다가 잠이 드는 경우가 발생한다. 제대로 먹지도 못하고 제대로 자지도 못하며 제대로 나누지도 못한다. 각각의 욕구에 대해서는 불만이 발생하여 자면서 꿈을 꾸기도 하여 잠을 설치거나 잠에서 깨면 배가 너무 고프기도 하고 자신의 말을 충분히 하지 못한 느낌도 든다. 이렇게 되면 각각의 욕구들은 여전히 심리적으로 자리를 차지하면서 한꺼번에 마음의 전경으로 떠오른다. 아이들은 이러한 상태로 인해서 이랬다가 저랬다가 하는 행동을 반복하게 된다.

이렇게 행동이 이랬다저랬다 하는 현상은 청소년기에도 전형적으로 나타난다. 청소년기에는 여러 가지 욕구가 충돌을 일으킨다. 청소년들은 어른이 되고 싶기도 하지만 한편으로 아이로 머물러 있고도 싶어진다. 어른이 되고 싶은 욕구와 아이로 머물고 싶은 욕구는 각각의 자리를 수직적으로 차지한다. 따라서 어떤 때는 아이처럼 행동을 하기도 하다가 다른 때는 어른처럼 행동을 하기도 한다. 아직 청소년들은 아이와 어른을 동시에 수용하는 충분한 범주 확장이 일어나지 않았다. 그렇기 때문에 이러한 두 가지 욕구가 동시에 넉넉한 상태로 자신의 범주에 존재하지 않는다. 각각의 욕구는 좁은 청소년들의 범주에서 이리로 삐져나오고 저리로 삐져나오게 된다. 이러면서 청소년들은 아이도 아닌 것 같고 어른도 아닌 것 같은 느낌이 든다. 불안하고 두려우면 자신의 자리를 찾지 못한 부적절감, 어색함 등을 느낀다. 그리고 이러한 자신들이 부끄럽고 창피하고 무엇인가 자신들이 잘못하고 있는 듯한 느낌도 든다.

범주 분리가 수평적으로 일어나는 경우는 위와 아래로 영역이 나누어진다. 위와 아래는 다른 표현으로 하면 겉과 속이다. 겉으로는 좋은 것 같지만 속으로 싫어하는 경우가 바로 수평 범주 분리다. 건물의 경우로 생각해 보면 건물이 층층이 나누어진 경우와 같다. 아파트의 1층과 2층 그리고 그 위층들은 모두 층층이 수평으로 나누어져 있다. 그래서 위에 사는 사람이 생기고 아래에 사는 사람이 생기는 원리와 유사하다. 사람에게 적용을 하면 위는 겉이고 아래는 속이다. 이를 그림으로 표현하면 [그림 8-4]와 같다.

욕구들 간의 충돌 현상은 각각의 영역을 차지하는 영역 분리를 시도한다. 위에서 언급한 표면과 이면의 욕구 충돌 현상은 수평 분리다. 표면은 부드럽지만 이면에는 전능감에 의한 경직됨이 자리를 잡는다. 또한 표면은 딱딱하고 경직되어 있지만 이면에는 부드러움이 자리를 잡는다. 한국 속담에 자주 등장하는 말로 겉 다르고 속 다르다는 표현이 있다. 물론 이 말을 해석할 때는 많은 다른 방식이 존재하겠지만 범주 분리 차원에서 해석할 수 있다. 겉에서 일어나는 행동과 속에서 일어난 생각이나 느낌이 분리되어 있다는 의미다. 겉으로는 친절한데 속으로는 방어적이거나 경계심을 갖는 경우라든지 겉으로는 예의를 갖추고 있지만 속으로는 거친 것과 같은 형태의 사람들을 말할 때 이러한 한국 속담이 적용된다. 이 한국 속담은 초월상담의 병리현상 중에 수평 범주 분리를 나타내는 예들 중의 하나다.

수평 범주 분리는 위와 아래로 그 영역이 분할되어 있다. 분할되어 있으면서 각각

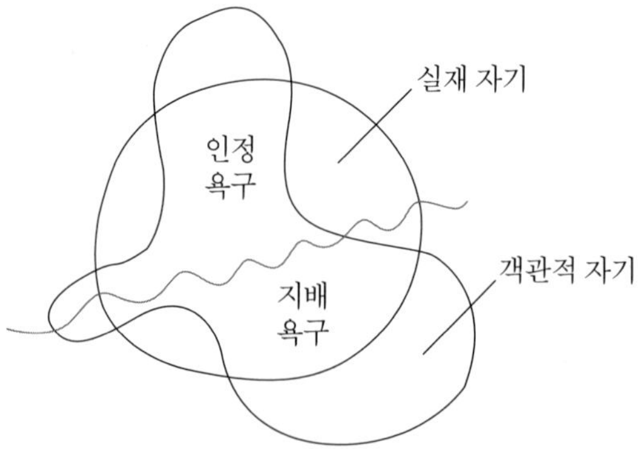

그림 8-4 수평 범주 분리

의 영역은 서로에게 침범당하는 방식으로 나타나 있다. 어떤 때는 표면적 욕구가 지배를 하지만 어떤 때는 이면적 욕구가 지배한다. 때로 이 둘은 서로를 침범하여 각각의 욕구가 표현될 때 영향을 받는다. 이러한 영향으로 인해서 욕구가 재대로 표현되지 못하는 경우가 비일비재하다. 표현을 제대로 하지 못해서 이면에 존재하는 힘을 발휘하기 어렵다.

범주 분리는 인간의 자기 모순을 가속화한다. 하나님의 형상을 가진 신적 특성과 파괴를 하려는 동물적 속성을 가진 인간은 태어날 때부터 모순적 존재다. 모순적 존재인 인간은 초월의 본능을 통해서 통합으로 나아가려는 발달을 한다. 그러나 이러한 발달의 과정에서 초월자로부터 부정적 영향을 받으면 초월 자기는 제대로 형성되지 못하여 병리현상을 갖는다. 이러한 병리현상 중 하나가 범주 분리인데 각각의 욕구들이 살아서 자신들의 욕구만 충족하려고 할 때 인간의 모순성은 더욱 증가한다. 이러한 모순된 병리현상 중 하나가 곧 성인 아이다. 성인이면서 아이인 병리현상은 곧 이러한 범주 분리를 잘 보여 준다. 성인의 욕구와 아이의 욕구는 관계나 자신의 마음에서 많은 경우에 충돌을 한다. 성인과 아이가 동시에 한 곳에 존재할 수 없는데 한 곳에 존재하면서 모순을 더욱 가중시킨다.

제3부

초월상담의 실제: 상담 과정

초월상담의
이 론 과
실 제

초월상담은 내담자의 범주를 확장시키는 방향으로 진행된다. 병리현상은 언제나 범주 축소에 의해 일어난다. 범주 이탈, 범주 치환, 범주 분리와 같은 초월적 병리현상들은 모두 범주가 제대로 확장되지 못하고 축소되면서 일어난다. 이러한 병리현상을 극복하고 범주를 확장하기 위해서는 자신의 범주가 무엇인지를 알아가는 과정을 거치게 된다. 인간은 범주를 확장하는 과정에서 크고 작은 멍현상을 경험하게 되는데, 이러한 멍현상은 인간이 자신의 범주에 없는 것을 맞닥트릴 때 경험하는 심리적 현상을 말한다. 멍현상에서는 말문이 막히고 아무런 행동을 할 수 없거나 인지적인 백지상태 혹은 감정적으로 불안이나 두려움, 화를 경험하거나 신비로움과 같은 희한한 방식을 경험하는 현상들이 일어난다. 이런 면에서 멍현상은 심리내적 영역에서부터 영적 영역까지 그 발생 범위가 다양하다.

초월을 하며 나타나는 멍현상은 단지 임상에서만 경험되는 현상이 아니라 일반적으로도 나타나는 현상이다. 멍현상은 지각되지 않을 만큼 아주 작은 방식에서부터 충격을 경험해서 증상이 생길 정도의 강한 방식까지 다양한 정도가 나타난다. 초월자인 상담자는 이러한 멍현상을 이해하고 멍현상을 어떤 방식으로 언제 어떻게 촉진할 수 있는지를 임상을 통해 알아 가게 된다. 상담자에 의해서 다루어지는 멍현상은 사람들이 충격적이지 않게 이를 받아들이고 다룰 수 있을 만큼의 정도로 변화에 이르게 하는 임상 활동이다. 제9장에서는 초월을 경험하는 멍현상이 무엇인지를 알아본다. 제10장에서는 상담자가 멍현상을 통해서 어떻게 상담을 하는지를 알아본다. 제11장에서는 멍현상을 통한 초월 자기의 현상이 일어나도록 하는 상담 과정을 다룬다.

제9장

명현상과 범주

1. 범주와 경계

1) 경계선과 사람들의 세계

범주란 한 사람이 살아가는 세계이기 때문에 그 세계에는 언제나 경계선이 존재한다. 이러한 경계선은 개인뿐만 아니라 조직이나 단체 그리고 넓게는 국가 간에도 존재한다. 경계선이란 누가 참여하고 참여하지 말아야 하는가를 정의하는 규칙에 의해서 만들어지는 선이다(Steinglass, 1987, p. 59). 개인과 개인, 개인과 단체 그리고 단체와 단체, 국가와 국가 등은 모두 이러한 경계선을 가지고 있다. 국가의 경우를 보면 시민권이라는 제도가 이러한 경계선을 나타내는 사회적 현상이다. 한국 시민권이나 미국 시민권은 국가와 국가 간의 경계선을 드러내는 사회적 장치다. 이러한 경계선은 각각을 구분하면서 통제하고 지배하는 눈에 보이지 않는 '막'이다(Nichols & Scwartz, 1998, p. 130). 개인과 개인 사이에도 이러한 막이 존재하지만 개인과 단체, 단체와 단체 그리고 국가와 국가 사이에도 이러한 막이 존재한다. 이 막은 일종의 선으로서 내부와 외부를 구분하는 기능을 한다(김용태, 2000, p. 170). 선은 일차원의 개념이라면 막은 이차원의 개념이다. 일차원 혹은 이차원적 정의와 상관없이 개인과 환경을 구분하는 역할을 하는 현상은 경계선이라 할 수 있다.

국가와 국가 간에서는 법률과 문화로 그 경계선이 존재한다. 즉, 다른 나라에 가면 그 나라의 법과 문화를 경험하게 되며, 같은 현상이라고 하더라도 법과 문화가 다르면 전혀 다른 행동 양식을 요구받게 된다. 예를 들면, 이슬람 문화권에서는 종교와 법이 하나인 신정주의를 취하는 경우가 많다. 종교적 관습이 법처럼 되어 있어서 일상생활에서 종교적 의식이 법적 의무인 경우가 있다. 그러나 많은 다른 문화권의 나라에서는 종교와 법이 분리되어 있어서 법적 행동과 종교적 행동이 일상에서 일치되지 않아도 무방한 문화를 가지고 있다.

단체와 단체 또는 조직과 조직들도 서로를 구분하는 나름대로의 세계를 갖는다. 단체나 조직들은 모두 규칙에 의해서 서로를 구분하게 된다. 어떤 단체나 조직은 그 단체에 소속된 사람들이 따라야 하는 나름대로의 규칙을 갖는다. 이러한 규칙들이 결국 하나의 단체나 조직을 다른 단체나 조직과 구분하는 독특성과 유일성을 제공한다. 예를 들면, 일주일에 두 번 자신의 자전거를 가지고 일정한 장소에서 모여 자전거를 타는 동호회가 있다고 하면, 이 동호회는 자신의 자전거를 가지고 일정한 장소에서 일정한 시간에 모여 '자전거를 타기'라는 규칙을 갖는다. 이러한 규칙으로 인해 이 동호회는 자전거가 없으면 회원이 되기 어렵다. 하지만 마라톤 동호회는 자전거를 가지고 만나지 않는다. 마라톤은 몸으로 하는 운동이기 때문에 도구가 없이 달리기만 한다. 이렇듯 각각의 동호회의 규칙이 그 동호회의 독특성과 유일성을 제공하듯이, 각각의 단체들은 나름대로의 규칙들을 가지고 소속된 회원에 대해 일정한 행동을 수행할 것을 요구한다. 조직으로의 가족 역시 가족의 규칙을 가지고 있다. 즉, 가족은 가족 구성원들이 행동을 할 수 있는 일정한 규칙을 가지고 있으며 이러한 규칙은 한 가족을 다른 가족과 구분하는 역할을 하게 된다.

개인도 타인들과는 다른 나름대로의 일정한 세계를 갖는다. 이러한 세계는 개인의 신념이나 신념에 따른 감정, 나름대로 행동 양식, 관계하는 방식 및 세상을 살아가는 일정한 방향으로 이루어져 있다. 신념, 감정, 행동, 방향성은 모두 그 세계를 살아가는 사람들에게 일관성을 갖도록 만들고, 이러한 일관성은 개인으로 하여금 안정감을 가지고 세상을 살아가도록 만든다. 만일 어떤 사람이 분열된 방식으로 세상을 살고 있다면 이러한 분열이 그 사람이 살아가는 세계에서는 일관성을 주는 안정된 방식이다. 물론 다른 사람들이 보기에는 안정되지 않거나 이상하고 갈등이 유발될 수 있겠지만 자신의 세계에서는 분열될 수밖에 없는 신념과 감정 그리고 행동을 가지고 있다.

사람에 따라 각자가 살아가는 세계의 경계선은 다르게 나타난다. 어떤 사람은 신념이 경계선으로 나타나 있는 경우도 있고 어떤 사람은 감정이 경계선으로 드러나 있는 경우도 있으며 어떤 사람은 행동이 그 경계선에 드러나 있다. 예를 들면, 행동적 경향을 가지고 사람들, 즉 행동적 세상을 사는 사람들은 경계선이 주로 행동적 특징을 갖는다. 다른 사람들의 피드백에 의해서 주눅이 든다고 말하는 사람들은 행동적 특징인 위축이 그 경계선에 드러나 있는 사람이다. 또한 다른 사람들이 말을 하면 화가 나거나 슬프다고 말을 하는 사람들은 화와 슬픔이라는 감정이 경계선의 전면에 드러나 있다. 인지적 경향을 갖는 사람들은 주로 생각을 말한다. 다른 사람들의 피드백에 대해서 별 생각이 없다거나 자신의 생각은 이러이러하다는 식의 반응은 자신이 가지고 있는 신념인 인지적 생각이 경계선으로 드러나 있는 경우다.

경계선은 누군가의 범주를 이해할 수 있는 중요한 단서가 된다. 예를 들어, 다른 사람들의 피드백에 대해 "주눅이 든다."라고 말을 한 사람의 범주를 생각해 보자. 주눅은 앞 문단에서 언급했듯이 행동이다. 그렇다면 상담자는 이 사람에 대해서 먼저 가설적으로 행동적 경향을 가지고 있는 사람이라고 생각해 볼 수 있다. 혹시 이 사람은 '행동적 경향을 반영하는 세계'를 가지고 있지 않을까라고 추정해 볼 수 있다. 행동적 경향을 반영하는 세계를 행동적 세계라고 줄여서 말해 보자. 이러한 세계를 확인하기 위해서 상담자는 내담자가 상담 중에 어떤 단어들을 주로 사용하는지 주목해 볼 필요가 있다. 만일 내담자가 상담 중에 "어떻게 해요? 어떻게 되나요? 어떻게 할 수 있나요?"라는 문장들을 계속 사용한다면 상담자는 내담자가 행동적 경향을 가지고 있는 사람이라고 생각할 수 있다. 때로는 행동적 경향을 가지고 있는 사람이 감정을 먼저 드러낼 수도 있다. 이때 감정은 주로 무겁거나 답답한 느낌이다. 이러한 감정을 자주 느끼는 사람들은 해결 중심적으로 산다. 무거운 느낌을 줄이고 답답한 느낌을 느끼지 않기 위해 문제를 해결함으로써 이러한 감정을 줄이게 된다. 이러한 감정들은 결국 앞에서 언급한 행동적 경향인 주눅과 일치되어 있다. 즉, 내담자는 감정과 행동을 일치시키며 자신의 세계의 일관성을 유지한다.

불안과 걱정 혹은 초조와 같은 감정이나 느낌이 경계선의 전면에 부상하는 경우도 이러한 감정들을 통해 내담자의 세계를 추정할 수 있다. 불안이나 걱정 그리고 초조와 같은 감정들은 모두 '~할까 봐'의 특징을 갖는다(김용태, 2018, p. 143). 즉, 아직 일어나지 않은 일을 현재에 미리 생각한다. 그래서 자신의 내면을 바라보기보다는 외적인 것에 관심을 가지거나 타인 또는 사건에 집중을 한다. 이들은 미래를 사는 회피적 세계를 가졌으며 이는 현재를 피하기 위해 미래를 걱정하는 것으로 해석될 수 있다. 즉, 회피적 세계를 사는 사람들은 지금 여기서 무슨 일이 일어나는지에 대해서는 관심이 적고 주로 앞으로 어떤 일이 일어날 것인가에 더 집중을 하고 관심을 갖는다. 말하자면, 회피하는 사람들은 미래를 생각하기 때문에 지금 벌어지는 일들에 대해서 들으려 하지 않아서 현재 무엇이 진행되는지 잘 모르며 결국 그렇기 때문에 지속적으로 현재 무슨 일이 일어나는지에 대해 잘 모를 가능성이 커지며 이는 문제 해결 측면에서 부정적인 결과를 초래한다.

한 개인이 살아가는 세계인 경계선이 파악되면 상담자는 이러한 경계선에서 어떤 일이 일어나고 있는지를 집중할 필요가 있다. 초월상담에서는 범주 확장을 상담목표로 삼기 때문에 내담자의 경계선에서 어떤 일이 일어나고 있는지를 이해하면 내담자의 범주를 더 용이하게 확장할 수 있게 된다. 앞에서 언급한 회피적 세계를 살아가는 사람들이 가지고 있는 불안에 대한 예로 경계선에서 벌어지는 현상을 더 설명하자면, 이러한 내담자들은 현재에 진행되고 있는 것에 대해 깊이 있게 논의하거나 이야기하려고 하면 불안을 느낀다. 즉, 회피하여 미래로 도망가려는 마음과 상담자에 의해 촉진된 현재를 직시하려는 마음이 서로 충돌을 일으켜서 경계선에서 일정한 현상을 만들어 낸다. 이때 상담자는 이러한 현상을 이해하기 위한 임상 활동을 하게 된다.

2) 경계선에서 일어나는 현상

상담자는 내담자의 경계선에서 어떤 일이 일어나는지 이해할 필요가 있다. 가장 쉽게 이를 이해할 수 있는 방식은 국경선 근처에 사는 사람들의 행동 양식이나 태도와 믿음을 알아보는 활동이다. 국경선은 두 나라의 문화가 자주 교류되는 곳이다. 따라서 일반적으로 두 가지의 다른 언어 환경에 노출되어 있기 때문에 기본적으로 두 가지 이상의 언어를 구사하게 되며, 한 가지의 언어만을 사용해서는 현실 생활에서

원만한 삶을 영유하기가 어려울 수 있다. 국경선 지역에 거주하는 사람들은 두 나라를 자주 넘나들며 살기 때문에 국제적 정체성을 갖는다. 즉, 두 개 국어 정도를 능통하게 사용하며 다문화적 생활 양식에 익숙해지는 것이다. 이러한 환경에서는 어느 하나에 치우쳐서 자신의 것만을 고집하게 되면 다른 쪽의 좋은 것을 받아들일 수 없게 된다. 좋은 것들을 받아들이기 위해 또한 경계선에서 자주 등장하는 낯선 상황, 언어, 활동이나 모습들을 잘 수용하기 위해 이 지역의 사람들은 다른 사람들의 태도나 행동에 예민해질 수밖에 없다. 즉, 자주 바뀌는 흐름에 민감하게 반응을 하고 이를 토대로 자신들의 삶을 꾸려 나가는 이들에게는 낯선 것들과 교류하는 방식을 익히고 이해하는 마음이 필요하다. 이러한 마음이 결여되거나 적으면 자주 발생하는 낯선 상황으로 인해서 불안하거나 두려워하는 마음을 갖게 된다.

우리는 때로 익숙하지 않은 사람을 만나 어떻게 상호작용을 해야 할지를 고민할 때가 있다. 상담자도 때로는 자신에게 익숙하지 않은 내담자의 문제를 당면하면 이러한 고민을 하게 된다. 이때 상담자는 먼저 내담자들이 익숙하지 않은 사람들과 어떤 종류의 상호작용을 하는지를 이해하는 것이 필요하다. 그를 위해 상담자는 개인의 경계선에 대한 이해를 가지고 있는 것이 필요하다. 개인의 경계선은 개인의 세계와 환경이 맞닿는 선이나 막이라고 이미 설명한 바 있다. 이러한 경계선은 낯선 타인을 거부하는지 혹은 수용하는지 아니면 조건에 맞추어 활용하는지에 따라 내담자의 경계선에서 벌어지는 경험을 탐색하는 것이 가능하다. 만약 내담자가 낯선 사람을 거부하거나 지나치게 방어적이라 하면 이러한 사람의 범주는 안전을 우선시하는 세계라고 생각할 수 있다. 이러한 사람들은 주로 방어적으로 살며, 자신이 익숙하게 만나는 사람들과 편안하게 그리고 안전하게 상호작용을 하면서 낯선 사람을 만나고 싶지 않아 하는 마음을 가지고 있다. 이들의 불안 혹은 두려움은 종종 낯선 사람들과 어떻게 상호작용을 할지 모르거나 혹은 안다고 하더라도 이를 실제적으로 표현하는 것에 어려움을 느끼기 때문이다. 즉, 이들은 자신의 감정이나 생각을 드러내었다가 괜한 오해를 살지 모른다는 걱정이나 불안을 가지고 있을 수 있다. 이처럼 경계선에서 보이는 한 사람의 행동은 그 사람이 살고 있는 세계를 드러내는 하나의 방식으로 이해될 수 있다. 상담자들은 낯선 상황이나 사람, 언어, 행동, 모습 등이 등장했을 때 내담자의 경계선에서 일어나는 일과 내담자가 그에 대해 반응하는 방식을 유심히 살피고 이를 이해함으로써 내담자의 세계를 인지할 수 있다.

임상적으로 볼 때 앞과 같은 상황은 주로 상담 초기 몇 회기에 드러난다. 내담자는 상담자를 처음 만났기 때문에 내담자에게 상담자는 낯선 사람이다. 이 상황에서 내담자가 보여 주는 행동은 내담자의 경계선에서 일어나는 현상이다. 상담자는 내담자가 어떤 행동이나 말, 표정을 보여 주는지를 자세히 관찰하며 이러한 행동들을 통해 내담자의 세계를 인식하고 알아나가기 시작한다. 내담자들 중에는 간혹 상담의 첫 회기부터 자신의 이야기를 쏟아내듯 많이 말하는 사람들이 있다. 이들의 이러한 행동은 내담자가 일방적 세계를 살고 있음을 말해 준다. 이와 같은 내담자들은 상담자가 어떤 사람인지 그리고 이 사람이 자신에게 어떤 도움을 줄 수 있는지를 확인하기도 전에 자신의 이야기만을 쏟아 놓는 행동을 하고 있다. 이런 행동은 상대방이 잘 보이지 않거나 보인다 하더라도 이 사람과의 상호작용을 통해서 자신의 이야기를 조절해야 한다는 생각을 하지 못하는 사람일 가능성이 아주 높다. 이러한 내담자는 일방적 세계를 살며 일방적으로 타인에게 맞추는 삶을 살거나 자신에게 일방적으로 맞추어 달라는 식의 삶을 사는 사람일 가능성이 높다. 이와는 반대로 상담에 와서 상담자의 행동을 살피느라고 자신의 이야기를 제대로 하지 못하거나 하지 않는 내담자들도 있다. 다른 행동 양상을 보이기는 하지만 이들 역시 일방적인 세계를 사는 사람들일 가능성이 있다. 즉, 이들은 상대방에게 맞추느라고 자신의 이야기를 제대로 못하는 사람이기 때문에 이들은 타인의 생각만을 중요하게 생각하는 일방적 삶을 사는 사람들이다. 이들은 타인의 생각이나 행동을 살펴서 행동하기 때문에 자신들이 일방적인 사람이라고 생각하지 않는 경향도 있다. 하지만 자신에게 맞추든 상대방에게 맞추든 간에 단지 방향성이 자신을 향해 있는지 아니면 타인에게 향해 있는지의 차이일 뿐, 양자 모두 일방적 세계를 사는 사람들이다. 이처럼 상담자가 경계선에서 일어나는 현상을 깊이 이해하면 내담자의 세계를 이해하는 데 많은 도움이 된다. 이제 내담자의 경계선에서 일어나는 심리적 어려움으로 우리의 주의를 집중시켜 보자.

3) 멍현상이란?: 정의와 종류

경계선에서 일어나는 심리적 어려움 중에 낯선 상황이나 행동이 잘 접수가 안 되는 현상이 있다. 이러한 현상은 내담자로 하여금 낯선 상황과 행동이 이해되지 않거나 정서적으로 거부감을 일으키거나 좀 더 심해지면 충격적 경험을 하도록 만든다. 경계선에서 일어나는 현상에 대해서 마음의 준비가 되어 있을 때는 적응도 되고 수용도 되지만 그렇지 않은 경우에는 마음에 어려움을 일으킨다. 이러한 마음의 어려움은 나중에 내담자의 세계를 이해할 뿐만 아니라 내담자가 자신의 세계를 변화시켜서 확장시키는 데 중요한 역할을 한다. 이러한 마음의 어려움 중 하나인 멍현상을 이해해 보자.

멍현상은 자신의 범주에서는 전혀 없거나 있을 수 없는 일을 경험할 때 발생한다. 예를 들면, 교통사고를 경험하거나 전투에 나가 처음으로 전우를 상실하거나 사랑하는 사람을 잃게 되는 경우와 같이 있을 수 없거나 있어서는 안 된다고 생각하는 경험을 할 때 멍현상이 발생한다. 멍현상은 마치 정전 상태와 같이 머리가 텅 빈 것 같기고 하고 행동도 멈추어지며 감각적으로도 아무런 느낌이 들지 않는 상태를 말한다. 정서적으로는 아무런 느낌이 생기지 않으면서 시간이 멈춘 것 같은 느낌도 받는다. 주변에서 자극을 주어도 아무런 느낌이 없고 그 자극들도 접수되지 않는다.

가장 가벼운 형태의 멍현상은 상대방의 행동이 낯설게 느껴져서 순간적으로 뭐라고 반응을 해야 할지 모르는 상태다. 말문이 막히면서 말이 없어진다. 즉, 순간적인 마비 현상이다. 이러한 멍현상이 행동적인 측면인 마비 이외에도 인지적으로 발생하기도 하는데 이때는 갑자기 인지적으로 '멍'해진다는 표현을 사용하게 된다. 즉, 갑자기 아무런 생각도 나지 않는 상태가 몇 초간 지속된다. 영적으로도 이러한 멍현상을 역시 경험할 수 있는데 영적인 멍현상은 대부분 너무나 큰 존재로 인해 감동을 받는 경우, 놀라서 말문이 막히는 것으로 나타난다. 영적인 멍현상 시에는 정서적인 반응으로 떨리며 놀라운 표정만 지어지며 아무런 말이 생각나지 않는다.

경험의 강렬함이 정도가 높아질수록 멍현상을 경험하는 시간 역시 좀 더 지속되는 경향이 있다. 즉, 받아들이기 힘들거나 이해가 도저히 되지 않는 외부적 사건의 강도가 강할수록 멍현상 역시 강해지며 그 지속 시간도 길어진다. 이때는 한동안 말을 하지 못하거나 말을 하려고 하면 가슴이 너무 떨리거나 두근거리는 신체화 현상도 경험하게 될 수 있다. 그리고 인지적으로 아무런 생각이 나지 않는 정전 상태가 길어지고 지속된다. 심한 경우 몸에 마비가 오고 몸을 움직이지 못하는 경우도 발생하며 더 심한 경우에는 정신을 잃고 쓰러지는 경우도 있다.

외부적 사건이 심하게 충격적일 경우, 멍현상은 단지 멍현상을 경험하는 것만으로 끝나지 않고 여러 가지 증상을 수반한다. 대표적인 경우가 외상 후 스트레스 장애다. 외상 후 스트레스 장애는 충격적 경험으로 인해 마음에 상처가 생기고 이러한 상처가 증상으로 남는 현상이다. 외상 후 스트레스 장애의 증상들은 의지와 관계없이 반복적이고 침투적인, 스트레스를 동반하는 충격적 기억이나 꿈, 해리 반응 및 이러한 기억과 꿈, 사람, 장소 등을 피하려는 지속적 노력이나 태도, 충격적 경험에 관한 일부 기억의 상실이나 부정적이고 과장된 지속적인 기대와 같은 현상이 있다(DSM-5, 2013, pp. 271-272). 외상 후 스트레스 장애의 증상들 중 플래시 백은 과거에 외상으로 경험한 사건이 다시 동일하게 재현되는 것을 경험하는 증상이다. 예를 들면, 무너진 건물의 현장에서 살아남은 생존자들은 몇 개월 또는 몇 년이 지났음에도 불구하고 타인은 듣지 못하는 무너지는 소리를 듣고 그때의 사람들의 비명 소리들을 생생하게 다시 경험하는 경우가 있다. 또한 그 당시의 사건 현장에 있는 것 같은 환영 또는 환상으로 인해 마음에 많은 고통을 느낀다. 이러한 현상이 빈번해지면 잠을 자기도 어렵고 무엇인가에 집중하여 일하기도 어렵게 된다. 또한 작은 소리나 자극에도 깜짝 깜짝 놀라는 반응을 보이게 된다. 심한 경우에는 자신을 안전하게 보호해 줄 수 있다고 믿는 작은 공간이나 장소에서 나오지 않는 행동을 하기도 한다. 이러한 외상 후 스트레스 장애는 정신적으로 마비 상태인 심한 정도의 멍현상이 지속적으로 반복되는 것이라 말할 수 있다.

2. 멍현상을 경험하는 이유와 심리적 경계

1) 멍현상과 관련된 심리적 조건

그렇다면 이제 우리는 '이러한 멍현상이 왜 생길까?'라는 중요한 질문을 하게 된다. 이 질문에 대한 답을 하기 위해서는 경계선과 세계의 개념에 대한 이해가 필요하다. 앞에서 이미 언급한 바와 같이 경계선은 한 개인이나 단체 그리고 국가가 자신의 세계를 다른 세계와 구분하는 설정이며, 경계선의 설정은 두 가지 방향성을 가진다. 하나의 방향성은 자신의 세계를 보호하고 유지하기 위한 방향이고, 다른 하나는 외부와의 교류를 활발하게 하여 자신의 세계를 확장하고 새롭게 하기 위한 방향이다. 보호와 유지를 위한 경계선은 자신의 세계를 보호하기 위해 까다롭게 설정된다. 경계선이 딱딱하고 까다롭게 설정되면 외부의 자극을 거르고 차단하는 방향으로 교류가 이루어진다. 즉, 이러한 경계선에서 사는 사람들은 혹시라도 외부의 자극들로 인해 자신이 살고 있는 세계가 어려워지거나 위협을 받지 않는가 하는 의심을 한다. 그렇기 때문에 이들은 외부의 자극을 유심히 살펴보거나 자세히 조사하는 행동을 취하며, 조금이라도 해가 될 것 같은 자극들은 걸러서 자신의 세계에 들어오지 못하게 한다. 이러한 경계선에서 외부 자극의 유입이 가능한 경우는 자극이 자신의 세계에 해가 되지 않을 것이라는 확신이 온전히 섰을 때다. 이러한 이유로 보호를 위한 경계선에서는 외부 세계의 자극들이 제한적으로 유입되고 자신의 세계는 안정되게 유지된다. 만약 이러한 경계선 설정이 극단적인 수준으로 이루어지면 보호를 넘어 폐쇄적인 상황이 된다. 즉, 외부의 자극들은 모두 위험하다고 여기기 때문에 일체 자극이 들어올 수 없게 경계선을 설정하고, 이러한 설정으로 인해 자신의 세계는 외부와 고립되거나 단절된 채로 유지된다. 말하자면, 단절과 고립을 통해 자신의 세계를 유지는 할 수 있지만 자신의 세계를 발전이나 번영시키는 데 실패하게 된다.

경계선 설정이 적극적이고 개방적인 경우에는 외부와의 상호작용이 활발하게 이루어지며 외부의 자극을 호기심을 가지고 적극적으로 자극을 수용하려는 경향성을 띤다. 즉, 적극적이고 개방적인 경계선의 설정은 외부의 자극에 대해 호의적이고 수용적인 경향을 보임으로 외부의 자극이 많이 유입된다. 이와 같은 경계선 현상은 관광객 유치를 위한 각 나라의 정책을 살펴볼 때 쉽게 이해가 된다. 세계 여러 나라들은 관광객 유치를 늘리기 위해 공항에서 입국을 쉽게 하거나 자국에서 쇼핑과 관련된 세금 납부를 용이하게 하는 조치들을 취한다. 또한 해외 관광객이 여행을 쉽게 할 수 있도록 외국어가 가능한 사람들을 많이 고용하여 해외 관광객들을 도울 수 있도록 한다. 이러한 일련의 조치들은 외부의 자극을 많이 받아들이도록 하는 적극적이고 개방적인 경계선의 설정이라 말할 수 있다. 개인이 외국인을 만나는 경우를 다시 예로 들어 보면, 경계선 설정이 개방적이고 적극적인 사람은 낯선 외국인을 만났을 때 그러한 상황이나 환경, 외국인에 대해 호의적 태도를 취한다. 그 사람의 모국어로 먼저 대화를 시도한다거나 자신의 언어를 외국인에게 가르쳐 준다든지 하는 행동들을 통해 적극적으로 자신의 마음을 열고 외국인인 상대방을 받아들이려는 노력을 하는 것이다.

이렇게 개방적으로 경계선 설정이 이루어지는 경우에는 외부의 자극이 자신의 세계의 것들과 만나서 내부에서 많은 변화와 새로운 창조를 경험하게 된다. 이러한 창조는 자신의 세계를 더욱 풍요롭고 번성하게 만드는 동력의 역할을 한다. 하지만 경계선 설정이 지나치게 외부에 친절하여 자신을 보호하지 못하는 방식으로 이루어지는 경우는 자신의 세계를 유지하기 어렵게 된다. 즉, 경계선 설정이 제대로 되어 있지 않은 경우에는 정체성의 유지가 어렵게 된다. 흔히 사용하는 표현 중에 '귀가 얇다'라는 말이 있다. 이 표현은 타인의 말이나 행동 그리고 태도에 영향을 많이 받는 마음의 상태를 말하고 있다. '귀가 얇은' 사람들은 자신이 생각하는 바가 있다가도 타인이 주장하는 의견이 자신과 다르면 타인의 말이 다 맞는다고 여겨 자신의 생각을 바꾸거나 타인의 말대로 행동하려고 하며, 자신의 의견을 주장하거나 싫어하는 것들에 대해 말을 하지 못한다. 흔히 귀가 얇은 사람들은 자존감이 낮을 수 있고, 자존감이 낮은 사람들이 위와 같은 행동 경향이 있어 다른 사람들의 말에 적절하게 대응하거나 반응하지 못하는 편이다. 즉, 이들은 자신들의 경계선이 지나치게 개방적이거나 열려 있도록 설정되어 있기 때문에 자신의 세계를 보호하지 못하는 일들을 겪게 된다.

보호 입장이거나 수용 입장이거나 관계없이 외부의 자극을 적절하게 걸러 낼 수 있는 유연한 방식으로 경계선 설정이 이루는 것이 중요하다. 이러한 유연한 경계선 설정이 이루어지면 자신의 세계를 유지하면서도 외부에 대해 열려 있을 수 있게 된다. 이는 세포의 삼투압 원리와 비슷하다. 세포막은 일종은 경계선으로서 세포와 세포 그리고 세포와 외부 조직을 구분하는 역할을 한다. 삼투압의 원리를 가진 세포막은 외부의 필요한 성분들을 받아들이고 불필요한 성분들은 세포 안으로 들어오지 못하게 통제하며, 세포 안에 있는 불순물을 외부로 배출하며 필요한 영양분은 나가지 못하도록 조절한다. 즉, 경계선 설정이 유연하고 부드럽게 이루어지면 이러한 삼투압의 원리와 같이 자신의 세계를 적절하게 보호하면서 외부의 자극을 받아들여 자신의 세계를 확장할 수 있게 된다.

2) 심리적 경계와 멍현상

앞에서 우리는 멍현상이 왜 생기는지에 대한 질문의 답을 알아보기 위한 사전 작업으로 경계선의 설정 측면을 살펴보았다. 경계선과 관련된 측면에서 멍현상은 외부의 자극이 경계선에 부딪칠 때 일어난다. 자신의 세계에서는 전혀 상상할 수 없거나 인식이 없는 외부의 자극이 경계선에 부딪치고 자신의 세계로 유입되면서 멍현상이 일어난다. 경계선은 경직된 상태, 분명한 상태, 흐릿한 상태가 있다. 어떤 상태의 경계선이든 관계없이 멍현상은 일어날 수 있으나 경계선의 상태에 따라 멍현상을 경험하는 방식은 다르다. 가장 이상적인 설정인 부드럽고 유연하며 분명한 경계선의 경우는 멍현상이 고개를 갸우뚱하듯이 가볍고 작게 일어난다. 하지만 흐릿한 경계선, 즉 외부에 지나치게 개방적이어 열려 있는 상태의 경계선인 경우에는, 처음에 자극이 있다 해도 멍현상을 지각하고 있지 못하다가 시간이 차츰 지나면서 한꺼번에 이러한 멍현상을 압도되게 경험한다. 경직된 경계선, 즉 외부의 자극을 강하게 막고 있는 경계선의 경우, 강한 자극에는 멍현상이 일어나나 약한 자극인 경우 멍현상이 일어나지 않는다. 아래에서 경계선 유형에 따른 멍현상을 좀 더 자세히 살펴보도록 하자.

분명한 경계선은 유연하고 부드럽게 규칙이 설정되어 있기 때문에 멍현상은 작고 가볍게 일어난다. 낯선 사람이나 환경에 대해서 열려 있고 그 경계선이 유연하기 때문에 외부와 활발한 상호작용을 하며 쉽사리 놀라거나 심한 충격을 받지 않는다. 유연한 경계선에서는 평상시에는 전혀 상상할 수 없는 사건이나 사고와 같은 급작스러운 재난 혹은 재해를 경험하지 않는 한, 충격이 될 만한 심각한 상태의 멍현상은 잘 발생하지 않는다. 이러한 경계선의 경우 보통 의아해하거나 약간 고개가 갸우뚱하는 방식으로 멍현상을 경험한다. 즉, 낯선 상황이나 사람을 받아들이기는 했지만 세계가 서로 다르기 때문에 이해가 되지 않는 부분이 공존하며, 이렇게 이해가 되지 않는 부분이나 상황에 대해 약간 놀라거나 예상치 않은 행동을 경험하며 발생하는 것이 멍현상이다. 유연한 경계선을 가진 사람들은 자신을 바꾸거나 상호작용을 통해 상대방을 이해하고 받아들이려는 노력을 하게 된다. 이러한 노력의 결과로 이들이 경험하는 멍현상은 그 강도가 제한적이고 시간도 짧게 끝나며 낯선 상황이나 환경, 사람을 즐겁거나 새로운 경험으로 받아들이게 된다.

흐릿한 상태의 경계선 설정은 외부를 향해 지나치게 많이 열려 있는 경계선이다. 이러한 경계선을 가진 사람들은 자신들이 상상할 수 없는 외부의 자극을 대부분 그대로 받아들이려 한다. 자극을 그대로 받아들이기 때문에 처음에는 같은 강도의 자극이 주어진다면 다른 설정의 경계선보다는 상대적으로 멍현상의 강도를 작게 경험한다. 하지만 낯선 자극이 많아져서 자신의 세계가 지나치게 낯설게 느껴지면 이때는 멍현상을 강하게 경험하게 된다. 예를 들면, 다른 사람들의 말이나 행동에 의존하며 사는 사람들은 처음에는 별생각 없이 이러한 말들이나 행동들을 받아들이다가 나중에 이상하다고 느끼게 되고 어느 날 갑자기 자신이 감당할 수 없을 것 같은 느낌을 받는다. 이러한 상황에서 자신의 생각이나 느낌대로 살려고 하면 외부에서 들어오는 낯선 생각이나 행동들에 대해 지나친 적대감이나 거부감을 표현하기 시작한다. 즉, 경계선이 지나치게 열려 있는 사람들은 멍현상을 한꺼번에 겪기 시작하며, 이러한 멍현상 중의 하나가 해리 증상이다. 예를 들면, 성폭행의 경험을 가진 사람들은 자신의 세계에 이렇게 낯선 느낌이나 경험들을 가지고 살다 자신을 찾아가는 시점이 되면 심각한 멍현상을 경험한다. 이들은 자신이 경험한 성폭행의 경험을 다시 들여다보고 이해를 하는 시점이 되면 그러한 고통스러운 경험을 도저히 받아들일 수 없는 느낌이나 감정을 갖게 된다. 즉, 자신이 경험한 외부의 자극으로의 성폭행 경험을 한꺼번에 수용해야 하는 시점에서 이들은 멍해지는 경험을 하는데 이때의 멍현상은 해리 증상으로 나타나기도 한다. 해리 증상이 나타나는 경우는 대부분 자신들이 원치 않는 낯선 경험들이 한꺼번에 의식 세계 속으로 떠오를 때, 이러한 경험을 받아들일 수가 없어 나타나게 된다. 해리 증상이 나타나면 자신을 부정하고 싶기 때문에, 자신이 어디로 가며 어떤 이유로 그 곳에 갔는지 혹은 어떤 행동을 했는지 및 왜 그런 행동을 했는지 전혀 기억을 하지 못한다. 이러한 강렬한 멍현상은 의존적 성향을 가진 사람들에게서도 자주 일어난다. 이들은 한꺼번에 밀려오는 낯선 환경이나 사람들로 인해 자신의 세계가 무너지거나 없어질 것 같은 느낌을 받는다. 이러한 느낌은 충격적 경험의 멍현상으로 분류될 수 있다.

경직된 경계선은 딱딱하고 까다로운 규칙을 가진 경계선과 경계선 자체가 두터운 경계선으로 나누어 생각해 볼 수 있다. 딱딱하고 까다로운 규칙을 가진 경계선에서는 작은 자극은 경계선의 규칙에 영향을 끼치지 않아 멍현상을 경험하지 않는다. 하지만 규칙의 설정을 바꿀 만한 강한 자극에 대해서는 처음부터 멍현상을 경험할 가능성이 높다. 두터운 경계선 설정을 가진 사람들은 외부의 자극에 대해서 무디다. 이들은 두터운 경계선 설정으로 인해 외부 세계와 차단이 되어 있는 사람들이라 할 수 있다. 이렇게 외부 세계와 차단된 사람들은 자신의 감각이 일정한 정도로 무디어져 있거나 마비되어 있는 상태로 살아간다. 이러한 방식의 무딤과 마비는 인지적으로는 일반화, 객관화, 추상화의 기제를 통해서 일어난다. 일반화 기제는 "다 그렇지 뭐! 안 그런 사람이 어디 있어!"라는 방식의 표현으로서 많은 사람들이 가지고 있는 공통된 사고방식이다. 객관화 기제는 "지금 느끼는 감정이 근거가 있나요?"라는 식으로 사실 중심의 사고방식을 말하며, 추상화 기제란 "당신이 느끼는 현재의 불안은 모두 애정 결핍으로 인해서 발생했네요."라는 식의 개념화된 사고방식이다. 이러한 일반화, 객관화, 추상화 기제들은 구체적 감정이나 느낌, 감각을 회피하기 위한 수단으로 발달된 심리 기제들이다. 이러한 기제들을 사용하여 자신의 감각 그리고 느낌이나 감정을 만나지 않고 회피하게 될 때 경계선이 무디어지거나 마비되며 자신의 생각을 잘 모르거나 감정을 잘 느끼지 못하는 일들이 벌어진다. 실제적이고 구체적 감각 현상인 느낌과 감정이 있음에도 불구하고 이들은 그것이 무엇인지 잘 모르거나 느낌이나 감정을 억압하고 회피하여 감각을 마비시키게 된다. 이러한 무딤과 마비 현상은 주로 잘 참는 사람들에게서 쉽게 찾아볼 수 있다. 무디어지고 마비된 사람들은 작은 자극들은 거의 느끼지 못하거나 그러한 자극이 자신의 세계에 접수되지 않는다. 그러나 외부에서 큰 자극이 발생하여 이 자극들이 경계선에 강하게 부딪치게 되면 무뎌지고 마비된 경계선에서도 강한 충격을 받는다.

삶을 살다보면 평상시에는 전혀 상상할 수 없는 사건이나 사고와 같은 급작스러운 재난 혹은 재해를 경험하는 경우들이 있다. 우리가 평소에는 전혀 생각지도 못했던 예기치 못한 강한 충격과 낯설고 예상하지 못한 자극에 노출되는 것이다. 이러한 충격적 정보가 자극으로 강하게 유입될 때 우리는 충격적인 강한 멍현상을 경험하기도 한다. 이러한 상황에서는 유연한 경계선을 가진 사람도 충격이 될 만한 멍현상을 경험하기도 하는데, 그러한 구체적 예들 중의 하나가 외상 후 스트레스 장애다. 즉, 심한 교통사고, 재난, 재해, 대형 사고, 성폭력 등과 같은 일들을 경험하면 경계선 종류에 따라 그 강도는 다르지만 심한 멍현상이 생길 수 있다. 이러한 멍현상 상황에서는 한동안 아무런 생각이나 느낌이 들지 않고 지금 경험하고 있는 모든 것이 자신과 무관하게 느껴지며, 또 다른 2차, 3차 충격들로 인해 현재의 상황이 잘 경험되지 않거나 정보들이 접수되지 않는 무감각 현상을 경험한다.

3) 안정된 세계와 멍현상의 기능

멍현상은 한 개인이 살고 있는 세계와 밀접한 관련이 있다. 이 세상을 사는 모든 개인은 나름대로 자신의 세계 속에서 살고 있다. 이러한 세계는 자신에게 익숙하고 일관성을 주기 때문에 편안하며 불안을 야기하지 않고 안정감을 준다. 자신을 안전하게 지켜 주는 편안한 세계는 예측이 가능하다. 사람들은 예측이 가능할 때는 다음에 무슨 일이 일어날지 알기 때문에 그에 대한 대응이나 대비를 할 수 있으므로 놀라거나 불안해하지 않는다. 하지만 예측을 하지 못하게 되면 여러 가지 걱정이나 두려움, 불안이 일어난다.

멍현상은 자신이 예측하지 못한 일들이 벌어질 때 발생한다. 안정된 세계는 항상성이다. 항상성이란 "체제의 일관성을 유지하려는 체제 자체의 특성"(김용태, 2000, p. 87)으로 정의된다. 한 사람이 살고 있는 세계는 일종의 체제 또는 체계로서 항상성을 유지하려는 경향을 갖는다. 한 체계, 즉 한 사람이 살고 있는 세계가 일정한 성향을 보이면서 자신을 유지하게 되면 그 체계는 안정성을 갖는다. 안정된 체계인 한 사람의 세계는 자신 안에서 스스로 기능할 수 있는 나름대로의 규칙과 원리를 갖는다. 이러한 규칙과 원리는 다른 외부의 자극이 특별히 유입되지 않는 한 잘 작동되어서 자신의 세계를 안정되게 만든다. 이러한 세계를 살아가는 사람은 안정된 규칙과 원리를 통해 미래에 대한 예측이 가능하다. 하지만 자신의 세계에 낯선 자극이 유입되면 이러한 예측이 불확실해지고 앞으로 어떤 일이 일어날지 모르게 된다. 즉, 한 사람의 세계의 안정성이 떨어지게 되어 불확실성이 발생하게 된다.

한 사람이 살고 있는 세계가 어떤 방향으로 안정성을 가지고 있는가에 따라 경험되는 멍현상의 종류와 강도는 달라진다. 자신의 세계를 지키려는 입장의 안정성은 외부의 자극을 밀어내거나 변화하려 하지 않는다. 체계로서 한 개인의 세계가 자신의 세계를 지키려고 하면 외부의 자극은 충격으로 남게 된다. 이러한 경향은 결국 외부의 자극을 낯선 것으로 지각하게 되고 이를 두려워하거나 무서워하는 반응을 보인다. 그러나 외부의 자극이 자신의 세계에 와서 머무르게 되면 이때부터 멍현상을 보이면서 자신을 보호하려는 기제가 발동한다. 멍현상은 일종의 보호 기제로서 외부의 낯선 자극을 걸러 내는 역할을 한다. 멍현상을 통해 자신의 세계를 지키고 보호하려는 정신적 방어 기제들이 총동원된다. 자신의 세계에 맞지 않는 사건을 경험하게 되면 자신도 모르는 사이에 방어를 통해서 자신을 보호하게 된다. 예를 들면, 도저히 받아들일 수 없는 사건이 일어나면 인간은 일시적으로 마비를 일으킨다. 충격을 심하게 경험하게 되면 인간은 자신을 마비시켜서 다른 2차 또는 3차 충격을 받지 않도록 만든다. 충격적 현장에 있으면서도 다른 여러 가지 충격적 사건이 이제 멀리 느껴지거나 큰 소리들이 잘 들리지 않는다. 이렇게 자신을 마비시킴으로 인해 자신을 보호하여 새로운 충격을 받지 않도록 만들어 충격적 경험이나 사건 속에서도 살아남을 수 있도록 한다. 이런 의미에서 멍현상은 일종의 생존 기제다. 생각, 감정, 신체적 감각들이 총 동원되어서 자신을 보호하고 이를 통해서 살아남도록 만든다.

그러나 한 사람의 세계가 변화하려는 쪽으로 안정성을 가지면 외부의 자극으로 발생된 멍현상은 충격으로 남지 않는다. 이러한 세계에서의 외부 자극은 호기심을 유발시키며 멍현상은 신기한 현상으로 지각된다. 또한 외부의 자극을 자신의 세계에 존재하는 기존의 규칙이나 원리들을 변화시킬 수 있는 지렛대로도 활용하게 된다. 이러한 멍현상은 충격으로 다가오기보다는 설레고 감동적이며 신기한 현상으로 지각된다. 자신의 세계를 변화시킬 수 있는 일종의 지렛대와 같은 역할을 하는 멍현상을 통해 자신의 세계를 검토하고 반영하며 무엇을 바꾸어야 하는지를 점검할 수도 있다.

4) 멍현상이 일으키는 심리적 현상

멍현상은 그 현상 자체로 끝나지 않고 인지적이거나 행동적인 측면 등에서 여러 가지 종류의 심리적 반응을 남긴다. 먼저, 인지적으로 많은 물음들이 생긴다. '지금 방금 경험한 것이 무엇인가?' '이러한 경험은 자신과 무슨 관련이 있는가?' '나는 왜 이러한 멍현상을 경험하는 것일까?' '내가 어떤 사람이라서 이렇게 멍해질까?' 등과 같은 여러 가지 질문이 발생한다. 멍현상이 부정적 경험일 때는 시간이 흐르면서 자신이 한 행동에 대해 화가 나거나 슬퍼지거나 자신이 창피해지거나 자신을 책망하는 등과 같은 강렬한 정서 반응이 나타난다. 멍현상이 긍정적인 경우에는 많은 희열이나 기쁨 그리고 말로 형언할 수 없는 이상한 느낌들이 발생한다. 마치 현실에 발을 딛고 있지 않는 것 같은 붕붕 뜨는 느낌이 들 수도 있고 어딘가를 다녀온 것과 같은 느낌이 들 수도 있다. 행동적으로는 말이 없어지거나 빨라질 수도 있고 위축되거나 무엇인가에 쫓기듯이 행동하는 경우도 발생한다. 그리고 관계 형태에도 여러 가지 변화가 생긴다. 의존적이 될 수도 있고 관계를 단절하는 경우도 발생을 한다. 한 번도 찾지 않은 사람을 갑자기 찾기도 하고 지금까지 익숙하게 관계하던 사람들과 거리를 두기도 한다.

멍현상과 심리적 변화는 언제나 두 가지 방향성을 갖는다. 하나는 긍정적 방향이고, 다른 하나는 부정적 방향이다. 긍정적 방향의 멍현상은 자신의 범주를 확장하는 역할을 한다. 지금까지 자신의 세계에 없는 것을 경험하면서 새로운 세계로 자신을 확장하게 된다. 자신을 이해하는 사람이 전혀 없을 것 같은 세상을 가진 A의 경우를 예로 들어 보자. 이러한 마음을 가진 A가 B를 만나 B를 통해 자신의 세계를 이해받는 강렬한 경험을 하게 되면, A는 B를 더 만나고 싶어진다. B를 만나면서 A는 자신에 대해 더 많은 이해를 하거나 B에 대해서도 더 많이 알고 싶어진다. 이때 A는 자신에 대해서 더 많은 이해를 하게 되는 수직 초월과 상대방인 B를 더 많이 알고 싶어지는 수평 초월을 하게 된다. 즉, 자신에 대한 이해와 상대방에 대한 이해를 통해 범주를 확장하게 된 것이다.

반면, 부정적 경험의 멍현상은 자신의 세계를 위축시키는 역할을 하게 되어 범주 축소 현상이 일어난다. 예를 들어, 내가 정말로 경험하고 싶지 않은 사람을 만나 "너는 참 이기적이다."라는 충격적인 말을 들었다고 하자. 이 말을 들은 사람은 행동적으로는 위축되고 인지적으로 마비된 것 같은, 아무런 생각이 나지 않는 텅 빈 상태를 경험한다. 그리고 정서적으로는 상대방으로 인해 화가 나기도 하고 슬프고 우울해 지기도 한다. 이렇게 멍현상을 경험하면 범주가 축소되며 이런 사람은 다시 만나지 않기를 바라는 마음이 생긴다. 또한 기존에 만나던 사람들 중에서도 이런 사람이 있지 않을까 하는 질문이 생기며 경계하는 마음도 일어난다. 즉, 부정적 경험의 멍현상은 자신의 범주가 축소되는 방향으로 작동한다.

5) 일상에서 겪는 수많은 멍현상

멍현상은 단지 상담학적으로만 경험되는 특수한 현상이 아니라 많은 사람이 살면서 일상적으로 겪는 심리적 현상이다. 상담 장면에서는 내담자를 변화시킬 때 상담자의 질문이나 직면 등과 같은 활동에 의해 멍현상이 생긴다. 일상에서는 낯설고 잘 모르는 현상들을 경험할 때 멍현상이 발생한다. 그렇기 때문에 직접적으로 인식을 하거나 하지 못하거나 상관없이 우리는 멍현상을 자주 경험하게 된다. 다음에서는 강도와 영역에 있어서 다양한 스펙트럼을 보이는 멍현상에 대해 알아보려 한다.

(1) 외부 자극의 강도에 의한 멍현상

외부 자극에 따른 멍현상은 잘 이해가 되지 않아서 멍하게 바라보거나 고개를 갸우뚱하는 행동에서부터 충격을 받아서 증상을 경험하는 정도까지 그 강도가 다양하다. 누군가의 물음에 대해서 "글쎄?"라고 말을 하든지 고개를 갸우뚱하는 '이해가 가지 않는다'를 표현하는 행동들은 가장 낮은 강도의 멍현상이라 할 수 있다. 멍현상의 가장 약한 단계는 이처럼 새로운 정보들이 익숙한 자신의 세계로 잘 접촉이 되지 않을 때 나타나는 반응들이다. 새로운 정보란 낯선 정보나 상황일 수도 있으며 사람이 될 수도 있다. 접촉이 잘 일어나지 않는다는 것은 접촉이 되었다가 떨어지기도 하고 접촉이 될 듯 말 듯도 하는 식의 반응을 말한다. 행동적으로는 '고개를 갸우뚱거림', 언어적으로는 "글쎄" 또는 "그런가?" 하는 반응들이 나타난다. 외부 자극의 강도가 좀 더 강해지면 머리가 띵한 경험을 한다. 머리가 띵해지면서 순간적으로 아무런 생각이 나지 않는다. 순간적 멍현상은 사회적인 언어로는 흔히 '멍 때림'이라고도 불린다. 순간적 멍현상은 인지적으로 생각이 정지된 상태를 의미한다. 아무런 생각도 나지 않는 상태는 아주 짧은 시간 지속되고 다시 원상회복된다. 즉, 순간적 멍현상은 일어났지만 짧게 지속되고 바로 원상회복되기 때문에 많은 사람들은 별일이 없는 것처럼 다시 일상생활을 하게 된다.

외부의 자극이 좀 더 강해지면 '띵' 하는 인지적 상태는 좀 더 지속된다. '멍~' 해지면서 갑자기 아무런 생각이 나지 않는 상태가 몇 초 또는 몇 십 초 동안 지속된다. 이럴 때 사람들은 '하얘진다' '노래진다' '까매진다' '아득하다' '막막하다' 등과 같은 표현들을 쓴다. 각각의 표현들은 사람들의 심리 구조에 따라 다르게 표현된다. 예를 들면, 우울 구조를 가지고 있는 사람들이 멍현상을 경험하면 많은 경우에 '까맣다' '까매진다'와 같은 표현들을 사용한다. 인지적으로 많은 생각을 하면서 살아가는 인지적 심리 구조를 가진 사람들은 멍현상을 경험할 때 주로 '하얘진다'라는 표현을 쓴다. 행동 지향적인 심리 구조를 가진 사람들은 주로 멍현상을 경험할 때 '아득하다'와 '막막하다'라는 표현을 자주 사용한다. 신체화 경향의 심리 구조를 가진 사람들은 멍현상을 경험할 때 '노래진다'라는 식의 표현을 자주 한다. 노래진다는 일종의 어지러움증과 관련이 있는 듯하다. 이와 같은 멍현상들은 외부의 강한 자극이 자신의 세계에 강하게 접촉하였을 때 그 경계에서 일어나는 현상이다. 아직은 받아들일 준비가 되어 있지 않지만 그 자극을 무시하거나 없는 것처럼 할 수 없을 때, 이러한 현상이 일어난다. 다시 말하면, 접촉이 일어난 외부의 자극이 자신에게 익숙한 세계의 경계에 약간의 손상을 주고 있는 상태라 말할 수 있다.

외부의 자극이 더 강해지면 멍현상은 충격 수준이 된다. 놀라서 말을 하지 못하거나 짜증이나 두려움 등과 같은 강한 정서적 반응을 일으키거나 위축되어 다른 사람들과 관계를 잘 하지 못하는 현상 등이 일어난다. 이러한 현상들은 모두 외부의 강한 자극을 받아들일 준비가 되어 있지 않을 때 일어난다. 말이 없어지기, 덜덜 떨리기, 눈물이 찔끔 나기, 순간적으로 행동이 멈추어지기, 놀라서 입이 다물어지지 않기, 전기 자극을 경험하듯이 순간적으로 찌릿하기 등과 같은 현상들은 모두 강한 자극에 의해 경험된 멍현상들이다. 이러한 멍현상은 모두 자신의 세계가 침범되는 것 같은 경험에 의해 이루어진다. 강한 자극이 이제는 접촉이나 경계선에서의 손상을 넘어서서 자신의 세계를 흔들고 있는 것이다.

자신이 전혀 생각하지 못한 강한 외부의 자극이 갑자기 일어나면 사람들은 충격을 받고 이로 인해 외상 후 스트레스 장애를 경험한다. 지진, 태풍, 해일 등과 같은 자연재해, 화재나 건물의 붕괴, 교통사고, 폭력 등을 경험한 사람들은 종종 이러한 경험을 하고 난 뒤, 증상을 겪게 된다. 그 당시에 경험한 소리나 장면이 자신의 의지와 관계없이 지속적으로 그리고 반복적으로 침입하듯이 재경험된다. 이러한 증상으로 인해 두려움이 생기고 행동적으로 위축되면 인지적으로는 집중할 수 없는 상태를 경험한다. 이러한 증상들로 인해 잠자는 것이 어려워지며 수면 장애가 나타나거나 대인관계를 하는 데 있어서도 많은 어려움과 장애를 겪게 될 수 있다. 과민한 상태로 인해 지나치게 화를 내거나 상황이나 타인에 대해 경계나 의심을 하면 일상에서 관계를 형성하거나 지속시키지 못하게 된다.

(2) 멍현상을 경험하는 영역

멍현상은 행동적 영역에서부터 영적 영역까지 다양한 영역에 걸쳐 경험되는 현상이다. 행동적 영역의 멍현상을 살펴보면 다음과 같다. 위축되기, 말이 없어지기, 입이 다물어지지 않기, 얼어붙은 듯 움직여지지 않기, 몸이 부르르 떨리기, 눈이 계속해서 깜박거려지기, 얼굴이나 신체 일부가 떨리기, 횡설수설하기, 얼굴이 노래지기, 힘이 빠지고 주저앉기, 심한 경우에는 기절하기, 잠을 자기 어렵기. 행동적 영역의 멍현상은 행동만 나타나는 경우도 있고 행동과 신체 일부의 상태가 연관되어 함께 나타나기도 한다. 정서적 영역의 멍현상은 다음과 같다. 놀라는 느낌, 붕 뜬 느낌, 가슴이 떨리는 느낌, 이상한 느낌, 불안하고 두려운 느낌, 막막한 느낌, 혼란스러운 느낌. 인지적 영역의 멍현상은 다음과 같다. 띵한 현상, 멍한 현상, 혼란스러운 현상, 생각이 전혀 나지 않는 현상, 원하지 않는 생각들이 자꾸 나는 현상, 마치 외부에서 생각을 주입하는 것처럼 원치 않는 생각에 시달리는 현상. 영적 영역의 멍현상은 다음과 같다. 신기한 느낌, 경외하는 느낌, 접근하기 어려운 느낌, 초월해서 닿을 수 없을 것 같은 느낌, 너무 작고 왜소해지는 느낌, 왠지 얼굴을 들 수 없을 것 같은 느낌. 이러한 각각의 영역에서 멍현상은 독립적으로 나타나기도 하지만 많은 경우에는 각 영역 간 상호작용으로 경험되기도 한다. 즉, 행동적인 영역과 인지적 영역의 멍현상이 같이 나타나거나, 인지적 영역과 영적인 영역의 멍현상이 같이 나타나는 경우도 있으며 이외에 다른 조합도 가능하며 이러한 조합은 혼재되어 나타난다. 이에 대한 예로는 놀라서 다리가 후들거리거나 너무나 큰 존재로 느껴져서 자신이 부끄럽고 초라해 보이기, 혹은 아무 생각이 나지 않으면서 막막하거나 힘이 빠지면서 불안하고 두려워지기 등이 있다.

3. 멍현상과 범주 확장

1) 일상에서의 범주 확장

앞에서 말한 것처럼 사람들은 일상생활에서도 크고 작은 멍현상을 경험한다. 이렇게 경험되는 멍현상으로 인해 사람들은 변화를 일으킨다. 의아해하거나 놀라는 경험을 하면서 호기심이 생기기도 하고 자신에 대해 의문을 갖기도 한다. 때로는 걱정하고 염려하며 두려워하는 감정이 생기기도 한다. 이러한 부정적 감정들은 새로운 경험을 하지 못하게 하거나 안전만을 유지하려고 하는 경향을 만들어 낸다. 이러한 경우에는 멍현상을 경험하더라도 범주 확장을 하기는 어렵다. 그러나 호기심이 생기고 자신에 대해 의문이 생기는 경우에는 범주 확장의 가능성을 갖게 된다. 자신이 왜 놀랐는지에 대해 의아해하며 탐색하는 질문을 하기 시작하면 범주 확장이 일어날 수 있다. 놀라는 행동은 실재 자기에 의한 현상이다. 그러나 왜 놀랐는지를 묻는 질문은 객관적 자기에 의한 현상이다. 범주 확장은 객관적 자기가 실재 자기와 상호작용하며 일어난다. 놀란 이유를 자신 안에서 찾기 시작하면 자신에 대해 더 많은 이해를 하게 되고 이러한 자신과의 상호작용은 수직 초월을 하도록 만든다. 만약 놀란 이유가 위협을 당할 것 같은 감정이었다면, 낯선 사람이나 상황에 대해 안전을 우선시하는 자신을 만나게 된다. 즉, 자신이 낯선 것들에 대해 모험심이나 탐구심과 같은 진취적 경향을 가지기보다는 의아해하고 의구심을 가지며 놀라는 안전 지향적인 경향을 가진 사람임을 알게 된다. 이렇게 자신에 대해 더 알아가면서 더 큰 범주를 갖게 되는 수직 초월을 하게 된다.

외부 자극에 대한 감정을 파악하며 자신과의 대화를 통한 수직 초월을 할 수도 있지만, 외부 자극인 타인이나 상황과 상호작용을 하면서 수평 초월을 할 수도 있다. 낯선 사람과 상황을 만나며 그 사람이 어떤 사람인지 그리고 그 상황이 어떤 종류의 상황인지를 알아가게 되면 사람들은 자신의 범주를 수평적으로 확장하게 된다.

흔히 다른 나라에 가서 살게 되면 문화적 차이를 경험하게 되는 경우가 있다. 필자가 미국으로 유학을 간 지 몇 개월 되지 않았을 때 일어난 일이다. 필자가 길을 가고 있었는데 어떤 미국인 남자가 필자를 보며 웃으면서 오고 있었다. 필자는 순간적으로 아는 사람인가 하여 다가갔으나, 그 사람은 필자를 보고 "Hi" 하면서 그냥 지나쳐갔다. 필자는 갑자기 멍해지며 '왜 그냥 갔을까?' 하는 질문을 하게 되었다. '나를 보며 웃은 것을 보면 아는 사람인 것 같은데 왜 그냥 갔을까?'라고 의아해하였다. 그 다음 날 필자는 친구인 다른 미국인에게 "어떤 사람이 길에서 나를 보며 웃으며 걸어오기에 내가 아는 사람인가 해서 말을 걸려고 다가갔더니 'Hi' 하고 그냥 가버리더라."라고 말을 하였다. 그러자 친구는 크게 웃으며 미국 사람들은 잘 모르는 사람에게도 웃는 습관이 있다고 하였다. 그때 필자는 친구 미국인의 설명을 들으며, 아는 사람을 보면 웃고, 모르는 사람에게는 웃지 않는 한국 문화를 깨달을 수 있었다.

이러한 깨달음은 연쇄 반응을 일으키며 필자로 하여금 한국 문화와 미국 문화의 차이를 더 극명하게 알게 하였다. 미국 사람들은 사회적 미소(social smile)라는 문화적 현상을 가지고 있지만 한국에는 사회적 미소가 존재하지 않는다. 한국인들은 아는 사람에게는 웃고 친절한 반응을 보이지만 상대를 모르면 웃지 않고 가끔은 거칠게 대하는 습관이 있다. 아마도 한국인들의 이러한 반응은 문화적이기도 하지만 역사적 맥락과 깊은 관련이 있는 듯하다. 많은 전쟁과 함께 한국에는 수많은 스파이들이 있었다. 필자는 이러한 역사로 인해 한국인들이 모르는 사람을 다소 경계하는 태도가 생기지 않았을까 짐작하게 되었다. 즉, 스파이들에게 자신을 노출하게 되면 위험이 따르기 때문에 모르는 사람에게는 웃지 않거나 가끔은 거칠기까지 한 행동 양식이 생기지 않았을까 짐작하고 있다. 한국인들은 종종 여러 사람들이 재미있게 웃고 이야기를 하다가도 낯선 사람이 나타나면 얘기를 멈추고 그 사람을 바라보는 경향이 있다. 이러한 경향 때문에 한국 사람은 자신으로 인해 '판이 깨졌다'라는 표현을 쓴다.

한국과 미국의 문화적 차이에 대한 필자의 이해는 길거리에서 웃으면서 걸어오는 미국인으로 인해 발생한 의아하고 약간은 놀라는 경험으로 인해 시작되었다. 필자는 이러한 경험을 다른 미국인과 나누고 이를 통해서 문화적 차이에 대해 많은 것들을 알 수 있게 되는 범주 확장을 경험하였다. 이 같은 범주 확장을 수평 초월이라 한다. 즉, 이전까지 필자의 세계는 한국이라는 나라에 국한되었지만 이제는 미국이라는 나라를 좀 더 이해를 하게 되면서 한국인과 미국인을 동시에 이해하는 훨씬 더 넓은 세계를 갖게 되었다. 이제 필자는 한국 문화를 맹목적 혹은 맹신에 가깝게 당연시하는 태도나 마음에서 벗어나 한국 문화와 타 문화를 좀 더 유연하고 폭넓게 이해할 수 있는 확장성을 갖게 되었다. 즉, 필자의 세계는 단일 문화적이 아니라 다문화적이 된 것이다.

수평 초월 전 초기 작업으로, 필자는 의아해하고 약간은 놀라는 감정과 상호작용을 하였다. 놀라고 의아해하는 감정은 실재 자기다. 그리고 이러한 감정과 상호작용은 객관적 자기에 의해 이루어진다. 만일 의아해하고 놀라는 감정을 그냥 묻어 두고 이 감정이 무엇이고 어디에서 왔는지를 이해하려고 하지 않았다면 초월은 이루어지지 않았을 것이다. 필자는 객관적 자기를 동원해서 자신이 왜 이러한 감정을 겪는지를 알고자 하였다. 그 결과 이러한 감정은 한국 문화가 가지고 있는 문화적 상호작용 방식임을 알게 되었다. 필자의 이러한 깨달음은 단지 한국 문화에 대한 이해뿐만 아니라 미국 문화도 이해하게 되는 계기가 되었다. 즉, 하나를 이해하면 그 주변의 것들까지도 한꺼번에 이해가 되는 현상을 경험한 것이다. 이러한 경험으로 필자는 자신의 세계가 넓어지는 느낌을 갖게 되었다. 그 이후에도 필자는 다른 여러 가지 경험들을 통해 한국 문화와 미국 문화의 차이를 더 깊게 이해하며 자신의 더 넓어진 세계를 확인하는 계기를 갖게 되었다. 이러한 현상이 곧 수평 초월이다. 즉, 새로운 경험을 하고 이러한 경험과 상호작용을 하면서 자신의 세계만이 아니라 주변의 세계까지 이해를 하는 현상이 수평 초월이다.

2) 상담 현장에서의 범주 확장

(1) 일반적 증상과 멍현상

일상생활에서 범주 확장은 비교적 객관적 자기가 활성화된 상태로 인해서 일어난다. 건강하고 성숙한 사람들은 객관적 자기와 실재 자기 둘 다 독립적으로 작동을 하거나 이 둘이 서로 보완적 역할을 한다. 객관적 자기는 자신을 대변하고 집행하는 역할도 하지만 현실을 반영하여 자신에게 피드백을 주는 역할도 한다. 실재 자기는 현실을 느끼면서 객관적 자기에게 메시지를 전달하기도 하지만 객관적 자기를 통해 자신의 욕구를 현실화하려고 한다. 객관적 자기와 실재 자기는 현실 속에서 상호작용을 통해 서로 돕거나 견제하며 자신의 욕구를 현실화하기도 하고 현실을 받아들여서 적응하기도 한다. 건강하지 못하거나 미성숙한 사람들은 객관적 자기가 실재 자기에 끌려다니면서 현실을 왜곡하기도 하고 현실과 관계없이 자신의 욕구를 관철하려고 한다. 객관적 자기는 현실을 왜곡한 나머지 실재 자기를 통제하고 억압하여 자신의 욕구를 부정하는 역할도 한다.

상담 현장에서는 객관적 자기를 활성화하거나 실재 자기의 통제나 억압을 풀어줄 필요가 있다. 초월자로서 상담자는 내담자가 어떤 상태에 있는지를 정확하게 반영하고 이를 토대로 객관적 자기를 활성화하는 방향으로 상담을 이끌 것인지 또는 실재 자기의 통제와 억압을 푸는 방향으로 상담을 이끌 것인지를 결정하게 된다.

객관적 자기의 활성화 쪽으로 상담의 방향이 잡히는 경우, 멍현상은 새로운 경험을 통해 일어난다. 의심하고 불신하는 내담자를 예로 들어 보면, 이들의 객관적 자기는 자신의 불안을 합리화하는 방향으로 작동한다. 이러한 내담자들에게 인지적 교육이나 직면들은 오히려 의심과 불신을 더 키우게 된다. 멍현상이 일어나기보다는 오히려 의심과 불신을 강화하는 방식의 상담이 진행되게 된다. 그러나 의심과 불신을 하는 내담자에게 신뢰의 경험을 하도록 하는 상담을 진행하게 되면 이들은 멍현상을 경험하게 된다. 지금까지 자신들이 경험한 삶은 서로를 이용하거나 조종하는 방식이었다. 그러나 상담자가 자신이 불쾌하거나 모욕적일 수 있는 상황에서도 지속적으로 내담자를 반영하고 수용하는 경험을 제공한다면 내담자는 멍해지는 경험을 하게 된다. 내담자는 이 정도면 상담자가 자신을 불신하고 의심하리라고 생각했는데, 이러한 자신의 생각을 넘어서서 상담자가 여전히 수용적이고 믿을 만한 행동을 보일 때 멍현상을 경험하게 된다.

이러한 멍현상은 인지적 성격보다는 경험을 통한 감정적이고 정서적인 성격을 띠게 된다. 이런 경험들은 의심하고 불신하는 내담자들에게는 정서적으로 충격적이다. 자신의 세계에서는 불가능한 일이 상담 현장을 통해 일어나고 있기 때문에, 이때 받는 충격은 자신의 세계에서 익숙한 언어로는 설명하기 어렵다. 내담자는 의심과 불신의 세계에서 살아왔기 때문에 이러한 세계를 나타내는 단어나 언어들은 잘 발달되어 있다. 하지만 신뢰와 믿음의 세계를 나타내는 언어들은 상대적으로 잘 발달되어 있지 않다. 이러한 내담자들의 객관적 세계를 활성화하는 방법 중 하나가 새로운 언어를 가르쳐 주는 일이다. 이런 의미에서 객관적 세계의 활성화는 경험을 하게 하고 새로운 언어를 가르쳐 주는 두 단계로 진행된다. 새로운 단어나 언어들이 생기기 시작하면 이제 객관적 자기는 자신의 세계를 새롭게 조명할 수 있는 도구를 갖게 된다. 동시에 자신 안에서 분열적 경향이 발생한다. 의심하고 불신하는 세계와 믿음과 신뢰의 세계가 서로 공존하면서 내적 갈등이 발생한다. 이러한 내담자의 내적 갈등 속에서 상담자는 지속적으로 내담자가 믿음과 신뢰의 세계를 강화하도록 돕는 수용적이며 내담자를 믿어 주는 역할을 한다. 이 상태에서 내담자는 지속적으로 멍해지지만 그러한 멍현상을 통해 객관적 자기가 활성화되고 실재 자기로부터 독립적으로 작동하여 자신을 변화시켜 나간다.

객관적 자기가 실재 자기를 통제하고 지배하는 경우에는 객관적 자기가 독립적으로 움직이는 현상처럼 보이지만 사실상 그렇지 않다. 객관적 자기는 실재 자기의 충동적 욕구를 감당할 수 없기 때문에 실재 자기를 억압하고 통제하게 된다. 이런 의미에서 객관적 자기는 객관적이지 않고 '객관적인 것처럼 보이도록' 활동한다. 사실상 객관적 자기는 두려움이나 수치심에 영향을 받아 실재 자기의 지배를 받는 상태다. 이러한 상태의 대표적인 예가 우울한 내담자다. 우울한 내담자들은 자신의 분노를 폭발하거나 다른 사람들로부터 부정적 피드백을 받기를 두려워하는 나머지 자신을 지나치게 통제하고 억압한다. 즉, 욕구에 의한 실재 자기의 삶을 제대로 살지 못하면서 객관적 자기에 의해 자신을 비난하며 욕구를 부정하는 삶을 살게 된다. 이들은 다가올 부정적 상황이나 피드백을 대처하기 위해 많은 생각을 하며 산다. 그러나 이러한 생각들은 모두 두려움이나 수치심에 의해 지배당하고 있는 생각들이기 때문에 객관적이지 않다. 이러한 상태는 객관적 자기가 지나치게 활성된 것처럼 보이지만 객관적이기보다는 주관적이다.

우울한 내담자들의 경우, 멍현상이 여러 단계를 걸쳐 일어난다. 먼저, 인지적으로 자신들의 생각이 객관적인지를 확인하는 첫 단계를 거친다. 상담자는 이러한 내담자들이 인지적으로 생각하는 것들을 객관적으로 확인하도록 만든다. 상담자가 다른 사람에게 확인된 생각이냐고 물으면 이들은 대체로 "다른 사람들도 다 그런 것 아니에요?"라고 반문을 한다. 상담자는 이런 내담들에게 자신의 생각대로 다른 사람들도 그렇게 생각하는지를 확인하도록 만든다. 다른 사람들에게 확인하는 절차를 거치면서 이들은 멍한 경험을 한다. 1차적인 인지적 멍현상이다. 2차적으로는 이들이 왜 이렇게 생각을 하였는지에 대해 상담을 진행한다. 상담 과정 중에 자신들의 생각이 불안이나 두려움에 기인하고 있다는 사실을 객관적으로 인식하면서 이들은 멍해진다. 2차 멍현상이다. 3차 멍현상은 상담자가 내담자들 속에 있는 이러한 화나 분노를 쏟아 놓게 하고 이를 다루기 시작하며 경험하게 된다. 자신이 지금까지 해 왔던 노력이나 생각이 이러한 화나 분노의 감정을 만나지 않기 위함이었다는 객관적인 인식을 하며 허탈하면서도 가슴이 먹먹해진다. 이것이 3차 멍현상이다. 이때부터는 생각도 잘 나지 않고 자신이 왠지 멍청이가 된 것 같은 느낌을 받는다. 이러한 과정을 통해 실재 자기가 자유로워지고 삶은 복잡하지 않고 단순해진다. 내담자는 자신을 돌아보면서 자신이 얼마나 웃기게 살아왔는지를 인식하게 된다. 이때 내담자들은 자주 "제가 정말 웃기게 살았네요. 참 허망하네요."라는 표현들을 한다. 이러한 표현은 객관적 자기가 실재 자기를 놓아주면서 독립적으로 작동할 때 사용되는 문장이다.

상담자는 내담자의 상태에 따라 어느 방향으로 멍현상을 유도할지를 결정하게 된다. 이러한 상담자의 결정은 많은 임상 경험을 통해 이루어진다. 실제로 상담자가 많은 학습된 지식을 가지고 있다 하더라도 이러한 학습된 지식이 임상 실제를 거치지 않으면 실제 상담 현장에서 방향성을 정하기 어렵게 된다.

상담자가 어떤 방향으로 내담자를 인도하는지에 따라 내담자의 멍현상은 많이 달라진다. 영적 측면에서 상담을 하는 기독교 상담자의 경우를 생각해 보자. 화는 '자신이 옳고 다른 사람이 틀렸다.'라는 인지적 메시지를 가지고 있다. 기독교인인 내담자가 하나님을 향해 화가 난 경우, 이러한 메시지는 하나님과 자신과의 관계에 대비시켜 볼 수 있다. 즉, 이때의 내담자의 화는 '자신이 옳고 하나님이 틀렸다.'라는 식이 된다. 하나님을 향해 화가 난 사람들은 자신을 하나님보다 우위에 두고 있는 사람들이다. 이러한 내용을 상담자가 반영적으로 내담자에게 전달하면 많은 경우 내담자들은 멍해지는 경험을 한다. 이들은 자신들이 하나님보다 우위에 있으려는 마음은 조금도 없다고 항변하지만 조금만 곰곰이 생각해 보면 자신이 그렇게 하고 있음을 인정하게 된다. 이들은 자신들이 하나님에게 무엇인가를 요청하면서 하나님이 자신의 기도를 들어주기를 바라는 마음을 가지고 있다. 요청하는 마음을 가지고 있는 사람들은 자신들이 하나님과 관계에서 종의 위치에 있다고 생각을 한다. 하지만 화가 난 사람들은 실제로는 하나님을 오히려 종의 위치에 놓게 된다. 이때의 멍현상은 주인과 종의 위치에 관하여 자신들이 마음으로 가지고 있는 세계와 자신들의 화의 내용이 불일치함을 볼 때 경험된다. 자신들이 확실하게 종의 위치에 있다고 강하게 믿으면 믿을수록 멍현상은 충격적으로 경험된다.

(2) 초월병리와 멍현상

초월상담 이론의 병리현상은 범주 이탈, 범주 치환, 범주 분리로 나눠진다. 범주 이탈은 상상이나 공상 그리고 환상에 의해서 자신을 팽창시키는 병리현상이다. 범주 치환은 타인에게 또는 자신에게 치우친 편향이며, 범주 분리는 자신 속에 여러 가지 욕구가 충돌하는 현상인 모순의 병리현상이다. 팽창, 편향, 모순은 모두 객관적 자기에 의해서 실재 자기가 지배당하고 억압된 상태거나 실재 자기에 의해서 객관적 자기가 압도된 상태다. 다른 말로 하면, 생각이 감정을 지배하여 억압하거나 감정이 생각을 압도하여 작동되지 못하게 하는 상태가 팽창, 편향, 모순이라는 병리현상이다. 즉, 객관적 자기와 실재 자기가 독립성을 유지하지 못하면서 한쪽만 작동하고 다른 한쪽은 작동하지 못하는 심리 상태를 병리현상이라 말할 수 있다.

팽창의 멍현상은 객관적 자기가 실재 자기를 억압하고 있기 때문에 감정적 접촉을 시도하려고 하면 일어난다. 범주 이탈을 하는 사람들은 감정에 의한 실재 자기를 수용하기 어렵기 때문에 상상, 공상, 환상을 통해서 자신의 세계인 범주를 이탈한다. 이러한 이탈은 주로 생각에 의한 팽창 현상을 가지고 있다. 이들은 자신을 아주 완벽한 사람이거나 멋있는 사람 또는 아주 영향력이 있는 사람으로 그리고 있다. 상담자는 자신의 범주를 이탈하고 사람들을 실제 현실에 접촉시키려고 시도할 때, 이들은 화를 내거나 두려워하며 감정 접촉을 피하려고 한다. 범주 이탈자들은 팽창시킨 자기를 자신이라고 믿고 사는 경우가 종종 있다. 선하게 행동을 하는 사람들이 선한 행동 이면에 얼마나 악한 마음이 숨어 있는지를 인식하면서 멍현상을 경험한다. 지배적 역할을 수행하는 사람들이 자신이 얼마나 의존적인지를 인식하면서 멍현상을 경험한다. 다른 사람들에게 멋있고 아름다움을 보이려고 하는 자신의 이면에 추한 모습이 있음을 인식할 때 멍현상을 경험한다. 많은 경우 이들은 자신이 믿는 자신의 세계를 방어하기 위한 여러 가지 심리적 기제를 가지고 있다. 예를 들면, 지배적인 사람은 주로 화를 낸다. 멍현상 전에는 화를 통해 자신의 무기력, 무능력, 의존성을 가렸던 것이다. 이러한 화를 다루면서 자신이 얼마나 의존적인지를 접촉시킬 때 내담자는 멍현상을 경험하게 된다. 팽창 현상은 현재의 자기보다 더 큰 존재가 되려는 범주 이탈이다. 이러한 범주 이탈은 자신의 이면에 존재하는 작고 보잘것없는 자신을 접촉하면서 멍현상을 경험하고 이러한 멍현상을 통해서 자신을 초월할 수 있는 길이 열린다.

편향의 멍현상은 실재 자기에 의해 압도당하는 객관적 자기를 자유롭게 하려고 하면 일어난다. 한쪽으로 치우친 범주를 가진 편향의 사람들은 불안과 두려움에 압도당하면서 살고 있다. 이들의 객관적 자기는 이러한 두려움과 불안을 피하기 위해 작동한다. 예를 들어, 버려질 것 같은 두려움에 압도당하는 내담자는 버려짐을 피하기 위해 많은 생각을 한다. 이러한 생각들은 객관성을 잃고 모두 버려지지 않으려는 두려움에 의해 파생된다. 버려지지 않으려는 내담자는 상대방에 붙어 있기 위한 많은 생각을 한다. 상대방으로부터 버려지지 않기 위해 애교를 부리기도 하고 상대방이 원하는 것을 알아내기 위해 관찰하기도 하고 종과 같이 일을 하기도 한다. 이때의 객관적 자기는 버려지지 않으려는 노력을 위해서 작동하고 있기 때문에, 객관적이 아니라 실재 자기의 불안과 두려움을 위해 봉사하는 중이다. 버려지지 않으려는 내담자가 상대방을 지배하는 경우도 마찬가지다. 버려지지 않기 위해 객관적 자기를 작동하듯이, 버려지지 않기 위해 타인이 자신에게 봉사하도록 객관적 자기를 활용한다. 이때의 객관적 자기는 타인의 성향을 파악하거나 그의 약점을 잡아 그 사람이 자신에게 붙어 있도록 만든다. 이러한 내담자는 상대방을 무시하거나 약점을 드러낸다고 협박하여 상대방이 자신 앞에서 꼼짝하지 못하게 한다. 하지만 내담자의 이러한 행동은 자신이 홀로 남겨지거나 버려지지 않기 위해 상대방을 조종하거나 협박하는 것이다. 편향 방향이 어느 쪽으로 이루어지든 간에 이러한 내담자는 자신이 원하는 것 그리고 타인이 바라는 것을 부각시킬 때 멍현상을 경험하게 된다. 구체적으로는 타인을 향한 편향, 즉 타인 지향적 내담자는 자신이 원하는 것을 물을 때 멍현상을 경험한다. 이러한 내담자는 자신이 원하는 것은 전혀 생각하지 않고 타인이 원하는 것만을 생각하면서 살아온 사람이다. 자신이 원하는 것에 접촉을 시도하면 이들은 멍해지고 한동안 말을 하지 못한다. 또한 타인을 자신에게 맞추게 하려는 사람은 다른 사람이 무엇을 원하는지 생각해 보라고 하면 멍현상을 경험한다. 이러한 내담자는 자신이 원하는 것만을 생각하고 살아왔기 때문에 다른 사람이 느끼는 감정이나 생각 그리고 원하는 것이 접촉되면 멍해진다.

모순의 멍현상은 객관적 자기에 의해 자신이 원하는 것에 한꺼번에 초점을 맞출 때 일어난다. 범주 분리가 일어나는 내담자는 자신 안에 있는 여러 가지 욕구를 동시에 알아내기가 어렵다. 이러한 내담자는 행동적으로 보면 이 말을 하다가 다른 말을 연이어서 한다. 다른 사람이 지적해 주지 않으면 자신의 그러한 행동을 제대로 알아차리기 어렵다. 감정적으로 보면 여러 가지 감정이 동시에 존재하면서 감정의 변화에 따라서 행동이 달라진다. 내담자가 이렇게 행동하는 이유는 마음속에 여러 욕구가 동시에 존재하며 이를 동시에 충족하려 하기 때문이다. 이렇듯 행동을 통해 욕구를 만족시키려는 분주한 내담자에게 조용히 자신을 바라보게 하면 멍현상을 경험한다. 내담자는 자신의 마음속에 여러 가지 것이 동시에 존재하고 이러한 것을 조용히 받아 내려고 하면 자신이 얼마나 분주하고 시끄러운 사람인지가 접촉되며 멍해진다. 이러한 멍현상은 내면에 대한 초점화와 관련이 있다. 바삐 움직이는 사람들은 조용히 잠잠하라고 하면 처음에는 짜증이나 화를 낸다. 그러나 이렇게 조용히 있는 시간이 늘어나면서 자신의 마음에 접촉하게 되면 한동안 말을 잇지 못하는 멍현상을 경험하게 된다. 이들에게 명상과 묵상과 같은 마음 느끼기는 멍현상을 일으키는 중요한 방법들이다.

제10장

멍현상을 일으키는 상담자의 활동

1. 초월자로서의 상담자

1) 초월자의 정의

상담자는 내담자에게 초월자로서의 역할을 하게 된다. 초월자란 상대방보다 더 큰 역할을 하는 존재로서 상대방에게 도움을 줄 수 있는 사람을 말한다. 상담자는 전문인으로서 내담자에게 심리적이고 관계적 영역에서 도움을 줄 수 있는 사람이기에 상담 영역에서 상담자는 내담자보다 더 큰 존재로 생각할 수 있다. 다시 말하면, 적어도 상담 영역에서의 상담자는 내담자보다 더 큰 존재로서 내담자에게 더 많은 것들을 줄 수 있다. 즉, 어떤 대상이 나 자신보다 더 크고 나를 넘어서서 나에게 도움을 줄 수 있는 상대를 초월자라고 볼 때, 상담자는 내담자를 넘어서는 사람이기에 상담자는 내담자의 초월자가 될 수 있다.

여기서 중요한 주제가 하나 발생한다. 상담자인 초월자가 인간적으로 내담자보다 더 큰가라는 질문이다. 더 큰 존재라는 말은 기능성과 인간성 모두를 포함하는 단어다. 먼저, 기능적으로 볼 때 상담자는 내담자보다 더 많은 지식과 지혜 그리고 관계 기술을 갖춘 사람이다. 이런 의미에서 상담자는 내담자보다 더 큰 존재다. 상담자는 내담자에게 지식을 가르칠 수도 있고 지혜롭게 행동하거나 사고하는 방법, 그리고 지혜롭게 문제를 대처하는 방식을 내담자에게 전달하기도 하고 가르치기도 하며 상담 관계를 통해서 관계를 간접적으로 경험하도록 할 수 있는 사람이다.

둘째, 인간적으로 볼 때 상담자는 내담자를 품어 낼 수 있는 사람이다. 상담자가 초월자인 경우에는 내담자보다 인격적으로 더 성숙한 상태를 보이는 사람이다. 내담자가 불안해하는 영역에서 불안해하지 않거나 내담자가 의심하는 영역에서 믿음을 가지고 있거나 내담자가 견디기 어려워하는 관계에 대해서 잘 견딜 수 있는 능력을 가진 사람이 상담자다. 이러한 능력을 통해서 상담자는 내담자를 품어 주고 내담자가 자신의 문제를 해결할 수 있을 때까지 견디어 주고 버티어 주고 지지해 줄 수 있는 사람이다. 즉, 상담자는 내담자보다는 더 많은 것을 알고 이해하는 사람이며 내담자를 가슴으로 품었다가 변화되도록 도와줄 수 있는 사람이다. 이런 의미에서 초월자로서의 상담자는 일종의 산파와 같은 역할을 하게 된다. 아이를 받아 내는 산파는 산모로 하여금 안심하게 아이를 낳을 수 있도록 돕는 사람이다. 산파는 산모보다는 아이의 출생 과정에서 일어나는 여러 가지 현상을 이해하여 출생 시에 산모가 안전하게 아이를 낳을 수 있도록 돕는다. 말하자면, 초월자로서의 상담자는 정신적 의미의 산파라고 말할 수 있을 것이다. 즉, 상담의 과정을 이해할 뿐만 아니라 사람의 심리적 구조를 이해하고 이를 바탕으로 임상 현장에서 내담자의 변화를 도와줄 수 있는 사람이 상담자다.

상담자인 초월자가 인간적으로 내담자보다 더 큰가라는 질문에 대해, 초월자인 상담자는 당연히 기능적으로나 인간적으로 내담자보다 더 큰 사람이어야 한다. 하지만 실제에서는 그렇지 않은 경우도 종종 있다. 내담자 중에는 상담 전공을 한 내담자도 있고 상담 공부를 많이 한 내담자도 있으며 이러한 내담자들은 상담자보다 더 많은 지식을 가졌을 수도 있다. 즉, 이론적인 면에서는 상담자보다 더 많은 지식을 가진 내담자가 있을 수 있고, 임상적인 면에서도 그런 상황이 발생할 수 있다. 임상적인 면에서도 상담을 여러 번 받은 내담자는 상담 과정에 대한 이해가 많다. 이런 내담자가 초보 상담자를 만나면 내담자가 오히려 초월자인 경우가 있다. 이러한 내담자는 상담 경험이 많은 전문 상담자에게 상담을 받아야 상담자가 초월자로서 역할을 할 수 있어 상담에서 도움을 받을 수 있다.

또한 인간적인 측면에서 볼 때도 내담자가 상담자보다 초월자인 경우가 있다. 상담자도 인간이기 때문에 해결하지 못한 자기 자신의 문제를 가지고 있는 경우가 종종 있다. 상담자가 자신의 문제를 해결하지 못한 상태에서 내담자를 상담하는 경우에 자신의 문제로 인해서 내담자를 오해하는 경우가 종종 발생한다. 슈퍼비전을 하다 보면 상담자 중에는 자신의 문제로 인해서 내담자를 품어 주기보다는 내담자를 비난하거나 싫어하는 경우도 있다. 이러한 경우에 상담자는 자신의 문제를 해결하여 내담자를 품어 줄 수 있는 초월자의 자리로 돌아가야 한다. 이처럼 상담자가 초월자가 되기 위해서 기능적으로나 인격적인 측면으로나 많은 노력이 필요하다.

2) 전문적 발달과 인간적 발달

상담자는 이렇게 내담자보다 기능적으로 그리고 인격적으로 더 큰 존재기 때문에 상담자가 되기 위해서는 일정 기준에 부합하여야 한다. 이러한 기준에 부합하기 위해서 상담자는 전문적 발달과 인간적 발달을 필요로 한다. "현실에서는 상담자가 전문적 측면이 부족할 수도 있고 인간적 측면이 부족할 수도 있으며 이 두 측면이 모두 부족할 수도 있다"(김용태, 2014a, p. 142). 어느 측면이 부족하든지 상담자는 자신의 발달을 위해서 노력하는 사람이어야 하며, 발달을 통해 내담자보다 더 큰 존재인 초월자가 되어야 한다. 발달의 두 측면을 살펴볼 때, 전문적 발달은 상담 훈련을 통해서 가능하다. 즉, 상담 지식을 배우고 임상 훈련을 통해 상담자로서의 전문적 발달이 가능하게 된다. 인간적 발달은 상담자 자신이 스스로 노력하면서 존재적 발달이 가능하게 된다. 자신이 가지고 있는 주제를 해결하면서 자신의 세계를 확장하여 내담자를 품을 수 있는 사람으로 성장을 하게 되는 것이 상담자의 인간적 발달이다. 이러한 성장의 결과로 상담자는 내담자에게 자신을 통해서 내담자의 성장이 일어나도록 돕는 사람이 된다.

초월자로서의 상담자는 내담자와 전문적이고 인간적 신뢰를 형성한다(김용태, 2014, pp. 139-144). 전문적 신뢰란 "상담자의 전문적 활동에 의해서 얻어지는 내담자의 믿음"(김용태, 2014, p. 140)을 말한다. 상담자는 내담자보다 인간의 마음과 관계에 대해서 더 많은 상담 지식을 갖추고 임상 훈련을 받은 사람이기 때문에 내담자가 알지 못하는 것들을 알 수 있다. 상담자는 전문적 지식을 통해 내담자에게 공감,

경청, 요약, 재질문, 수용과 반영과 같은 전문적 활동을 진행함으로 내담자의 신뢰를 얻게 된다. 이러한 상담자의 활동은 상담자가 기능적으로 내담자보다 더 큰 존재임을 말하고 있다. 다른 한편으로, 상담자는 내담자가 상담자를 편안하게 느끼면서 자신의 마음을 말할 수 있도록 돕는 역할을 한다. 이때 상담자는 내담자에게 인간적 신뢰를 제공한다. 인간적 신뢰란 "상담자의 인격으로부터 얻어지는 내담자의 믿음"(김용태, 2014, p. 140)을 말한다. 상담자는 내담자가 편안하게 느낄 수 있도록 자신의 말투를 조정하고 태도를 편안하게 하고, 내담자가 불안해하거나 어려워해도 이를 받아 낼 수 있는 인격을 소유한 사람이다. 이러한 상담자의 인격을 확인하는 과정을 통해 내담자는 상담자를 편안하게 느끼면서 다른 사람들에게는 말하기 어려운 자신의 마음의 비밀들을 말하기 시작한다. 이러한 인간적 신뢰는 상담자가 내담자보다 인격적으로 더 큰 존재로 있기 때문에 가능하다. 상담자는 자신이 내담자보다 더 큰 인격을 소유할 수 있도록 부단하게 자신을 변화시켜서 내담자가 상담자로부터 인간적 신뢰를 느낄 수 있게 하는 초월자가 되어야 한다.

3) 절대자로서의 초월자

초월자의 범주를 확장하면 아주 작은 범주에서부터 무한한 범주를 가진 초월자까지의 다양한 존재를 생각해 볼 수 있다. 즉, 감각적 초월의 단계에 있는 사람에서부터 절대적 초월의 단계에 있는 하나님까지 다양한 범주의 존재들을 상상해 볼 수 있다. 하나님은 절대적 초월의 범주를 가진 절대적 초월자다. 하나님은 절대적 진리를 가진 분이다. 하나님의 절대적 진리는 인간이 평생을 걸쳐서 배워도 다 배울 수 없는 지식이며 지혜다. 하나님의 말씀으로 나타난 절대적 진리는 인간이 언제나 자신의 곁에 두고 읽고 묵상하며 생각하여 자신의 삶에 적용할 수 있는 지식이나 지혜다. 인간이 겪는 모든 문제를 이러한 절대적 진리를 통해서 해결할 수 있고 또한 해결된다. 이러한 하나님의 절대적 진리로 인해서 인간이 도움을 받는 이치는 마치 상담자가 내담자보다 더 많은 지식이나 지혜를 가지고 내담자를 돕는 원리와 비슷하다. 하나님은 상담자보다 훨씬 더 크고 비교할 수 없는 지식과 지혜를 가진 분이기 때문에 모든 인간에게 적용되는 절대적 범주를 가지고 있다. 그러나 상담자는 인간이기 때문에 자신이 도울 수 있는 전문 영역에서만 역할을 할 수 있다. 상담자는 전문 영역이라는 범주에서는 내담자에게 초월자의 역할을 할 수 있지만 하나님께서는 어떤 영역에서도 언제나 인간의 초월자가 되신다. 즉, 진리이신 하나님, 하나님의 진리는 영역과 시대 그리고 문화와 환경을 넘어서 언제나 인간을 도울 수 있다.

하나님은 인격으로 볼 때도 완벽한 성품을 보여 준다. 하나님과 관계를 하는 사람들은 하나님의 품 안에서 여러 가지를 배우게 된다. 결코 변함이 없는 하나님을 통해서 인간은 하나님의 절대적 성실성이나 신실함을 배우게 된다. 절대적 성실성이나 신실함은 믿음의 행위다. 인간은 본질적으로 모순적이고 작고 부분적 존재기 때문에 이러한 믿음의 행위를 저절로 행할 수 없다. 믿음의 행위는 절대적 성실이나 신실을 전제로 하기 때문에 약속을 이행하는 행동이라 생각할 수 있다. 하나님과의 관계를 통해서 인간은 약속의 중요성을 배우며 약속의 사람인 언약의 사람으로 재탄생을 하게 된다. 이러한 재탄생이 일어나기까지 하나님은 인간을 참아 주시고 견뎌 주시며 품어 주신다. 하나님의 참아 주시고 견뎌 주시고 품어 주시는 행동은 인간이 영적으로 재탄생하여 약속의 사람인 언약의 인간이 되도록 만든다. 하나님은 절대적 초월자로서 인간의 이러한 변화를 인도하는 분이다. 이러한 하나님의 모습을 상담자는 인격적으로 닮아서 내담자에게 하나님과 같은 역할을 한다. 내담자와 상담 시간을 정하면 성실하게 약속을 지키면서 내담자로 하여금 변화할 수 있는 조건이나 여건을 제공한다. 이렇게 함으로써 상담자는 내담자에게 부분적으로 하나님의 인격을 드러낸다. 이렇게 인격적 존재로서 내담자에게 다가갈 때 내담자는 상담자를 믿고 의지하면서 자신을 변화시켜 나갈 수 있다.

4) 임상 현장에서 초월자인 상담자

상담자를 의심하고 불신하는 내담자의 경우로 임상 현장에서의 초월자인 상담자의 예를 들어 보겠다. 상담자는 내담자가 의심하고 불신하는 마음을 보일 때 그러한 마음을 임상적 지식인 기능성과 자신의 인격으로 품어 낼 수 있는 인간성을 보여 줄 수 있는 사람이다. 기능적으로 상담자는 내담자가 왜 이렇게 상담자를 경계하고 의심하는지를 원가족의 역사를 통해서 이해하게 된다. 원가족의 역사와 심리적 구조는 불가분의 관련성을 가지고 있기 때문에 원가족의 역사를 이해하면 상담자는 내담자의 심리적 구조를 이해할 수 있게 된다. 즉, 상담자는 내담자의 상담자에 대한 의심과 경계의 이유를 원가족과의 역사 속에서 찾을 수 있고 이러한 이유가 어떻게 심리적 구조로 자리 잡고 있는지를 이해할 수 있게 된다. 상담자는 이러한 이해를 바탕으로 내담자의 의심과 불신, 경계심이나 긴장 그리고 불안들을 공감할 수 있게 된다. 상담자는 내담자가 이해하지 못하는 영역들을 이해하고 알아 가며 상담 과정에서 이러한 부분이 어떻게 드러나고 해결되는지를 알면서 도울 수 있는 사람이다. 이런 의미에서 절대적 초월자인 하나님이 인간을 믿음의 사람이 되도록 하듯이 상담자는 내담자가 불신과 경계, 불안과 두려움 그리고 긴장과 어색한 느낌을 해결하고 보통 사람으로 살아갈 수 있도록 돕는 사람이다.

인격적으로 볼 때 상담자가 내담자의 불신과 의심을 못마땅해하거나 내담자의 이러한 상태를 개인적인 주제로 받아들이게 되면 상담자는 내담자를 인격적으로 받아들일 수 없게 된다. 상담자는 내담자가 의심하고 불신할 때 자신의 주제와 내담자의 주제를 구분할 줄 알고 객관성을 유지하면서 내담자의 불신과 의심을 다루어 갈 수 있는 사람이다. 인격적으로 상담자는 내담자보다 더 큰 범주를 가지고 있는 사람이어야 한다. 이렇게 상담자가 객관성을 유지하면서 내담자를 품을 수 있을 때 내담자는 안심하고 자신의 이야기를 풀어 나갈 수 있게 된다. 하나님이 인간을 품듯이 상담자도 내담자를 품어서 내담자로 하여금 새로운 성장을 해 나갈 수 있도록 돕는다.

초월자로서 상담자는 내담자의 세계를 이해하는 사람이다. 내담자가 살고 있는 세계인 범주를 이해하는 일은 상담자에게 가장 중요한 활동이다. 임상 자료란 내담자의 범주를 반영하는 자료로, 내담자가 직접 말한 내용과 내담자를 관찰한 내용 그리고 내담자 주변의 인물들에 의해서 제공된 정보를 모두 일컫는다. 내담자가 제공하는 임상 자료를 자세히 살펴보면 내담자가 어떤 범주에 있는지를 이해할 수 있게 된다. 임상 자료에는 내담자의 범주를 나타내거나 함축하는 단어들, 문장들, 그리고 행동들이 있다. 특히 반복적으로 나타나는 단어들이나 문장들 그리고 행동들은 내담자의 범주를 말해 준다. 예를 들면, 내담자가 '가식' '아닌 척' '모른 체한다.' 등과 같은 단어나 문자들을 자주 사용한다면 내담자의 범주는 회피적 세계일 가능성이 높다. 이는 내담자가 자신의 처한 현실 속에서 일어나는 일들을 직면하고 도전하여 문제 해결을 하기보다는 문제를 도외시하거나 피하여서 일시적으로 마음의 편안함을 추구하는 삶을 살고 있을 가능성이 높음을 말하는 것이다. 이렇듯 회피적 세계라는 범주를 사는 내담자들은 행동적으로 볼 때 거짓말을 할 가능성이 높고 인지적으로는 회피적 세계를 지탱하는 철학적 사고를 할 가능성이 높다. 결과적으로 이러한 내담자는 정서적으로 여러 가지 복잡한 감정을 느끼기는 하나 이를 제대로 처리하지 않을 가능성이 높다. 특히 다른 사람들이 자신의 진짜 마음을 알아차릴 것 같거나 알게 된 것 같은 상황에서 내담자는 가슴이 덜컹거리며 놀라는 감정을 느끼나 행동적으로는 말을 얼버무리거나 혹은 지나치게 당당하게 말을 하며 상대방으로 하여금 자신의 진정한 의도나 생각을 알아차리지 못하게 할 가능성이 높다. 이러한 사람들은 관계적으로는 피상적 관계를 맺을 가능성이 농후하다. 자신의 속마음을 털어놓기 어렵기 때문에 예를 차려서 말을 하거나 일 중심적으로 관계를 맺을 가능성이 있다. 이렇듯 임상 장면에서의 자료를 통한 내담자의 이해는 초월자로서의 상담자의 능력을 보여 주는 하나의 활동이다.

2. 초월자인 상담자의 전문성

1) 전문인으로서의 상담자

상담 관계는 전문적 관계이며 임상 현장에서 상담자는 내담자를 전문인으로 만나게 된다. 전문인으로서 상담자는 여러 측면으로 이해해 볼 수 있다. 첫째, 상담자는 이론적 정체성을 갖는다. 전문인으로서 상담자는 상담 이론에 정통한 사람이다. 상담학의 이론적 토대가 되는 상담 이론은 상담을 다른 전문 영역과 구분하는 중요한 요인이다. 이론이 없으면 각 영역은 독자 영역으로 인정을 받기 어렵다. 전문인으로서의 상담자는 이렇게 학문적 토대를 이론적으로 가지고 있는 사람이다. 즉, 상담자는 이론적 지도를 가지고 내담자가 호소하는 문제를 이해할 수 있는 사람이다. 내담자의 호소문제는 내담자의 실제이며 상담자가 이러한 호소문제를 바라보는 각도나 관점은 이론을 통해서 발생한다. 즉, 상담자는 자신이 가지고 있는 이론적 입장을 통해서 내담자의 호소문제를 이해하고 이론에서 지시하고 있는 방향에 따라서 상담을 진행할 수 있는 능력을 갖춘 사람이다. 특히 이론적 전문인으로서의 상담자가 초월자로서 역할하기 위해서는 이론을 영적 측면에서 이해할 수 있는 능력을 갖추고 있어야 한다. 초월자인 전문인으로서 상담자는 초월상담의 이론적 개념을 확실하고 분명하게 알고 있어야 한다. 내담자가 제시하는 호소문제를 초월 관점에서 이해하고 이러한 이해를 바탕으로 상담을 진행할 수 있는 능력을 갖춘 사람이 초월자로서의 상담 전문인이다.

둘째로, 전문인으로서 상담자는 임상을 풍부하게 경험한 사람이다. 아무리 좋은 이론적 지식을 가진 상담자라 하더라도 실질적으로 내담자가 호소하는 문제를 해결할 수 없다면 이는 상담 전문인이라 하기 어렵다. 상담 전문인으로서 상담자는 임상적 지식을 갖추고 있어야 한다. 임상적 지식이란 이론적 지식을 바탕으로 임상 현장에서 내담자의 호소문제를 이해하고 해결하는 데 필요한 구체적 지식과 기술을 말한다. 즉, 상담 전문인은 자신이 가진 이론적 지식이 내담자의 호소문제를 해결하는 데 실질적으로 사용될 수 있도록 하는 구체적 지식들이나 방법들을 알고 있어야 한다. 상담에 필요한 이론을 배움으로써 알게 되는 이론적 지식은 학습을 통해서 습득할 수 있다. 그러나 이러한 이론적 지식이 실질적으로 임상 현장에서 적용되기까지는 많은 훈련을 필요로 한다. 지식을 실제 내담자의 문제에 적용하여 해결하는 과정에 이르는 지식과 기술은 상담자들이 많은 반복훈련을 통해서 알게 된다. 이렇게 임상 과정에서 필요한 모든 지식과 기술 그리고 지혜들을 모두 묶어서 임상적 지식이라고 부른다.

임상적 지식은 개념적이고 이론적인 지식이 상담 과정에서 언제 그리고 어떻게 적용될 수 있는지를 확인하는 예술적 과정을 통해서 습득된다. 내담자를 실제로 상담하는 과정은 아주 복잡하다. 강의 시간에 배우는 내담자에 대한 지식인 이론적 개념들은 상담 실제를 응축하거나 농축해서 만들어 놓은 지식이다. 이러한 지식들이 실제 임상 현장에서 풀어지면서 언제 어떻게 어떤 방식으로 이해될 수 있는가 하는 점은 강의실에서 배우는 지식과 전혀 다르다. 실제 상담 과정은 끊임없이 변화하는 복잡한 현장이다. 이러한 복잡한 현장을 다루고 이해하기 위해서는 과학적 노력도 필요하지만 예술적 감각도 몹시 필요로 한다. 과학적 노력이란 내담자로부터 데이터를 얻고 이러한 데이터를 통해서 내담자를 이해하는 과정이다. 예술적 감각이란 내담자로부터의 데이터를 어떻게 그리고 언제 얻을 것인지의 적절성과 관련된 현상이다. 데이터를 얻는 방식, 모양, 형태와 적절한 시간 그리고 내담자가 변화하기 위한 적합한 모멘텀을 찾기 등과 같은 많은 현상들은 상담자의 예술적 감각과 관련이 있다. 임상적 지식이란 이렇듯 이론이 실제에서 이해되는 과정에서 얻어지는 모든 지식들과 예술적 감각을 통해서 알게 되는 실제적 지식을 모두 합한 것이다. 그렇기 때문에 개념적 지식만 있는 상담자들이 풍부한 임상 경험을 하지 않으면 이러한 개념들이 언제 어떻게 어떤 방식으로 사용되고 적용되는지를 모르게 된다. 이렇게 되면 개념적 지식인 이론적 지식은 있으나 임상적 지식이 없는 사람이 된다.

2) 호소문제

많은 경우에 내담자들이 겪고 있는 증상이나 어려움들은 호소문제 속에 잠재되어 있거나 드러나 있는 경우가 있다. 상담자는 이러한 내담자의 증상들을 호소문제 속에서 찾고 이를 토대로 다른 여러 가지 정보를 내담자에게 얻도록 한다. 상담자는 자신의 전문성을 활용해서 내담자의 호소문제 속에 어떤 주제들이 들어 있는지 그리고 이러한 주제들이 내담자가 겪고 있는 어려움과 어떤 관련이 있는지를 알아본다. 이렇게 호소문제는 내담자로 하여금 상담자가 전문 활동을 할 수 있는 근거를 마련해 준다. "이런 점에서 호소문제는 상담 전문가가 가장 먼저 들어야 하고 가장 먼저 신경을 써야 하는 내담자의 정보다."(김용태, 2014, p. 62)

상담자는 상담이 시작되어서 끝이 날 때까지 내담자가 도와 달라고 말하는 호소문제를 중심으로 상담을 진행한다. 내담자의 호소문제가 없으면 상담자는 상담 활동을 할 수 있는 근거를 상실하는 것이므로, 호소문제는 상담자 활동의 근거이면서 동시에 전문 활동을 제공하는 역할을 한다(김용태, 2014, p. 62). 상담자는 자신이 원하는 것을 내담자에게 제공하는 활동이 아니라, 내담자를 포함한 의뢰자의 호소문제를 해결하는 사람이다. 이런 면에서 상담은 내담자나 의뢰자에 의해 위임된 활동이며, 상담자가 호소문제의 해결에 대한 역할을 위임받지 못하면 상담은 진행되지 못한다.

상담 과정에서 상담자는 내담자의 호소문제를 가장 중요하게 다루어야 한다. 내담자가 해결하기를 원하는 호소문제는 내담자가 원하는 것과 연관이 있다. 상담 초기에 내담자가 원하는 것이 무엇이며, 상담자 자신이 내담자의 이런 바람을 해결해 줄 수 있는지를 판단하는 일이 아주 중요하다. 자신이 해결해 줄 수 없는 호소문제인 경우에 상담자는 내담자에게 자신은 해결할 수 없다고 말해야 한다. 이런 경우 상담자는 문제를 해결할 수 있는 사람에게 내담자를 연결해 주거나 내담자가 스스로 해결할 수 있는 사람을 찾도록 도와주도록 한다. 상담자는 자신이 훈련받은 전문성을 근거로 하여 내담자를 돕는다. 즉, 상담자는 자신의 전문 영역을 벗어나는 호소문제를 가진 내담자는 도움을 줄 수 있는 다른 전문 영역의 상담자에게 의뢰해야 한다. 그리고 아예 상담 영역을 벗어난 타 영역의 전문적인 도움을 원하는 내담자에게는 해당 영역의 전문가를 찾아가도록 조언을 한다. 이렇게 함으로써 상담자는 자신의 전문 영역을 중심으로 내담자의 호소문제를 도와줄 수 있다.

전문 영역의 활동들은 목표를 중심으로 움직인다. 전문인으로서 상담자의 활동은 내담자의 호소문제를 해결하기 위한 목표 중심적이고 목표 지향적인 활동이다. 내담자와 함께 정하는 상담의 목표는 호소문제를 해결하기 위한 구체적 방향을 갖는다. 상담자는 호소문제에 들어 있는 문제들을 효과적으로 평가하고 판단하여 합의된 상담 목표가 호소문제를 잘 반영하게 한다. 호소문제를 제대로 반영하지 못하는 상담 목표는 상담에서 내담자에게 도움을 주었을지라도 상담 효과를 평가할 수 있는 근거를 제시하지는 못한다.

호소문제를 어떻게 이해하는가에 따라서 상담자의 전문적 정체성은 달라진다. 호소문제를 이론적으로 이해하는 경우에는 상담자는 이론적 정체성을 요구받는다. 상담자의 이론적 정체성은 사례를 개념화하는 데 중요하다. 상담자는 자신이 선택하는 이론적 입장 및 그 이론의 개념을 내담자의 호소문제에 적용하고 이를 통해 내담자의 호소문제를 이해한다. 이러한 이해를 바탕으로 상담자는 내담자의 호소문제를 사례 개념화하고 상담 목표를 설정한다. 이론적 정체성 이외에 내담자의 호소문제를 임상 중심으로 이해하는 경우 상담자는 임상적 정체성을 요구받는다. 즉, 상담자는 내담자의 자료가 호소문제와 어떤 관련이 있는지 그리고 이러한 자료들이 내담자의 증상들과 어떤 점에서 연관을 가지고 있는지 또한 이러한 자료들이 사례 개념화를 위한 구체적 자료에는 어떻게 통합이 되는지와 같은 여러 가지 임상적 활동을 요구받는다. 이러한 임상적 연관성들을 충분히 이해하면서 실제로 호소문제와의 관련을 찾아내는 능력이 곧 임상적 정체성이다. 상담자의 전문 활동은 이러한 이론적 정체성과 임상적 정체성을 호소문제와 관련 속에서 찾아내는 능력과 관계가 있다.

내담자의 호소문제는 내담자 자신에게서 나올 수도 있고 내담자 주변의 인물들인 보호자 또는 기관의 장이나 담당 선생님들과 같은 사람들에게서 나올 수 있다.

호소문제 제공 주체에 따라 호소문제는 내담자의 호소문제와 의뢰자의 호소문제로 편의상 나누어진다. 상담자는 내담자이든 의뢰자이든 관계없이 호소문제를 중심으로 활동한다. 일반적으로 내담자가 미성년자인 경우이거나 정신적으로 독자적인 호소문제를 말하기 어려운 경우 상담자는 의뢰자의 호소문제를 중심으로 상담을 진행시킨다. 의뢰자의 호소문제로 상담이 시작되는 때는 실제로 상담을 받는 내담자의 호소와 배치되거나 관련성이 적을 수 있다. 이런 경우 상담자는 의뢰자에게 이러한 점을 상기시키고 내담자가 원하지 않는다면 상담을 진행하기 어렵거나 상담 효과가 떨어질 수 있다는 점을 주지시킬 필요가 있다.

3) 상담 목표

어떤 종류의 호소문제이건 관계없이 상담자는 내담자의 호소문제를 분석하여 상담 목표를 설정한다. 상담 목표는 합의된 상담 목표와 임상적 상담 목표로 나눌 수 있다(김용태, 2014, pp. 127-138). 합의된 상담 목표는 내담자와 상담자가 합의한 상담 목표로서 사회적 목표다. 사회적 목표란 내담자가 상담의 전문적 세계를 잘 모르기 때문에 사회적으로 통용되는 방식의 목표다. 예를 들면, "너무 힘들어요."라는 호소문제에 대해서 내담자가 힘들다는 말이 불안을 의미한다면, 상담자는 내담자와 '불안 줄이기'라는 방식으로 상담 목표를 합의할 수 있다. 내담자가 상담의 전문 지식이 없다고 하더라도 쉽게 이해할 수 있는 상담 목표가 사회적으로 합의한 목표다.

임상적 상담 목표란 상담자가 자신의 전문적 입장에서 세운 이론적 목표다. 상담 전문인이라는 관점에서 볼 때 임상적 상담 목표는 상담자 자신이 가지는 이론적 경향에 따라 다르게 이해된다. 앞의 '불안 줄이기'라는 상담 목표를 다시 예로 들어 보자. 정신분석의 이론적인 관점에서는 불안은 무의식의 충동성과 관련이 있기 때문에, 이 호소문제인 경우 정신분석적 임상 목표는 '무의식적 충동성 줄이기'로 이해될 수 있다.

그렇다면 초월상담에서는 임상적 상담 목표를 어떻게 세울 수 있을까? 초월자인 상담자는 초월상담의 이론적 개념을 통해서 상담 목표를 세운다. 앞에서 예로 든 것처럼 내담자가 불안으로 인해 "힘들어요."라고 말하는 경우, 초월자인 상담자는 내담자의 주제인 불안과 내담자의 세계가 어떤 관련이 있는지 알아보아야 한다. 만약 내담자의 불안이 상대방에 의해서 거절당하고 버림받을 것 같은 느낌과 연관이 있다면 내담자는 범주 치환의 병리현상을 경험하고 있다. 범주 치환의 병리현상에 대해서는 제8장에서 논한 바 있다. 범주 치환의 삶을 사는 내담자들은 자신의 세계를 다른 사람에게 대입하여 마치 자신의 세계인 것처럼 살아간다. 이러한 범주 치환적 삶을 사는 내담자들은 크게 지배적 의존과 종속적 의존으로 나눌 수 있다. 지배적 의존을 하는 사람들을 주로 자신이 지배하고 있는 사람에 대한 생각, 느낌, 행동 양식을 가지고 자신의 삶을 산다. 마찬가지로 종속적 의존을 하고 있는 사람들도 의존 대상에 대한 생각, 느낌, 행동을 가지고 자신의 삶을 산다. 두 형태 모두 두 사람이 서로 관계를 하지만 마치 한 사람인 것처럼 한 사람의 범주만을 가지고 산다. 이러한 삶은 감각적 초월의 형태를 띤다. 제7장에서 이미 설명한 감각적 초월이란 다른 사람이 존재하고 있음을 인식하고 이를 인정하지만 다른 사람과 붙어서 하나처럼 살아가는 삶의 형태를 말한다. 이러한 범주 치환이 두 사람 범주로 확장되기 위해서는 공유적 초월을 통한 범주 확장이 일어나야 한다. 정리하자면 불안으로 인해 '힘들다'는 호소문제는 내담자가 지배적 의존 혹은 종속적 의존으로 인한 범주 치환을 경험하고 있는 것이므로 내담자는 공유적 초월을 통한 범주 확장으로 이러한 증상을 해결할 수 있다. 이에 불안으로 인해 '힘들다'는 호소문제의 임상적 상담 목표는 '한 사람 범주에서 두 사람 범주로 확장하기'가 될 수 있으며, 초월의 발달 개념을 가지고 임상적 목표를 정하면 '감각적 초월에서 공유적 초월로 발달하기'로 정할 수 있다.

4) 상담 전략

상담 전략이란 내담자가 제기한 호소문제를 해결하기 위한 상담자의 구체적 방법을 말한다. 상담 전략은 초기, 중기, 후기에 각각 달라진다. 상담 초기에는 상담자가 내담자와 신뢰 관계를 형성하여 호소문제를 해결할 상담 목표 설정을 위한 전략을 수립한다. 상담자는 내담자가 어떤 판단도 받지 않은 채 자신의 이야기를 충분히 할 수 있도록 한다. 내담자가 자신을 드러내게 되면 상담자는 내담자의 세계를 이해할 수 있게 된다. 상담자는 내담자의 세계를 이해하기 위해서 내담자 자신의 세계를 드러낼 수 있도록 공감하고 이해하면서 내담자를 충분히 지지하는 상담 관계를 유지한다. 상담자는 상담자 자신의 감정이 내담자의 세계를 오염시키거나 왜곡하지 않기 위해 상담자의 실재 자기보다는 객관적 자기를 통한 이해로 상담을 진행한다. 즉, 상담자는 자신의 세계에 머물러 있으면서도 내담자의 세계를 객관적으로 경험한다. 다시 말해, 내담자의 세계는 상담자의 객관적 자기를 통해 경험되며 상담자로 하여금 내담자의 호소문제 속에 들어 있는 문제를 파악하고 이해하도록 돕는 역할을 한다. 내담자의 자기와 관련해서는 내담자의 객관적 자기가 어떻게 기능을 하고 있는지 및 내담자의 실재 자기와 객관적 자기 사이에 어떤 관련이 있는지를 파악한다. 또한 상담자는 내담자의 객관적 자기가 실재 자기에 의해서 지배를 당하고 있는지 아니면 객관적 자기가 실재 자기와 관련이 없이 움직이는지를 파악하도록 한다. 상담자는 내담자의 세계가 어느 영역에서 초월이 일어나고 있고 어느 영역에서 초월이 일어나지 않는지를 파악한다. 상담자는 내담자가 어떤 초월의 병리현상을 보이는지를 파악한다. 또한 상담자는 내담자의 초월 수준이 어느 단계에 머물러 있는지도 파악한다. 상담 초기에는 목표 설정을 위해 내담자의 세계, 내담자의 자기, 병리현상 및 초월 수준의 단계를 파악할 수 있다.

상담 중기에 들어서면 상담자는 내담자의 세계를 변화시키는 전략을 구사한다. 상담자는 내담자로 하여금 현재 자신의 세계를 인식하도록 돕는 역할을 한다. 이때 주로 사용되는 상담 전략은 반영적 활동이다. 상담자는 여러 종류의 반영적 활동을 통해서 내담자가 자신의 세계를 객관적으로 이해를 하도록 한다. 즉, 이 시기의 상담자는 반영적 활동을 통해 내담자의 객관적 자기가 실재 자기의 감정에 지배를 받지 않고 작동할 수 있도록 돕는다. 다시 말하면, 상담자의 반영적 활동은 객관적 자기를 지배하고 있는 감정을 구체적으로 탐색하여 그러한 감정으로부터 생각이 분리되도록 돕는다. 방법적으로는 내담자가 감정을 충분히 표현하게 하기, 감정 속에 들어 있는 자신의 세계를 인식하기, 자신의 세계를 유지하면서 겪는 어려움과 필요성을 논의하기 등등의 전략을 사용하여 감정을 생각과 분리하도록 한다.

상담자는 또한 상담 중기에 여러 가지 방법을 통해 내담자로 하여금 멍현상을 경험하도록 한다. 멍현상에 대해서는 제9장에 자세히 설명되어 있다. 상담자는 교육을 통한 멍현상, 반영을 통한 멍현상, 도전을 통한 멍현상, 거절을 통한 멍현상, 반복을 통한 멍현상 등과 같은 여러 가지 전략을 사용한다. 상담자의 이러한 전략은 내담자로 하여금 멍현상을 통한 범주 확장의 준비를 돕는다. 내담자가 자신의 범주인 세계를 객관적으로 이해하고 나면 자신의 세계를 어느 영역에서 확장할지를 결정할 수 있다. 이러한 결정은 상담자와 많은 논의를 필요로 하는데 이 논의 과정은 내담자로 하여금 공유적 초월과 추상적 초월을 가능하도록 만들어 준다. 공유적 초월은 내담자와 상담자의 세계가 공유되면서 새로운 세계를 만들어 내는 초월적 현상이며, 추상적 초월은 내담자가 자신의 객관적 자기를 활용하여 일정한 영역에서 추상적 사고를 통해서 만들어 내는 초월적 현상이다. 내담자의 공유적 초월을 위해, 상담자는 내담자와의 논의를 통한 공유의 전략을 구사한다. 내담자의 추상적 초월을 위해, 상담자는 여러 현상들의 공통점을 서로 논의하는 전략을 구사한다. 이러한 과정을 통해서 상담 중기의 내담자는 자신의 병리현상을 극복하고 새로운 세계를 형성하고 만들어 간다.

상담 후기에 들어서면 상담자는 점검자의 역할과 자문가의 역할을 수행한다. 점검자의 역할로의 상담자는, 내담자가 변화된 새로운 세계에 적응하도록 하고 내담자로 하여금 자신의 세계를 이전 세계와 비교하도록 돕는 역할을 한다. 상담 초기의 자신의 세계와 현재의 변화된 세계의 차이점을 비교하도록 도울 때 상담자는 질문을 통한 전략을 사용한다. 상담자는 질문을 통해 내담자가 자신의 세계의 차이점을 인식하는지 알아본다. 상담자는 또한 상담 초기에 경험한 병리현상 속에 들어 있는 실재 자기와 객관적 자기의 기능에 대해서 점검하도록 돕는 역할을 한다. 이러한 비교와 점검도 질문을 통한 전략을 사용한다. 자문가의 역할로의 상담자는 내담자가 새로운 세계를 통해서 현실에 적응하도록 돕는 전략을 구사한다. 즉, 상담자는 내담자가 새로운 세계를 통해 현실에 적응하면서 겪는 여러 현상에 대해서 논의하고 토론한다. 상담자는 이러한 과정에서 내담자의 객관적 자기가 잘 작동을 하는지 아니면 내담자의 실재 자기가 작동되는지를 확인하고 그에 대한 자문을 제공한다. 상담자는 내담자의 적응상의 문제나 어색한 느낌들을 충분히 표현하도록 허용적 관계를 만들어 주며 이러한 관계를 통해서 내담자가 새로운 세계를 통해서 현실을 살아가도록 돕는 역할을 한다.

5) 상담 과정

상담을 진행할 때 상담자는 상담 과정에 따라서 각각 다른 원리를 적용한다. 상담 초기에는 수용의 원리를 따라서 상담을 진행한다(김용태, 2006, p. 62). 수용의 원리에 의한 상담 과정 진행은 맨 먼저 상담자와 내담자의 관계를 형성하는 일이다. 상담 초기의 상담자는 내담자를 이해하고 공감하며 편안하게 만들어 내담자가 자신의 이야기를 충분히 할 수 있도록 허용적 분위기를 형성한다. 허용적인 분위기에서 내담자는 마음 놓고 자신의 이야기를 할 수 있으며 자신의 이야기를 하면서 점차로 상담자를 신뢰하게 된다. 이때의 상담자는 주로 천사와 같은 역할을 한다. 천사와 같은 역할로서 상담자는 공감적 이해, 질문, 탐색, 재진술, 요약, 반영 등과 같은 활동을 한다. 초기의 수용 원리에 따른 상담자의 활동은 상담자와 내담자의 작업 동맹(Egan, 2016, pp. 71-75; Elliott, Watson, Goldman, & Greenberg, 2013, pp. 213-228; Meier & Davis, 2015, pp. 21-22; Welfel & Patterson, 2009, p. 45) 혹은 라포(Heaton, 2006, pp. 131-164)의 형성이다. 상담 초반의 작업 동맹이나 라포 형성은 상담자가 내담자의 호소문제를 해결하기 위한 중요한 관계 기반이다. 이러한 관계가 없으면 상담자는 상담 중반에 내담자의 문제를 해결하기 위한 지렛대가 없는 셈이라 말할 수 있다. 상담 초반의 상담자는 상담 관계 설정과 더불어 내담자를 이해하기 위한 많은 자료를 수집을 한다. 상담자는 내담자와의 인터뷰 및 심리 검사, 내담자의 주변 사람들을 통해 내담자를 이해할 수 있는 충분한 자료를 수집하며, 이러한 자료를 토대로 내담자가 왜 이런 문제를 겪고 있는지 및 문제 해결을 위해 상담자로서 무엇을 해야 할지를 생각한다. 자료 수집과 분석을 끝낸 상담자는 내담자와 더불어 상담 목표를 설정한다. 상담 목표 설정은 상담자와 내담자 모두에게 중요하다. 상담 목표는 앞으로 상담자와 내담자 모두 자신들이 무엇을 위해서 상담을 진행하고 있는지에 대한 방향성을 확실하게 제시해 준다. 상담의 과정 중에 상담자와 내담자가 길을 잃는다 하더라도 상담 목표의 확인을 통해 다시 목표와 관련된 길을 찾아 방향을 재설정할 수 있다.

상담 중기에 들어서면 상담자는 변화의 원리에 근거를 해서 활동을 한다(김용태, 2006, p. 62). 내담자를 변화시키기 위해 상담자는 호소문제를 해결하기 위한 구체적 행동을 하게 된다. 상담의 목표를 가지고 있는 상담자는 내담자에게 질문을 하거나 상담 장면에서 내담자의 마음이 충분히 드러나도록 한다. 공감적 반영이나 요약 그리고 질문을 통한 도전 등을 통해 내담자 자신의 문제 또는 성격적 결함 등이 드러나도록 한다. 하지만 일반적으로 내담자는 자신의 이야기를 통해 자신의 문제나 약점 또는 결함 등이 드러나게 되면 이를 방어하기 위한 많은 활동을 한다. 이에 대해 상담자는 내담자의 방어를 무력화시키는 활동을 효율적으로 진행하여 내담자 마음에 있는 모순을 드러나게 한다. 내담자는 무력화된 방어 후의 이러한 모순을 바라보며 고통과 불안 그리고 여러 가지 복합적인 감정을 경험하게 된다. 이때 상담자는 내담자의 이러한 여러 가지 감정을 받아주면서 내담자의 모순으로 인한 불일치를 해결하도록 돕는 과정을 진행한다.

변화의 원리에 따른 중기의 상담자는 내담자가 달라질 수 있도록 내담자에게 여러 가지 도전을 한다. 이러한 도전 중 하나가 직면 활동이다. 상담자가 내담자를 변화시키려고 하면 내담자는 항상성으로 인해 자신을 변화시키려는 상담자의 활동에 대해 저항을 하게 된다. 즉, 내담자는 달라지기를 원하면서도 자신도 모르게 변화에 저항하는 무의식적인 활동을 하게 된다. 직면은 이러한 내담자의 모순을 지적하고 인식시키는 활동이다. 상담자의 내담자를 향한 직면은 내담자로 하여금 자신의 세계를 새롭게 볼 수 있도록 돕는다. 즉, 내담자는 상담자의 직면을 통해서 자신이 미처 모르고 있던 자신의 세계 속에 모순을 인식하게 되고 이를 바로잡기 위해 노력하게 된다. 모순이 해결되면서 내담자는 새로운 세계를 경험한다. 이러한 새로운 세계에서 내담자는 자신의 기존 세계에는 없었던 현상들을 접하게 된다. 없었던 현상을 새로 접하게 되는 내담자는 이러한 새로운 것들을 자신의 기존 세계의 것들로 묘사하여 말을 하게 된다. 이때 상담자는 내담자에게 이러한 것들을 적절하게 표현할 수 있는 단어를 가르쳐 주며 내담자로 하여금 새로운 세계를 표현할 개념을 공유할 수 있도록 만든다. 예를 들면, 우울한 내담자가 변화되어 새로운 세계를 경험하게 나면 심심하다는 표현을 자주 한다. 이때 상담자는 심심하다는 내담자의 표현을 편안하다는 단어로 바꾸어 줄 수 있다. 우울한 내담자는 우울한 세계에서 살며 마음의 심한 역동으로 인해서 큰 자극에 익숙한 사람이다. 이러한 사람이 변화하여 새로운 세계를 접하면 마음의 심한 역동이 줄어들며 작은 자극에 대해서 심심하다는 표현을 쓰게 된다. 이때 상담자는 내담자의 변화된 세계의 언어가 작은 자극이 일반적인 보통 사람의 언어와 공유될 수 있게 공유하는 언어를 가르친다. 즉, 상담자는 심심하다는 내담자의 언어를 편안하다라는 단어로 대체해 줌으로써 상담자와 내담자는 보통 사람의 마음 세계에서 쓰이는 언어를 함께 공유할 수 있다.

내담자는 이제 상담자의 세계와 공유를 통해서 새로운 세계를 경험하면서 새로운 세계를 자신의 것으로 받아들이게 된다. 이러한 과정이 지속되면서 내담자는 자신의 기존 세계를 지속적으로 재구성하는 노력을 하게 된다. 기존 세계가 재구성되면서 내담자는 새로운 세계에 필요한 새로운 관점을 상담자로부터 배우게 된다. 이는 학습의 과정이다. 이러한 학습의 과정을 통해서 내담자는 지속적으로 자신의 세계를 확장하게 된다. 즉, 내담자의 세계가 커지는 범주 확장을 경험하게 된다. 내담자의 범주 확장을 위한 상담자의 활동으로는 직면, 질문, 교육, 관점 공유 등이 있다. 이러한 상담자의 활동은 내담자를 도전하게 하여 새로운 세계를 형성하도록 만든다.

상담자와 내담자가 관점을 공유하게 되면 내담자는 자신의 세계를 넘어서는 초월을 하게 된다. 초월을 경험하기 전의 내담자는 감정에 의한 실재 자기가 객관적 자기를 지배하여 감정적 행동을 자주 하였다. 그러나 초월을 경험하며 객관적 자기가 자유로워지면서 자신을 반영하며 이성적으로 행동할 수 있는 여유를 갖는다. 이러한 여유로 인해서 내담자는 상담자의 관점에서 사용되는 언어를 자기의 것으로 받아들이는 수용이 가능하게 된다. 이러한 수용은 내담자로 하여금 상담자와 수평 초월 차원에서의 공유적 초월을 하게 한다. 상담자와 내담자는 각각의 세계를 객관적 자기를 통해서 공유하고 이를 통해 내담자는 자신의 세계를 수평적으로 초월하게 된다. 이러한 수평적 초월은 자신과 자신의 세계를 새롭게 조정하게 하는 수직 초월로 이어진다.

객관적 자기에 의해서 자신의 기존 세계가 재조명되면 이제 내담자는 더 이상 옛날의 자기가 아니다. 기존의 자기, 즉 이전의 자신의 세계가 새로운 관점에 의해 바라봐지고 기존 세계는 새로운 세계에 편입된다. 내담자는 이러한 과정을 통해 자기, 즉 자신의 세계를 꾸준히 변화시켜 가게 된다. 이러한 변화가 지속적으로 쌓이면 내담자는 갑자기 새로운 자기를 형성하게 되는데 이러한 현상이 변형이다. 변형이 일어나면 내담자는 기존의 자기 세계에서 문제가 되는 것들이 더 이상 문제가 되지 않는 자유를 경험하게 된다. 내담자는 이제 전보다 더 자유로운 세계에서 살면서 새로운 도전에 직면하게 된다. 이러한 새로운 도전은 내담자에게 흥분을 제공하면서 많은 기쁨과 즐거움을 제공한다. 내담자가 이러한 기쁨과 즐거움을 맛볼 수 있도록 상담자는 상담 중반에는 전사와 같은 역할을 한다. 상담 초반의 상담자가 천사였다면 상담 중반의 상담자는 전사며, 전사는 싸워서 승리하는 사람이다. 상담자는 내담자가 자신의 싸움에서 승리를 할 수 있도록 돕는 전사다. 전사와 같은 상담자는 설명,

교육, 반복, 거절, 직면, 도전, 나눔 등과 같은 활동을 한다. 이러한 활동을 통해서 내담자가 기존의 세계에서 새로운 세계로 범주를 확장할 수 있도록 한다.

상담 후반에 상담자는 내담자가 내담자의 변화된 자신을 현실에 잘 적용할 수 있도록 노력을 하게끔 돕는다. 상담 후기의 상담자는 적용의 원리에 근거하여 상담을 진행한다(김용태, 2006, p. 63). 상담 중기를 통해 내담자는 변화된 자기를 가지게 되었지만 이러한 자기는 아직 현실에서는 검증되지 않은 상태다. 상담실에서의 내담자는 상담자와 관계에서 변화되기는 했지만, 자신이 살아가게 될 현실 속에서 변화된 자기로 살아가며 여러 가지로 자신을 조정해야 하는 삶의 단계는 아직 남아 있다. 내담자가 조정해야 하는 삶은 기존 세계로 인해서 발생되는 어색하고 부적절한 느낌과 관련이 있다. 이러한 느낌은 새로운 세계로 변화되는 과정에서 발생된다. 이러한 과정에서 내담자는 익숙한 언어를 버리고 새로운 언어를 배운다든지, 새로운 언어를 자신을 살고 있는 현실에 적용하면서 새로운 행동 양식을 습득하는 방식을 익히게 된다. 내담자는 이렇게 새로운 방식을 익히며 변화된 자신을 현실에 적용시키고 공고히 하는 작업을 한다. 상담자는 내담자로 하여금 변화된 자신을 가지고 현실을 살면서 생기는 어색한 느낌이나 부족한 점을 내담자가 충분히 표현하고 다루어 갈 수 있도록 돕는다. 즉, 내담자가 느끼는 어색함을 공감하고 타당화해 주면서, 새로운 언어가 필요하면 새로운 언어를 같이 개발하기도 하고 상담자가 기존에 사용하고 있는 언어를 차용하도록 돕는 역할도 한다. 또한 상담자는 내담자가 언제 어떻게 자신을 표현하면서 새롭게 관계를 맺어 가도록 할지에 대한 지혜를 제공하기도 한다. 하지 말아야 할 것과 할 것을 구분하기도 하고 주장해야 할 것과 주장하지 않고 간직할 것을 같이 논의하기도 한다. 상담 중기에는 전사의 역할을 하는 상담자가 주체가 되어 내담자를 변화시키지만 상담 후기에는 내담자가 주체적으로 자신의 변화된 삶을 살아가도록 조력자로서 돕는다. 즉, 상담 후기의 상담자의 역할은 조력자라 할 수 있다. 조력자로서 상담자는 내담자로 하여금 현실을 살아가는 힘을 기르도록 돕는다. 이때의 상담자는 내담자를 조력하며 내담자에게 필요한 여러 가지 조언, 충고, 정보 등을 제공하는 역할을 한다. 또한 상담 후기의 상담자는 지혜자로서 내담자에게 변화된 자기를 현실에서 적용하도록 돕는 여러 가지 활동을 한다. 내담자는 변화된 자신의 세계가 자신의 주변 환경에 적절하게 자리를 잡도록 상담자의 지혜를 통해서 배우고 익힌다. 지혜자로서 상담자는 정리, 분리, 재탐색, 재적용, 조언 등과 같은 활동을 한다.

초월자인 상담자는 내담자가 지속적으로 객관적 자기를 활용하여 자신의 세계를 점검하고 확인하도록 돕는다. 내담자는 종결이 다가오면서 다시 불안해지고 새로운 호소문제를 상담자에게 제기하기도 한다. 상담자는 상담 과정 전체에 대한 조망을 통해 내담자가 이러한 새로운 문제 제기를 하게 될 거라고 이미 알고 있는 사람이다. 상담자는 이런 면에서 상담과정 전체에 대한 초월적 지식, 즉 전체적 조망 능력을 가진 사람이다. 내담자가 불안에 의해 새로운 문제 제기를 하게 되면 상담자는 상담 초반에 제시된 호소문제를 다루는 방식과 같은 방식으로 문제를 다루게 된다. 상담자는 다시 천사와 같은 역할을 하게 된다. 내담자의 문제 제기에 대해서 공감하고 이해하면서 다시 자신의 호소문제를 바라보도록 돕는 역할을 한다. 때로는 상담목표를 다시 설정하기도 하고 상담 관계를 다시 점검하기도 한다. 상담자는 변화된 내담자가 자신의 객관적 자기를 통해서 제기된 새로운 호소문제를 적절하게 해결하도록 돕는 역할을 한다. 이러한 과정을 통해서 내담자는 자신의 변화로 인해 다시는 과거의 세계로 돌아갈 수 없음을 다시 한번 경험하게 된다. 이러한 과정은 내담자로 하여금 자신의 변화에 대해서 확신을 갖도록 하게 하는 과정이다. 내담자는 자신의 초월을 다시 한번 확인하면서 객관적 자기를 활용하여 새롭게 제기된 문제들도 해결할 수 있는 자신감을 갖게 된다. 변화된 자신의 세계를 현실에 적용하고 새롭게 제기된 호소문제를 해결하게 된 내담자는 이제 상담자와 이별을 하고 새로운 세계로 떠날 준비를 한다. 상담 후기의 내담자는 자신이 새롭게 형성한 자기의 세계를 현실에서 적용하고 확인하는 과정을 가지며 이러한 과정을 통해서 자신의 세계를 확고히 하고 분명히 한다.

3. 자유자로서의 내담자

1) 내담자와 대상자

내담자는 영어로 'client'라는 단어를 사용하며 이는 고객이라는 의미다. 고객은 시장에 와서 물건을 구매하는 사람으로, 고객은 자신에게 필요한 것이 무엇인지 알고 이를 구매를 한다. 상담에서도 내담자는 고객이기 때문에 자신이 상담자로부터 무엇을 필요로 하는지 안다. 내담자는 이러한 자신의 필요를 호소문제로 상담자에게 전달한다. 내담자는 자신의 필요를 호소문제 속에 담아 상담자에게 전달하고 상담자는 내담자로부터 위임을 통해 호소문제를 해결하는 상담을 진행시킨다. 고객으로서 내담자는 자신의 필요를 알고 스스로 상담자에게 자신의 필요를 공개하는 사람이다. 이러한 고객으로서의 내담자는 대화를 통해 자신의 필요를 상담자에게 전달한다. 즉, 자신의 마음속에 있는 감정이나 느낌 그리고 생각들을 상담자에게 말하고 이렇게 자신이 노출한 정보에 대한 상담자의 반응을 필요로 한다.

이러한 고객으로서의 내담자의 필요에 반응하는 상담자는 수동적 입장에 놓이게 된다. 내담자가 자신의 마음을 열고 상담자에게 도움을 요청하기 때문에 상담자는 내담자에게 공감을 제공한다. 공감이란 반응적 행위로서 상담자의 수동적 입장을 반영하는 구체적 활동이다. 상담자는 공감을 통해서 내담자로 하여금 자신의 마음을 더 열도록 돕는 역할을 한다. 내담자는 상담자의 이런 공감 반응에 힘입어 자신의 마음을 더 깊숙한 곳까지 열고 노출을 시킨다. 내담자는 상담 관계에서 적극적 입장을 취하게 되고 상담자는 소극적 입장을 취하게 된다. 이런 의미에서 상담자는 돕는 자이며 고객으로서의 내담자는 도움을 구하는 자다. 자신의 필요가 무엇인지를 알고 이를 상담자에게 알려서 자신에게 필요한 도움을 구하는 사람이 내담자이기 때문에 이런 내담자는 상담자에게 서비스를 요청하는 적극적 행위자다.

반면에, 비자발적 내담자 또는 방문 상담을 받게 되는 대상자는 이런 일반적인 고객으로서의 내담자와는 다른 행위를 한다. 비자발적 내담자는 상담에 와서 소극적 입장을 취한다. 말을 하지 않거나 상담자를 살피면서 상담자가 무엇인가 해 주기를 기대하는 방식의 행동을 취한다. 이러한 행동은 소극적 행위자들이 주로 하는 행위다. 비자발적 내담자나 방문 상담 대상자도 이러한 행위를 자주 한다. 아예 문을 열어 주지 않는다든지 말하기를 귀찮아하는 등 상담자로 하여금 적극적 행위를 하도록 만든다. 이러한 소극적 행위자는 '생활보호 대상자' 또는 '사회복지 대상자'들과 같은 선상에 놓이게 된다. 대상자는 자신의 마음을 스스로 노출시키지 않거나 자신의 정보를 최소한으로만 제공하는 사람이다. 비자발적 내담자나 방문 상담 대상자는 본인 스스로 상담 서비스에 대한 필요를 느끼지 않지만, 이들 주변에 있는 누군가가 이들로 인한 어려움을 호소하며 이들을 위한 상담 서비스를 의뢰하게 된다. 이러한 사람들이 비자발적 내담자나 방문 상담 대상자를 상담의 필요가 있는 사람으로 분류를 하여 상담에 의뢰한다.

비자발적 내담자나 방문 상담 대상자들이 상담에 오면 상담자는 '무엇을 도움 받고 싶은가?'라는 질문을 하게 된다. 이 질문에 대해서 명확한 답을 가지고 있지 않은 비자발적 내담자는 자신이 무엇을 도움받고 싶은지에 대해서 먼저 생각을 하고 인식하는 훈련을 필요로 한다. 왜냐하면 상담은 내담자와 상담자의 협업에 의해서 이루어지는 활동이기 때문이다. 상담자가 아무리 열의가 있어도 내담자가 도움을 요청하지 않으면 상담자는 아무것도 할 것이 없다. 그렇기 때문에 상담자는 내담자가 자발적이지 않은 대상자의 위치에 머물러 있지 않도록 도움을 받고 싶은 것이 무엇인지 물으면서 상담을 시작한다. 즉, 상담자는 비자발적 내담자나 방문 상담 대상자거나 스스로 자신의 호소문제에 대해 생각해 볼 수 있게 하는 질문을 통해서 내담자로 변화될 수 있도록 이끈다.

대상자로서 비자발적 내담자는 통상적인 상담 활동을 하기 위해 '상담 이전의 상담'이 필요하다. '상담 이전의 상담'이란 고객으로서의 내담자처럼 상담하기 위해서 필요한 준비의 성격을 띤 대화를 말한다. 이러한 대화를 상담 구조화라고 부르며 이러한 활동을 통해 상담자는 비자발적 내담자를 상담 구조에 들어오도록 만든다. 즉, 상담 구조화는 대상자를 내담자의 자리에 놓는 활동이며 비자발적 내담자의 경우 상담자는 이러한 활동을 필요로 한다.

상담 구조화 중 하나의 활동은 내담자로 하여금 스스로 자신의 마음을 열도록 하는 동기를 점검하는 활동이다. 내담자가 자신의 정보를 상담자에게 스스로 열듯이 비자발적 내담자가 자신의 정보를 스스로 열도록 만들려면 자신의 동기에 대한 점검이 필요하다. 상담자는 비자발적 내담자에게 본인을 위해 상담이 필요한가, 그렇지 않은가라는 질문을 던지며 이를 통해 비자발적 내담자는 자신에게 동일한 질문을 해 보게 된다. 이러한 질문을 던지고 비자발적 내담자가 이 질문을 어떻게 답을 하는가에 따라서 상담의 양상은 달라진다. 비자발적 내담자가 상담에 대한 기본적 인식이나 이해의 부족으로 인해서 비자발적이 되었다면 상담자는 비자발적 내담자에게 간단한 교육을 제공한다. 만일 비자발적 내담자가 자신을 데리고 온 사람과의 관계에서 반사회적 위치에 있다면 상담은 이보다 더 복잡한 양상을 띤다. 이러한 경우 상담자는 상담에 대한 간단한 교육을 제공할 뿐만 아니라 관계를 조정하는 일도

하게 된다. 이때 상담자는 비자발적 내담자를 데리고 온 사람을 내담자로부터 분리시키거나 아니면 비자발적 내담자와의 대화 내용을 비밀로 하는 등 여러 가지 조치들을 한다. 또한 이러한 조치와 더불어 비자발적 내담자에 대해서는 상담의 필요성에 대해 설득하는 적극적 활동을 한다.

방문 상담 대상자에게 가장 먼저 필요한 상담 활동은 이들과 관계를 맺는 상담 활동이다. 이러한 상담 활동은 전통적 심리치료의 상담 활동과 그 성격이 많이 다르다. 전통적 심리치료의 상담 활동은 상담자가 수동적이면서 반응적 활동을 한다. 이러한 활동의 대표적 예가 공감이다. 그러나 대상자들과 관계를 위한 상담자의 활동은 적극적이면서 선제적이다. 상담자는 먼저 말을 걸기, 설득하기, 당근을 제시하기, 불행한 일을 예고하기, 반응이 있으면 칭찬하기, 기다리기, 다시 말을 걸기, 끈기 있기 행동하기 등과 같은 많은 적극적 활동을 하게 된다. 이러한 활동을 하면서 상담자는 대상자가 최소한의 반응을 끌어내기 위해 주변의 자원을 최대한 활용하는 방법을 사용하기도 한다. 또한 상담자가 대상자에게서 얻을 수 있는 정보가 극히 제한적이기 때문에 대상자를 방문하기 전에 대상자의 프로파일을 분석하는 기법을 사용하기도 한다. 전통적 심리치료에서는 내담자를 통해서 얻은 자료를 이용해 상담이 이루어지지만 대상자의 경우에는 주변 사람들과 환경 속에서 얻은 자료를 가지고 대상자와 관계를 맺게 된다. 대상자와 관계 맺기에 성공하면 상담자는 비자발적 내담자와 대화를 하는 상담 구조화를 적용하게 된다.

지금까지 논의한 내용을 정리하면 상담은 내담자, 비자발적 내담자, 대상자처럼 어떤 종류의 사람을 대하는지에 따라서 그 활동의 내용과 범위가 달라진다. 즉, 상담자의 가장 적극적 활동이 요구되는 사람은 대상자고 가장 소극적 활동이 요구되는 사람은 고객으로서의 내담자다. 상담의 내용에 있어서도 상담자는 관계 맺기에서 시작해서 동기 점검하기 그리고 작업 동맹을 형성하기 등과 같이 다양한 활동을 갖는다. 대상자를 상담하기 위해서 상담자는 대상자와 관계를 맺는 활동을 하게 된다. 비자발적 내담자를 상담하기 위해서 상담자는 비자발적 내담자의 동기를 점검하는 상담을 제공하게 된다. 고객으로서의 내담자를 상담하기 위해서 상담자는 내담자 마음의 어려움을 해결하기 위한 기초 작업인 작업 동맹을 맺는 상담 활동을 필요로 한다.

2) 선택과 책임

대상자에서부터 내담자에게 이르기까지 모든 내담자는 자신의 삶을 스스로 선택하는 사람이다. 대상자는 사회적 관계 맺기를 꺼리는 사람이고 비자발적 내담자는 자신의 정보 노출을 꺼리는 사람이다. 이에 반해 내담자는 스스로 자신의 마음을 열고 도와 달라고 호소하는 사람이다. 어떤 종류의 사람이냐에 관계없이 내담자는 자신이 원하는 대로 선택을 하고 이러한 선택을 근거로 활동하는 사람이다. 자신이 원하는 것을 인식하고 이를 스스로 선택하는 사람을 자유자라고 한다. 이런 의미에서 모든 내담자는 자유자다. 즉, 내담자는 자신이 무엇을 원하는지 스스로 알고 이것에 근거해서 자신의 활동을 선택하는 사람이다.

선택은 자율적 존재를 상정한다. 자율적 존재는 자신이 필요로 하는 것이 무엇인지를 알고 이에 따라서 행동을 한다. 예를 들면, 내담자는 자신의 필요를 알고 이를 스스로 말하는 사람이다. 비자발적 내담자는 자신의 정보를 노출하면 자신에게 도움이 되지 않는다고 스스로 생각하는 사람들이다. 대상자는 상담자를 경계하고 관계를 맺지 않으면서 자신을 보호하려고 하는 사람이다. 각각의 사람들은 자신들에게 필요한 것이 무엇인지를 스스로 판단하고 선택한다. 이런 의미에서 이들은 모두 자율적 존재다.

자율적 존재는 자신의 선택에 대해 스스로 책임지는 사람이다. 그 선택으로 인해 발생하는 결과가 무엇이든지 간에 이러한 결과를 스스로 받아들이는 사람은 자율적 존재다. 대상자, 비자발적 내담자, 대상자는 모두 부분적으로 자율적 존재다. 대상자는 관계를 맺으려 하지 않기 때문에 안전은 확보할 수 있지만 대신 외로움을 대가로 받게 된다. 이들은 안전 확보에 있어서는 자율적이지만 관계에서는 외로움으로 인해서 의존적이 될 가능성이 높아 자율성을 확보하지 못할 수 있다. 비자발적 내담자는 자신의 동기를 다른 사람에게 숨길 수는 있지만 자신의 동기를 점검받을 수 있는 기회를 얻지 못하게 된다. 이들은 동기를 보여 주거나 주지 않는 측면에서는 자율적이지만 적극적으로 자신의 삶을 살아가는 측면에서는 의존적일 수 있다.

내담자는 자신의 마음을 열고 호소를 하기 때문에 주도권을 잃을 가능성이 있다. 이들은 도움을 요청하는 면에서는 자율적이지만 상담 관계에 의존할 가능성이 있다. 각각의 사람들이 비록 의존적 영역이 생기더라도 이를 자신의 선택으로 인해서 발생한 결과라고 인식하고 받아들이면 자율적 존재가 된다.

3) 제한적 자유

자율적 존재로서 내담자는 자신의 자유를 스스로 제한하는 사람이다. 인간이 가지고 있는 자유는 무한하지 않다. 인간이 가지고 있는 잠재력 또한 무한하지 않다. 즉, 인간은 제한된 잠재력과 자원을 가진 존재다. 시간상으로 보면 인간은 무한한 시간을 가진 영원한 존재가 아니라 일정한 시간 동안만 존재할 수 있는 유한적 존재다. 의료 기술이 발달하면서 수명이 약간은 연장되고 있기는 하지만 인간은 이 땅에서 영원히 살 수 없다. 몸속에 들어있는 에너지 관점으로 보면 인간은 지속적으로 외부에서 에너지를 공급 받아야만 하는 존재다. 신체적으로 볼 때 음식 먹기는 이러한 에너지 공급 중 하나다. 너무 많이 먹으면 비만이 되고 너무 적게 먹으면 영양 결핍이 되기 때문에 적절한 양의 식사를 통해서 일정한 동안만 에너지를 사용할 수 있게 된다.

심리적 잠재력 또한 자체적으로 무한히 존재하지 않는다. 인간의 심리적 잠재력은 끊임없는 외부와의 상호작용을 통해 에너지를 공급받는다. 다른 사람의 인정과 칭찬, 수용과 허용 그리고 지지와 격려 때로는 조언과 질책을 통해 심리적 에너지가 감소되기도 하고 늘어나기도 한다. 말하자면, 인간이 가진 잠재력은 이렇게 관계적 조건에 따라서 더 많이 발현되기도 하고 더 위축되어서 발현되지 않기도 한다. 인간의 심리적 잠재력은 관계적 조건을 필요로 한다. 따라서 인간이 가지고 있는 심리적 잠재력도 다른 사람들과 관련 속에서 극대화되기도 하고 극소화되기도 한다.

인간이 가진 잠재력이 제한적이기 때문에 이를 사용하는 데 있어서 적절한 능력, 즉 조절 능력을 필요로 한다. 인류는 산업의 발달과 더불어 우리가 가진 자원이 마치 무한한 것처럼 자원을 사용하며 산업을 발전시켰고 그 결과 유사 이래 엄청난 부를 소유하게 되었다. 그러나 이러한 자원의 과도한 이용과 활용은 전 인류를 위협하는 환경 문제로 인류에게 돌아오고 있다. 마찬가지로 한 개인도 자신의 잠재력이 무한정한 것처럼 과도하게 사용하면 그 개인의 잠재력은 금방 소진된다. 비근한 예로 며칠씩 잠을 자지 않고 일을 하는 사람의 경우를 들 수 있다. 며칠씩 잠을 자지 않고 일을 하는 사람은 소진으로 인한 문제를 경험하게 된다. 모든 인간은 적절한 쉼을 필요로 하고 쉼을 통해서 다시 에너지를 충전하여 일을 하게 된다. 대표적 쉼 중의 하나가 잠이다. 잠을 잘 잠으로써 다시 몸이 편안해지고 마음도 다시 평안을 유지하게 되어 일을 할 수 있는 상태로 전환된다. 또한 낮 동안에는 음식을 먹으면서 적절한 쉼을 가지고 일을 해야 몸과 마음의 건강을 유지할 수 있다. 즉, 인간은 소진을 방지하고 자신의 잠재력을 원활하게 사용하기 위해 적절한 쉼과 여유를 가져야 하며, 그를 위해 자신을 조절하는 능력을 키워야 한다. 때로 인간은 자신이 원하는 것을 쉬지 않고 끊임없이 하여 단숨에 그리고 단번에 다 이뤄 내고 싶은 마음에 사로잡힐 때가 있다. 하지만 이러한 마음은 환상에 불과하며 원하는 것을 이루기 위해서는 비현실적인 환상을 깨고 현실적 안목으로 목표를 꾸준히 이루어 나가는 노력이 필요하다. 이러한 노력에는 자신을 조절하는 능력이 필수적으로 요구된다.

마음에 어려움을 겪는 내담자 중에는 자신의 문제를 한꺼번에 해결하고 싶은 마음을 가지고 있는 사람들이 있다. 자신의 문제를 한꺼번에 해결하고 싶은 환상적인 마음을 가진 내담자들은 상담자들이 마치 마법의 능력을 가진 사람처럼 생각하는 경우가 있다. 한국 문화에서는 '용하다'라는 언어가 내담자들의 이러한 마음을 대변하는 용어다. 하지만 상담자도 단번에 문제를 해결할 수 있는 능력을 가진 사람은 아니다. 용한 상담자를 만나 단번에 문제를 해결받고자 하던 내담자들은 상담을 통해 자신의 급한 마음이나 환상적인 마음이 더 큰 문제를 만들어 내고 있음을 인식하고 깨닫게 되며, 상담에서 자신의 문제를 하나씩 점차적으로 해결해 나가는 방법을 상담자로부터 배우게 된다.

상담자와 내담자는 모두 제한적 자유 그리고 제한적 자원을 가진 사람들이기 때문에 작은 대화를 수없이 반복하며 문제를 해결해 나가는 사람들이다. 이렇듯 작은 대화를 수없이 반복하는 것을 과정이라고 부른다. 많은 상담학자들은 상담을 일련의 과정이라고 정의하고 있다(김용태, 2006, p. 65; 박성희, 2001, p. 27; 이장호, 1987, p. 3; 정원식, 박성수, 1978, p. 29; 한재희, 2002, p. 29; 홍경자, 2001, p. 77; Corsini & Wedding, 1995, p. 1; Nystul, 1999, p. 2). 상담은 한 번에 이루어지는 활동이 아니라 연속적으로 많은 대화를 통해서 이루어지는 활동이라는 정의에 대해 상담학자들은 별다른 이견이 없어 보인다. 이러한 일련의 과정으로서 상담은 마치 인간이 삶을 살아갈 때 매일 자신을 돌보는 과정과 유사하다. 자신을 돌보는 많은 과정을 갖지 않으면 인간은 많은 문제를 만들어 낸다. 몸을 돌보지 않는 사람들은 신체적 문제를 만들어 내며, 마음을 돌보지 않는 사람들은 정신적 문제를, 영혼을 돌보지 않는 사람들은 영적인 문제를 만들어낸다. 그렇기 때문에 삶은 일련의 연속적 과정으로서 하루하루를 조금씩 잘 돌보는 절제력 또는 조절력이 필요하다. 마찬가지로 상담도 상담자와 내담자가 제한적 자유와 자원을 가진 사람들이기 때문에 수많은 작은 대화들을 연속적으로 해 나가면서 내담자의 문제를 해결해 나간다. 내담자가 아무리 자신의 자유와 자원을 무한적으로 발동하여 단번에 자신의 문제를 해결하고자 하여도 상담자는 자신의 절제력과 조절력을 발휘하는 활동이 필요하다. 상담자는 내담자와의 상담 과정을 작은 대화로 채워 나감으로 내담자의 '단번에'와 '마음껏'에 대한 환상을 자각하게 하며, 그러한 환상이 현실에서는 실현 불가함을 인식하게 한다.

인간의 문제가 만들어지는 데에도 많은 과정이 필요하듯이 이러한 문제가 해결되는 데에도 많은 과정이 필요하다. 내담자는 이러한 일련의 과정을 거쳐 가는 방식에 익숙해질 필요가 있다. 상담자는 상담을 통해서 이러한 과정을 어떻게 거쳐 가는지를 내담자에게 가르치고 배우게 하는 사람이다. 내담자는 처음에는 마법처럼 자신의 문제를 한 번에 해결하려고 하지만 이내 상담을 통해서 이러한 자신의 생각이 잘못되었음을 깨닫게 된다. 이러한 깨달음을 통해서 내담자는 자신의 문제를 해결하기 위해서 많은 시간이 필요함을 인식하게 된다. 그리고 문제를 완전히 해결할 수 없음도 내담자는 깨닫는다. 이러한 깨달음을 통해서 내담자는 임상 현장에서도 제한적 자유를 느낀다.

"상담은 인간을 자유롭게 하는 만남의 과정"이라는 정의(김용태, 2006, p. 65) 속에는 자유에 대한 제한성을 엿볼 수 있다. 인간이 자유로워지기 위해서는 일련의 연속된 만남의 과정이 필요하다. 상담에 관한 이러한 정의는 만남의 과정의 결과로 인간이 자유로워진다고 시사하고 있다. 자유는 독립적으로 혼자만 존재하는 개념이 아니라 관계를 통해서 만들어지는 일종의 조건적 개념이다. 이러한 유사한 관점은 성경을 통해서도 지지되고 있다. 요한복음 8장 32절에는 "진리를 알지니 진리가 너희를 자유케 하리라."라고 기록되어 있다. 또한 요한복음 8장 36절에도 "아들이 너희를 자유롭게 하면 너희가 참으로 자유로워지리라."라고 기록되어 있다. 성경의 이 말씀들은 인간의 자유가 진리 또는 아들이라는 조건을 통해서 이루어진다는 점을 명확하게 말하고 있다. 인간은 제한이 없고 어떤 조건도 없는 자유를 갈구하지만 이는 환상에 불과하다. 많은 사람들이 이러한 자유를 누리기 위해서 지난 역사에서도 그리고 현재에도 많은 노력을 기울이지만 이러한 노력은 언제나 실패로 귀결된다. 모든 인간은 관계 속에서 탄생을 하며 관계를 통해 인간으로 성장해 나간다. 인간은 관계가 없으면 인간으로서의 자유를 누리기 어렵게 된다. 그렇기 때문에 인간은 관계적 존재고 이러한 관계를 통해서 인간은 자유를 누리게 된다.

4. 초월상담 기법

1) 반영: 내담자의 범주를 이해시키는 활동

초월자인 상담자는 어떻게 하면 내담자가 자신의 세계를 이해하도록 도울 수 있을까? 상담자는 반영을 통해서 내담자로 하여금 자신이 살아가는 세계인 범주를 이해할 수 있도록 돕는다. 상담자의 반영적 활동은 가장 단순한 수준에서부터 고도화된 수준까지 다양하다. 상담자의 이러한 반영적 활동의 수준과 기술은 호소문제를 통해서 구체적으로 이해될 수 있다. "나는 왜 이렇게 힘들고 어려운지 모르겠어요. 오늘도 아무것도 하기 싫고 힘만 들고 하면 뭐하나 하는 마음이 들어요."라는 우울하고 무기력한 내담자의 호소문제를 예로 상담자의 반영 기법을 알아보자.

(1) 상담자의 가장 기초적 수준의 반영적 활동: 흉내 내기

"힘들고 어렵지요. 오늘도 아무것도 하기 싫고 하면 뭐하나 하는 마음이 드네요." 상담자의 이러한 흉내 내기는 내담자로 하여금 상담자의 말을 통해 자신의 모습을 그대로 듣고 보도록 한다. 즉, 내담자는 자신이 한 말을 상담자를 통해서 거의 그대로 듣게 되면서 자신이 어떤 말을 하고 있는지를 알게 된다. 내담자는 종종 상담자의 흉내 내기 반영적 활동을 통해 자신의 모습을 보고 흠칫 놀라는 표정을 짓기도 한다. "제가 그런 말을 하고 있었나요? 전혀 인식하지 못했어요."라며 멍한 표정을 짓거나 "저는 그런 말을 쓴 적이 없는데요."라고 부정하기도 한다. 이렇게 내담자는 자신이 말을 할 때는 미처 알지 못했던 자신의 모습을 상담자의 반영을 통해서 알게 된다.

누군가가 자신의 말을 그대로 따라 하는 흉내 내기 수준의 반영은 자신의 모습을 객관적으로 다시 바라볼 수 있게 해 준다. 자신의 말의 톤과 음색, 그리고 억양 및 빠르기 등과 같은 언어의 형식과 말 그리고 내용을 상담자를 통해서 듣게 되면 내담자는 자신이 한 말을 상담자라는 대상을 통해서 객관적으로 듣게 된다. 처진 목소리로 말을 하고 있는 내담자는 상담자의 흉내 내기라는 반영을 통해서 자신이 어떻게 말을 하고 있는지 이해를 하게 된다. 내담자는 자신이 얼마나 처져 있는지를 스스로 알 수 없었지만 자신의 처짐의 정도나 상태를 상담자를 통해 알게 된다. 이는 마치 보통 사람들이 자신의 목소리를 녹음해서 들을 때와 같은 이치다. 자신의 목소리를 녹음을 해서 듣게 되면 자신이 미처 알지 못했던 말하는 습관이나 주로 쓰는 단어들 그리고 자신의 말들이 가지고 있는 음색이나 톤, 억양들을 이해하게 된다. 이러한 이해를 바탕으로 내담자는 자신이 어떤 사람인지를 조금씩 이해할 수 있게 된다. 마찬가지로 내담자도 상담자가 흉내 내기를 통해 자신의 말을 거의 단순하게 반복하는 수준의 반영을 했음에도 불구하고 자신을 더 이해할 수 있게 된다. 즉, 이렇게 함으로써 내담자는 자신이 어떤 세계를 살고 있는지를 조금씩 알아 가게 된다.

(2) 상담자가 강조하는 반영적 활동: 초점화

"나는 왜 이렇게 힘들고 어려운지 모르겠어요. 오늘도 아무것도 하기 싫고 힘만 들고 하면 뭐하나 하는 마음이 들어요."라는 호소문제에서 내담자는 힘들다는 표현을 두 번에 걸쳐서 사용하고 있다. 상담자가 반영을 할 때 어떤 포인트를 중점으로 반영하는지에 따라서 내담자가 주목하는 내용이 달라진다. 상담자의 반영 활동은 내담자로 하여금 자신의 세계를 이해하도록 돕는 활동인데 이러한 활동을 어디에 중점이나 초점을 두느냐에 따라서 내담자가 자신의 세계를 이해하는 방향이 달라질 수 있다. 상담자의 반영 활동이 "힘들다는 말을 두 번이나 하시네요. 힘드신가 봐요."라고 하면 내담자는 자연스럽게 힘들다는 말의 내용을 더 설명하게 된다. 내담자는 자신이 얼마나 힘든지를 말하게 되면서 자연스럽게 자신의 힘든 마음을 이해할 가능성이 높아진다. 힘들다는 말의 내용이 관계적 영역인지 아니면 심리내적 영역인지 아니면 진로 활동과 관련된 불안인지 등에 따라서 내담자는 자신의 세계를 이해하는 방식이 달라진다. 내담자가 다른 사람들과 관계에서 다른 사람들에게 맞추기 위해서 노력하면서 힘이 든다고 한다면 이 내담자는 의존적 세계를 사는 사람이다. 이러한 의존적 세계를 내담자가 조금 더 이해를 할 수 있도록 상담자는 내담자가 관계적으로 어렵고 힘들어하는 부분에 좀 더 초점을 맞추면서 이야기를 하도록 도울 수 있다. 이렇게 하면 내담자는 자신이 어느 영역에서 힘들어하고 있는지를 객관적으로 인식하고 이해를 하게 된다.

상담자는 다른 측면에 초점을 맞추어서 내담자를 이해할 수도 있다. 상담자는 내담자가 '하기 싫고' 또는 '뭐하면 하나'라는 말에 초점을 맞추면서 반영 활동을 할 수 있다. 상담자는 "'하기 싫다'고 말하면서 '하면 뭐하나'라고 말하네요."라고 반영하면서 내담자가 어떤 반응을 보이는지 알아볼 수 있다. 이러한 상담자의 반영에 대해 내담자가 "맞아요, 저는 하기 싫은데 자꾸 하라고 하는 사람이 있어요."라고 반응을 할 수도 있고 "맞아요, 저는 지쳐서 이제는 더 이상 할 수가 없네요."라고 말을 할 수도 있다. 반응이 전자의 경우라면 상담자는 내담자가 어떤 관계 형태를 가지고 있는지 더 알아볼 수 있다. 관계 형태에서 내담자가 강요당하거나 억지로 하는 경우라면 내담자는 자신의 생각이나 감정 그리고 자신의 스타일이 있는 사람일 가능성이 높다. 반응이 후자의 경우라면 내담자는 자신이 애를 쓰다가 지쳐서 더 이상 못하겠다고 생각하는 경우다. 이 경우도 자신이 스스로 지치는지 아니면 다른 사람들에게 맞추다가 지치는지에 따라 내담자가 어떤 세계를 사는지가 달라진다. 스스로 지치는 경우라면 자신이 정해 놓은 목표를 달성하지 못해서 지치는 것으로 이런 사람들은 완벽적 경향을 가진 완벽적 세계를 살고 있는 사람일 가능성이 높다. 후자의 지친다는 반응의 경우에도 만약 다른 사람에게 맞추면서 지치는 경우라면 내담자는 타인지향성인 의존적 세계를 살 가능성이 높은 사람이다.

이렇듯 상담자가 어디에 초점을 맞추어 반영을 하는가에 따라 내담자의 심리적 이야기의 전개 방식이 달라지고 내담자도 자신을 이해하는 방향이 달라진다. 상담자는 내담자의 이야기를 반영하는 방법 또는 초점화하는 방식을 통해서 내담자가 자신의 세계를 스스로 알아 가도록 돕는 역할을 할 수 있다.

(3) 상담자의 교육적 반영 활동: 질문을 통한 의미적 해석

상담자는 약간의 교육을 통해 내담자의 세계인 범주를 반영할 수 있다. 상담자의 이러한 활동은 특히 감정이나 행동 또는 생각 그리고 관계 형태 등에 대한 교육을 수반한다. "나는 왜 이렇게 힘들고 어려운지 모르겠어요. 오늘도 아무것도 하기 싫고 힘만 들고 하면 뭐하나 하는 마음이 들어요."라는 호소문제에는 '힘들다'는 표현이 두 번 나온다. 상담자는 내담자에게 "힘들다는 말을 두 번 하네요. 힘들다는 말은 애를 쓰고 있음을 나타내는데 ○○씨는 무엇을 애쓰고 있나요?"라고 반영해 볼 수 있다. '힘들다는 말은 애를 쓰고 있음을 나타내는데'와 같은 표현은 교육적인 반영이라고 할 수 있다. 이러한 상담자의 반영은 '힘들다는 말은 애쓰는 상태를 나타냄'이라는 교육을 제공하며 동시에 내담자로 하여금 자신을 돌아보게 만든다. 즉, 상담자는 내담자가 무엇을 애쓰고 살았는지를 생각하게 하고 이를 표현해 보게끔 한다. 이렇듯 내담자는 자신에 대해 생각해 보고 그러한 생각을 말해 봄으로써 단지 힘들고 어렵다고 호소만 하거나 불평만 하는 상태에서 벗어나 자신을 돌아보는 상태로 나아갈 수 있게 된다.

내담자는 상담자의 교육적 반영 활동을 통해 자신의 범주를 이해할 수 있는 하나의 단서인 스스로의 노력에 대해 알 수 있다. 앞의 단락에는 상담자가 내담자의 힘든 영역을 알아보는 내용이 기술되어 있다. 내담자가 힘들어하는 영역이 관계적 영역이라면 내담자가 노력하고 애를 쓰는 방향의 초점이 타인에게 맞추어져 있을 가능성이 아주 높다. 다른 말로 하면, 내담자는 타인에게 의존되어 있어서 다른 사람들에게 자신을 맞추려는 노력을 하다가 힘들어졌을 수 있다. 의존적 세계를 사는 사람들은 많은 경우에 타인이 무엇을 원하는지에 예민하다. 즉, 타인이 무엇을 원하는지를 살피고 알아서 그것에 맞추려고 많은 노력을 한다. 이러한 노력은 대체로 관계를 어렵게 하는 경우가 많은데 그 이유는 관계가 일방적이기 때문이다. 다시 말하자면, 타인 중심은 자신이 원하는 것과 타인이 원하는 것을 서로 맞추고 조정하는 노력의 과정 없이, 일방적으로 자신을 상대방에게 맞추려고 하기 때문에 상대방이 부담을 느끼거나 이러한 관계를 회피하도록 만들 가능성이 높다. 내담자는 이러한 상태의 관계가 어려워지면 더욱 노력하다 스스로 지치고 힘들어지게 된다.

다른 사람에게 맞추기 위해서 노력하는 내담자는 일방적 세계를 가진 사람이다. 일방적이라는 용어는 상호작용의 형태를 묘사하는 용어이다. 다른 사람에게 묻고 들으면서 타인과 맞추려 하는 사람은 양방적 상호작용을 가진 사람이다. 하지만 의존적인 내담자는 타인에게 묻는 과정 없이 다른 사람의 방식에 일방적으로 자신을 맞추려 하며, 이러한 태도가 일방적 상호작용을 하는 의존적 내담자의 특징이다. 하지만 의존적인 내담자들은 자신이 일방적인 사람이라고 말을 들을 때 종종 받아들이지 않는다. 왜냐하면 이들은 자신이 다른 사람을 위해 노력하는 사람이고 그 사람 때문에 힘들어졌다고 생각하기 때문이다. 이러한 생각으로 인해 내담자는 자신이 어떤 방식으로 타인과 상호작용을 하고 있는지에 대해 전혀 생각하지 않으려 하거나 생각을 하지 못한다.

(4) 상담자의 이해를 통한 반영적 활동: 내담자의 범주를 밝히기

내담자의 범주를 이해하기 위해서 상담자는 내담자가 자신에게 말하고 있는 호소문제를 의미적으로 알아볼 필요가 있다. 상담자의 이러한 활동은 내담자의 마음을 좀 더 깊은 수준에서 반영하기 위해 필요하다. 상담자는 내담자가 말하고 있는 호소문제를 통해 내담자의 심리적 상태를 이해하고 이를 통해서 내담자가 현재 어떤 세상을 살고 있는지를 반영하는 활동을 하게 된다. 앞에서 제시된 내담자의 호소문제를 자세히 들여다보면 내담자는 '지치고 힘든 세상'을 살고 있는 사람으로 보인다. 내담자는 '지치고 힘들' 뿐만 아니라 '하면 뭐하나'라는 좌절된 세상을 사는 사람이다. 이 둘을 합쳐서 생각해 보면 내담자는 '해도 안 되는 좌절된 세상'이라는 범주를 가진 사람이다.

상담자가 내담자의 범주를 호소문제를 통해서 이해를 하였다면 상담자는 내담자에게 자신이 이해된 내담자의 세계를 반영할 필요가 있다. 상담자는 "해도 안 되는 마음이 무엇인가요?"라는 질문을 통해 내담자가 현재 느끼고 있는 감정을 물어볼 수 있다. 만일 내담자가 좌절감이라고 말을 한다면 상담자는 내담자가 좌절된 세상을 살고 있다고 생각해도 무방하다. 호소문제에서는 내담자가 직접적으로 좌절이라는 단어를 언급하고 있지 않지만 문맥상 내담자는 좌절된 느낌을 가진 사람이라고 추정을 할 수 있다. 이러한 추정을 뒷받침하기 위해서 내담자의 마음을 묻는 활동을 해야 한다. 이러한 활동을 통해 내담자의 입에서 '좌절'이라는 단어가 나오면 상담자는 내담자 호소문제의 맥락과 내담자가 사용한 단어인 좌절을 연결하여 '해도 안 되는 좌절된 세상'을 살고 있다고 반영을 해도 된다.

상담자가 내담자에게 '해도 안 되는 좌절된 세상'이라고 반영을 했을 때 내담자가 눈물을 보인다든지 아니면 내담자가 좌절된 마음을 더 많이 열고 이야기를 하는 경우, 내담자는 자신의 세계를 좀 더 이해를 하고 있다고 보아도 무방하다. 다시 말하면, 상담자가 자신이 이해한 내담자의 범주를 반영을 통해 내담자에게 보여 주고 내담자가 이를 받아 자신의 범주를 더 이해하는 방식으로 상담은 진행된다. 내담자는 자신이 이해한 것에 대해 눈물이나 마음 열기와 같은 방식으로 반응하게 된다. 이렇게 함으로써 상담자와 내담자는 내담자의 범주에 대해서 같은 이해에 다다르게 된다.

2) 질문: 내담자의 범주를 확장하기 위한 활동

상담자는 질문을 통해서 내담자가 자신의 세계를 좀 더 구체적으로 들여다보고 생각하도록 돕는다. 질문은 내담자에게 멍현상을 일으키기도 하지만 자신의 세계에 대한 심도 있는 생각을 하도록 만들기도 한다. 내담자는 상담자가 던지는 질문에 따라 자신의 세계를 이해할 많은 구체적 증거를 추적하면서 생각하게 된다.

(1) 정보를 얻고 분명하게 하기 위한 질문

내담자가 살고 있는 세계를 이해하기 위해 상담자는 내담자의 정보를 얻을 수 있는 질문을 하게 된다. 내담자는 자신의 호소문제를 통해 자신의 정보를 상담자에게 전달한다. 상담자는 호소문제에서 호소문제의 성격, 원인, 형성의 역사, 증상 그리고 관계 형태 등과 같은 여러 가지 정보를 필요로 한다. 상담자는 호소문제의 성격을 이해하기 위해 여러 가지 질문을 던진다. 예를 들면, "누군가가 나를 빤히 쳐다볼 때 가슴이 두근거리고 땀이 나요. 이럴 때는 나는 어쩔 줄 몰라 해요."라는 호소문제가 있다고 하자. 이런 경우에 상담자는 "가슴이 두근거리고 땀이 난다는 말을 좀 더 설명해 주시겠어요?"라는 질문을 할 수 있다. 이 질문은 내담자가 겪고 있는 증상을 상세하게 이해하기 위한 노력이다. 혹은 상담자는 내담자에게 "어쩔 줄 몰라 해요." 라는 말이 무슨 뜻인지 물어볼 수도 있다. 이러한 경우에 상담자는 이 질문을 통해서 내담자가 주관적으로 느끼는 "어쩔 줄 몰라 해요"라는 말의 의미를 묻는 것이다.

앞의 호소문제의 예와 관련하여 상담자는 이러한 증상이 시작된 시점이나 역사 그리고 관계 등과 관련된 질문을 할 수도 있다. "언제부터 가슴이 두근거리고 땀이 났어요?"라는 질문은 이 증상이 시작된 시점과 관련이 있다. 상담자는 이러한 질문을 통해서 내담자의 증상이 언제부터 시작되었는지에 관한 정보를 알 수 있다. 상담자는 또는 "이러한 증상이 시작되게 된 특정한 계기가 있나요?"라는 질문을 통해서 증상과 관련된 사건을 물을 수 있다. 즉, 이 증상의 시작이 어떤 특정한 사건으로 인하여 발생했는지 아니면 사건과 관련이 없는지를 상담자는 이러한 질문을 통해서 알게 된다. 상담자는 또한 "아까 누군가라고 이야기를 했는데 그 누군가가 누구인지 말해 줄 수 있어요?"라고 질문을 함으로써 대상을 좀 더 분명하게 할 수 있다. 즉, 내담자가 말하는 대상이 불특정 다수를 말하는지 아니면 특정 성별에 관한 내용인지 또는 특정한 유형의 사람을 말하는지 등과 같은 여러 가지 정보를 이러한 질문을 통해 확인할 수 있다.

(2) 의도를 분명하게 하기 위한 질문

상담자는 내담자가 말하고 있는 의도를 알아보기 위해 질문을 하는 경우가 있다. 앞서 말한 호소문제를 예로 들어 보자면, 상담자는 내담자에게 이런 호소를 하는 이유에 대해 "가슴이 두근거리고 땀이 났는데 이를 통해서 도움을 받고 싶은 것이 무엇인 것 같아요?"라고 질문해 볼 수 있다. 이런 질문은 언뜻 생각하면 너무 뻔한 질문이어서 상담자들이 간과하고 묻지 않는 경우가 종종 있다. 실제로 너무 뻔한 것 같아도 질문을 통해 내담자의 의도를 파악하는 일은 상담자의 활동으로서 아주 중요하다. 내담자 중에는 호소만 하고 자기가 할 일을 하지 않거나 자신의 의도를 숨기고 드러내지 않는 사람도 있다. 또 어떤 경우에는 자신이 이런 호소를 하는지 잘 모르고 하는 경우도 있다.

상담자는 내담자가 자신의 호소를 통해 무엇을 하고 싶은지를 확인하여 작업 동맹을 맺어 나간다. 이러한 작업 동맹의 첫 번째 단계가 내담자의 의도를 분명하게 하는 일이다. 내담자가 자신의 증상이 없어지기를 바라는 마음은 상담의 고유한 일에 속하게 되기 때문에 상담자는 내담자와 상담 목표를 설정하고 증상을 제거하기 위한 상담 활동을 하게 된다. 이 경우 상담자와 내담자가 합의한 상담 목표는 '가슴이 두근거리지 않고 땀이 나지 않기'라고 정할 수 있다. 합의된 상담 목표는 내담자와 상담자의 공동 작업을 위한 지향점이다. 상담자와 내담자는 자신들이 공동으로 무슨 일을 하고 있는지를 합의된 상담 목표를 통해 알 수 있다. 이렇게 함으로써 상담자도 그리고 내담자도 공동의 책임을 느끼며 상담을 진행하게 된다.

내담자가 자신의 의도를 분명하게 드러내지 않으면 상담자는 내담자의 의도를 분명하게 드러내는 질문을 반복적으로 하게 된다. 앞에 예로 든 호소문제에서 상담자가 "가슴이 두근거리고 땀이 난다고 했는데 이 증상이 어떻게 되었으면 좋겠어요?"라는 질문할 때 내담자가 "잘 모르겠어요."라고 대답하는 경우가 있다. 이 경우에는 내담자의 의도가 단지 호소만 하고 싶은 것인지 아니면 증상의 호전이 아니라 자신의 증상을 알아봐 달라는 말인지를 분명하게 하는 질문이 필요하다. 호소만 하는 내담자는 단지 표현 그 자체로 만족을 할 수도 있다. 이러한 내담자는 상담자를 단지 들어 주는 사람이라 생각하며 자신의 말을 들어 주기만을 원한다. 이런 경우에 상담자는 이러한 내담자의 의도를 분명하게 하기 위해서 같은 질문을 다시 하게 된다. 그러나 만일 내담자가 이렇게 자신의 말을 들어 주기만을 바란다면 상담자는 주로 듣는 활동의 상담을 하게 된다. 하지만 내담자가 자신의 증상을 알아봐 달라는 말이라면 상담자는 내담자가 자신의 증상에 대한 점검 또는 진단에 관심이 있다고 생각할 수 있다. 이 경우 상담자는 내담자에게 다시 한번 질문을 통해서 이를 분명하게 한다. 즉, 상담자는 내담자에게 "당신이 겪는 증상이 무슨 뜻인지를 알아봐 달라는 말인가요?"라고 묻고 내담자의 확인을 받는다. 이에 대해 내담자가 "그렇다." 라고 대답을 한다면 상담자는 호소문제를 진단하고 확인하는 활동을 하게 된다. 마지막으로, 상담자는 내담자가 자신의 증상을 호전시키는 활동을 해 달라고 호소하는 경우에 대한 확인 질문을 할 수 있다. 상담자는 "가슴이 두근거리지 않기를 바라나요? 그러면서 땀이 안 나기를 바라나요?"라는 질문을 통해서 증상 호전에 대한 내담자의 마음을 물을 수 있다. 이때 내담자가 "그렇다."고 답을 하면 상담자는 증상 호전에 관한 상담 활동을 하게 된다.

(3) 내담자가 전달하는 내용을 분명하게 하는 질문

상담자는 내담자가 말하는 내용을 이해하기 위해서 내담자의 말을 요약하는 질문을 하는 경우가 있다. 이런 경우에 상담자는 내담자의 말을 몇 문장으로 정리하여 내담자에게 확인하는 질문을 한다. 내담자가 자신이 왜 이런 증상을 갖게 되었는지를 길게 말한다면 상담자는 "증상이 생긴 원인이 이렇다는 뜻이지요?"라고 말을 하면서 내담자가 말한 내용을 요약하고 이를 질문 형태로 내담자에게 돌려준다.

상담자의 요약 질문은 몇 가지 기능을 갖는다. 첫째, 상담자는 자신이 내담자의 말을 제대로 듣고 있는지 내담자를 통해서 확인할 수 있다. 상담자는 내담자의 많은 말들 중에서 무엇이 중요하고 내담자가 어디에 초점을 맞추고 이야기하는지 잘 모르는 경우가 있다. 이 경우 상담자는 내담자의 말을 요약하여 들려줌으로써 자신이 파악한 내용을 확인할 수 있다. 즉, 상담자는 이러한 요약 질문을 통해 내담자가 자신에게 말하는 내용을 파악해 나간다.

둘째, 상담자는 요약 질문을 통해 내담자의 말을 따라가게 된다. 내담자는 자신이 하고 싶은 말을 하기 때문에 상담자의 이러한 요약 질문이 없이는 내용을 잘 따라가기 어렵게 된다. 상담자는 내용적으로 내담자의 말을 알아 가기 위해 중간중간에 요약하는 일이 필요하다. 이러한 요약 질문을 통해서 상담자는 내담자와 보조를 맞추어서 상담을 진행하게 된다.

셋째, 상담자는 요약 질문을 통해 내담자 스스로가 무슨 말을 하고 있는지 이해하도록 한다. 즉, 상담자의 요약 질문을 통해서 내담자는 자신이 하고 있는 말이 무슨 뜻인지를 스스로 인식할 수 있다. 또한 내담자 입장에서도 상담자의 요약 질문을 통해서 상담자가 자신의 말을 잘 이해하고 있는지를 확인할 수 있다.

넷째, 상담자는 요약 질문을 통해 상담 과정을 조절할 수 있다. 내담자가 자신이 하고 싶은 말을 한꺼번에 너무 많이 한다면 상담자는 내담자의 말을 이해하지 못하거나 제대로 따라가지 못하게 된다. 상담자는 내담자 말 중간에 요약을 통해 어느 정도 속도를 조절하면서 상담자의 의도대로 상담이 진행되도록 한다.

(4) 내담자의 세계를 확인하기 위한 질문

앞에서 언급한 상담자의 질문들은 모두 내담자의 세계를 이해하기 위한 질문과 연동된다. 정보 질문, 의도 질문, 요약 질문들을 통해 상담자는 내담자가 어떤 종류의 사람인지를 이해하게 된다. 정보 질문에 대해서 단도직입적으로 대답하는 내담자는 직설적 세계를 살아가는 사람일 가능성이 있다. 정보 질문에 대해서 정보를 제대로 제공하지 않거나 부분적으로 정보를 제공하는 내담자인 경우에는 의심하는 세계를 살아가는 사람일 가능성이 있다. 정보 제공을 꺼리는 내담자인 경우 반사회성의 성격을 가지고 불신의 세계를 사는 사람일 가능성이 있다. 마찬가지로 의도 질문이나 요약 질문도 같은 방식으로 대입하여 내담자의 세계를 알아 갈 수 있다.

상담자는 이러한 각각의 질문을 통해 내담자의 대답을 확인 후, 내담자의 세계를 이해하기 위한 질문을 더 상세하게 진행할 수 있다. 상담자가 내담자에게 간단한 정보를 얻기 위해 질문하는 것을 예로 들어 보자. 상담자가 "가슴이 두근거린다는 말을 조금 더 설명해 주시겠어요?"라는 정보 질문을 하자 내담자가 "저는 지금 그것이 급한 것이 아니예요!"라고 대답을 했다. 상담자는 이러한 대답에 대해서 "아 그래요. 그러면 더 급한 것이 무엇인가요?"라고 다시 정보 질문을 하자 내담자가 "왜 내 말을 알아듣지도 못하고 엉뚱한 이야기를 하는 거예요!"라고 말을 한다면, 내담자는 상담자를 통제하고 있는지도 모른다. 이때 상담자가 이러한 내담자의 성향을 간파했다면 상담자는 "자신이 중요하게 여기는 것을 정확하게 알아주기를 원하는 것이지요?"라고 질문을 하면서 내담자의 세계를 이해하기 시작할 수 있다. 내담자가 상담자의 정보 차원의 질문에 대해 정확하게 정보 차원의 대답을 하지 않고 관계 차원의 대답을 한다면, 내담자는 정보를 통해 상담자와의 관계를 조종하고 있다는 가설을 세울 수 있다. 이러한 가설을 확인하고 뒷받침하기 위한 질문들이 내담자의 세계를 이해하기 위한 상담자의 활동이다.

마찬가지로 의도 질문이나 요약 질문도 상호작용의 방식을 통해 내담자의 세계를 이해할 수 있게 한다. 특히 내담자의 의도를 묻는 질문은 내담자의 세계를 많이 드러나게 한다. 앞에서 언급한 것처럼 내담자의 호소문제가 단순하게 호소 자체가 목적인 내담자라면 상담자는 "지금 저에게 말하는 호소문제의 내용보다는 마음을 더 알아 달라는 말인가요?"라고 질문하며 내담자의 의도를 더 분명하게 할 수 있다. 이러한 질문에 대해 내담자가 분명하게 말을 하지 않거나 모른다고 대답을 하면 상담자는 이 내담자는 의존적인 세계를 살고 있는 사람이라고 가설을 세울 수 있다. 의존적 세계를 살고 있는 사람들은 자신이 말하는 내용보다는 자신의 마음을 상대방이 더 알아주기를 바라는 경우가 많다. 이러한 내담자들은 자신이 하고 있는 말을 통해 상대방이 얼마나 자신의 마음을 알고 있는지를 시험하거나 확인하는 경향이 있다. 이러한 경향은 요약 질문에서도 그대로 드러난다. 의존적 경향의 사람들인 경우, 상담자가 요약한 내용에 관한 질문에 대해 별다른 반응을 보이지 않거나 다른 내용으로 넘어가는 경우가 종종 있다. 이런 경우 상담자는 앞의 내용을 다시 한번 확인하는 질문을 하고 내담자가 반응이 별로 없으면 내담자가 의존적 세계를 살고 있다라는 가설을 생각해 볼 수 있다.

(5) 멍현상을 일으키는 반영적 질문

상담자는 반영적 질문을 통해 내담자가 자신의 세계를 바라보도록 한다. 반영적 질문은 상담자의 질문을 통해 내담자가 자신을 거울에 비추어 보듯이 보는 활동이다. 내담자는 상담자의 도움을 통해 자신이 처한 현실과 그 현실 속에서 자신이 어떤 세계를 가지고 살아가는지를 인식하게 된다. 즉, 내담자는 자신의 세계가 자신이 살고 있는 현실 속에서 어떤 위치와 방식으로 존재하는가를 상담자의 질문을 통해 알게 된다. 이를 위해 상담자는 내담자에게 맥락을 반영하는 질문을 할 수 있다. "당신이 지금 어떤 상황이나 맥락에서 화를 내고 있는지 알고 있나요?"라는 상담자의 질문은 내담자로 하여금 자신의 맥락을 돌아보게 한다. 이 질문과 연관하여 내담자가 하나님에게 화가 났다면, 내담자는 자신의 화를 기독교적 맥락에서 바라보게 된다.

화를 절대자와 인간이라는 맥락에서 반영하게 되면 화에 대한 전혀 다른 해석이 가능해진다. 인간은 화가 나면 자신이 옳다고 생각하며 자신이 원하는 대로 상대방을 통제하려 한다. 화가 난 정도에 따라 달라지지만 화가 100% 났다고 가정하면 인간은 자신이 100% 옳다고 믿으며 다른 사람들은 자신의 말에 따라 행동을 해야 한다고 믿는다. 즉, 100% 화가 난 상태에서의 인간은 자신이 잘못되었다는 생각을 전혀 하지 못한다. 이런 경우 인간은 100% 당위적 상태에 있게 된다. 당위적 마음이란 자신이 옳다고 믿고 있는 생각이 곧 현실이라고 느끼는 정신 상태를 말한다. 이러한 마음은 절대자가 가지고 있다. 절대자라는 말의 의미가 100% 당위적 상태를 지칭하는 단어이며, 이는 조금도 잘못이 없고 틀림이 없기 때문에 절대자의 마음은 곧 현실이다. 100% 화가 나면 인간은 자신을 절대자의 위치에 올려놓으며, 상대방의 생명을 자신 마음대로 하려고 하는 경향도 발생하게 된다.

기독교적 맥락에서의 화에 대해 절대자와 자신과의 관계 속에서 맥락적 질문을 통한 반영을 받게 되면 내담자들은 멍현상을 경험하게 된다. 많은 내담자는 이러한 반영을 받으면, 자신은 "절대자가 되려는 의도가 조금도 없고 그렇게 하고 싶지도 않다."라고 종종 말한다. 내담자 자신은 절대자가 되려는 마음이 전혀 없는 상태에서의 이러한 충격적 경험은 상담자의 반영적 질문을 통해 이루어진다. 사람은 자신의 범주에 들어 있지 않는 새로운 생각을 접하게 되면 멍현상을 경험하게 된다. 화라는 감정을 통해 자신이 절대자처럼 행동하고 있다는 반영은 이러한 사람들에게는 충격적이다. 충격은 일종의 멍현상으로서 자신의 세계에서는 전혀 생각해 보지 않았기 때문에 일어난다. 멍현상에 대해서는 이미 제9장에 설명한 바 있다. 멍현상을 경험한 내담자들은 감각을 상실한다. 몸의 움직임이 갑자기 없어지거나 모든 활동이 정지된 느낌을 갖는다. 감각이 없는 상태를 잠시 경험하다가 잠시 후 약간의 감각이 돌아온다. 이렇게 감각이 돌아올 때 상담자가 이때의 마음에 대한 질문을 하면 내담자들은 대체로 '하얘진다' '까매진다' '노래진다' '막막하다' 등과 같은 표현을 한다. 내담자의 이러한 마음의 상태가 한동안 진행된다. 이는 마치 정전이 된 듯이 아무런 느낌이 없는 상태를 한동안 경험하게 되는 것과 같다.

이러한 상태가 지난 후에 내담자들은 자신들의 경험을 돌아보는 시간을 갖는다. 마치 영상이 지나가듯이 자신이 그동안 무엇을 했는지 어떤 일을 경험했는지 등과 같은 이미지들이 순식간에 지나간다. 자신이 그동안 살면서 했던 행동들 그리고 말들 그리고 경험들이 주마등처럼 지나간다. 또는 그동안 살면서 잘 이해가 되지 않았던 모순들이나 역설들도 한꺼번에 이해가 되며, 이러한 이해를 바탕으로 여러 가지 감정이 일어난다. 자신의 세계를 이해하기 위해서 애쓰고 노력한 사람들 같은 경우에는 시원해지거나 편안해지고 가벼워지는 느낌을 갖는다. 어떤 내담자들의 경우에는 기쁨이나 즐거움을 경험하기도 한다. 혼자 자신의 모습을 생각하면서 웃기도 하고 마치 혼자 세상을 다 가진 것 같은 느낌을 갖는 사람도 있다. 자신의 모순이나 역설 그리고 자신을 키워서 자신을 크게 지각했던 사람들은 부정적 감정을 격렬하게 경험한다. 자신이 한 행동에 대해서 화가 나거나 슬퍼지기도 하며 창피해지거나 자신을 책망하는 등의 강렬한 감정이 나타난다. 이때 내담자들은 자신의 범주를 되돌아보는 강렬한 반영적 사고를 하게 된다. 이 과정에서 많은 사람들은 자신이 딛고 서있는 기반이 흔들리는 경험을 하게 되며 이로 인해서 우울, 무력감, 슬픔, 고통 등과 같은 감정들을 경험하게 된다. 이러한 감정들은 내담자로 하여금 자신의 세계를 다시 한번 바라볼 수 있도록 만든다.

(6) 멍현상을 일으키는 도전적 질문

일단 내담자의 세계를 이해하고 나면 상담자는 질문 형태로 내담자의 세계를 변화시키는 활동을 하게 된다. 의존적 세계를 살아가는 내담자들은 많은 사람이 자연스럽게 하고 있는 활동이나 생각을 하지 못하는 경우가 종종 있다. 필자가 만난 내담자 중에는 부모의 비일관적인 행동으로 인해서 어렸을 때부터 부모에게 맞추고 산 의존적인 내담자가 있었다. 자기 마음대로 행동을 하는 아버지가 무서워서 늘 눈치를 보고 살았던 내담자는 결혼을 해서도 남편의 눈치를 보면서 살고 있었다. 과거에 아버지의 기분이 나빠지지 않게 하기 위해서 아버지를 위해서 무엇인가를 하면서 살았던 내담자는 현재는 남편의 기분을 맞추는 행동을 하면서 살고 있었다. 이렇게 살다 보니 지쳐서 너무 힘들어진 내담자는 급기야 필자에게 도움을 요청하여 상담을 한참 진행을 하였다. 내담자의 증상이 어느 정도 해결된 시점의 어느 날, 내담자는 아버지가 불쌍하다고 말을 하였다. 지금은 연세가 많아져 기력이 빠졌기 때문에 예전 같지 않은 아버지를 불쌍해하면서도 동시에 원망하는 마음이 든다는 것이었다. 내담자는 이런 원망의 마음은 표현하지 못하면서 아버지를 위해서 여전히 무언인가를 해야만 할 것 같고, 아버지나 남편에게 무엇인가를 하지 않으면 자신이 인정을 받거나 보호를 받지 못할 것이라 하였다. 그때 필자는 내담자에게 "아버지에게 무엇인가를 해 달라고 왜 요청을 하지 못하지요?"라고 질문하였다. 이 질문을 받은 내담자는 순간적으로 멍해졌다. 아무런 움직임이 없어지고 몸이 정지된 상태를 보였다. 울면서 말하던 울음도 그쳐지고 손의 움직임도 없었다. 아마도 몇 십 초 동안 이런 상태로 있었던 것 같다. 그러한 상태가 지난 후에 필자는 내담자에게 "지금 어떠세요?"라고 물었다. 내담자는 머리가 하얘졌고 아무 생각이 나지 않는다고 말을 했다. 조금 시간이 지나자 내담자는 자신은 지금까지 살면서 아버지에게 무엇인가를 요청할 수 있다고 생각을 한 번도 해 본 적이 없다고 말을 하였다. 그녀는 지금까지 아버지에게는 무엇인가를 해 주어야만 될 것 같은 마음을 가지고 살았던 것이다. 그렇기 때문에 필자가 "왜 요청을 하지 못하지요?"라고 하는 말에 그녀는 충격을 받았던 것이다. 내담자는 마치 새로 태어난 사람처럼 "맞아요. 나는 아버지의 딸이기 때문에 당연이 요청을 할 수 있는 건데 왜 그런 생각을 하지 못했을까요." 하며 필자를 신기하다는 듯이 쳐다보았다.

이후에 내담자는 많은 변화를 경험하며 지금까지의 자신의 삶이 한꺼번에 이해되는 듯한 반응을 보였다. 그녀는 아버지를 생각하며 자신이 보호받지 못하고 딸로 살아오지 못한 삶에 대해 많은 눈물을 보이면서 서럽게 울었다. 내담자는 자신의 의존적 세계를 새롭게 조명하면서 자신의 세계를 확장하고 있었던 것이다. 이러한 과정이 있은 후 내담자는 필자에게 이제 아버지에게 무엇인가를 요청해도 될 것 같은 마음이 든다고 말을 하였다. 또한 자신의 삶이 머릿속에 한꺼번에 스쳐가며 이전에 자신의 세계에 편입되지 못했던 새로운 정보들이 마음속에 떠오르기 시작했다. 즉,

아버지가 기분이 좋았을 때는 자신도 아버지에게 애교를 부렸던 적이 있었던 것을 기억하게 되었고, 그녀의 그런 애교를 받아 주었던 아버지가 계셨던 순간들을 생각해 내면서 즐거운 마음을 갖게 되었다. 내담자는 아버지에게 전혀 요청을 하지 못했던 것이 아니라 요청을 했으면서도 이를 자신의 세계에서 인식하지 못하였던 자신을 다시 발견하게 된 것이다. 이런 발견을 통해 내담자의 의존적 세계가 확장되어 자신이 독자적으로 무엇인가를 할 수 있을 것 같은 마음이 생기게 된 것이다.

3) 교육: 내담자의 세계를 확장하기 위한 방법

내담자의 세계를 확장하기 위한 교육적 방법은 두 가지로, 확장적 교육과 재구조화로 나눠 볼 수 있다. 확장적 교육은 인식을 하지 못하는 내담자에게 인식을 하도록 돕는 상담자의 교육적 활동이며, 재구조화는 비어 있는 내담자의 마음에 새로운 생각이나 가치관들을 심어 내담자의 세계가 달라지게 하는 교육적 활동이다. 상담자는 확장적 교육을 통해 내담자의 마음이 비워지도록 돕고, 재구조화를 통해서 내담자의 초월적 변형을 유도할 수 있다.

(1) 확장적 교육: 막다른 길인 경계선

내담자의 세계를 이해하기 위해서 지속적으로 질문을 하다 보면 질문이 막다른 길에 다다르게 될 때가 생긴다. 즉, 내담자가 상담자의 질문에 더 이상 답을 하지 못하는 지점에 이르게 된다. 이런 경우의 내담자는 자신의 인식 한계인 경계선에 도달한 것이다. 이러한 경계선에 도달한 내담자는 상담자가 같은 질문을 여러 가지 다른 각도에서 시도해 보아도 질문에 답을 하지 못한다. 상담자는 이러한 반복적 활동을 통해서 이제 내담자가 자신의 세계 끝에 와 닿아 있음을 알게 된다. 이렇듯 내담자가 인식의 한계에 도달한 경우에 이를 확장하기 위해 수행하는 상담자 활동이 확장적 교육이다.

내담자의 인식의 한계를 확장하기 위한 확장적 교육을 위해, 상담자는 내담자에게 여러 가지 인지적 선택 사항을 제시한다. 인지적 선택 사항은 내담자로 하여금 자신이 대답을 하지 못한 내용을 좀 더 이해할 수 있게 한다. 예를 들면, 화를 다루고 있는 내담자가 인식의 한계에 도달한 경우를 살펴보자. 내담자는 상대방이 자신을 무시해서 화가 난다고 말을 했다. 이 경우에 상담자는 내담자에게 "상대방이 무시를 하면 왜 화가 나요?"라는 질문을 할 수 있다. 이러한 질문을 받은 내담자는 주로 상대방을 탓하는 이야기를 하거나 대부분 상황적 대답을 한다. "상대방이 무시를 하면 왜 화가 나요?"라는 질문은 상대방의 무시로 인해 내담자 자신 안에서 무엇이 건드려졌는지를 말해 보자는 물음이다. 하지만 많은 내담자는 이 질문에 대해 자신의 마음속에 무엇이 건드려졌는지를 답하지 못한다. 이렇듯 내담자가 자신의 내면에서 일어나는 현상에 대해서 이해가 없는 경우, 상담자는 내담자에게 인지적 선택지를 제공함으로써 자신에 대한 이해를 촉진시킨다. 상담자는 "두렵나요? 아니면 좌절이 되나요? 그것도 아니면 창피한가요?"라는 식의 인지적 선택 사항을 제공하여, 내담자로 하여금 자신의 인지적 세계가 확장될 수 있도록 돕는다. 앞과 같은 예를 선택 사항으로 제시하면 내담자는 상담자의 보기 중에서 자신의 경험과 가장 유사한 것을 고를 수 있다. 내담자가 만약 "아마도 상대가 내가 원하는 것을 들어주지 않을 때 무시당하고 좌절되는 것 같은 느낌이 드는 것 같아요."라고 한다면 내담자는 자신의 좌절을 경험하고 싶지 않아 자신을 무시한다며 상대방에게 화를 내고 있는 중이라고 할 수 있다. 내담자는 이러한 확장적 교육을 통해 이제 자신의 세계에 대한 인식을 한 단계 올리게 된다. 내담자는 자신이 무시당했다며 자주 화를 내는 이유가, 자신의 바람에 대한 좌절을 겪지 않으려고 상대방이 자기가 원하는 대로 행동해 주기를 바라는 마음이라는 점을 알게 된다.

(2) 확장적 교육: 계몽을 통한 범주 확장

교육은 인간으로 하여금 모르던 것을 알게 하는 역할을 하기 때문에, 계몽은 교육의 정의 중 한 부분을 차지한다. 사람들이 살면서 마치 마음속에 불이 들어오는 것 같은 경험을 할 때가 있다. 상담학에서는 이를 통찰이라고 부르지만 교육에서는 계몽이라고 한다. 계몽은 영어로는 'enlightment'라 하는데 문자 그대로 해석하자면 불이 들어오게 하는 현상을 말한다. 어두운 상태에서는 자신의 마음에 대해서 그리고 자신의 세계에 대해 잘 알지 못한다. 어둠 속에 불이 밝혀지면 환해져서 모든 것이 분명해진다. 인간의 마음에 빛이 밝혀지면 자신의 마음에 어디에 무엇이 있는지 분명히 알게 되며, 무엇이 문제고 무엇이 좋은 점인지를 분명하게 알게 된다.

초월상담학에서 임상적 목표는 자신의 세계를 이해하고 확장하는 활동이다. 다시 말하면, 내담자가 상담을 통해서 자신의 마음을 이해하고 자신을 초월할 수 있도록 만드는 활동이 초월상담의 임상적 목표다. 내담자가 자신의 세계를 확장하기 위해서는 자신의 세계인 범주를 이해함이 중요하다. 내담자가 자신의 세계에 대해 더 이상 이해가 없을 때 상담자는 교육을 통해 내담자의 마음에 불이 들어오도록 할 수 있다. 상담자는 내담자로 하여금 자신의 세계를 이해하면서 자신을 어떻게 더 확장할 수 있을지 알도록 만든다. 또한 상담자는 내담자가 자신의 확장의 방향이 무엇인지도 알도록 돕는다. 앞의 예에서처럼 무시를 당해 화를 내던 내담자가 자신이 좌절될까 봐 화를 내고 있다는 점을 이해하게 되면 화는 급격히 가라앉는다. 즉, 상대방이 자신에게 안 해 준 것들만 생각을 하던 상태에서 자신이 좌절하지 않기 위해 화를 낸다는 사실에 대한 인식의 확장을 통해 내담자의 세계는 급격히 커진다. 이런 경우 내담자는 자신의 세계를 수평적으로 확장하게 되며 이러한 수평 초월을 통해서 화와 자신에 대해서 더 많은 이해를 하게 된다.

화를 내고 있던 내담자의 객관적 자기는 화라는 감정에 의한 실재 자기의 욕구에 의해 지배당하고 있었다. 그러나 수평 초월이 일어나면 객관적 자기는 실재 자기의 욕구의 지배에서 자유로워진다. 즉, 화와 관계없이 객관적인 생각을 할 수 있게 된다. 좌절로 인해서 화가 났던 내담자는 이제 자신의 좌절 경험에 대한 새로운 이해를 하게 된다. 어린 시절부터 좌절해 왔던 순간들이 주마등처럼 지나가며, 좌절의 순간마다 화가 났던 자신을 새롭게 인식하며 이제 자신과 상대방에 대한 새로운 이해에 접어든다. 즉, 내담자는 이제 상대방에 대해 자신이 화를 낸 이유를 알게 되고 이에 대한 자신의 반응을 알 수 있게 된다. 이러한 새로운 이해가 교육학적으로는 계몽이며 초월상담학에서는 범주 확장인 것이다. 내담자는 자신에 대한 새로운 이해를 통해 자신과 자신의 관계를 재조명하고 재설정할 수 있게 되며, 한 차원 더 높은 초월 자기를 갖게 된다.

(3) 재구조화: 비어 있는 마음

상담자는 내담자가 교육을 받을 수 있도록 내담자의 마음을 비어 있게 만든다. 상담자는 도전하는 질문을 통해서 내담자가 자신의 마음을 비울 수 있도록 돕는다. 도전하는 질문이 내담자가 멍해지도록 한다면 내담자는 이제 빈 마음을 가질 가능성을 갖는다. 멍해진 내담자는 멍한 느낌이 풀리면서 여러 가지의 많은, 복잡한 감정을 갖는다. 상담자는 이러한 감정을 하나씩 다루면서 내담자의 마음이 비워지도록 돕는다. 이때의 내담자는 눈물을 쏟아내기도 하고 화를 내기도 하며 때로는 불안하거나 두려운 마음을 갖기도 한다. 이 시기에 상담자는 내담자로 하여금 자신의 감정을 충분히 표현하고 이러한 감정의 의미를 알도록 돕는 상담을 한다. 이러한 과정을 통해 내담자의 감정이 정리되면 내담자의 마음이 비워진다.

때때로 어떤 내담자들은 확신에 찬 마음을 보이거나 지나치게 감정에 몰입된 상태를 보이기도 한다. 내담자가 확신에 찬 마음을 보일 경우, 상담자는 내담자의 확신에 찬 상태가 과거의 자신을 유지하려는 것에 원인이 있는지의 여부를 알아보는 상담을 진행한다. 과거의 자신을 유지하려는 이유로 보이는 확신은 시간이 지나면서 그 힘을 잃게 된다. 이는 내담자가 이미 자신의 세계를 그대로 유지하기 어려운 정보나 생각을 갖고 있음에도 불구하고, 변화에 대한 거부로 인해 자신이 믿고자 하는 바를 택하는 확신을 보이기 때문이다. 지나치게 감정에 몰입된 내담자도 역시 감정으로 자신의 기존의 세계를 유지하려고 한다. 즉, 새로운 세계에 대한 두려움이 일어나 자신의 세계를 그대로 유지하기 위해 과도하게 울거나 화를 내기도 한다. 이러한 경우 상담자는 다시 한번 앞의 상담 과정을 통해 내담자가 마음을 비워낼 수 있도록 돕는다.

빈 마음이 되면 내담자는 궁금해진다. 호기심은 교육을 위한 최적의 조건 중 하나다. 수많은 교육적 활동은 호기심에 의해서 이루어진다. 어린아이들은 호기심 때문에 많은 경험을 한다. 아이들에게는 이러한 경험이 모두 훌륭한 교육이 된다. 경험을 통해 아이들은 새로운 것을 배운다. 이렇게 배워진 새로운 것들은 아이들의 심리적 세계를 만드는 역할을 한다. 가치관 형성이나 습관 형성, 이미지 형성과 같은 심리적 구조들은 모두 이러한 호기심이 만들어 낸 결과다. 호기심은 아이들만의 전유물이 아니라 어른들도 호기심에 의해서 계속적으로 성장할 수 있다. 어른들은 기존의 것들에서 모순이나 문제점을 발견한 경우 자신의 모순이나 문제점을 해결하기 위해 호기심을 갖게 된다.

빈 마음이 된 내담자는 보통 사람보다 훨씬 더 강력한 호기심을 갖게 된다. 즉, "이제 과거와 같이 어리석은 마음을 갖지 않고 살려면 어떻게 해야 하는가?"라는 강한 질문이 호기심의 형태로 생기게 된다. 이러한 질문은 내담자로 하여금 새로운 것을 배울 수 있게 하는 중요한 조건이 된다. 내담자는 "과거에 가졌던 모순을 극복하기 위해서 무엇을 해야 하는가?"라는 질문을 자신과 상담자에게 던진다. 이러한 시점을 통해 상담자는 내담자에게 배움을 제공하고, 내담자는 상담자와 일대일 맞춤식 교육을 통해 새로운 것을 배워 나간다.

초월상담은 심리 교육과 영적 교육을 통해 내담자의 호기심을 충족시킨다. 상담자는 모든 인간은 초월의 욕구를 가지고 태어나며 끊임없이 성장하고 배우는 존재라는 심리적 사실을 내담자에게 교육한다. 인간은 자기 자신을 초월해 나가는 존재고 이러한 초월을 통해서 초월 자기를 만들어 간다. 예를 들어, 화가 난 사람들에 대한 심리 교육을 생각해 보자. 화가 난 사람들에게 빈 마음이 생기면 객관적 자기의 활동을 통해 자신이 왜 그렇게 어리석게 화를 내었는지를 생각해 보게 된다. 상담자는 "화를 통해 자신이 무엇을 하려고 했는가?"라고 물으며, 초월과 화를 연결한 교육을 할 수 있다. 인간은 자신이 옳다고 증명함을 통해 자신을 넘어서고자 한다. 다른 사람들이 자신이 옳음을 인정해 주면 인간은 자신이 옳다는 신념을 갖게 된다. 이때의 자신이 옳다는 신념은 자신 스스로에게서 나오지 않고 다른 사람들의 인정을 통해 발생한다. 즉, 화를 내서라도 타인의 인정을 받으려는 노력은 스스로 존재하기보다는 다른 사람들을 통해 존재하려는 초월 욕구 중 하나다. 일반적으로 인간은 자신 스스로를 초월하기보다는 다른 사람들의 인정을 받아서 자신보다 더 큰 존재가 되려는 경향이 강하다. 이러한 경우에는 그 초월의 기반이 다른 사람에게 있기 때문에 진정한 초월이라고 말하기 어렵다. 즉, 타인의 인정을 기반으로 한 초월은 초월의 모양은 갖추었지만 타인의 인정을 받아오는 것이므로 자기 스스로의 초월의 내용을 갖추지 못하게 된다. 상담자가 내담자와 더불어 타인의 인정 대신 스스로 존재하는 것에 대한 일대일 맞춤식의 교육을 하게 되면, 내담자는 빈 마음을 통해 자신의 마음을 새롭게 조명하는 마음이 생기며 이를 통해 스스로의 초월의 모양과 내용을 갖출 수 있게 된다.

영적 교육이란 절대자와의 관계를 통해서 자신을 새롭게 조명하는 일이다. 비어 있는 마음을 갖게 되면 이제 내담자는 자신을 절대적 관점에서 새롭게 조명할 수 있다. 상담자는 내담자의 "나는 어리석게도 왜 이렇게 우스운 삶을 살았는가?"라는 물음을 통해 초월 교육을 시킨다. 초월 교육이란 절대자의 입장에서 보는 인간관을 의미한다. 심리학이 인간을 심리적 관점에서 보는 학문이라면 초월상담학은 인간을 절대자의 입장에서 보는 이론이다. 그렇기 때문에 상담자는 내담자의 이러한 질문에 대해 토론하고 대답 할 때, 초월적 입장을 분명하게 밝힐 수 있어야 한다. 절대자의 입장에서 볼 때 인간은 모순적이고 부분적이며 작은 존재다. 먼저, "자신이 왜 이렇게 어리석은가?"라는 내담자의 말은 지극히 자연스럽고 당연한 존재적 질문이다. 인간이 모순적 존재기 때문에 인간은 어리석고 모순적인 방법이나 방식 그리고 방향을 선택하게 된다. 자신이 살아왔던 삶이 어리석다는 말은 이미 이러한 초월적 인간관이 반영된 현상이다. 상담자는 이러한 내담자의 질문에 대해서 초월상담적 입장에서 타당화할 필요가 있다. 상담자의 타당화는 초월상담의 인간관에 비추어서 이루어진다.

두 번째로, 자신이 어리석은 이유는 옳다는 방향으로만 생각을 해서 전체적 조명에 실패하였기 때문이다. 인간은 부분적 존재기 때문에 한쪽으로 치우치는 편향의 잘못을 쉽게 저지른다. 화가 난 내담자는 자신의 화로 인해서 상대방이 얼마나 힘들고 어려운지를 잘 지각하지 못한다. 다른 사람의 입장에서는 어떻게 보이는지 그리고 상황이 달라지고 위치가 달라지면 어떻게 되는지 전혀 생각을 하지 못하게 된다. 즉, 화가 난 사람들은 귀머거리가 되고 소경이 되어 들리지도 않고 보이지도 않는다고 말할 수 있다. 영적 측면에서 볼 때 이러한 현상을 자기 의(self-righteousness)라 부른다. 화가 난 사람들은 자신이 옳고 의롭다고 주장하는 상태에 빠지게 된다. 이들은 자신만이 옳다고 생각하기 때문에 편향적이다. 관계적인 측면에서 생각해 보면 자신이 옳고 타인이 그름만을 계속 주장하며 상대방이 자신을 좋아하는지 싫어하는지는 생각하지 못한다. 즉, 자기만 옳다고 생각하는 자기 의에 빠지게 되면 관계를 생각하지 못하여 관계가 깨지고 관계 안에서의 자신의 존재를 잃게 된다. 자기 의에 빠진 사람들은 이런 점을 생각하지 못하는 편향적 입장에 서게 된다. 이런 부분이 초월상담의 인간관에서 볼 때 부분적 존재의 편향이다.

세 번째로, 화가 난 내담자들은 옳음을 통해서 자신을 확장하고자 한다. 지배적 입장에 있는 사람들은 옳음을 내세워 자신의 폭력을 정당화하는 수단으로 사용한다. 이는 폭력적 지배다. 폭력적 지배를 하는 사람들은 자신이 화를 내는 이유는 상대방이 원인 제공을 했거나 자신의 말을 듣지 않았기 때문이라고 생각한다. 이러한 이유를 내세우며 자신의 폭력은 폭력이 아니라 상대방을 통제하고 말리기 위한 수단이라고 말한다. 폭력적 지배를 하는 가해자들은 피해자들에게 자신이 폭력을 행사하는 이유를 대부분 다음과 같이 말한다. "네가 맞을 짓을 해서 맞는 거야!" "나는

너를 안 때리려고 했는데 정말 너는 맞지 않으면 안 되겠다." "나는 원래 잘 때리는 사람이 아닌데 네가 나를 때리도록 유도한 거야! 알겠어?"라고 말을 하며 자신이 때리는 이유를 상대방의 탓으로 돌린다. 종속적 입장에 서 있는 사람들은 옳음을 도덕적 지배를 위한 수단으로 사용한다. 자신이 내는 화는 누가 봐도 옳다고 주장한다. 도덕적이거나 합리적 화를 통해 상대방이 얼마나 잘못되었는지를 증명하려고 한다. 이렇게 자신이 내는 화가 합리적이거나 도덕적인 한, 자신은 잘못이 없고 모든 잘못은 상대방에게 있다고 주장한다. 그렇기 때문에 이들은 종종 억울한 마음을 토로한다. 자신이 무엇을 잘못했으며 자신은 아무런 피해를 주는 사람이 아니라고 항변하기도 한다. 이들의 주장은 언뜻 옳아 보이지만 영적으로 보면 여전히 자기 의에 빠진 사람이다. 왜냐하면 지배와 종속의 관계 내에서 상대방이 폭력을 행사할 때에 자신은 무엇을 제공했는지에 대해서는 아무런 인식이나 이해가 없기 때문이다.

도덕적 지배나 폭력적 지배 모두 자신을 팽창하기 위한 수단이다. 초월상담에서 상담자는 이러한 점을 내담자와 토론한다. 내담자는 자신이 옳다고만 주장하지, 이러한 옳음이라는 주장이 자신과 어떤 관련이 있는지에 대해서는 전혀 알지 못할 때가 있다. 상담자는 일대일 맞춤식 교육을 통해 내담자가 자신의 옳음을 주장함으로 자신을 팽창시키고 있다는 사실을 인식시킨다. 절대자의 입장에서 볼 때 인간은 근본적으로 작은 존재이므로, 자신을 팽창시켜 큰 존재가 되려고 하는 사람들은 병리적 현상을 경험하게 된다. 절대자 앞에서 작은 존재인 인간은 서로의 작음을 위로하고 격려하며 수용하면서 사는 사람들이다. 그렇기 때문에 옳음을 주장해서 자신이 얼마나 정당한가를 말하기 시작하면 인간은 끊임없는 갈등의 소용돌이로 들어가게 된다. 이러한 점이 분명하게 부각되고 인식이 되면 내담자는 새로운 시각을 갖게 된다. 이러한 새로운 시각이 곧 재구조화다.

(4) 재구조화: 새로운 맥락

초월상담에서는 교육을 통해 내담자를 근본적으로 재구조화한다. 화에 대한 재구조화를 예로 들자면, 화를 내는 내담자는 자신의 화를 관계적 측면이나 사회적 측면에서 조망한다. 화를 관계적 측면에서 조망하는 내담자는 자신의 화를 관계적으로 이해한다. 이런 경우의 화는 자신과 상대방이라는 관계적 맥락에서 발생하는 감정이다. 즉, 다른 사람들과의 관계에서 자신은 아무런 잘못이 없는데 상대방이 자신을 해치려 하거나 자신에게 잘못을 저질렀다고 생각한다. 말하자면, 자신은 잘못이 없고 상대가 잘못을 해서 자신이 화가 나는 것이기 때문에 잘못이 있는 상대방이 바뀌어야 한다고 생각한다. 이렇게 다른 사람을 바꾸려고 하면 통제를 당하게 되는 상대방도 같은 방식으로 자신을 바꾸려는 사람을 바꾸려 한다. 이렇게 되면 서로 갈등이 증폭되고 화를 해결할 길은 요원하다. 화를 사회적 측면에서 조망하는 내담자는 자신의 화를 사회적 맥락에서 이해한다. 이런 내담자는 사회가 불공평하거나 제도가 불합리하기 때문에 자신이 화가 난다고 토로한다. 제도의 불합리성이나 사회의 불공평은 사람들을 화가 나게 하는 중요한 사회적 맥락이고 흐름이다. 그렇기 때문에 많은 사람은 이러한 사회적 불평등이나 제도적 불합리성을 바로 잡기 위해 노력한다. 하지만 이러한 노력은 일정한 한계를 가지고 있다. 제도의 불합리성과 사회의 불공평은 모두 인간이 모순적이기 때문에 생겨난 현상이다. 이러한 인간의 모순을 그냥 둔 채로 사회와 제도만 고치려고 하는 인간의 노력은 불합리하고 불평등적일 수밖에 없다. 상담자는 이러한 점을 내담자에게 부각시킨다. 상담자는 내담자의 화가 어디에 근거하고 있는지를 지적하고 이를 토론하면서 내담자로 하여금 자신의 화가 가지고 있는 모순된 점을 인식하도록 한다.

상담자는 관계적이거나 사회적인 맥락의 측면을 영적 맥락으로 재구조화함으로써 내담자의 화를 근본적으로 조정한다. 앞에서 이미 말한 바와 같이 화에 대한 근본적 해결책은 일시적 제도 개선이나 사회적 불평등의 조정을 통해 생겨나지 않는다. 화의 해결을 위해서는 인간의 화가 근본적으로 자신의 모순 속에서 일어나고 있음을 인식하도록 돕는 교육이 필요하다. 상담자는 절대자와의 관점에서 발생하는 인간관을 내담자에게 교육할 필요가 있다. 즉, 상담자는 내담자의 화를 사회와 관계의 맥락이 아닌 영적 맥락에서 절대자와의 관계를 통해 조명하도록 내담자를 재구조화한다. 재구조화를 통해 인간은 절대자 앞에서 근본적으로 모순적이고 부분적이며 작은 존재기 때문에 화를 통해 이를 극복하려 하고 있음을 깨닫게 한다. 즉, 관계적인 형태의 화는 자신의 치우친 부분을 덮기 위한 수단이며, 사회적인 형태의 화는 작은 자신을 관계나 제도를 통해서 확장하려고 노력하는 수단이다. 내담자는 이러한 수단을 통해 화의 원인을 외부에 돌리면서 자신은 문제가 없는 사람이라는 생각을 하지만 화는 근본적으로 자신 속에서 발생하기 때문에 내부의 문제를 외부에서 해결하려는 모순을 범하게 된다. 이러한 점에 대해 상담자는 일대일 맞춤식 교육을 통해서 내담자가 자신의 화를 새롭게 인식할 수 있도록 내담자를 재구조화한다. 재구조화된 내담자는 이제 자신의 화를 영적으로 바라볼 수 있는 맥락을 갖게 되었다.

4) 수용

초월상담 이론에서는 내담자로 하여금 영적 맥락을 인식하고 이러한 맥락에 따른 자신의 존재를 발견하여 받아들도록 하는 기법을 수용이라 칭한다. 수용은 인지적으로도 일어나지만 정서적으로 일어나는 과정이며, 단 한순간에 일어나는 현상이기보다는 일련의 과정을 거쳐서 일어나는 현상이다. 상담자는 내담자가 이러한 수용의 과정을 충실히 밟아갈 수 있도록 돕는다. 수용은 인식, 의지 그리고 정서적 경험에 의한 확장적 경험을 통해 이루어진다.

(1) 외길임을 인식키기

영적 맥락으로 재구조화가 일어나면 상담자는 내담자에게 이러한 영적 맥락이 내담자 자신과 어떤 관련이 있는지를 묻는다. 앞에서 예로 든 화의 경우, 화를 내면서 발견한 자기모순에 대해서 어떻게 할지를 묻는 활동을 한다. 자기모순을 깨달은 내담자는 이제 이러한 모순을 어떻게 할지에 대한 중대한 기로에 놓이게 된다. 상담자는 내담자가 지금까지 화를 내면서 다른 사람들을 원망하는 마음을 가지고 살아왔음을 다시 한번 상기시킨다. 상담자는 이제 화로부터 그리고 내담자 자신의 모순으로부터 벗어나 앞으로 더 나아가기 위해 어떻게 하기를 원하는지 다시 한번 내담자에게 묻는다. 이러한 질문은 내담자로 하여금 이제 한 길밖에 없음을 인식하도록 하는 물음이다. 즉, 이러한 물음은 이제 내담자의 선택지에는 수용과 거부만이 존재함을 알도록 한다. 상담자는 수용을 원치 않는 내담자와는 수용을 했을 때와 거부를 했을 때 어떤 일이 벌어질지에 대해 토론을 한다. 상담자는 내담자로 하여금 거부를 하면 마음이 어떨지에 대해서 묻는다. 이 질문을 받는 내담자는 거부란 자신이 다시 옛날로 돌아가는 것임을 안다. 상담자는 내담자가 수용을 거부할 경우, 앞으로도 여전히 화를 내야 하고 이렇게 화를 내면 상담 전과 달라진 점이 없어 지금까지 상담을 받아 온 시간과 노력이 물거품이 된다는 사실을 인식하도록 한다. 그러나 수용을 하면 내담자가 새로운 세계를 만날 수 있음을 알도록 한다. 새로운 세계란 아직 가보지 않은 길이고 이 길은 생소한 길이지만 하나밖에 없는 길임을 내담자가 인식할 수 있도록 한다.

이런 경우에 필자는 종종 내담자에게 성경말씀을 들려주곤 한다. "좁은 문으로 들어가라 멸망으로 인도하는 문은 크고 그 길이 넓어 그리로 들어가는 자가 많고"(마태복음 7:13)라는 성경말씀을 통해서 내담자로 하여금 새로운 길이 좁은 문임을 알게 한다. 좁은 문은 생명으로 인도하는 문이고 넓은 문은 멸망으로 인도하는 문이다. 문을 풍성한 삶의 관점에서 보면 수용은 좁은 문이고 거부는 넓은 문이다. 거부를 하면서 자신이 옳고 모순이 없으며 자신이 잘못한 것이 없다고 주장하는 사람들은 넓은 문으로 들어간다. 이 넓은 문은 처음에는 들어가기 쉽지만 나중에는 힘들어진다. 그러나 소수의 사람들은 좁은 문으로 들어간다. 좁은 문이란 풍성한 삶으로 인도하는 문이다. 자신의 모순을 발견하고 받아들이는 사람들은 이제 좁은 문으로 들어간다. 이들은 처음에는 가슴이 아프고 힘들며 자신만 억울한 것 같은 느낌이 들지만 이내 평안한 마음을 소유하게 된다. 이렇게 평화의 마음, 평안의 마음, 평온한 마음을 갖게 되기 위해서 좁은 문인 수용의 길을 가는 방법 밖에 없음을 내담자가 인식하도록 상담자는 돕는다.

좁은 문으로 들어가는 비유를 내용적으로 말하면 자신이 하나님의 위치가 아닌 사람의 위치에 있음을 알도록 하며, 상담자는 내담자와 토론과 질문을 통해 이 점을 인식시킨다. 인간은 근본적으로 신이 아니고 인간이며 그리고 죄인이라는 점을 인식하도록 내담자를 다시 한번 상기시킨다. 죄인의 의미는 여러 가지가 있다. 그중 화는 자기 의와 교만의 문제를 나타내는 것이기 때문에 내담자가 자신이 죄인임을 깨달아야 한다. 화는 자신이 큰 사람임을 증명하려고 하는 감정이며, 자신이 모순이 없음을 알리려 하며, 자신이 올바르고 치우치지 않은 사람임을 천명하는 감정이다. 상담자는 이렇듯 화라는 감정을 통해 자신을 주장하는 내용들이 얼마나 어리석고 황당한 모습인지를 내담자가 다시 한번 인식하도록 돕는다. 크고 모순이 없고 치우침이 없는 존재는 하나님 한 분뿐이시다. 이에 반해, 피조물인 인간은 하나님 앞에 서면 그저 작은 존재고 수많은 모순을 가지고 있으며 한쪽으로 치우친 존재이다. 상담자는 내담자에게 이런 내용을 알리고 상기시키거나 토론 또는 나눔을 통해서 알아가도록 돕는다. 즉, 내담자 자신이 내고 있던 화 속에 이렇게 상상하기 힘든 존재에 대한 갈망이 있음을 알도록 한다. 인간이 인간일 수 있는 이유는 이러한 잘못된 갈망을 내려놓고 자신의 영적 위치를 수용할 때에만 찾을 수 있다. 인간은 종종 자신이 인간임을 망각하고 다시 신의 자리에 도전하는 어리석은 존재일 뿐이다. 이러한 점이 상담자와 공유될 때 내담자는 자신의 영적 위치를 더 잘 수용할 수 있게 된다.

(2) 의지적으로 수용하도록 돕기

내담자가 자신이 하나밖에 없는 길에 들어섰음에도 불구하고 망설이거나 옛날처럼 행동하려고 하면 상담자는 이제 내담자에게 선택을 하도록 요청하는 질문을 할 수 있다. 자유자로서 내담자는 자신의 인생을 스스로 결정하는 사람이다. 상담자는 내담자가 자신 스스로 상담을 받기로 결정을 했고 지금까지 많은 과정을 거쳐서 여기까지 왔음을 상기시킨다. 필자는 이러한 경우 내담자에게 선택에 대한 여러 가지 말을 한다. 내담자가 자유자이기 때문에 결국 선택의 몫은 본인의 것임도 상기시킨다. 선택에는 대가가 따른다. 하나를 선택하면 다른 것을 선택할 수 없고 다른 것을 선택하면 또 다른 하나는 선택할 수 없다. 이러한 점을 상기시키면서 내담자 본인이 무엇을 선택하는지에 따라서 삶은 달라질 수밖에 없음도 인식시킨다.

인간은 자신의 선택에 대해 자유자이면서 동시에 자신의 삶을 스스로 결정하는 중요한 결정자다. 선택을 통해 인간은 자신의 삶을 자유롭게 살고, 본인의 결정에 의한 자신의 삶을 살게 된다. 선택의 순간은 본인 이외에는 아무도 관여할 수 없는 엄중한 실존적 현실이다. 이러한 선택을 어떤 방향으로 잡아가느냐에 따라서 인간은 자신의 삶의 질과 책임 그리고 그에 따르는 결과가 달라짐을 감당하게 된다. 상담자는 이러한 점을 내담자와 서로 나누면서 어느 길을 가게 될지는 내담자 본인의 선택에 의해 달라짐을 인식시킨다.

여기서 상담자는 내담자로 하여금 선택을 강요당하는 것처럼 느끼게 하거나 내담자 대신 상담자가 선택을 하지 않도록 주의한다. 내담자 중에는 본인들이 선택을 하지 못하여 상담자가 대신 선택을 해 주길 바라거나 본인의 결정을 미루는 경우가 있다. 이들은 의존적 경향을 가진 사람으로서 자신의 선택에 따른 결과를 책임지기 두려워하는 사람들이다. 이런 경우 상담자는 내담자의 선택에 대한 부담감, 두려움을 다시 상담을 통해 다룬다. 상담자가 내담자 대신 선택을 하여 지배적 관계를 만들거나 내담자로 하여금 선택을 강요하며 내담자를 기다려 주지 않는 방향으로 관계를 하게 되면 추후 상담 종결 시 문제가 발생을 한다. 이러한 의존적 내담자들은 종결을 하게 되면 다시 두려움에 휩싸이고 그래서 종결을 하지 않으려는 경향이 있다.

상담자는 중립적 위치를 지키면서 내담자가 결정할 수 있도록 돕는 역할을 한다. 상담자의 이런 중립적 위치는 내담자로 하여금 자신의 길을 선택하는 데 있어서 중요한 환경적 변인이다. 일정한 거리를 두면서 내담자로 하여금 본인의 길을 선택하도록 돕는 일이 상담자로서는 내담자의 선택을 돕는 최선의 길이다. 상담자는 내담자는 본인 이외에는 이제 아무도 자신의 길을 대신 선택해 줄 수 있는 사람이 없음을 인식하도록 한다. 이러한 인식은 내담자 스스로 자신의 삶을 실존적으로 엄중하게 대면하고, 이러한 대면의 결과로 선택을 하게 하도록 만든다. 상담자는 조용하지만 분명하고 분명하지만 부드럽게 내담자의 선택을 기다린다. 이러한 상담자의 조용하고 분명하고 부드러운 태도는 내담자로 하여금 본인의 선택을 할 수 있도록 돕는 최적의 역할을 하게 된다. 내담자가 그동안 반항적으로 반사회적 결정을 해 왔거나 의존적으로 자신의 결정을 미루어 온 사람들이었을 경우에, 이들은 종종 감정적으로 결정을 내려 왔을 것이다. 그러나 상담자의 조용하고 분명하나 부드러운 태도가 깔린 관계적 환경에서는 내담자가 감정적인 반사회적이거나 의존적 결정을 내리지 않을 가능성이 높아진다. 즉, 상담자가 조용히 기다리는 방식의 태도로 내담자에게 아무도 본인의 결정에 대해 강요하거나 위협, 협박을 하지 않는다는 것을 인식하게 하며, 상담자는 내담자의 결정을 존중하고 있음을 내담자가 느낄 수 있도록 한다.

(3) 수용적 경험을 나누기

내담자가 본인의 선택에 의해서 하나님 앞에서 자신이 작고 보잘 것 없이 형편없고 모순덩어리인 존재임을 받아들이면 내담자의 마음속에는 여러 다른 감정이 발생한다. 내담자는 그동안 화를 통해 다른 사람들의 잘못을 지적하며 자신의 옳음을 증명하고 자신이 그들보다 우위에 있음을 위안으로 삼았던 자신의 행동이 부끄러워지고 어색한 느낌이 들며 행동적으로 위축된다. 즉, 이전에는 모순이 없고 자신만 옳다고 주장을 하던 자신이 얼마나 어리석었는지를 인식하게 된다. 이러한 인식은 기존의 자기세계를 부정하게 만들고 인정하고 싶지 않지만 인정하지 않을 수 없는 감정을 갖는데 이러한 감정은 씁쓸함, 고통, 슬픔이다. 즉, 내담자는 인식을 통해 마음이 씁쓸해지기도 하고 가슴이 아프기도 하며 때로는 우울하고 슬퍼지는데, 이러한 감정들은 모두 자기모순을 발견하고 받아들이면서 발생되는 감정들이다. 상담자는 내담자가 느끼는 이러한 감정들을 하나씩 분명하고 짚고 넘어가는 활동을 한다. 상담자는 내담자의 씁쓸한 감정에 대해 더 자세하게 말을 하도록 질문을 한다. 만일 내담자가 이 감정에 대해서 제대로 인식을 하지 못하면 감정의 의미를 설명해 준다. 씁쓸한 느낌은 인정하고 싶지 않지만 인정하게 될 때 발생되는 감정이다. 내담자는 자신이 마치 하나님처럼 굴었던 장면들이 순식간에 눈앞에 지나가는 것과 같은 과정을 겪는다. 이러한 장면들과 자신이 화를 내면서 자기 마음대로 했던 순간들이 겹치며, 내담자는 입맛을 다시듯이 씁쓸함을 느낀다. 이러한 씁쓸한 느낌은 내담자가 자신의 기존 세계를 부정하면서 발생된다.

씁쓸한 느낌과 더불어 내담자는 가슴이 아픈 고통을 경험하며 슬퍼진다. 이러한 고통은 내담자가 자신에 대한 확신이 강할수록 더 크게 느껴진다. 즉, 자신은 모순이 없고 확실하고 분명하다는 확신이 강하면 강할수록 자신의 기존 심리 구조가 깨지고 무너지는 것에 대해 가슴속에 경험되는 고통은 더욱 커진다. 이렇듯 내담자는 자신의 기존 심리 구조를 변화시키기 위해 가슴앓이의 과정을 겪는다. 많은 경우 내담자들은 자신 안에 있는 소망이나 확신을 통해 기존의 심리 구조인 자기 세계를 유지하려 한다. 하지만 그러한 확신이나 소망이 어리석었음을 인식하고 확인하게 되면 가슴앓이인 고통을 경험한다. 고통은 슬픔을 수반하며 많은 경우 내담자들은 눈물을 흘린다. 자신이 확신에 차서 했던 많은 행동들이 다른 사람들을 얼마나 아프게 하고 힘들게 했는지를 확연히 인식을 하며 슬피 울거나 어떤 경우 통곡을 하는 내담자도 있다. 울음과 슬픔은 내담자로 하여금 자기 세계를 부정하고 새로운 세계를 확장하는 과정에서 반드시 일어나는 수용의 과정이다. 이러한 감정들이 어느 정도 사라지고 나면 내담자는 새로운 감정에 경험하면서 변화를 거듭하게 된다.

(4) 자기 분투를 통한 확장된 새로운 세계를 인식하기

눈물 흘리고 가슴 아파하던 내담자들은 종종 자신의 옛날 구조로 돌아가려는 노력을 한다. 이러한 과정에서 상담자는 내담자로 하여금 자신과 싸울 수 있도록 돕는 역할을 한다. 울고 가슴 아파하던 내담자들은 갑자기 고개를 들고 자기가 왜 이렇게 해야 하는지에 대해 항변을 한다. 어떤 경우에는 자신은 잘못한 것이 없고 상대방이 잘못을 했는데 왜 자신이 이렇게 힘들어해야 하는지를 모르겠다며 고개를 치켜들고 상담자에게 화를 내듯이 말을 하기도 한다. 이때 상담자는 내담자의 이러한 화가 나고 힘들고 원망스러운 마음을 공감하고 수용한다. 공감과 수용을 통해 내담자는 자신이 무엇을 하고 있는지 다시 인식한다. 화를 내고 원망을 할 때마다 다시 하나님과 자신과의 영적 위치를 재확인하는 것이다. 이러한 재확인은 상담자가 내담자에게 자신이 왜 화가 나고 원망하는 마음을 가지고 있는지 재도전하면서 일어난다. 이러한 재도전의 과정을 겪으면 내담자의 원망과 화는 쉽게 가라앉고 그 주기도 짧아진다.

이러한 몇 번 반복된 과정의 통해 내담자는 이제 새로운 인식에 도달한다. 즉, 이러한 과정은 단순한 일회성 과정이 아니라 자신의 이전 구조와의 새로운 싸움임을 알게 된다. 상담의 과정 속에서 상담자의 반복적 공감과 지지 그리고 새로운 도전을 통해 내담자는 본인이 이 과정을 반복적으로 겪고 있음을 더욱더 인식하게 된다. 이제 내담자는 중요한 기로에 서서, 이 갈림길에서 앞으로 지속적으로 나아가거나 뒤돌아서 온 길로 돌아갈 수밖에 없다는 것을 알게 된다. 내담자에게는 갈림길로 보이는 그 길이 실은 하나밖에 없는 외길이었음도 알게 된다. 즉, 앞으로 나아가는 길, 그 길만이 유일한 길임을 알게 된다. 이러한 과정은 외롭고 힘들지만 내담자 본인이 가야 할 길이고 이러한 길을 묵묵히 가는 사람이 영적인 사람임을 알게 된다. 자신을 지속적으로 변화시키기 위해 기존의 세계를 부정하고 새로운 세계를 형성하는 길만이 자신이 가야할 길임을 깊이 깨닫고 인식을 한다.

(5) 자기 분투를 통한 확장된 새로운 세계를 받아들이기

이러한 깨달음과 더불어 내담자는 이제 공허감, 심한 허탈감을 경험하게 된다. 즉, 이전에 자기 세계를 지탱하고 유지하던 확신, 소망, 원칙들이 무너진 자리를 이러한 감정들로 경험하게 된다. 힘이 빠지고 약간은 무기력하며 때로는 우울을 경험하기도 한다. 자신이 똑똑하다고 생각했던 내담자는 자신이 어리석은 것 같은 느낌이 든다. 자신이 합리적이고 생각했던 내담자는 자신이 얼마나 비합리적인지를 알게 된다. 자신이 분명한 사람이라고 생각했던 사람은 자신 속에 얼마나 불분명함이 존재하는지를 알게 된다. 상담자는 이러한 과정에서 내담자가 이제 자신의 세계를 확장하고 있음을 알도록 도와줄 필요가 있다.

내담자의 마음속에는 분명과 불분명, 확신과 의심, 합리와 비합리, 똑똑함과 어리석음과 같은 서로 다른 양면이 공존한다. 이때 상담자는 내담자가 자신의 기존 세계의 의식에서는 존재하지 않는다고 생각했던 부분들을 받아들이도록 돕는다. 상담자는 내담자의 새로운 측면들을 조망하고 토론함으로 자신이 얼마나 비합리적이며 어리석고 불분명한 사람인지를 다시 한번 인식하도록 한다. 이러한 부분들이 더 확장되고 받아들여지면 내담자의 공허감과 허탈감은 줄어든다. 이전에 소중하게 여기던 것들이 없어지면서 발생된 내담자의 공허감과 허탈감은 잃어버렸다고 생각했던 부분들이 새로운 자기의 모습들로 채워지며 급속도로 줄어들게 된다. 이러한 부정적 감정들이 줄어들 뿐만 아니라 자신의 새로운 모습이 기존 세계에서 확장되어 받아들여지면서 내담자는 새로운 감정을 경험하게 된다. 여기서의 새로운 감정은 뿌듯하고 든든하고 힘을 받는 것 같은 느낌이다. 이러한 감정을 경험하면서 내담자는 이제 새로운 세계인 확장된 세계를 살게 된다.

제11장

초월상담 과정과 초월 자기의 형성

1. 범주 확장의 과정

1) 자기 인식

초월상담의 과정에서 반영적 사고(reflective thinking)는 중요한 위치를 갖는다. 반영적 사고란 자신의 범주를 바라보면서 반추하는 생각이다. 자신의 모습을 거울에 비추어 보듯이 보면서 자신을 점검하고 확인하는 모양이 반영이다. 반영적 사고는 자신의 것들을 다른 것들과 비교할 수 있도록 만들어 준다. 이렇게 비교하기 위해서 인간은 맥락적 사고를 필요로 한다. 내 범주 속에 들어있는 것들이 어떤 맥락에 있는지, 어떤 위치에 있는지를 비교하기 위해서 맥락적 사고를 필요로 한다. 예를 들어, 절대자와 인간이라는 맥락에서 화를 반영하면 화에 대한 전혀 다른 해석이 가능해진다. 인간은 화가 나면 자신이 옳다고 생각하고 자신이 원하는 대로 상대방을 통제하려고 한다. 화가 난 정도에 따라서 달라지지만, 화가 100% 났다고 가정한다면 인간은 100% 당위적 상태에 있게 되어 자신이 옳다고 믿고, 자신이 생각하는 바를 완전한 현실이라고 여기는데, 이러한 상황은 절대자가 가지고 있는 현실이다.

즉, 100% 화가 나면 인간은 자신을 절대자의 위치에 올려놓게 된다. 이러한 내용은 이미 앞 장에서 영적 맥락으로 자신의 화에서 살펴보았다. 그러나 화를 사회적 맥락이나 심리적 맥락으로 바라보면 전혀 다른 생각을 하게 된다. 화를 사회적 맥락에서 보게 되면 서로의 잘못을 따지면서 경쟁을 하게 된다. 이러한 상태에서 내담자의 화는 경쟁의 맥락에 있게 된다. 심리적 맥락에서는 화와 관련하여 자신의 당위성을 찾게 된다. 화를 어느 맥락에서 인식하고 이해하는가에 따라서 사람들은 자신의 화에 대해 전혀 다른 이해를 하게 된다. 화는 자신이 얼마나 옳은지를 자신에게 스스로 주입하는 감정적 과정이기 때문에 심리적 맥락의 화는 자신에게 부여한 당위성에 의한 감정이다.

이 같이 화와 관련한 자기 인식은 내담자로 하여금 자신이 어떤 맥락에서 어떤 위치에 있는지를 깨닫고 이해하도록 만든다. 화를 내는 사람들은 반성적 사고를 통해 자신이 왜 화를 내는지 그리고 화를 내면서 무엇을 얻으려고 하는지와 같은 중요한 질문에 봉착하게 된다. 이러한 질문에 봉착하는 과정은 자기 인식을 위한 지렛대의 역할을 한다. 자신이 100% 옳다고 믿는 사람은 자신이 정말로 100% 옳은지에 대한 반성적 사고가 필요하다. 이렇게 자신에 대해서 질문하기 시작하면 내담자는 자신이 100% 옳을 수 없음을 깨닫고 이해한다. 내담자는 자신이 주장하고 있는 호소문제와 자신이 100% 옳다고 주장하는 마음이 어떤 관련성이 있는지를 인식하고 이해하게 된다.

자기 인식은 자신의 세계를 돌아보는 성찰적 과정을 통해서 이루어진다. 이러한 과정은 자신에게 질문을 던짐으로써 발생한다. 자기 성찰은 자신에게 스스로 질문을 던지고 자신에 대해서 다시 한번 생각하고 이 질문에 대해서 답을 하는 일련의 과정이다. 인간은 자신과 꾸준히 대화를 하면서 자기에게 스스로 질문하고 답하는 과정을 반복적으로 거치며 자기의 세계를 점차로 알아 간다. 많은 내담자는 다른 사람들에 대한 질문을 한다. 예를 들면, 내담자의 빈번한 질문 중에는 "A는 저를 왜 이렇게 힘들게 만들지요? 그 사람은 도대체 왜 그렇게 행동을 하는 걸까요?"라는 질문이 있다고 하자. 이런 경우에 상담자는 내담자가 이런 질문을 왜 하는지를 다시 질문할 수 있다. 상담자는 질문에 대해서 다시 질문으로 답함으로써 질문의 방향을 타인에게서 자신에게로 돌리도록 한다. 이러한 질문의 방향이 쉽게 돌이켜지는 내담자도 있지만 그렇지 않는 내담자들도 많다. 그럼에도 불구하고 이러한 자기 질문을 꾸준히 해 나가며 내담자는 자신의 세계를 되돌아보는 과정을 거치고 이러한 과정을 통해 자신의 세계를 알아가기 시작한다.

2) 자기 반성과 범주 이해

자신의 세계를 이해하고 깨달은 내담자는 이제 자신의 범주를 확장할 기회를 갖는다. 상담자는 내담자와 더불어 이제 내담자 자신의 범주를 다시 한번 탐색하게 된다. 상담자와 내담자는 내담자가 그동안 이해하지 못했던 것과 내담자 자신의 범주와의 관련성을 서로 토론을 한다. 이러한 토론을 통해서 내담자는 자신이 무엇 때문에 그렇게 힘들어하고 어려워했었는지를 이해하게 된다. 그리고 상담자는 이러한 이해를 바탕으로 호소문제 속의 증상과 내담자 자신의 범주와의 연관성을 연결하도록 노력한다. 내담자로 하여금 자신이 살아왔던 세계가 어떻게 유지되고 있었는지를 보도록 한다. 이러한 상담자의 활동은 내담자로 하여금 증상이 자신의 세계를 유지해 오던 하나의 수단임을 알게 한다. 또한 내담자는 증상이 자신의 세계의 모순적이고 부분적이며 확장된 경향을 드러내는 방식임도 알게 된다. 증상, 호소문제, 자신의 겪는 감정들 그리고 자신의 범주가 모두 하나의 일관성을 갖는 세계임을 내담자는 상담자의 도움을 통해서 인식하고 이해하게 된다.

내담자는 이렇게 자신에 대해서 이해를 하게 되면 마음속에 공허하고 허전한 마음이 생긴다. 자신이 그동안 그토록 애쓰고 노력해 왔던 것들이 정말 유치하고 미숙하게 짝이 없는 것들이었음을 깨닫게 된다. 이러한 깨달음으로 인해서 마음속에 생긴 공허함은 내담자의 공간이다. 내담자는 이제 마음속에 빈 공간을 갖게 된다. 자신의 세계를 채우고 있었던 것들을 비우면서 이제 그 공간을 새로운 것으로 채울 수 있는 준비가 되었다. 한동안 내담자는 이렇게 자신의 세계를 비우면서 공허하고 허탈함을 느끼며 힘이 빠지는 경험을 하게 된다. 그동안 에너지가 충만한 사람처럼 살던 사람들이 이제는 힘이 없고 마치 우울한 사람과 같은 느낌을 갖게 된다.

그러나 이러한 공허한 느낌은 우울한 느낌과 다르다. 형태면에서 공허함과 우울함이 같지만 내용면에서는 많이 다르다. 우울함은 불가능한 환상을 중심으로 발생하기 때문에 채워도 채울 수 없는 밑 빠진 독에 물 붓기 같은 형태의 공허다. 그렇기 때문에 이러한 공허함은 에너지 소모를 기본적으로 요구한다. 끊임없이 에너지를 소모하면서 발생되는 공허이기 때문에 슬프고 우울한 느낌을 갖는다. 그러나 반영적 질문을 통해서 발생되는 공허는 객관적 자기를 통해 자신의 세계를 돌아보면서 갖게 되는 공허이기 때문에 에너지 소모에 의한 공허와는 다르다.

자신의 세계를 돌아보며 발생되는 공허는 두 가지로 이루어진다. 하나는 자신의 세계인 범주에서 모순으로 인한 과잉 행동이나 감정 그리고 에너지 소모가 줄어들면서 생기는 공허다. 이는 예전에 노력하던 행동을 멈추거나 감정적으로 사용하던 에너지 소모가 줄어들면서 생기는 공허함이다. 또 다른 하나는 자신의 세계와 다른 더 큰 세계를 바라보면서 공허가 생기기도 한다. 이때의 공허는 빈 상태라는 개념이 더 잘 어울린다. 자신의 세계를 채우고 있던 것이 줄어서 비워지는 공허와 빈 상태가 합쳐져 내담자의 세계에는 공간이 발생한다. 이 공간을 통해 내담자는 이제 새롭게 무엇인가를 할 수 있는 여유와 여지를 갖는다. 이러한 새로운 여지와 여유는 내담자가 자신의 범주를 확장하게 하는 중요한 역할을 한다.

3) 객관적 자기의 활동과 자기 범주

객관적 자기는 위에서 설명한 것과 같이 공허와 빈 상태를 통해 만들어진 공간 속에서 활동을 한다. 이는 마치 사람들이 일정한 공간에서 활동하는 이치와 같다. 공간 속에 물건이 잔뜩 있으면 이런 상황에서는 사람이 움직이기 어렵고 움직이더라도 이러한 물건들 때문에 움직임이 자유롭지 않다. 일반적으로 인간은 좁은 곳에서는 천천히 걷고 물건이 앞에 있으면 돌아가거나 넘어가는 행동을 하게 된다. 이러한 물리적 행동들을 심리적으로 전환하면 호소문제나 증상과 같다. 돌아가면서 다치기도 하고 물건을 피하려고 하다가 넘어지기도 한다. 심리적으로 보면 마음이라는 공간 속에 억울, 분노, 우울, 슬픔, 불안과 두려움 등과 같은 감정이 있으면 이러한 감정들은 일정한 공간 속에 있는 물건과 같다. 물건 때문에 돌아가다가 다치고 피하려고 하다가 넘어지는 행위는 심리적 감정으로 인해서 스스로 모순을 범하기도 하고 지나치게 상대에게 민감한 행동과 같다. 이러한 감정은 결국 객관적 자기에 영향을 미쳐서 객관적 자기가 제대로 작동하기 어렵게 만든다. 이러한 감정들에 의한 욕구인 실재 자기는 객관적 자기를 지배하여 이성적으로 생각하지 못하고 감정에 의해서 영향을 받는 생각을 하도록 만든다. 그러나 물건 또는 감정이 비워진 공간을 가진 여유로운 상태에서는 객관적 자기가 감정적 욕구에 휘둘리지 않으면서 자유롭게 이성적으로 생각할 수 있다.

이렇게 되면 객관적 자기가 감정적 욕구인 실재 자기와 분리되어 독립적으로 움직이게 되면서 자신의 범주에서 일어나는 병리현상을 반성적으로 바라볼 수 있는 여유가 생긴다. 자신의 기존 세계에서 변화시켜야 할 부분이 무엇인지를 알고, 무엇이 문제인지를 분명히 알게 된다. 자신 속에 팽창되었던 부분, 한쪽으로 치우친 부분과 갈등으로 인한 모순적 부분이 무엇인지를 알게 되고 이를 바로잡으려는 노력을 하게 된다. 예를 들면, 이러한 노력을 화라는 감정을 통해서 이해해 볼 수 있다. 폭력적으로 화를 내는 아버지 밑에서 성장한 사람들은 팽창, 편향, 모순을 경험하면서 살게 된다. 팽창은 화를 내는 아버지를 무시하고 경멸하는 도덕적 우위를 가지려는 범주 이탈의 병리다. 편향은 화를 내지 않기 위해서 오직 사실적인 이야기만 하는 마치 죽어 있는 나무와 같이 한쪽으로만 치우친 범주 치환의 병리다. 모순은 화를 내는 아버지를 괴물처럼 여기면서 화를 내는 범주 분리의 병리다. 이러한 팽창, 편향, 모순의 삶을 살아온 내담자들의 세계에 공간이 생기면서 내담자는 자신의 삶을 다시 바라보는 반성적 사고를 하게 된다. 이러한 반성적 사고는 새로운 자신을 만들기 위한 초석으로서 작용한다.

4) 병리현상과 초월 자기의 형성

객관적 자기는 실재 자기와의 활발한 상호작용을 통해 새로운 자기인 초월 자기를 형성해 간다. 자신 안에 있는 팽창, 편향, 모순을 이해하면서 내담자는 새로운 자기를 형성한다. 새로운 자기는 모두 자신이 지금까지 믿어 왔던 자기와는 다른 자기며 이러한 자기를 인식하고 만들어 가는 과정이 초월 자기의 형성이다. 초월 자기의 형성은 수평적이면서도 수직적으로 일어나며 인간의 병리현상이 극복되면서 일어난다. 병리현상의 극복은 자신의 범주가 어떤 방식으로 형성되어 있는가를 인식하면서 이루어진다. 범주 확장은 팽창, 편향, 모순의 이면에 있는 자신을 만나면서 일어난다. 이러한 범주 확장은 새로운 자기인 초월 자기를 형성하게 한다.

(1) 팽창 속의 초월 자기

팽창을 하면서 도덕적 우위를 점하려고 하는 내담자는 범주 확장을 통해 이제 위축되고 초라해지는 자신의 모습을 보게 된다. 내담자의 이런 초라한 느낌은 화를 폭력적으로 내는 아버지를 수치스럽게 여기는 감정과 같다. 범주 확장 이전의 내담자는 화를 폭력적으로 내는 사람은 모두 창피하고 부끄러운 사람으로 보았다. 이런 내담자가 자신이 아버지처럼 도덕적 폭력을 행하면서 살고 있다고 꿈에도 생각하지 못한다. 내담자는 자신을 도덕적으로 포장하며 아버지를 사람 취급하지 않있다. 내담자는 아버지의 야만과 자신의 도덕적 우월성에만 초점을 맞추느라고 아버지를 사람으로 취급하지 않는 태도가 폭력적이라는 사실은 전혀 인식하지 못한다. 하지만 상담을 통해 내담자는 자신의 마음속에 비교 우위를 점하려는 마음이 있음을 알게 된다. 내담자는 아버지의 폭력적 행동은 수준이 낮고 자신의 도덕적 행동은 수준이 높다고 생각한다. 그래서 그(녀)는 아버지의 폭력적 행동을 폄하하고 비하함으로써 화를 내지 않는 자신이 더 괜찮은 사람이라고 도덕적으로 우위를 점한다. 이러한 마음을 깨달은 내담자는 겉으로는 화를 내지 않았지만 속으로는 아버지를 무시하고 경멸하는 태도를 가지고 있는 자신을 만난다. 내담자는 이러한 자신의 태도도 폭력적임을 알게 된다. 내담자는 이제 물리적 폭력에서부터 심리적 폭력까지라는 새로운 지평을 열게 되었다. 내담자는 폭력에 대한 새로운 인식인 수평적 초월을 경험하게 된다. 이러한 수평적 초월을 통해서 내담자는 자신의 도덕적 세계에 폭력이 존재하지 않는다는 신념이 무너지면서 큰 충격을 경험한다. 도덕적 폭력도 폭력의 일종이라는 인식이 확장되면서 내담자는 멍현상을 경험한다. 한참 동안 멍한 상태로 있던 내담자는 이제 멍 상이 풀리면서 자신에 대한 새로운 이해에 도달하게 된다. 이때 객관적 자기가 활발히 작동하면서 자신이나 아버지나 별반 다르지 않는 사람임을 깨닫게 된다. 자신의 모습을 객관적으로 바라는 보는 마음이 생기면서 아버지도 자신과 동일선상에 있는 인간임을 알게 된다. 이러한 이해로 인해서 자신의 과거 행동도 새로운 각도에서 조명이 된다. 자신이 얼마나 어리석게 행동을 했으며 이로 인해서 얼마나 소중한 것들을 놓치고 살았는지가 한꺼번에 이해된다. 내담자는 이제 자신의 객관적 자기가 활발하게 작동하면서 감정에 지배당하지 않고 자신의 과거 행동이나 마음을 객관적으로 이해할 수 있게 된다.

앞의 과정을 다시 정리해 보면, 내담자는 도덕적 우위를 점하려는 자신이 얼마나 폭력적인지를 인식하며 수평적 초월을 하게 된다. 범주 확장 이전의 내담자는 야만과 도덕에만 초점을 맞추며 자신을 정당하게 여기기 때문에 도덕적으로 경멸하는 태도가 폭력적이라는 사실을 전혀 인식하지 못한다. 내담자는 상담 과정을 통해 폭력에도 다양한 종류가 있음을 알게 된다. 즉, 행동으로 보이는 폭력 이외에도 타인을 사람으로 여기지 않고 폄하하고 무시하는 도덕적 폭력 또한 모두 같은 폭력이라는 점을 점차로 인식해 나간다. 이러한 인식을 통해 도덕적 우위를 점하는 자신이 실제로 마음속에서 엄청난 폭력을 행하고 있음을 깨닫게 된다. 즉, 자신을 도덕적으로 포장하면서 아버지를 사람 취급하지 않은 자신 역시 비인간적 도덕적 폭력을 행한 사람이라는 사실을 새롭게 인식하게 된다. 내담자는 아버지뿐만 아니라 아버지와 같은 종류의 사람들을 모두 사람 취급하지 않는 비인간적인 비정 또는 무정의 폭력을 마음에서 행하고 있었다. 자신은 올바른 인간이지만 아버지와 같은 부류의 사람들은 인간이 아니라고 생각하며 은근히 미워하고 왕따시키는 자신을 보게 된다. 다시 말하면, 자신을 도덕적으로 우위에 올려놓으면서 인간을 차별하는 자신 역시 차별적 폭력을 행사하는 사람임을 인식하게 된다. 야만적 폭력이나 도덕적 폭력은 종류만 다르지 모두 같은 폭력이라는 점을 인식하면서 내담자는 수평적 초월을 하게 된다. 폭력의 종류에 대한 인식적 확장을 경험하며, 내담자는 자신과 아버지가 별반 다르지 않는 인간임을 알게 되는 범주의 확장을 경험하게 된다.

수평적 초월과 더불어서 인간이 폭력적 존재라는 인간과 폭력의 관계에 대한 새로운 인식은 내담자로 하여금 수직적 초월을 경험하게 한다. 폭력의 종류와 관계없이 인간이 폭력적이라는 사실은 내담자로 하여금 인간에 대해서 새로운 생각을 하도록 만든다. '왜 이렇게 인간은 폭력을 행할까?'라는 질문에 대답하면서 내담자는 인간이 폭력을 통해서 지배성을 확보하려고 한다는 사실을 알게 된다. 야만적인 폭력은 힘을 통한 지배 그리고 도덕적인 폭력은 심리적 우월을 통한 지배임을 내담자는 알게 된다. 다른 말로 하면, 인간은 폭력을 통해서 자신을 지배적 위치에 올려 놓으면서 자신은 다른 사람들보다 더 큰 존재임을 과시하려는 행동을 한다. 이러한 인간의 특성에 대한 이해를 통해서 내담자는 작은 존재가 야만과 도덕을 통해 커지려고 하는 행동이 일종의 병리현상임을 깨닫게 되고 인간의 이러한 병리현상이 뿌리 깊음을 알게 된다. 이러한 병리현상에 대한 이해는 자신을 더욱 부끄럽게 여기는 깊은 수치심을 경험하게 한다. 이러한 깊은 수치심 경험을 통해 내담자의 팽창된 자기는 무너지며 도덕적 우위가 사라진다.

이때 내담자는 한편으로는 수치스럽지만 다른 한편으로 중압감과 죄책감 등과 같은 감정의 해소를 통해 새로운 자기를 만난다. 또한 이런 경험과 더불어 내담자는 아버지에 대해서도 새로운 경험을 하게 된다. 내담자는 야만적 폭력이 오히려 더 솔직하고 인간의 본질에 더 가까이에 있기에 인간의 원초적 성향을 그대로 보이지만, 도덕적 폭력은 오히려 몇 겹을 더 위장하는 문화적이고 문명적 폭력임을 깨닫게 된다. 내가 만난 내담자는 인간이 폭력적 존재라는 깊은 인식을 경험한 후에 자신에게 폭력적으로 화를 내던 아버지에게 오히려 더 깊은 정을 느꼈다. 자신이 싫어하는 아버지였지만 그러한 아버지가 좀 더 자신에게 솔직하게 다가오고 있었음을 알게 되면서 아버지를 껴안아 드리고 싶은 마음이 생겼다고 한다. "아버지 죄송해요. 그리고 사랑해요."라는 말이 내담자의 입에서 저절로 나온다. 이 내담자는 인간의 본질에 대한 새로운 이해와 인식을 통해 뜨겁게 눈물을 흘리며 범주의 확장 및 증상의 해소를 경험했다. 그녀는 그동안 도덕적 우위를 점하기 위해서 노력하며 아버지를 미워했지만 한편으로는 느껴 왔던 죄책감이 한결 가벼워짐을 경험했다. 그녀는 오히려 자신을 비우며 인간의 본질적 존재에 가까이 다가가는 본질적 이해를 통해 자신의 도덕적 폭력을 넘어서는 수직적 초월을 경험했다.

수평적 초월과 수직적 초월을 경험한 내담자는 이전의 자기와 다른 새로운 자기, 즉 초월 자기가 되었다. 초월 이전의 자기는 물리적 폭력만을 폭력이라고 생각하면서 아버지와 같은 종류의 사람을 미워했다. 그러나 내담자는 객관적 자기가 활성화되면서 폭력에 대한 새로운 이해와 인식을 통해 변화된 자기인 초월 자기를 형성하게 된다. 내담자는 인간이 본질적으로 폭력적이며 폭력에는 수많은 다른 형태의 폭력이 있음을 깊이 깨닫고 이를 통해서 새로운 마음이 필요함을 알게 된다. 내담자는 미워하고 경멸하던 아버지가 원초적으로 솔직한 사람임을 이해하면서 아버지에 대한 새로운 마음이 생긴다. 아버지를 창피해하고 미워하여 밀어내던 내담자는 이제 아버지를 안아 드릴 만큼의 넉넉한 마음의 소유자인 초월 자기를 갖게 된다.

(2) 편향 속의 초월 자기

편향된 자기를 가지고 사는 내담자는 여러 가지 방식으로 편향된 행동을 한다. 다른 사람에게 매달리는 편향, 다른 사람을 자신에게 맞추려는 편향, 아예 다른 사람들과 정서적 관계를 맺지 않으려는 편향 등과 같이 다양한 방식의 편향된 행동, 즉 치우친 행동이 있다. 이러한 편향된 행동 중에 다른 사람들과 관계를 맺지 않으려는 편향의 세계를 가진 내담자가 어떻게 초월을 통해서 새로운 자기인 초월 자기를 갖는지 알아보자.

다른 사람과 정서적 관계를 맺지 않으면서 살아가는 내담자가 종종 보이는 행동 양식 중 하나가 객관적 사실과 개념만을 말하기다. 자신이 가지고 있는 느낌과 감정을 직접적으로 표현하면 상대방이 자신을 싫어하거나 감정적으로 얽힐 수 있다는 불안이나 두려움으로 인해서 내담자는 이러한 행동을 한다. 이러한 행동은 안전을 추구하는 행위다.

이 같은 내담자가 상담을 받게 되면 상담자는 내담자가 자신의 느낌과 감정에 접촉할 수 있도록 하는 상담을 진행한다. 상담이 이렇게 진행되면 내담자는 자신의 어색한 느낌이나 부적절한 감정을 만나게 된다. 이럴 때 상담자는 내담자에게 "지금 기분이 어떠세요?"라는 질문을 하게 된다. 이러한 질문을 받은 내담자는 자신의 기분을 직접적으로 말하기보다는 자신의 어색하고 부적절한 느낌에 대해서 설명을 하게 된다. 이러한 방식이 내담자에게 익숙한 행동이다.

상담자는 여기서 내담자가 왜 이런 행동을 하는지에 대해서 집중적으로 이해를 하도록 돕는 상담을 진행한다. 내담자의 느낌과 감정에 대한 설명은 다른 사람과의 관계에서 오해를 불식시키기 위한 기능을 갖는다. 내담자는 다른 사람이 자신을 오해하는 것을 싫어하거나 두려워하는 마음이 있다. 내가 만난 많은 내담자는 다른 사람이 자신을 싫어하면 혼자 남게 되어 버려지는 느낌을 갖는다고 말을 했다. 버려지면 자신이 살 수 없을 것 같거나 자신이 없어지는 느낌을 갖는다고 이러한 내담자는 종종 말을 한다. 이 두려움으로 인해서 내담자는 자신의 느낌과 감정을 직접적으로 표현하기보다는 설명을 통해서 상대방이 알아들을 수 있도록 행동을 한다. 내담자는 이렇게 설명을 하면 다른 사람이 자신의 마음을 오해하지 않을 것이라고 생각을 한다.

그러나 이러한 내담자의 기대와 달리 느낌과 감정을 설명하면 상대방은 오히려 오해나 의문을 갖게 된다. 느낌과 감정을 직접적으로 만나기보다는 설명을 통해서 간접적으로 내담자의 마음을 듣게 된다. 내담자의 느낌과 감정을 들은 주변 사람들은 자신이 생각하는 대로 내담자의 마음을 이해하게 된다. 이러한 사람들 중에 객관적으로 내담자의 마음을 이해하는 사람도 있지만 그렇지 않은 사람도 많다. 오해를 하기도 하고 이해하기 싫어하는 사람도 있다. 이러한 마음을 가진 주변 사람들은 엉뚱한 질문을 하기도 하고 내담자가 안전하지 않다고 느끼는 질문이나 피드백을 받기도 한다. 내담자는 안전해지려고 설명을 했다가 더 불안하게 된다.

내담자는 상담을 통해서 이러한 과정이 이해되기 시작하면 자신이 살아온 삶에 대한 회의와 후회의 감정을 느낀다. 그럼에도 불구하고 내담자는 간단하게 "후회된다."라고 말하지 못하는 자신을 보면서 여전히 자신이 후회되는 이유를 설명하게 된다. 상담자가 "왜 그렇게 설명을 하는가?"라고 물으면 내담자는 자신의 마음을 오해하지 않기를 바라는 마음이 있다고 말을 한다. 이러한 과정을 통해서 내담자는 설명을 통해서 자신의 마음을 상대방이 알아주기를 바라는 마음이 있음을 더 깊이 느끼게 된다. 이렇게 자신을 더 깊이 느끼면서 내담자는 이제 초월할 준비가 된다.

불안과 두려움에 의한 실재 자기가 객관적 자기를 지배하여 사실과 개념에 대해서 한쪽으로만 생각을 하는 편향된 내담자 자신을 보게 된다. 상담자는 상담 과정을 통해서 사실과 개념에 대해서 새로운 이해를 하도록 돕는다. 설명은 사실과 개념에 근거한 행동이다. 내담자는 상담을 통해서 느낌과 감정이 배제된 채로 설명을 할 수 있기도 하고 느낌과 감정이 배어 있으면서 설명을 할 수도 있음을 알게 된다. 자신이 왜 이렇게 느낌과 감정을 차단하고 사실과 개념의 설명만을 하면서 살아왔는지를 객관적 자기를 통해서 반성적 검토를 한다. 상담자는 내담자가 이러한 반성적 검토를 하도록 반영하면서 이러한 주제들을 같이 토론하고 이해를 한다.

이러한 과정을 통해서 내담자는 자신이 가지고 있는 사실과 개념이 감정과 연결되면서 생명력이 있다는 사실을 새삼 인식한다. 이러한 인식은 내담자로 하여금 새로운 세계로의 확장을 이끌어 준다. 느낌과 감정이 배제된 사실과 개념으로 이루어진 세계는 안전한 것 같지만 생명력이 없음을 알게 된다. 자신이 그토록 원했던 오해받지 않으려는 삶이 얼마나 허망한지 알게 된다. 이러한 내담자의 허망한 삶은 느낌과 감정이 없는 사실과 개념에 기반한 설명의 세계다. 내담자는 한 점 오해도 없이 완벽한 이해를 추구한 삶이 얼마나 터무니없는 행동에 기인하고 있음을 이해하게 된다. 이러한 세계는 죽어 있는 세계다. 인간이 생명력을 가지고 있다는 사실은 인간이 느낌과 감정을 가지고 있다는 사실과 연관되어 있다. 즉, 사실과 개념이라고 해서 다 같은 사실과 개념이 아니다. 어떤 사실과 개념은 생명력이 없이 죽어 있기도 하고 어떤 사실과 개념은 생명력과 연결되어 있으면서 많은 영향력을 미치기도 한다. 살아 있는 설명도 있고 죽어 있는 설명도 있다, 인간은 살아 있는 설명을 들으면 정서적 반응이 생기지만 죽어 있는 설명을 들으면 정서적 반응이 생기지 않는다.

이러한 중요한 이해에 도달하면서 내담자는 새로운 세계를 경험하게 된다. 내담자의 새로운 세계는 이제 인식의 확장을 통해서 만들어진다. 내담자는 자신이 왜 그토록 설명을 하면서 힘들었는지 그리고 재미가 없었는지를 확실하게 이해하게 된다. 내담자는 설명을 하면서 자신도 많이 지치고 다른 사람들도 왜 그렇게 반응해 왔는지를 인식하면서 많은 눈물을 보인다. 내담자는 자신의 설명이 살아 있도록 만들기 위해서 무엇을 해야 하는지 이해를 하면서 많은 정서적 반응을 보인다. 한편으로는 잘못 살아온 자신의 삶에 대해서 후회가 느껴지기도 하고, 다른 한편으로는 미래에 대한 희망으로 환희를 경험하기도 한다. 후회와 환희의 감정을 가지고 설명하면서 내담자는 새로운 세계를 경험한다. 이러한 새로운 세계는 내담자의 인식의 확장과 관련이 있다. 내담자는 죽어 있는 사실과 개념에 근거한 설명을 할 수도 있지만 살아 있는 사실과 개념에 근거한 설명을 할 수도 있다. 이러한 인식의 확장은 수평적 초월이다. 내담자는 이제 감정과 무관한 사실과 개념이 감정과 연결되어서 생명력을 갖게 된 사실과 개념으로 확장된 이해를 하게 된다. 내담자는 사실과 개념에 대한 더 폭넓은 이해를 바탕으로 내담자는 죽어 있는 사실과 개념을 초월하여 살아 있고 생명력이 있는 사실과 개념을 받아들이는 수평적 초월을 경험한다. 내담자의 편향은 수평적으로 해결되었다.

이러한 인식의 수평적 확장은 자신의 존재에 대해서도 새로운 인식을 갖도록 만든다. 그동안 느낌과 감정을 피해서 사실과 개념으로만 피해 간 자신이 어리석은 존재임을 알게 된다. 죽어 있는 사실과 개념에 의한 설명은 자신의 느낌과 감정을 피하기 위한 수단임을 내담자는 인식한다. 자신이 왜 이렇게 생명력이 없는 사실과 개념에만 매달리고 있었는지를 새롭게 인식한다. 이러한 내담자들은 자신의 가족 중 누군가가 아주 감정적으로만 행동을 하여 마음에 상처를 입은 경험을 가지고 있는 경우가 많이 있다. 그렇기 때문에 이들은 이러한 감정적인 사람처럼 되지 않기 위해서 무진 애를 쓰면서 살아왔다. 이렇게 살아온 삶이 느낌과 감정이 배제된 설명만 있는 세계를 만들게 되었다. 그래서 이들은 자신이 설명을 하면 무식하거나 감정적인 누군가와 다른 고상하고 괜찮은 사람이라고 생각한다. 그러나 내담자는 이러한 생각이 얼마나 허망하고 한쪽으로 치우친 삶을 만들었는지 새롭게 이해를 한다. 내담자는 자신이 느낌과 감정이 없이 머리만 존재하는 부분적으로 편향된 인간에서 느낌과 감정 그리고 머리의 상호작용을 통한 온전한 존재로 거듭나야 함을 알게 된다. 내담자는 부분적 존재인 편향된 인간에서 온전한 인간으로 수직 초월을 하게 된다. 부분적 존재는 언제나 온전한 존재의 일부분이다.

온전한 존재는 부분적 존재보다는 수준이 높거나 차원이 높은 존재다. 이러한 존재적 차이의 질적 의미를 깨달으면서 내담자는 수직적으로 초월을 하게 된다. 주변 인물 중 누군가처럼 감정적인 존재나 자신처럼 사실과 개념만 말하는 인지적 존재가 아닌 이 둘을 합친 새로운 존재로 초월하는 인간이 필요함을 내담자는 인식하게 된다. 이제 내담자는 감정적이 되면서 그 감정 속에 담겨 있는 자신의 생명력을 보기 시작했다. 이렇게 감정 속의 생명력과 심리적 개념이 연결되면서 내담자는 감정적이기만 한 사람 또는 인지적이기만 한 사람에게서 보지 못하는 것들을 볼 수 있게 되었다. 누군가가 가족 중 한 사람이라면 그 사람이 자신에게 감정적으로 하던 말이 단지 수준 낮고 창피하기만 하던 말이 아니라 그 감정들 속에 가족의 마음이 담겨 있는 말이었음을 새롭게 인식하기 시작했다. 감정적이기만 한 줄 알았던 가족의 마음이 자신을 향한 원초적 사랑임을 내담자는 인식하게 된다. 서로 사랑하기 위한 말 중에 거친 언어를 담고 있는 감정적 언어를 사용하는 가족 구성원들이 종종 있다. 내담자는 이제 감정적 언어를 넘어서, 즉 초월해서 그 사랑을 보기 시작하면서 많은 눈물을 흘리게 된다. 그토록 감정이 없이 사실만 말하던 내담자는 감정과 사실이 통합된 새로운 세계를 살아가는 온전한 존재가 되었다. 내담자는 사실만으로 이루어진 인지적 세계나 감정만으로 이루어진 정서적 세계보다 한 단계 더 높은 수준의 통합되고 온전한 세계를 살게 된다. 내담자에게는 수직 초월이 일어났다.

내담자는 수평 초월과 수직 초월을 통해서 편향을 넘어서 새로운 존재인 초월 자기를 형성했다. 내담자의 초월 자기는 보다 통합되고 자기 안에서 상호작용이 활발한 자신이다. 이제 내담자는 스스로 자신의 생각을 감정을 통해서 확인하고 감정을 통해서 생각을 발전시켜 나갈 수 있는 존재로 거듭났다. 이렇게 거듭난 자기가 초월 자기다. 내담자는 이제 훨씬 더 풍성하고 행복한 삶을 살 수 있는 자기를 만들었다.

(3) 모순 속의 초월 자기

모순을 가지고 살아가는 내담자는 화를 낼 때도 모순적인 마음을 드러낸다. 이러한 내담자는 화를 내고 싶지 않은데 자꾸 화가 난다고 종종 호소한다. 이런 경우 상담자는 상담 과정을 통해서 내담자에게 화를 내고 있는 마음과 화를 내고 싶지 않은 마음이 동시에 존재함을 일깨워 준다. 그리고 상담자는 이렇게 화를 표현하고 있으면, 화를 제대로 내지도 못하고 화를 내고 싶지 않은 마음도 제대로 존중하지 못한다는 모순을 직면하게 된다는 사실도 내담자가 알도록 한다. 즉, 상담자는 자신의 마음 중 어느 한쪽 또는 양쪽 모두를 희생시키고 있는 자신을 보도록 만든다.

범주가 분리된 사람은 이렇게 자신의 마음속에 있는 모순을 보고 받아들이면서 초월이 일어난다. 범주 분리가 일어나는 이유는 내담자의 세계가 두 가지 욕구를 받아들이기 어려울 정도로 축소되었기 때문이다. 이는 마치 어린이들이 졸면서 놀려고 하는 이치와 같다. 어린아이들은 놀고 싶은 욕구와 자고 싶은 욕구가 자신 안에서 충돌을 일으킨다. 이렇게 충돌된 욕구들은 자다가 놀려고 하고 놀면서 조는 행동 방식으로 나타난다. 어린아이들은 성장하면서 자신 속에 두 가지 욕구가 있음을 알고 이를 자신의 것으로 받아들인다. 이런 수용의 과정에는 초월이 존재한다. 청소년기에 발달한 추상적 사고를 통해서 자신을 객관적으로 바라보는 능력이 생긴다. 이러한 능력은 옆으로는 수평 초월이고 위아래로는 수직 초월이다.

앞에서 언급한 바와 같은 화를 내고 싶지 않지 않으면서 화를 내는 내담자의 경우를 생각해 보면 이러한 내담자는 폭력 가정에서 성장한 경우가 종종 있다. 내담자의 아버지가 폭력적이었다고 가정하면 내담자는 아버지가 무서워서 화가 나지만 제대로 화를 낼 수 없었다. 내담자는 화를 제대로 내지 못하기 때문에 화가 신경질이나 짜증의 형태로 나타난다. 내담자는 이러지도 저러지도 못하는 어정쩡한 세계인 부적절한 세상을 산다. 화를 내도 자신의 세계가 아닌 것 같고 화를 내지 않아도 자신의 세계가 아닌 것 같다. 이러한 부적절감은 내담자로 하여금 어디에도 속하지 못하는 이방인의 세계 또는 주변인의 세계를 살도록 만든다. 이방인 또는 주변인은 모두 어디에도 정확하게 속하지 않은 어정쩡한 불확실의 세계를 사는 사람들이다.

불확실한 세계를 사는 사람들이 확실과 불확실로 구성된 세계를 인식하고 수용하면서 범주 확장인 초월이 일어난다. 인식할 때는 수평 초월이 일어나고 수용할 때는 수직 초월이 일어난다. 화를 낼 수도 없고 화를 안 낼 수도 없는 내담자는 상담을 통해서 자신이 어정쩡한 세계를 살아가고 있음을 인식한다. 상담자는 내담자가 두려움 때문에 자신 속에 있는 화를 내지 못하고 있음을 인식시킨다. 상담자는 "화를 내면 어떻게 될 것 같으세요?" 또는 "화를 내면 아버지가 어떤 반응을 보일 것 같으세요?"라는 질문을 통해서 내담자 자신을 이해하도록 돕는다. 내담자는 이런 질문을 통해서 자신이 아버지가 무서워서 화를 못내는 어정쩡한 세계를 살고 있음을 알아 간다. 내담자로서는 이러한 어정쩡한 불확실의 세계 속에 살면서 애매하게 말을 해야 자신이 살아갈 수 있는 마음을 가지고 산다. 이런 내담자는 실제 생활에서 말을 할 때 애매하게 하거나 다른 사람이 잘 알아들을 수 없는 방식으로 말을 한다. 또는 말을 했다가 취소하기도 하고 문장을 끝내지 않고 말을 하는 경우도 종종 있다.

이러한 자신의 행동이 불확실성과 연관되어 있음을 인식하면서 내담자는 자신의 세계를 훨씬 더 이해하는 인식론적 초월인 수평 초월을 이루게 된다. 그동안 자신이 왜 그렇게 답답한 마음을 가지고 살았는지 그리고 자신도 확실하게 말을 하고 싶었지만 그럴 수 없었는지를 이해하면서 마음이 가벼워지고 편안해진다. 이들은 자신의 두려움 속에 있는 자신과 아버지의 행동을 한꺼번에 이해하게 된다. 내담자는 자신이 잘못 말하면 아버지가 자신을 때리기 위한 빌미를 제공할 수 있다는 점을 자신도 모르는 사이에 자동적으로 생각하고 있었다. 그래서 내담자는 아버지로부터 폭력을 당하지 않기 위해서는 말을 흐리거나 초점을 비껴가는 행동을 할 수 밖에 없었음을 상담을 통해서 인식한다. 이러한 인식으로 인해서 내담자는 자신의 불확실한 세계를 확실하게 이해한다. 이러한 이해의 확장이 수평 초월이다.

수평 초월은 수직 초월을 가능하게 해 준다. 내담자는 이제 자신과 아버지에 대해서 새롭게 인식하면서 인간 존재에 대해서 새로운 이해에 도달하게 된다. 인간 안에는 확실한 세계와 불확실한 세계가 동시에 존재한다는 점을 분명하게 인식한다. 화를 내고 싶은 마음은 확실한 세계고 화를 내지 못하는 마음은 불확실한 세계다. 화를 내고 자신의 생각을 분명하게 상대방에게 전달하여 상대방이 꼼짝 못하도록 만들고 싶은 마음은 확실한 세계를 반영하고 있다. 다른 한편으로, 화를 내지 못하는 마음은 화를 내면 발생하게 될 후폭풍을 생각하면서 미래가 어떻게 될지 모르는 불확실한 세계를 반영하고 있다. 내담자는 화를 내고 싶은 소망으로 이루어진 현재의 확실한 세계와 화를 내었을 때 결과로 일어날 미래의 불확실한 세계를 동시에 가지고 살고 있음을 깊이 깨닫고 받아들인다. 내담자는 자신이 현재의 확실성과 미래의 불확실성을 동시에 가지고 살고 있는 모순적 존재임을 알고 받아들인다.

모순으로 인해서 일관성이 없는 행동을 하고 있다고 생각한 내담자는 인간이 모순적 존재임을 이해하고 받아들이는 수평과 수직 초월을 통해서 초월 자기를 형성한다. 초월 이전의 자기에는 하나의 세계만 존재했다. 그런 그(녀)가 자신의 마음속에 두 가지 세계를 동시에 안고 살아가는 존재가 되었다. 확실한 세계와 불확실의 세계 하나만 존재하는 인간보다는 이 두 세계가 동시에 공존하는 세계를 받아들이는 사람이 초월 자기를 형성한 사람이다.

5) 범주 확장과 변형적 변화

초월상담 이론에 의하면 인간의 구조적 변화는 발달적 변화와 관련이 있다. 인간은 발달하면서 구조적 변화를 일으킨다. 초월 상담의 발달적 변화는 초월 단계와 관련이 있다. 감각적 초월에서 절대적 초월로 이르는 단계별 초월은 모두 구조적 변화인 변형적 변화다. 상위 단계는 하위 단계에 비해 차원이 달라지는 변형적 변화를 보이기 때문에 하위의 단계에 속한 사람들은 상위 단계의 사람들을 이해하기 어렵다. 변형적 변화는 구조적 변화로서 수평 축과 수직 축으로 이루어진다. 수평 축은 평면의 확장이고 수직 축은 위치의 재설정이다. 초월이 일어나면 수평 축인 평면의 확장과 수직 축인 위치의 재설정이 동시에 이루어진다. 다시 말하면, 확장이 일어날 때 위치가 재설정되고 위치가 재설정되면서 확장이 일어난다. 이 둘은 불가분의 관계다. 변형적 변화는 이렇게 확장과 설정이라는 두 축으로 이루어진 현상이다. 이러한 변형적 변화를 통해 확장과 설정이 어떻게 이루어지는지 수평과 수직 축으로 나누어서 이해해 보도록 한다.

6) 평면적 확장의 수평적 초월

감각적 초월 단계의 사람은 화가 난 경우에 자신의 욕구만 존재한다. 다른 사람들이 자신의 주변에 있지만 이들의 욕구나 이들이 원하는 것은 자신의 세계에 존재하지 않는다. 오직 자신의 욕구만을 충족하기 위해서 화를 낸다. 이들에게 다른 사람들은 점처럼 존재한다. 마치 섬이 바다 위에 떠 있듯이 가만히 존재하는 사람들이다. 그렇기 때문에 다른 사람들은 자신처럼 욕구를 가지고 있거나 자신처럼 화가 날 수 있다는 사실을 잘 인식하지 못한다. 단지 타인들은 자신의 욕구를 충족시켜 주는 대상에 불과하다. 이러한 대상들과 관계는 일방적으로 이루어진다. 일방적 돌봄을 요구하면서 자신의 욕구만이 존재하고 이러한 욕구를 충족하고자 한다.

감각적 초월에서 공유적 초월로 변형적 변화가 일어날 때 내담자들은 이제 상대방이 자신과 같이 욕구를 가지고 있고 화를 내는 존재임을 알게 된다. 이제 감각적 초월 단계의 내담자들은 자신과 상대방이 모두 화를 내는 존재라는 공동의 인식인, 수평적 초월을 한다. 하나의 욕구만 있던 세계에 두 개의 욕구가 공존한다는 인식을 하게 되면 감각적 초월 단계의 내담자는 더 이상 감각적 세계에 존재할 수 없게 된다. 상대방이 자신과 무관한 존재가 아니라 자신의 일부분이고 자신도 타인의 일부분임을 알게 된다. 감각적 초월 단계의 내담자는 자신만이 존재하는 분리된 세계에서 살고 있었다면 이제 공유적 초월 단계로 진입한 내담자는 자신과 타인이 공존하는 세계에 살게 된다.

이러한 평면적 확장의 수평적 초월은 공유적 초월에서 추상적 초월로 구조적 변화를 겪는 경우에도 동일하게 발생한다. 사회 속에서 살아가는 존재로 자신을 지각하게 되는 공유적 초월과 서로의 영향으로 인해서 자신들의 삶이 달라지는 추상적 초월에 대해서는 제7장에 소개한 바 있다. 내담자는 상대방 역시 자신과 같은 범주를 가진 종류의 사람이라는 인식의 확장을 경험하게 되는 공유적 초월 단계를 지나 추상적 초월 단계의 초월에 들어갈 수 있다. 화가 난 소녀 내담자의 예로 추상적 초월을 설명해 보겠다. 소녀인 내담자는 상담 과정에서 자신의 엄마도 여자임을 인식하게 되고 여성이 내는 화의 특징을 이해할 수 있다. 이는 내담자가 엄마를 엄마로서의 존재로만 인식해 왔던 부분에서의 수평적 초월뿐만 아니라 내담자는 엄마와 자신이 모두 여자임을 인식하게 되면서 추상적 초월을 경험하게 된다. 뿐만 아니라 추월적 초월을 통해 내담자는 여성은 언어에 민감하고 말투로 인해서 속이 상하고 화가 나는 마음을 가지고 있음에 대한 공통점을 발견한다. 엄마와 자신이 모두 여자임을 인식하며 화를 공유하는 소녀 내담자는 이제 자신들이 가지고 있는 화의 특성이 여성들에게서 공통적으로 나타나는 현상임을 발견한다. 이러한 공통적 특성을 여성에게 발견한 내담자는 이제 더 이상 공유적 초월 단계에 머물러 있지 못한다. 이제 사람들을 집단별로 또는 종류별로 인식하는 수평적 초월을 하게 된다. 자신이 가지고 있는 화는 자신만의 독특한 감정이 아니라 여성들이 공통적으로 소유하는 감정이다. 이 내담자는 모든 여성을 다 공유적으로 경험하지는 않았지만 이제 인식의 확장을 통해서 여성이라는 집단의 공통 감정임을 알게 된다. 둘만이 존재하는 공유적 초월에서 둘이 가진 공통점을 공유하는 모든 대상에게로 인식이 확장된다.

추상적 초월에서 절대적 초월로 이행하는 경우에도 이러한 인식의 확장이 일어난다. 이제 내담자는 인류 전체가 화를 내는 존재임을 알게 된다. 여성과 남성이 화를 내는 방식이나 이유 등이 다를 수는 있지만 인간은 모두 공통적으로 화를 내는 존재임을 알게 된다. 집단에서 인류 전체에로의 인식의 확장은 인간 세계와 비인간 세계로 전환을 만들어 준다. 비인간의 세계는 동물의 세계, 식물의 세계 그리고 무생물의 세계이면서 동시에 영적 세계다. 비인간의 세계에로의 인식의 확장은 자연스럽게 절대적 초월자에 대한 인식을 갖도록 만들어 준다. 화를 내는 존재로서 인간과 동물이 비슷하다는 점을 인식한다. 그리고 이러한 화는 영적 존재들과 연결되어 있음도 인식하게 된다.

감각적 초월에서 절대적 초월에 이르는 수평 초월은 한 개인에서부터 전체 인류에게로 이르는 인식의 확장을 가져다 준다. 내담자는 이러한 인식의 확장으로 인해서 한 개인으로부터 전체 인류에 이르는 인간이 공통점을 가지고 있음을 알게 된다. 나와 다른 인간은 다르지만 같다. 이러한 점은 철학적으로 볼 때 인간의 공통성 또는 보편성에 대한 인식이다. 이러한 인식이 인식론적 초월이고 곧 수평 초월이다. 평면의 무한한 확장을 통해서 이러한 인식론적 초월인 수평 초월이 일어난다.

7) 위치 설정의 수직적 초월

초월의 단계를 거치면서 인식의 확장을 통한 수평 초월이 일어날 때 동시에 수직 초월이 일어난다. 감각적 초월 단계의 내담자는 공유적 초월 단계로 이행하면서 자신만 화를 내고 있는 것은 아님을 알게 된다. 자신의 세계에 자신과 상대방이 모두 화를 내는 존재임을 인식한다. 화를 내는 존재가 하나가 아니라 둘이 존재하게 되면 자연스럽게 화의 크기가 줄어든다. 이렇게 화의 크기가 줄어들면서 그만큼 공간이 발생한다. 이러한 공간을 통해서 객관적 자기가 상대방과의 관계에서 자신을 재설정하게 된다. 자신만 존재하던 감각적 초월 단계의 내담자는 이제는 자신과 타인이 자신 속에 동시에 존재하고 있음을 알게 된다. 자신의 입장과 위치가 절대적이 아니며 상대성을 가지고 있음을 알게 된다. 이러한 자신을 스스로 조절하지 않으면 관계가 어려워짐도 이해하게 된다. 자신은 둘 중의 하나인 위치를 가지고 있음을 알게 된다. 이러한 이해를 바탕으로 하면 자신만이 절대적으로 자리하거나 위치를 차지하고 있는 사람이 아니라 상대방도 자리와 위치가 필요함을 알게 된다. 그만큼 자신의 마음속에서 자신의 위치가 줄어듦을 경험한다.

이제 추상적 초월 단계에 접어들면 자신의 위치는 훨씬 작아진다. 자신과 비슷한 사람이 많이 존재한다. 이렇게 많은 사람 중 하나가 자신이 된다. 이렇게 자신의 위치가 인식의 확장을 통해서 줄어들게 되는데 이러한 위치 설정이 수직 초월이다. 절대적으로 존재하고 싶어 하는 자신을 초월하면서 자신이 많은 사람 중 하나임을 받아들인다. 이렇게 자신의 위치 설정이 일어나면 결국 자신이 자신의 욕구를 충족하기 위해서 내고 있는 화는 별거 아닌 것이 된다.

절대적 초월로 이행을 하게 되면 인간은 모두 화를 내는 존재임을 알게 되고 자신도 이러한 인간 중 하나임을 인식하게 된다. 이러한 인식은 결국 자신의 화가 인류 공통이어서 특별할 것도 없고 그렇다고 해서 무시할 수 있는 것도 아님을 알게 된다. 그저 인간은 화를 통해서 자신의 욕구를 충족하거나 자신의 위치나 자리를 확보하려는 존재임을 알게 된다. 이러한 인간의 위치를 이제 동물의 세계와 비교할 수 있게 된다. 동물의 세계와 인간의 세계가 이런 면에서 비슷하다는 점도 인식을 한다. 이러한 인간과 식물 그리고 무생물의 세계와 연관을 시키면서 자신의 위치를 점차로 더 인식하게 된다. 마지막으로, 영적 초월자들과 관련 속에서 화를 위치시킴으로서 인간은 이렇게 작은 존재임을 알게 된다. 인간이 이러한 많은 세계 어디에 위치를 하고 있으면 화를 통해서 이러한 위치를 어떻게 설정하려고 하는지를 더 인식하게 된다. 화를 통해서 인간은 자신을 최고의 위치인 신의 자리에 올려놓으려는 시도를 하고 있음을 인식하게 된다. 결국 화는 신이 되려는 감정임을 인식하면서 자신이 얼마나 보잘것없는 존재인가를 알게 된다.

8) 차원적 포괄차이

확장에 의한 수평 초월과 위치를 통한 수직 초월은 차원적 포괄차이인 변형적 변화를 만들어 낸다. 자신의 욕구에만 충실하게 화를 내던 감각적 초월 단계의 내담자는 화와 자신으로 구성된 세계에 산다. 공동의 화와 자신과 타인으로 구성된 공유적 초월의 세계는 감각적 초월 단계의 화와 자신을 모두 포함한다. 그러나 감각적 초월 단계에 존재하지 않는 타인과 타인의 화가 들어 있다. 공유적 초월 단계의 내담자는 자신의 화에 의한 욕구를 인식하기는 하지만 이제 이 화는 자신만의 화가 아니라 타인과 공유된 화임을 알게 된다. 그리고 자신이 절대적 위치를 가지고 있던 감각적 초월의 내담자는 자신의 세계에 타인과 자신의 위치를 설정하면서 서로 점유하는 위치가 필요함을 알게 된다. 공유적 초월의 내담자는 이제 같은 화를 내더라도 타인을 생각하면서 화를 내게 된다. 이러한 화는 타인의 존재를 인정하지 않을 때 자신만을 위하고 타인을 파괴시키는 감정이었지만 이제는 타인을 배려하면서 자신이 원하는 것을 얻기 위한 화로 변화된다. 같은 화지만 질적으로 다른 화다.

공유적 초월의 화와 추상적 초월의 화는 유사한 방식으로 질적 차이를 보인다. 추상적 초월의 화는 공유적 초월의 화를 모두 포함한다. 자신과 상대방을 포함하면서 동시에 자신과 비슷한 부류의 집단 원들을 한꺼번에 자신의 세계에 포함시킨다. 이러한 세계에 공존하는 화는 이제 집단을 대변하는 집단적 화로 변화된다. 집단적 화는 관계적 화를 포함하는 새로운 차원의 화다. 자신과 타인의 욕구를 반영하면서 동시에 같은 집단의 모든 욕구를 반영하는 집단적 차원의 화다. 이런 방식의 화는 예를 들면, 청소년을 대변하면서 내는 화, 학부모 집단을 대변하는 화 그리고 여성을 대변하는 화 등이 있다.

이제는 이러한 집단적 화가 인류적 화로 그 차원을 달리한다. 인류적 화는 인류 전체를 하나의 공동체로 보는 화다. 이러한 화는 여러 집단원을 포괄하면서 이러한 집단이 하나의 요소로 살아갈 수 있는 인류 공동체적 화다. 인류를 가슴에 품은 사람들이 내는 화는 개인의 화, 관계적 화 그리고 집단적 화를 모두 포함하면서 동시에 질적인 차이를 보인다. 인류가 공동으로 번영하기 위한 화는 각 국가나 민족들에게 일정한 방식의 희생을 요구할 수 있다. 이러한 방식의 형태는 곧 기후 협약 같은 세계적 조약이다. 이러한 조약은 인류가 맞이하고 있는 이상 기후에 대처하기 위해서 각 국가나 민족 대변하는 조약이다. 내담자 중 누군가가 이러한 화를 내고 있다면 이는 모든 인류를 번영으로 이끌기 위한 화다. 이런 의미에서 인류애를 담고 있는 화는 다른 화들보다는 차원이 높은 화다.

2. 변형적 변화의 순간

1) 인지적 공백 상태

멍현상을 경험하는 내담자는 자신이 지금껏 옳다고 믿었던 신념과 반대의 현상을 접하게 된다. 감각적 초월의 단계의 내담자는 부모가 자신의 욕구를 충족해 주어야 한다는 당위적 신념을 가지고 살았다. 그러던 내담자가 부모도 자신처럼 욕구를 가진 존재고 화를 낼 수 있는 사람이라는 인식을 통해서 멍현상을 경험한다. 이러한 멍현상은 인지적으로 공백 상태를 말한다. 자신이 옳다고 믿었던 신념이 더 이상 옳지 않을 수 있다는 충격적 경험은 내담자로 하여금 무엇이 옳은지 무엇이 그른지를 알 수 없는 공백 상태를 만들어 낸다.

인지적 공백 상태는 생각을 할 수 없는 비어 있는 상태다. 모든 인지적 활동이 멈추어지는 순간이 멍현상이다. 이러한 멍현상으로 인해서 내담자는 이제 모든 것을 원점에서 검토를 할 수 있는 조건을 갖게 된다. 자신의 생각이나 신념을 이제 신뢰할 수 없는 상태를 갖는다. 아무것도 판단을 할 수 없고 아무것도 믿을 수 없는 상태가 이러한 인지적 공백 상태다. 인지적 공백 상태에 다다르게 되면 객관적 자기가 독립적으로 활발하게 작동한다. 내담자는 이러한 공백을 무엇으로 채울 수 있는 지 그리고 이러한 공백이 가져다주는 의미들이 무엇인지에 대해서 객관적으로 생각할 수 있게 된다. 이렇게 객관적으로 생각할 수 있는 힘은 이제 자신이 지금까지 해 왔던 자신의 행동을 검토하는 감정적 반응으로 연결된다.

2) 반성적 기억

인지적 공백 상태는 자신이 지금까지 했던 주장들이나 생각들 그리고 모순들이 한꺼번에 스치면서 마감한다. 자신이 무엇을 해 왔는지에 대한 기억들이 떠오른다. 그리고 자신이 주장을 하긴 했지만 때로 의심스러웠던 순간들이 자신 기억에 스며든다. 이러한 기억은 마치 주마등처럼 빠르게 스쳐 지나간다. 마치 한꺼번에 모든 것을 점검하듯이 자신의 삶이 한꺼번에 지나간다. 많은 사람이 죽음 직전에 경험한 현상과 비슷하다. 또한 회심을 경험한 사람들이 하나님을 만나기 직전에 경험하는 현상과도 유사하다. 모든 것이 한순간에 빠르게 지나간다. 이러한 기억들은 수초 동안 또는 수분 동안 지속된다. 그리고 다른 경우에는 멈추었다가 다시 이러한 기억들이 등장하기도 한다.

이러한 현상은 마치 컴퓨터가 빅 데이터를 읽어 내는 과정과 비슷하다. 순간적으로 많은 데이터가 화면에 지나간다. 이렇게 지나가는 화면에 있는 데이터들은 모두 자신이 옳다고 주장했던 장면들과 관련이 있다. 수많은 기억이 한꺼번에 떠오르지만 전혀 과부하가 걸리지 않는다. 평상시에 이렇게 많은 기억이 한꺼번에 떠오르면 머리가 아프거나 몸이 어딘가 좋지 않게 된다. 그러나 이미 내담자는 인지적 공백 상태이기 때문에 이러한 기억은 자유롭게 떠오른다. 이렇게 떠오른 기억들은 그 자체로는 서로 연관성을 가지고 있지 않지만 각각은 모두 자신이 옳다고 주장을 하던 것과 관련이 된다. 많은 기억들이 한꺼번에 떠오르지만 이때는 기분에 별 변화가 없다. 그러나 좀 더 분명하게 자신이 무엇을 했는가를 인식하고 나면 이제 감정적 변화가 찾아온다. 지금까지 자신이 옳다고 주장하면서 누렸던 마음의 평화가 깨진다.

3) 감정적 반응

자신이 믿고 있던 신념이 흔들리면서 내담자는 이제 자신이 무엇을 잘못했는지 깨닫게 되고 이 때문에 후회, 원망, 죄책감, 수치심과 같은 감정들이 발생한다. 후회의 감정은 자신이 옳다고 주장했던 자신의 모습에 대한 반성적 자각으로 인해서 발생을 한다. 자신이 무엇을 했고 왜 이렇게 어리석은 행동을 했는가라고 생각을 하면서 자신을 자책을 하는 마음을 갖는다. 자신이 옳다고 믿었던 확신은 이제 맹신으로 이해되면서 자신을 질책하고 비난하는 마음을 갖는다. 이러한 후회의 감정을 갖게 되면서 내담자들은 다양한 신체적 반응을 보인다. 자신의 머리를 때리는 사람도 있고 자신을 몸을 어디에 둘지 몰라서 안절부절못하는 사람도 있다.

이러한 후회의 감정과 더불어 원망의 감정도 생긴다. 내담자들 중에는 자신에게 이렇게 중요한 것을 왜 알려 주지 않았는가 하는 마음을 갖는 사람도 있다. 특히 의존적인 사람일수록 이러한 원망의 마음이 강해진다. 자신은 잘 모르는데 미리 알려 주었더라면 좋았을 것이라고 생각한다. 특히 자신에게 중요한 사람들에 대해서 원망하는 마음을 갖는다. 자신이 이러한 감정을 겪지 않도록 미리 알려 주는 역할을 하는 사람들에게 좋지 않은 감정을 보이기도 한다.

심한 경우에는 죄책감과 수치심을 갖기도 한다. 자신이 옳다고 주장하면서 상처를 주었던 사람들이 떠오르기도 한다. 그들에 대해서 미안한 마음, 후회의 마음과 더불어 자신을 자책하는 죄책감이 발생한다. 이러한 죄책감은 자신을 벌주면서 자신의 어리석음을 탓하는 감정이다. 좀 더 조심했어야 하고 다른 사람들에게 상처를 주지 말았어야 한다는 마음 때문에 괴로움이 동반되기도 한다. 이러한 감정들과 더불어 자신이 너무 부끄럽게 여겨지는 수치심을 경험한다. 자신이 어디로 들어가고 싶은 마음이 들기도 한다. "쥐구멍에라도 들어가고 싶다."라고 말을 하는 내담자들도 있다. 자신이 잘못되었음을 깊이 느끼면서 회개와 반성의 마음을 갖는다.

이러한 부정적 감정뿐만 아니라 긍정적 감정들도 경험한다. 긍정적 감정들로는 가벼워지는 느낌, 홀가분한 느낌, 편안해지는 느낌 등을 갖는다. 그동안 자신이 옳다고 주장을 하면서 느끼는 버겁고 무거운 느낌이 사라진다. 옳다고 주장하기 위해서는 많은 것을 맞추는 논리적 노력이 필요하다. 이러한 논리적 노력의 이면에는 부담감을 가지고 주장을 하게 된다. 이러한 부담감이 사라진다. 또한 '주장이 틀리면 어떻게 하지?' 등과 같은 불안이나 걱정, 염려들도 사라진다. 주장을 하기는 하지만 자신이 주장이 틀렸을 수도 있음을 일부 인식하고 있다. 사실 인간은 무엇인가를 주장할 때 완벽하게 옳다고 믿기 어렵다. 그렇기 때문에 옳다고 주장을 하면서도 한편으로 부담이나 불안과 같은 부정적 감정을 수반하게 된다. 이러한 감정들이 사라지면서 편안하고 홀가분한 느낌이 든다.

4) 비어 있는 마음

확신에 찬 마음과 부정적 감정 그리고 일부 편안한 느낌을 갖게 된 내담자는 이제 마음이 비워진다. 먼저, 신체적으로 기운이 빠짐을 경험한다. 그동안 주장하느라고 힘을 주고 있었던 마음이 비워진다. 이렇게 비워지면서 몸도 가벼워지는 느낌이 든다. 이제야 내담자는 자신이 얼마나 힘을 주고 있었는지 그리고 긴장을 하면서 살고 있었는지를 인식하게 된다. 인지적으로도 뭔가 빠진 사람 같은 느낌이 든다. 많은 내담자는 "나사가 빠진 것 같아요." "멍청해진 것 같아요." "생각이 잘 나지 않아요."

“무엇인가를 자주 빼 먹게 돼요.” 등과 같은 반응들을 한다. 전에는 치밀하게 살던 사람들은 덤벙거리게 된다. 그리고 무엇인가 빈틈이 없게 살던 사람들은 듬성듬성 빈틈이 보인다. 그리고 논리적으로 규명하면서 살던 사람들은 생각이 나지 않으면서 자신이 얼마나 비논리적인지를 경험하게 된다.

이렇게 비워진 마음을 갖게 되면 내담자는 이제 자신의 모순, 팽창, 편향을 재정립할 수 있게 된다. 모순을 없애기 위해서 그토록 노력했던 사람들은 이제 인간이 모순적 존재임을 경험을 통해서 받아들인다. 화를 내는 것 자체가 모순적이라는 사실, 주장하려는 마음이 상대방을 얼마나 힘들게 했는지에 대한 깊은 이해, 인간은 이렇게 이러한 방식으로 살아가는 존재임을 깊이 받아들이게 된다. 주장과 비주장을 같이 받아들이면서 이제 내담자는 새로운 선택을 할 수 있게 된다. 화를 낼 수도 있고 내지 않을 수 있는 자신을 보게 된다. 이러한 선택은 이제 자신을 더 자유롭게 만든다. 그리고 더 확장된 자신을 보게 된다.

편향적인 사람들은 인간이 편향적일 수밖에 없음을 알고 받아들인다. 인간은 누구나 중심에 설 수 없고 자신들이 한쪽으로 치우친 존재임을 알고 받아들인다. 자신도 이러한 편향에서 예외가 아니다. 그렇기 때문에 인간은 누군가 인간을 초월하는 절대자가 필요하다는 영적 인식도 생긴다. 인간은 누구나 편향적이기 때문에 편향적이지 않는 사람은 절대자밖에 없음을 알게 된다. 이는 절대적 초월이다.

팽창된 사람들은 인간이 자신을 중요하게 여기기 위해서 얼마나 노력하는 존재인지를 알게 된다. 인간은 자신을 다른 사람들보다도 더 중요하게 여기기 위해서 자신이 옳다고 주장하고 있음을 알게 된다. 특히 도덕적 우위를 점하기 위한 노력은 옳음을 통해서 이루어지고 있음을 알게 된다. 인간은 그 자체로 상대적일 수밖에 없으며 절대적으로 옳은 인간은 없음도 알게 된다. 절대적으로 옳은 절대 진리를 소유한 절대적 초월자가 필요하다는 사실도 인식을 하게 된다.

5) 새로운 구조

이렇게 비어 있는 마음에 깨달음이 생기면 내담자들은 새로운 구조를 만들게 된다. 이 새로운 구조는 범주가 확장된 변형적 변화다. 이전에 가지고 있던 자신의 마음이 새로운 구조 속으로 통합된다. 옳음만을 주장하는 내담자들은 옳을 수도 있고 그렇지 않을 수도 있음을 알고 이에 알맞은 구조를 만들기 시작한다. 인간은 누구도 절대적일 수 없고 단지 상대적일 수밖에 없음에 맞는 구조를 필요로 한다. 이러한 구조로 인해서 화를 내는 자신은 화가 도구적일 수밖에 없을 알게 된다. 화가 전에는 자신을 주장하는 집행적 자기의 대표적 성격이라면 이제 화는 집행적 자기의 부분일 수밖에 없다. 화라는 감정은 이렇게 새로운 구조 속에서 새로운 위치를 갖는다.

자신과 자신과의 관계도 새롭게 설정된다. 옳음을 주장하면서 옳음 중심으로 방향이 지워지던 자신은 이제 옳음이 뒤로 물러난다. 옳음보다 더 중요한 것이 있음을 알게 된다. 옳음보다 더 중요한 것은 인간 자체다. 인간은 그 자체로 중요하며 화는 이러한 인간을 나타내는 하나의 부분적 감정이다. 자신과 타인을 인간으로 소중히 여기는 새로운 방향성이 나타난다. 이러한 새로운 방향성이 새로운 구조다. 화를 중심으로 하는 인간과 인간을 중심으로 하는 화는 근본적으로 다르다.

화를 중심으로 하는 인간은 화가 인간보다 더 우위에 있거나 자신의 옳음이 인간보다 더 소중하다. 이러한 세계를 가진 범주는 증상을 유발한다. 이렇게 증상을 유지하는 방식이 화를 중심으로 하는 인간이다. 그러나 인간을 중심으로 하는 화를 가진 인간은 이제 이전의 자기보다 더 큰 존재가 된다. 인간을 중심으로 하는 화는 인간을 위해서 화를 내고 화를 통해서 인간을 변화시키는 의미다. 이러한 방식의 화는 초월현상으로 인한 범주 확장의 결과다. 화를 절대시하면서 다른 사람들을 무시하거나 자신을 존중하지 않는 방식이 아니다. 화는 도구적이며 상대적이다. 화는 인간을 위해서 필요로 하는 경우에 사용하는 도구적 성격을 가진 감정이다.

화를 내는 방식도 사람에 따라서 다르게 된다. 작은 화를 통해서도 변화될 사람에게는 작은 화가 필요하고 큰 화를 내야 하는 사람에게는 큰 화가 필요하다. 화 자체가 도구적이기 때문에 화는 낼 수도 있고 내지 않을 수도 있다. 화에 사람이 사로잡히는 일이 없어진다. 화가 도구적이고 상대적이기 때문에 다른 사람들과의 갈등도 쉽게 해결된다. 상대방이 화를 받지 않으면 다른 방식으로 관계를 하여서 갈등을 줄이게 된다. 화로 인해서 발생되는 신체화 증상도 사라진다. 화를 가슴에 품지 않고 도구적으로 사용하게 때문에 화는 마음에서 바로 사라진다. 이렇게 새로운 자기를 형성하면서 이전에 가지고 있는 증상들은 마음속에서 사라진다. 이전의 증상들은 모두 이전의 자기의 구조를 형성하면서 이 구조를 유지하기 위한 수단들이었다. 증상과 이전의 구조들이 모두 일관성을 유지하면서 나름대로 항상성을 가지고 있었다. 이제 새로운 구조는 새로운 항상성을 필요로 한다. 이렇게 새로운 구조를 가진 내담자는 이전 증상이 사라지면서 삶은 훨씬 더 쉬워지고 편안해진다. 그리고 이 구조에 알맞은 새로운 것들이 생겨난다.

참고문헌

강학순(2006). 하이데거에 있어서 실존론적 공간해석의 현대적 의의. 현대유럽철학연구, 제14집 (하이데거 연구), 5-43.

김성민(2012/1998). 융의 심리학과 종교. 경기: 동명사.

김성철(2001). 종교학대사전: 기독교, 불교, 유교, 천주교(가톨릭), 각종종교. 서울: 한국사전연구사.

김용태(2018). 기독교 상담의 이해와 원리. 서울: 학지사.

김용태(2014a). 슈퍼비전을 위한 상담사례보고서. 서울: 학지사.

김용태(2014b). 가짜 감정: 아무리 노력해도 당신이 행복하지 못한 이유. 서울: 덴스토리.

김용태(2013). 종합적이고 통합적 성격의 기독교 상담학: 학문의 구조를 중심으로. 복음과 상담, 21, 9-32.

김용태(2011). 죄책감에 대한 통합적 이해: 신학적이고 심리학적 관점. 한국기독교상담학회지 (21), 71-94.

김용태(2010a). An understanding of shame and guilt: psycho-socio-spiritual meaning, *Torch Trinity Journal, 13*.

김용태(2010b). 사회심리영적 관점에서 본 수치심: 통합적 이해. 한국기독교상담학회지, 20, 111-132.

김용태(2009). 가족상담: 가족치료의 개념적, 철학적 변화. 상담학 연구, 10(2), 1201-1215.

김용태(2008). 기독교상담의 통합에 관한 모델과 영역에 관한 개요. 한국기독교상담학회지, 16, 13-42.

김용태(2007). 초월의 기초로서 실존주의 심리치료. 한국기독교상담학회지, 13, 100-125.

김용태(2006). 통합의 관점에서 본 기독교 상담학. 서울: 학지사.

김용태(2004). 초월현상으로서 범주 확장. 한국기독교상담학회지, 7, 20-44.

김용태(2000). 가족치료이론. 서울: 학지사.

김용해(2008). 현대 영성의 초월철학적 이해. 가톨릭 철학, 10, 123-152.

김종엽(2009). 인격과 초월의 "드러남": 하이데거의 인간실존 분석. 철학과 현상학 연구, 29-60.

노안영(2005). 상담심리학의 이론과 실제. 서울: 학지사.

문일경(2009). Ken Wilber의 통합이론에 기초한 심리치료의 통합적 접근. 상담학연구, 10(2), 1277-1290.

문일경, 김명권(2008). 통합심리학 연구의 세 가지 주요 흐름: 역사적 맥락과 향후 과제. 상담학연구, 9(2), 863-875.

박병준(2006). 인간의 초월성: 칼 라너의 '말씀의 청자'로서 초월론적 종교철학적 인간 해명. 철학, 88, 143-177.

박성희(2001). 상담과 상담학: 새로운 패러다임. 서울: 학지사.

심상태(2004). 칼 라너의 하느님 이해. 가톨릭 신학과 사상, 47, 94-120.

양성모(1997). 두산세계대백과사전. 서울: 두산동아.

용홍출, 황경렬(2004). 의식의 과정 및 상담심리학적 패러다임: 초월심리학적 접근을 중심으로. 한국동서정신과학학회지, 7(2), 27-42.

윤금자(2012). 하이데거의 세계개념: 데카르트의 세계개념에 대한 하이데거의 비판적 관점을 중심으로. 인문과학연구, 32, 303-335.

윤병렬(2008). 하이데거와 현대의 철학적 사유에서 초월개념에 관한 해석. 현대유럽철학연구, 제18집(하이데거 연구), 197-225.

이규성(2012). 인간의 초월성에 대한 신학적 이해. 신학과 철학, 21, 57-92.

이남인(2003). 후설의 초월론적 주관과 하이데거의 현존재. 철학과 현상학 연구, 23-44.

이부영(2015/1978). 분석심리학: C. G. 융의 인간심성론(제3판). 서울: 일조각.

이부영(2002). 자기와 자기 실현: 하나의 경지, 하나가 되는 길. 서울: 한길사.

이성환(2012). 물음의 현상학, 무의 존재론: 물음과 하이데거의 존재사유. 철학논총, 69, 제3권, 227-251.

이장호(1987). 상담심리학 입문(2판). 서울: 박영사.

임규정(2008). 키에르케고어의 절망의 형태와 삶의 단계의 상응에 관한 연구. 철학 연구, 105(2).

임병덕(2011). 키에르케고어의 자아이론: 자아실현의 계기로서 절망. 상담학연구, 23(2), 69-92.

정원식, 박성수(1978). 아동생활지도. 서울: 한국방송통신대학 출판부.

조옥경(2013). 선적 깨달음의 심리학적 의미: 켄 윌버의 의식의 구조를 중심으로. 상담학연구, 14(2), 877-891.

조형국(2012). M. 하이데거의 관점에서 본 현존재의 실존과 초월. 현대유럽철학연구, 제28집(존재론 연구), 239-261.

하제원(2007). 하이데거 기초존재론에서의 공간개념: "세방화"의 가능성에 대하여. **현대유럽철학연구**, 제15집(하이데거 연구), 663-689.

하피터(2006). 하이데거에게서 현존재의 초월개념: 비대칭적인 수직적 관계에 대하여. **현대유럽철학연구**, 제14집(하이데거 연구), 69-96.

하피터(2003). 하이데거의 실존론적 세계 개념: 인식의 발생적 토대로서의 세계 개념. **현대유럽철학연구**, 제21집(하이데거 연구), 103-123.

한명숙(2013). 켄 윌버의 통합이론에 관한 연구. **대동철학**, 63, 287-307.

한상연(2011). 시간과 초월로서의 현존재: 칸트의 시간 개념에 대한 하이데거의 이해와 그 존재론적 의의에 관한 소고. **철학과 현상학 연구**, 177-212.

한재희(2013). **상담 패러다임의 이론과 실제**. 경기: 교육과학사.

한재희(2002). **상담 패러다임의 이론과 실제**. 서울: 학지사.

홍경자(2001). **자기이해와 자기지도를 돕는 상담의 과정**. 서울: 학지사.

Adams, J. E. (1979). *A theology of christian counseling: More than redemption*. Grand Rapids: Zondervan.

Allison, S. H. (2006). The christian association for psychological studies: A history (1979-2006). *Journal of Psychology and Christianity, 25*(4), 305-310.

Andersen, S. M., Tuskeviciute, R., Przybylinski, E., Ahn, J. N., & Xu, J. H. (2016). Contextual variability in personality from significant-other knowledge and relational selves. *Frontiers in Psychology, 6*, 1-17.

Arlow, J. A. (1995). Psychoanalysis. In R. J. Corsini & D. Wedding (Eds.), *Current psychotherapies* (5th ed.) (pp. 15-50). Istaca: F. E. Peacock Publishers, Inc.

Barnett, K. L., Bassett, R. L., Grimm, J. P., & Repass, C. L. (2012). Revisiting the issue of influential sources in the integration of psychology and theology: Are we there yet? *Journal of Psychology & Theology*, 40(2), 93-101.

Baumeister, R. F. (2006). Self and volition. In W. R. Miller & H. D. Delaney (Eds.), *Judeo-christian perspectives on psychology: Human nature, motivation, and change* (pp. 57-72). Washington, DC: American Psychological Association.

Beck, J. R. (2003). The integration of psychology and theology: An enterprise out of balance. *Journal of Psychology and Christianity, 22*(1), 20-29.

Becvar, D. S. & Becvar, R. J. (1996). *Family therapy: Systemic integration* (3rd ed.). Boston

& London: Allyn and Bacon.

Benner, D. G. & Hill, P. C. (1999). *Baker encyclopedia of psychology & counseling* (2nd ed.). Grand Rapids: Baker Books.

Bessant, K. C. (2014). The relational genesis of community: self-other dialogue. *Journal of Community & Applied Social Psychology*, 24, 467-478.

Boorstein, S. (1997). 자아초월 정신치료[*Transpersonal psychology*]. (정성덕, 김익창 공역). 서울: 하나의학사. (원저는 1996년에 출판).

Bowen, M. (1990). *Family therapy in clinical practice*. Northvale & London: Jason Aronson Inc.

Brown, J. (2004). Shame and domestic violence: treatment perspectives for perspectives for perpetrators from self psychology and affect theory. *Sexual and Relationship Therapy, 19*(1), 39-56.

Chessick, R. D. (1993). *A Dictionary for psychotherapists: Dynamic concepts in psychotherapy*. Northvale & London: Jason Aronson, Inc.

Coe, J. H. & Hall, T. W. (2016). 변형심리학[*Psychology in the spirit: Contours of a transformational psychology*]. (김용태 역). 서울: 학지사. (원저는 2010년에 출판).

Collins, K. J. (2000). *Exploring christian spirituality: An ecumenical reader*. Grand Rapids: Baker Books.

Collins, K. J. (1995). *Soul care: Deliverance and renewal through the christian Life*. Wheaton: Victor Books.

Conn, J. W. (1985). Spirituality and personal maturity. In R. J. Wicks, R. D. Parsons, & D. E. Capps (Eds.), *Clinical handbook of pastoral counseling*. New York & Mahwah: Paulist press.

Connor, S. (2001). The shame of being a man. *Textual Practice, 15*(2), 211-230.

Corsini, R. J. & Wedding, D. (1995). *Current psychotherapies* (5th ed.). Itasca: F. E. Peacock Publishers, Inc.

Cox, R. H. (1997). Transcendence and imminence in psychotherapy. *American Journal of Psychotherapy, 51*(4), 511-521.

Denis Gira, D. & Pouthier, J. L. (2011). 세계종교사전[*(Les) religions d'aujourd'hui: une histoire pour quel avenir?*]. (윤인숙 역). 서울: 현실 문화.

Devers, E. E. (2013). Embodied integration. *Journal of Psychology & Theology, 41*(2), 141-149.

Dost, A. & Yagmurlu, B. (2008). Are constructiveness and destructiveness essential features of guilt and shame feelings respectively? *Journal for the Theory of Social Behaviour, 38*(2), 109-129.

Douglas, C. (1995). Analytical psychotherapy. In R. J. Corsini & D. Wedding (Eds.), *Current psychotherapies* (4th ed.) (pp. 95-127). Istaca: F. E. Peacock Publishers, Inc.

DSM-5(2013). *Diagnostic and statistical manual of mental disorders* (5th ed.). Washington DC: American Psychiatric Association.

Du, H., King, R. B., & Chi, P. (2012). The development and validation of the relational self-esteem scale. *Scandinavian Journal of Psychology, 53*, 258-264.

Dunlop, W. L., Walker, L. J., & Wiens, T. K. (2014). The nature of professional and relational self-aspects at the goal and narrative levels of personality. *British Journal of Social Psychology, 53*, 595-604.

Egan, G. (2016). **유능한 상담자**[*The skilled helper* (9th ed.)]. (제석봉, 유계식, 김창대 공역). 서울: 학지사. (원저는 2007년에 출판).

Ellerman, C. P. (1999). Pragmatic existential therapy. *Journal of Contemporary Psychotherapy, 29*, 49-64.

Elliott, R., Watson, J. C., Goldman, R. N., & Greenberg, L. S. (2013). **정서중심치료의 이해: 변화를 위한 과정-경험적 접근**[*Learning emotion-focused therapy: The process-experiential approach to change*]. (신성만, 전명희, 황혜리, 김혜정, 김현정, 이은영 공역). 서울: 학지사. (원저는 2003년에 출판).

Elvin-Nowak, Y. (1999). The meaning of guilt: A phenomenological description of employed mothers' experiences of guilt. *Scandinavian Journal of Psychology, 40*, 73-83.

Elwell, W. A. (2001). *Evangelical dictionary of theology*. Grand Rapids: Baker Academic.

Erickson, M. J. (2001). *Christian theology* (2nd ed.). Grand Rapids: Baker Books.

Erikson, E. H. (1968). *Identity: Youth and crisis*. New York: W.W. Norton & Company.

Erikson, E. H. (1964). *Insight and Responsibility: Lectures on the ethical limitations of psychoanalytic insight*. New York & London: W.W. Norton & Company.

Erikson, E. H. (1963). *Childhood and society*. New York & London: W.W. Norton & Company.

Evans, C. S. (2006). The relational self and theological perspective. In W. R. Miller & H. D. Delaney (Eds.), *Judeo-christian perspectives on psychology: Human nature, motivation, and change* (pp. 73-94). Washington, DC: American Psychological Association.

Fadiman, J. & Frager, R. (2002). *Personality & Personal growth* (5th ed.). Upper Saddle River: Prentice Hall.

Fernando, D. M. (2007). Existential theory and solution-focused strategies: Integration and application. *Journal of Mental Health Counseling, 29*(3), 226-241.

Garzon, F. L. & Hall, M. E. L. (2012). Teaching christian integration in psychology and counseling: Current status and future directions. *Journal of Psychology & Theology, 40*(2), 155-159.

Gilliland, B. E. & James, R. K. (1998). *Theories and strategies in counseling and psychotherapy* (4th ed.). Boston & London: Allyn and Bacon.

Goldberg, S. (2014). 애착과 발달: 통합적 접근[*Attachment and development: An integrative approach*]. (주은지 역). 서울: 학지사. (원저는 2000년에 출판).

Greenberg, J. R., & Mitchell, S. A. (1983). *Object relations in psychoanalytic theory*. Cambridge & London: Harvard University Press.

Guntrip, H. (1973). *Psychoanalytic theory, therapy, and the self: A basic guide to the human personality in Freud, Erikson, Klein, Sullivan, Fairbairn, Hartmann, Jacobson, & Winnicott*. New York: Basic Books, Inc., Publishers.

Hall, T. H. (2004). Christian spirituality and mental health: a relational spirituality paradigm for empirical research. *Journal of Psychology and Christianity, 23*(1), 66-68.

Hall, T. W. & Edwards, K. J. (1996). The initial development and factor analysis of the spiritual assessment inventory. *Journal of Psychology and Theology, 24*(3), 233-246.

Hart, A. D. (1992). *Me, Myself & I: How Far Should We Go in Our Search for Self-fulfillment?* Ann Arbor: Vine Books, Servant Publications.

Heaton, J. A. (2006). 상담 및 심리치료의 기본 기법[*Building basic therapeutic skills: A practical guide for current mental health practice*]. (김창대 역). 서울: 학지사. (원저는 1998년에 출판).

Hinshelwood, R. D. (1991). *A dictionary of kleinian thought* (2nd ed.). Northvale & London: Jason Aronson Inc.

Hoffman. M. L. (2000). *Empathy and moral development: Implications for caring and justice*. Cambridge: Cambridge University Press.

Hood, R. W. Jr. (1991). Religious orientation and the experience of transcendence. In H. N. Malony (Eds.), *Psychology of religion: Personalities, problems, possibilities*. Grand

Rapids: Baker Book House.

Horner, A. J. (1991). *Psychoanalytic object relations therapy*. Northvale & London: Jason Aronson, Inc.

Hunter, R. J., Malony, H. N., Mills, L. O., & Patton, J. (1990). *Dictionary of pastoral care and counseling*. Nashville: Abingdon Press.

Jeeves, M. A. (2004). *From cells to souls and beyond: Changing portraits of human nature*. Grand Rapids & Cambridge: William B. Eerdmans Publishing Company.

Johnson, E. L. & Jones, S. (2010/2000). *Psychology & Christianity: Five views*. Downers Grove: Inter Varsity Press.

Kernberg, O. (2004). *Object-relations theory and clinical psychoanalysis*. Lanham: Rowman & Littlefield Publishers, Inc.

Kerr, M. E. & Bowen, M. (1988). *Family evaluation: An approach based on Bowen theory*. New York & London: W. W. Norton & Company.

Klein, M. (1986). A Contribution to the psychogenesis of manic-depressive states. In P. Buckley (Eds.), *Essential Papers on Object Relations*. New York & London: New York University Press.

Kraus, M. W. & Chen, S. (2014). Relational self-verification through self-presentation: implications for perceptions of one's honesty and authenticity. *Self and Identity, 13*(1), 45-57.

Liebanas, R. M. P. (2002). Shame, death, and dying. *Pastoral Psychology, 51*(1), 27-40.

Loder, J. E. (1989). *The Transforming Moment: Understanding Convictional Experiences* (2nd ed.). New York: Harper Collins.

Luyten, P., Corveleyn, J., & Fontaine, J. R. J. (1998). The relationship between religiosity and mental health: distinguishing between shame and guilt. *Mental Health, Religion & Culture, 1*(2), 165-184.

Mahler, M. S., Pine, F., & Bergman, A. (1975). *The Psychological Birth of the Human Infant: Symbiosis and Individuation*. New York: Basic Books.

Martin, A., Gueguen, N., & Fischer-Lokou, J. (2010). The impact of guilt on mimicry behavior. *Social Behavior and Personality, 38*(7), 987-992.

Masterson, J. F. (1988). *The search for the real self: Unmasking the personality disorders of our age*. New York: The Free Press, A Division of Macmillan, Inc.

Mattingly, B. A. & Lewandowski, G. W. (2014). Broadening horizons in relational and nonrelational contexts. *Social and Personality Psychology Compass, 8*(1), 30-40.

May, R. & Yalom, I. (1995). Existential psychotherapy. In R. J. Corsini & D. Wedding (Eds.), *Current Psychotherapies* (5th ed.). (pp. 262-292). Istaca: F.E. Peacock Publishers, Inc.

McMinn, M. R. (1986). *Psychology, theology, and spirituality in christian counseling.* Wheaton: Tyndale House Publishers, Inc.

McNish, J. L. (2003). Shame's revelatory and transformative potential, and its use and misuse by the church's pastoral ministry. *American Journal of Pastoral Counseling, 6*(2), 3-22.

Meier, S. T. & Davis, S. R. (2015). 상담의 디딤돌[*The elements of counseling* (7th ed.)]. (유성경, 이동렬 공역). 서울: 학지사. (원저는 2007년에 출판).

Miller, W. R. (2006). What is human nature? Reflections from Judeo-Christian perspective. In W. R. Miller & H. D. Delaney (Eds.), *Judeo-Christian Perspectives on Psychology: Human Nature, Motivation, and Change* (pp. 11-30). Washington, DC: American Psychological Association.

Miner, M. & Dowson, M. (2012). Spiritual experiences reconsidered: a relational approach to the integration of psychology and theology. *Journal of Psychology & Theology, 40*(1), 55-59.

Moriarty, G. M. & Hoffman, L. (2007). *God image handbook for spritual counseling and psychotherapy: Research, theory, and practice*. New York and London: Routledge.

Mosak, H. H. (1995). Adlerian psychotherapy. In R. J. Corsini & D. Wedding (Eds.), *Current psychotherapies* (5th ed.) (pp. 51-94). Istaca: F. E. Peacock Publishers, Inc.

Nichols, M. P. & Schwartz, R. C. (2006). *Family therapy: Concepts and methods* (7th ed.). Boston & New York: Pearson.

Nichols, M. P. & Schwartz, R. C. (1989). *Family therapy: Concepts and methods* (4th ed.). . Boston & London: Allyn and Bacon.

Nystul, M. S. (1999). *Introduction to counseling: An art and science perspective*. Boston & London: Allyn and Bacon.

Papero, D. V. (1990). *Bowen family systems theory*. Boston & London: Allyn and Bacon.

Pearce, J. C. (2002). *The biology of transcendence: A blueprint of the human spirit.* Rochester: Park Street Press.

Peterson, M. A. (2011). Integration of psychology and christianity: A unique challenge in clinical training. *Journal of Psychology and Christianity, 30*(2), 114-120.

Pineles, S. L., Street, A. E., & Koenen, K. C. (2006). The differential relationships of shame-proneness and guilt-proneness to psychological and somatization symptoms. *Journal of Social and Clinical Psychology, 25*(6), 688-704.

Porter, S. L. (2010). Theology as queen and psychology as handmaid: The authority of theology in integrative endeavors. *Journal of Psychology and Christianity, 29*(1), 3-14.

Raikka, J. (2004). On irrational guilt. *Ethical Theory and Moral Practice, 7*, 473-485.

Raskin, N. J. & Rogers, C. R. (1995). Person-centered therapy. In R. J. Corsini & D. Wedding (Eds.), *Current Psychotherapies* (5th ed.). (pp. 128-161). Illinois: F. E. Peacock Publishers, Inc.

Reik, B. (2010). Transgressions, guilt, and forgiveness: A model of seeking forgiveness. *Journal of Psychology and Theology, 38*(4), 246-254.

Ripley, J. S. (2012). Integration of psychology and christianity: 2022. *Journal of Psychology and Theology, 40*(2), 150-154.

Roberts, R. C. (2006). Wisdom and psychotherapy. *Journal of Psychology and Christianity, 25*(2), 132-135.

Roberts, R. C. (1997). Parameters of a christian psychology. In R. C. Roberts & M. R. Talbot (Eds.), *Limning the psyche: Explorations in christian psychology*. Eugene: Wipf and Stock Publishers.

Rollins, J. (2007). Shame, guilt, and identity: An essay. *Anthropology in Action, 14*, 1&2, 74-79.

Rottschafer, R. H. (1992). Grace and the importance of the self. In L. Aden, D. G. Benner & H. Ellens (Eds), *Christian perspectives on human development*. Grand Rapids: Baker Book House.

Scheff, T. J. (2009). A social theory and development of depression. *Ethical Human Psychology and Psychiatry, 11*(1), 37-49.

Selman, R. L. (1980). *The growth of interpersonal understanding: Developmental and critical analysis*. New York: Academic Press.

Sheldrake, P. (2000). What is spirituality? In K. J. Collins (Eds.), *Exploring christian spirituality: An ecumenical reader*. Grand Rapids: Baker Books.

Slipp, S. (1991). *The technique and practice of object relations family therapy*. Northvale & London: Jason Aronson, Inc.

Southard, S. (1989). *Theology & Therapy: The wisdom of god in a context of friendship*.

Dallas & London: Word Publishing.

Steinglass, P. (1987). A systems view of family interaction and psychopathology. In T. Jacob (Eds.), *Family interaction and psychopathology: Theories, methods, and findings*. New York & London: Plenum Press.

Struthers, W. M. (2005). Snark or boojum? Trends in the integration of psychology and Christianity. *Journal of Psychology and Christianity, 24*(3), 195-209.

Tan, S. Y. (2012). Principled, professional, and personal integration and beyond: Future reflections on the past and future. *Journal of Psychology & Theology, 40*(2), 146-149.

Thomas, R. & Parker, S. (2004). Toward a theological understanding of shame. *Journal of Psychology and Christianity, 23*(2), 176-182.

Welfel, E. R. & Patterson, L. E. (2009). **상담과정의 통합적 모델: 다이론적 통합적 접근**[*The counseling process: A multitheoretical integrative approach* (6th ed.)]. (한재희 역,). 서울: 시그마프레스.

Wells, M. & Jones, R. (2000). Childhood parentification and shame-proness: a Preliminary study. *The American Journal of Family Therapy, 28*, 19-27.

Wiklander, M., Samuelsson, M., & Asberg, M. (2003). Shame reactions after suicide attempt. *Scand Journal of Caring Science, 17*, 293-300.

Wilson, M. (2000). Creativity and shame reduction in sex addiction treatment. *Sexual Addiction & Compulsivity, 7*, 229-248.

Winnicott, D. W. (1988). *Human nature*. New York: Schocken Books.

Worthington, E. L. (2006). Interpersonal forgiveness as an example of loving one's enemies. *Journal of Psychology and Theology, 34*(1), 34-39.

Wright, K. & Gudjonsson, G. H. (2007). The development of a scale for meaning offence-related feelings of shame and guilt. *The Journal of Forensic Psychiatry & Psychology, 18*(3), 307-316.

Yourman, D. B. (2003). Trainee disclosure in psychotherapy supervision: The impact of shame. *Journal of Clinical Psychology, 59*(5), 601-609.

찾아보기

인명

내용

저자소개

김용태(Yong Tae Kim)
서울대학교 사범대학 수학교육과 학사(B.A.)
서울대학교 사범대학 교육학과 상담전공 석사(M.A.)
미국 풀러 신학대학원 목회학 석사과정 목회학 석사(M. Div.)
미국 풀러 신학대학원 심리학부 결혼과 가족학과 결혼과 가족치료학 박사(Ph.D.)
서울대학교 학생생활연구소(Student Guidance Center) 상담원
미국 밸리 트라우마상담소(Valley Trauma Center) 상담원
미국 아시아태평양 가족상담소(Asian Pacific Family Center) 상담원
미국 트라이시티 정신건강상담소(Tri-city Mental Health Center) 인턴
한국기독교상담심리치료학회 감독
한국상담학회 수련감독급 전문상담사(가족/집단/기독교/심리치료)
한국상담심리학회 상담심리사 1급(주 수퍼바이저)
횃불트리니티 신학대학원대학교 기독교상담학과 교수
현 초월상담연구소 소장

〈저서〉
기독교상담의 이해와 원리(학지사, 2018)
부부가 같이 사는 게 기적입니다(덴스토리, 2017)
남자의 후반전(덴스토리, 2016)
가짜 감정(덴스토리, 2014)
슈퍼비전을 위한 상담사례보고서(학지사, 2014)
통합의 관점에서 본 기독교 상담학(학지사, 2006)
가족치료 이론(학지사, 2000)

〈역서〉
변형심리학(학지사, 2016)
심리학에서의 유대-기독교 관점(학지사, 2015)

초월상담의 이론과 실제
Theory and Practice of Transcendental Counseling

2018년 6월 25일 1판 1쇄 인쇄
2018년 6월 30일 1판 1쇄 발행

지은이 • 김용태
펴낸이 • 김진환
펴낸곳 • ㈜학지사
04031 서울특별시 마포구 양화로 15길 20 마인드월드빌딩
대표전화 • 02-330-5114 팩스 • 02-324-2345
등록번호 • 제313-2006-000265호

홈페이지 • http://www.hakjisa.co.kr
페이스북 • https://www.facebook.com/hakjisabook

ISBN 978-89-997-1571-6 93180

정가 20,000원

저자와의 협약으로 인지는 생략합니다.
파본은 구입처에서 교환해 드립니다.

이 책을 무단으로 전재하거나 복제할 경우 저작권법에 따라 처벌을 받게 됩니다.

이 도서의 국립중앙도서관 출판시도서목록(CIP)은 서지정보유통지원시스템 홈페이지(http://seoji.nl.go.kr)와 국가자료공동목록시스템(http://www.nl.go.kr/kolisnet)에서 이용하실 수 있습니다.
(CIP 제어번호: CIP2018017913)

교육문화출판미디어그룹 학지사
심리검사연구소 **인싸이트** www.inpsyt.co.kr
원격교육연수원 **카운피아** www.counpia.com
학술논문서비스 **뉴논문** www.newnonmun.com
간호보건의학출판 **정담미디어** www.jdmpub.com